"十二五"普通高等教育本科国家级规划教材
东北财经大学会计学系列教材

国家重点学科
国家级特色专业 / 国家级一流本科专业
国家级精品课程 / 国家级精品资源共享课

2nd Edition

第2版

Financial Analysis

财务分析

（数智版）

张先治　张晓东　主编
秦志敏　副主编

东北财经大学出版社
Dongbei University of Finance & Economics Press
大连

图书在版编目（CIP）数据

财务分析：数智版 / 张先治，张晓东主编. —2版. —大连：东北财经大学出版社，2024.7（2025.12重印）. —（东北财经大学会计学系列教材）. —ISBN 978-7-5654-5280-2

Ⅰ.F231.2

中国国家版本馆CIP数据核字第202492S3Q2号

东北财经大学出版社出版

（大连市黑石礁尖山街217号　邮政编码　116025）

网　　址：http://www.dufep.cn

读者信箱：dufep@dufe.edu.cn

大连金华光彩色印刷有限公司印刷　东北财经大学出版社发行

幅面尺寸：185mm×260mm　字数：439千字　印张：25　插页：1

2024年7月第2版　2025年12月第6次印刷

责任编辑：王　丽　周　慧　孔利利　责任校对：那　欣

封面设计：张智波　版式设计：原　皓

定价：55.00元

教学支持　售后服务　联系电话：（0411）84710309

如有印装质量问题，请联系营销部：（0411）84710711

卷首语

谁都不能否认，经济与会计的关系越来越密切，尤其是经济全球化的趋势让全世界的会计准则制定机构都走上了会计准则的国际趋同和等效之路；谁也不能否认，中国的会计改革紧跟了国家和世界经济发展的步伐，尤其是20世纪90年代初至今，会计改革经历了与国际接轨、趋同和等效的阶段；谁都必须承认，会计人才的培养要适应经济与社会的发展变化，尤其要适应社会主义市场经济建设的需要。另外，一整套优秀的系列教材对于培养会计人才的重要性是显而易见的，尤为重要的是教材必须紧跟时代进步的节奏，把握好经济与会计发展的脉搏。

纵观“东北财经大学会计学系列教材”的生命线会发现，她之所以能常青，正是上述认识指引的硕果。

20世纪90年代初，我们编写了东北财经大学第1套会计学系列教材，其奉行的理念是：积数十年教材编写之经验，融十几位教授之心血，编系列精品教材。我们一直坚持这样的原则，前后共出版过4套系列教材，每一套系列教材都修订过若干次，总销量近千万册，其“足迹”遍布祖国的大江南北。在30多年中，东北财经大学会计学系列教材伴随着一批又一批的大学生成长，并且以教材编写为契机，在高等学府中培养了一代又一代的教师精英。

从时间上来推算，本套会计学系列教材是30多年中的第5套。本套会计学系列教材的第1版诞生于2007年1月，正好踏着2006年财政部发布“企业会计准则”体系的节拍。在此期间，我们又理解和掌握了更新的会计准则与规范，积累和运用了更多的专业知识，尤其是对新商科建设和数智人才培养对会计教材提出的新要求有了更深刻的认识。鉴于此，我们才有了这一次的修订，并以新版的形式呈现在读者面前。

东北财经大学会计学系列教材坚持以习近平新时代中国特色社会主义思想为指导，深入贯彻党的二十大精神，全面贯彻党的教育方针，落实立德树人根本任务。本次修订的主要依据是财政部最近几年来修订或发布的企业会计、行政事业会计、税收、财务管理、管理会计等方面的法规：

•就企业会计准则而言，2017年以来，财政部发布修订后的《企业会计准则第22号——金融工具确认和计量》《企业会计准则第23号——金融资产转移》《企业会计准则第14号——收入》《企业会计准则第7号——非货币性资产交换》等8项准则，印发了《企业会计准则解释第13号》《企业会计准则解释第14号》，这些准则及其解释公告对财务会计类教材影响比较大；同时，我们根据2019年度一般企业财务报表格式对相关内容进行了调整。

•从管理会计来看，财政部发布了《管理会计基本指引》，分3批发布了34项《管理会计应用指引》，不仅有利于加强管理会计指引体系建设，还将对制定案例示范起统领作用。

•从成本会计来看，继《企业产品成本核算制度（试行）》发布后，财政部又发布了《企业产品成本核算制度——石油石化行业》《企业产品成本核算制度——钢铁行业》《企业产品成本核算制度——电网经营行业》等，对大中型石油化工企业等的成本核算业务进行规范。

•从审计来看，中国会计准则、审计准则与国际会计准则和审计准则持续趋同；内部控制审计指引出台；会计师事务所组织形式不断创新；会计师事务所做大做强战略实施和注册会计师执业领域不断拓展；风险导向审计模式进一步推广等；中国注册会计师协会借鉴国际审计准则研究的最新成果，修订并增加了审计报告相关准则。

•财政部和国家档案局联合发布的新《会计档案管理办法》自2016年1月1日起施行。

•财政部和国家税务总局发布《关于调整增值税税率的通知》，自2018年5月1日起执行。

这些对会计学系列教材建设都提出了新的挑战。同时，数智经济时代的到来，也对会计学教材建设提出了新要求。

在修订的过程中，我们更加注重提升教材配套平台建设的质量：

•关于习题与案例。按照修订后的教材内容更新习题与案例。一是加大习题量，适当提高习题的难度。二是更换部分案例，使案例与实践更加贴近，学生通过案例的学习得到进一步启发。三是配置阶段性综合习题，根据内容模块设置习题，便于学生综合性地理解和掌握相关章节的知识，循序渐进，达到深入学习的效果。

•关于电子课件。电子课件的制作摒弃了复制主教材各级标题的简单做法，由各主教材的作者亲自主持制作，这样能更好地把握授课内容，对各章节的内容进行更深入的讲解和逻辑勾勒，真正起到辅助和深化的作用。

•关于教学大纲。本套教材配有电子版教学大纲，为教师提供课时分配、重难点提示、教学结构等参考信息，进一步方便教师教学。

•关于慕课资源。《基础会计》《中级财务会计》《高级财务会计》《管理会计》等书的配套慕课在中国大学MOOC平台上播放。其中，《管理会计》配套慕课获评“首批国家级线上线下混合式一流本科课程”。

•关于在线组卷。东北财经大学出版社网站的“会员中心”提供“在线组卷”功能，本套书所有教材都可以在线组卷，所有题目都来自教材的配套习题。

•关于课程思政。为了适应新时代会计教学改革的需要，本版教材尝试融入课程思政教学等相关知识，这既是对教材知识体系的必要补充，也进一步体现了教材应担负的立德树人使命，更是为人工智能环境下会计教学形式的创新创造条件。

为保证质量，我们陆续推出新版东北财经大学会计学系列教材，分别有：《基础会计》《中级财务会计》《高级财务会计》《成本会计》《管理会计》《财务管理》《会计信息系统》《内部控制》《财务分析》《财务分析（数智版）》《会计学》《审计》《审计（精编版）》，共计13种。值得一提的是，截至目前：

•入选“十二五”普通高等教育本科国家级规划教材的有7种，普通高等教育“十一五”国家级规划教材的有4种，“十二五”普通高等教育本科省级规划教材的有9种；

•入选普通高等教育精品教材的有1种；

•荣获全国优秀畅销书奖的有6种，省级优秀畅销书奖的有6种；

•所支撑的课程获得国家级精品课程称号的有5种，所支撑的课程获得省级精品课程称号的有6种；

•获得国家级精品资源共享课称号的有5种，获得省级精品资源共享课称号的有2种；

•荣获2020年首届辽宁省教材建设奖优秀教材奖的有4种；

•荣获2021年首届全国教材建设奖全国优秀教材奖的有1种。

由于我们的时间和精力有限，教材中难免存在缺点乃至谬误，我们恳请广大读者批评指正。

每次修订仅仅是一个新的起点，而不是终点，我们将随着经济的发展与会计环境的变化不断修订，使东北财经大学会计学系列教材紧随时代步伐，及时反映学科的最新进展。

东北财经大学会计学系列教材编委会

第二版前言

教材建设是“一流大学、一流学科、一流专业、一流课程”建设的重要内容和基础保证。为适应我国当前经济改革与发展的需要，满足教育部对普通高等学校教学改革与发展的要求，我们结合新经济、新技术对高等院校会计学专业和财务管理专业教学改革的影响和需求，在《财务分析（数智版）》第一版（张先治主编，东北财经大学出版社，2021年版）的基础上，结合新环境、新经济、新技术的发展和党的二十大精神的要求，对教材内容与方法进行了充实与完善，形成本版（《财务分析（数智版）》第二版）教材。本次修订充实与完善的内容主要包括：

第一，结合党的二十大精神和课程思政相关要求，将素质教育目标提升为思政目标，增加思政思维导图，并根据各章内容更新相应的思政课堂内容，更好地将思政教育与专业训练相结合，以“润物无声”的方式实现育人目标。

第二，结合新环境、新经济、新技术对财务分析的影响，完善财务分析理论，充实大数据财务分析方法，引导学生在学习财务分析基本理论和基础方法的基础上，理解大数据财务分析的特点和重要性。

第三，突出数智版财务分析特点，在各章中增设与大数据和人工智能相关的各类知识点，同时在每章后增加了“数智能力训练”和“互动练习”，引导学生适应“人工智能”和“大数据”环境下的财务分析。为了体现数据可视化的时代特征，本次修订更多地采用图示的方法对数据和指标加以表现。

第四，突出财务分析的真实性、实用性，对全书各章的章首引例和全部案例都以一个公司的真实信息为基础进行了全面更新，突出真实性、实用性；在保留核心理论的基础上，我们对与财务分析紧密关联的知识体系和实践案例进行了适时更新升级，使之更贴近现实业务场景与实践活动。

财务分析的产生与发展是社会经济发展对财务分析的需求与会计技术及会计报表发展对财务信息的供给共同作用的结果。财务分析是以财务报告资料及其他相关资料为依据，采用一系列专门的分析技术和方法，对企业等经济组织过去和现在有关筹资活动、投资活动、经营活动、分配活动的盈利能力、营运能力、偿债能力和增长能力状况等进行分析与评价，为企业的投资者、债权人、经营者及其他关心企业的组织或个人了解企业过去、评价企业现状、预测企业未来，并做出正确决策提供准确的信息或依据的经济应用学科。

财务分析是在上述会计信息需求者和会计信息提供者之间架起的一座桥梁。在现代企业制度下，企业的所有者、债权人、经营者和政府经济管理者都站在各自的立场上，或从各自的目的和利益出发，关心企业的经营状况、财务状况和经济效益，财务分析的需求与应用领域不断扩展。

本书由四篇十三章内容组成：第一篇为财务分析概论，本篇包括财务分析理论、财务分析信息基础和财务分析程序与方法三章内容。第二篇为财务报告分析，本篇包括资产负债表分析、所有者权益变动表分析、利润表分析和现金流量表分析四章内容。第三篇为财务效率分析，本篇包括企业盈利能力分析、企业营运能力分析、企业偿债能力分析、企业发展能力分析四章内容。第四篇为财务综合分析评价，本篇包括综合分析与业绩评价、企业价值评估两章内容。本书与国内外同类教材与书籍相比有自己鲜明的特色：

第一，中国与西方结合，突出“广”。教材编写中既保留了具有中国特色的财务分析理论与方法，又广泛参考与借鉴西方财务分析教材各种体系及特点，博采众长。

第二，现代与传统结合，突出“深”。教材编写以现代财务分析理论与方法为基础和主线，同时保留了我国传统的经济分析理论与方法中的精华部分，力求深入探索中国特色财务分析理论与方法。

第三，理论与实务结合，突出“新”。教材编写结合普通高等学校本科教学要求和财务分析课程特点，注重最新财务分析理论与新经济条件下的财务分析实务相结合，积极迎接“数智化”的挑战，力求创新。

第四，技能与素质结合，突出“全”。根据课程思政的基本要求和“三全育人”目标，在各章教学中注重将分析技术与方法同学生的素质教育相结合，重点培养正确的“三观”。特别是结合党的二十大精神，突出中国特色现代企业制度下的财务分析思路；在各章内容中结合财务分析业务特点，融入了思政案例和思政知识等内容。

人工智能和大数据技术对经济与社会的影响已广泛而深入地触及各个层面。为了积极应对这一变革趋势并有效培养学生的适应能力，每章特增设了“数智能力训练”环节。我们鼓励学生充分利用各类先进的人工智能大模型工具，深度探究各章内容，一方面，全面洞察财务分析理论知识如何在不同行业及各种类型的企业中具体应用；另一方面，通过实践操作引导学生尝试运用人工智能手段来丰富和完善财务分析方法，提升他们在实际问题解决中的数智化应用能力。

在这一环节中，我们紧密结合每章的内容，精心设计了一系列问题作为教学参考和实践素材。这些问题旨在发挥“引玉之砖”的作用，重点在于指导学生运用人工智能技术工具，应对先进技术给财务分析活动所带来的挑战。我们更期待教师与学生能够从中受到启迪，结合各自的实际情况，积极主动地运用人工智能模型来解决实际问题，并学会如何通过先进的工具手段来提升其效率及质量，以应对“数智化”的挑战。

本书由张先治教授和张晓东教授担任主编，秦志敏教授担任副主编。各章执笔人分别为：第一章，张先治；第二章，张晓东、张先治；第三章，张先治；第四章，张晓东；第五章，秦志敏；第六章，王玉红、张先治；第七章，秦志敏；第八章，张先治、王玉红；第九章，张晓东、徐晶；第十章，王玉红；第十一章，张晓东、于悦；第十二章，徐晶、张先治；第十三章，于悦、张先治。全书最后由张先治教授和张晓东教授进行总纂并定稿。

财务分析在我国是一门年轻的学科，涵盖内容广泛，涉及问题繁多，目前仍处于探索与发展过程中。由于作者水平有限，书中可能存在纰漏，甚至错误，敬请专家与读者批评指正，以便再版时进一步修改完善。

张先治　张晓东

2024年3月于东财园

思政思维导图

为了更好地展示思政导向，本书特别制作了“思政思维导图”，更好地展示思政元素与实际案例相结合。思政思维导图的设计旨在通过实际案例来教育和引导学习者理解并实践思政理念，强调了理论与实践相结合的重要性。通过这种方式，不仅提供了一个学习思政的框架，还展示了如何将这些理念应用于现实世界中的具体问题。

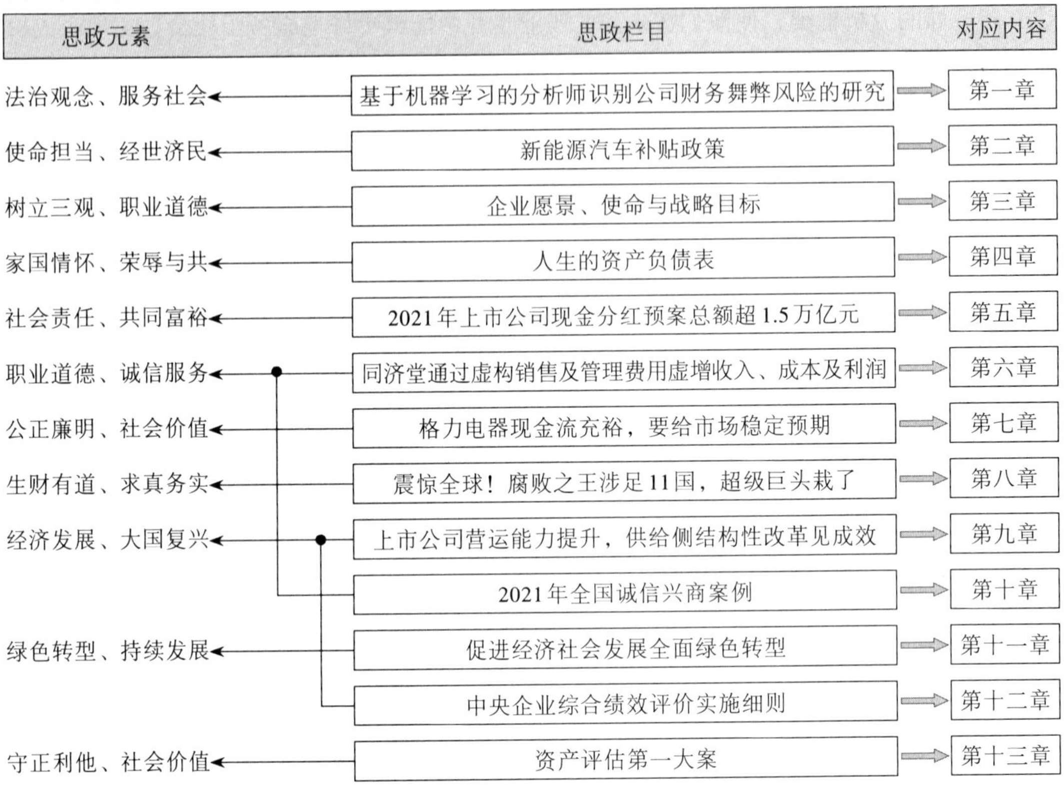

结合图中的内容，我们可以更具体地强调课程思政在财务分析教育中的重要性：

1. 理论与实践相结合：如“基于机器学习的分析师识别公司财务舞弊风险的研究”案例，强调了在财务分析中运用专业知识的同时，也需要具备正确的价值观和职业道德，以确保分析的准确性和公正性。

2. 社会责任与共同富裕：如“2021年上市公司现金分红预案总额超1.5万亿元”案例，不仅反映了财务分析在资本市场中的作用，也体现了企业对股东的责任，教育学生在进行财务分析时，应考虑企业的社会责任，推动共同富裕，促进社会和谐。

3.法律与合规：如 “关于加强国有企业资产管理的思考” 案例，强调了在财务分析中遵守法律法规的重要性。学生可以学习到如何在分析过程中识别和遵守相关法律，避免违法行为，确保分析工作的合规性。

4.职业道德与诚信：如“同济堂通过虚构销售及管理费用虚增收入成本及利润”案例，是一个关于职业道德和诚信的反面教材，警示学生在财务分析中必须坚守诚信原则，避免参与任何形式的财务造假行为。

5.公正廉明与社会价值：如 “格力电器现金流充裕，要给市场稳定预期”案例，展示了企业如何通过稳健的财务管理为市场提供稳定预期，教育学生在财务分析中追求公正和透明，为社会创造价值。

6.绿色转型与持续发展：如“促进经济社会发展全面绿色转型”案例，强调了财务分析在推动可持续发展中的作用，培养学生的环保意识，鼓励他们在财务分析中考虑环境因素，支持绿色经济的发展。

通过这些具体的案例和内容，课程思政不仅丰富了财务分析的教学内容，还帮助学生建立起全面的分析框架，使他们在未来的职业生涯中能够更好地服务于社会，实现个人价值与社会责任的统一。

目 录

第一篇 财务分析概论

第二篇　财务报告分析

第一篇　财务分析概论

第一章　财务分析理论

□ 学习目标

本章的学习目标是使学生掌握财务分析的基本内涵、基本目标与作用。其具体目标包括：

◇ 知识目标

明确什么是财务分析，财务分析的学科地位如何，财务分析与经济活动分析、财务管理和会计是什么关系；掌握财务分析的体系和内容以及形成的理论基础；理解财务分析的目标以及不同财务分析主体财务分析目标的差异。

◇ 能力目标

能够运用财务分析的基本原理说明财务分析的作用；学会灵活运用财务分析形式解决实际问题，实现财务分析目标。

◇ 思政目标

能够在掌握财务分析内涵、目标和作用的基础上，提升自己的法治观念、道德观念，辨别财务报表及分析过程中的舞弊行为，真正树立价值创造和造福社会的理念。

【引例】

比亚迪股份有限公司（简称比亚迪）是一家致力于“用技术创新，满足人们对美好生活的向往”的高新技术企业。比亚迪成立于1995年2月，经过20多年的高速发展，已在全球设立30多个工业园，实现全球六大洲的战略布局。比亚迪业务布局涵盖电子、汽车、新能源和轨道交通等领域，并在这些领域发挥着举足轻重的作用，从能源的获取、存储，再到应用，全方位构建零排放的新能源整体解决方案。比亚迪是在中国香港和深圳上市的公司，营业额和总市值均超过千亿元。

根据比亚迪2018年到2022年披露的财务报告，各项主要财务分析指标见表1-1。

表1-1 **比亚迪财务分析指标***

项目	2022年	2021年	2020年	2019年	2018年
基本每股收益（元）	5.7100	1.0600	1.4700	0.5000	0.9300
每股净资产（元）	38.1394	32.6572	20.4460	19.1954	18.8049
每股股价（元）	256.97	268.12	194.3	48.04	51.0
营业收入（亿元）	4 241	2 161	1 566	1 277	1 301
归属净利润（亿元）	166.2	30.45	42.34	16.14	27.80
营业收入同比增长（%）	96.20	38.02	22.59	-1.78	22.79
归属净利润同比增长（%）	445.86	-28.08	162.27	-41.93	-31.63
总资产同比增长（%）	66.97	47.14	2.75	0.55	9.25
净资产收益率（加权）（%）	16.14	3.73	7.43	2.62	4.96
总资产收益率（加权）（%）	4.49	1.60	3.03	1.09	1.91
流动比率	0.722	0.970	1.049	0.990	0.988
资产负债率（%）	75.42	64.76	67.94	68.00	68.81
总资产周转天数（天）	335.2	413.7	455.9	549.9	515.8
存货周转天数（天）	73.94	84.82	98.80	109.7	86.92

*时点指标为当年的12月31日的指标，时期指标为当年年度指标。

可见，表中的财务分析指标可揭示比亚迪的财务状况、经营成果、价值创造、价值实现情况。如何判断该公司的营运情况和未来发展，如何预测该公司未来盈余和股票内在价值呢？财务分析便是寻求答案的过程中不可或缺的工具。谁能运用财务分析得出有价值的信息，谁就占有了财务分析的信息优势。这些财务分析信息对投资者、债权人、经营者、职工及政府监管者都有着十分重要的价值。

（资料来源：根据东方财富网相关资料整理）

第一节 财务分析的内涵与目标

一、财务分析学科发展现状

什么是财务分析？什么是财务报表分析？什么是财务报告分析？它们的内涵是否相

同？它们之间有什么联系与区别？这既是实务界经常提到的问题，也是理论界应该回答的问题。就一般意义而言，人们并不在意财务分析、财务报表分析及财务报告分析的区别，目前出版的相关书籍名称五花八门，说明上述概念的本质是相同或相近的。然而经过仔细斟酌，它们又有所区别：财务报表分析的对象是财务报表；财务报告分析的对象是财务报告；财务分析的对象是财务活动。显然，财务报表与财务报告的区别是清楚的，因此，财务报表分析和财务报告分析的内涵是明确的。但是，财务报表、财务报告和财务活动之间的关系决定了区分财务分析与财务报表分析和财务报告分析的复杂性。这里将从财务分析学科的现状入手，探究财务分析的理论基础。目前的财务分析从理论基础上看主要可分为基于会计学的财务分析和基于财务学的财务分析两种。

（一）会计学中的财务分析与基于会计学的财务分析

从会计学角度对财务分析的考察可以分为两个方面：一方面是观察现有会计学教材中的财务分析；另一方面则要研究基于会计学的财务分析。这个角度的财务分析通常叫财务报表分析和财务报告分析。

1.会计学中的财务分析

目前，我国的会计学教材中设置“财务报表分析”一章的较少，而在西方的一些会计学教材中，包括《会计学基础》和《财务会计》（或《中级会计》），往往都设有“财务报表分析”这一章。会计学中的财务报表分析往往具有以下特点：

第一，主要介绍财务报表分析的基本方法，如水平分析法、垂直分析法和趋势分析法，对更进一步的会计分析（包括会计政策变更等对财务报表影响的分析）介绍得较少；

第二，主要介绍几个重要的财务比率，没有对财务比率体系进行论证与分析，也不进行财务比率的因素分析；

第三，会计学中的财务报表分析不研究财务比率分析的应用。

2.基于会计学的财务分析

基于会计学的财务分析，以会计学中的会计报表信息为基本出发点，运用会计分析方法对影响会计报表的因素进行分析与调整，为财务比率分析奠定基础，从而准确分析企业的盈利能力、营运能力、偿债能力和增长能力等状况，进而形成一门独立的、边缘的学科。基于会计学的财务分析通常具有以下特点：

第一，基于会计学的财务分析是一门独立的课程，拥有完整的理论体系、方法体系和内容体系；

第二，基于会计学的财务分析以会计报表信息分析为出发点，以影响会计报表信息的因素（特别是会计假设、会计政策、会计估计等因素）变动为分析重点；

第三，基于会计学的财务分析往往将盈利能力分析、营运能力分析、偿债能力分析等作为会计信息在财务分析中的应用；

第四，基于会计学的财务分析在处理财务分析与财务管理的关系上，往往强调财务效率。

（二）财务学中的财务分析与基于财务学的财务分析

从财务学角度对财务分析的考察也可分为两个方面：一方面是观察现有财务学或财务

管理类教材中的财务分析；另一方面则要研究基于财务学或财务管理角度的财务分析，这个角度的财务分析通常就被称为财务分析。

1.财务学中的财务分析

目前，无论是在我国还是在西方，很多财务管理类教材中都有“财务分析”一章。财务管理中的财务分析往往具有以下特点：

第一，将财务分析作为财务管理的职能，与财务预测、财务预算、财务控制、财务评价与激励等并列；

第二，将财务分析（或财务报告与分析）作为财务管理的基础，提供财务管理中筹资活动、投资活动与分配活动决策的有用信息；

第三，将财务分析定义为财务比率分析，往往以盈利能力分析、营运能力分析和偿债能力分析等为分析的体系和主要内容。

2.基于财务学的财务分析

基于财务学的财务分析，以财务学或财务管理目标为基本出发点，以反映财务活动与经营成果的财务报告与内部报告为基本分析依据，以专门的财务分析程序与方法为分析技术工具，形成了一门独立、边缘的学科。基于财务学的财务分析内容广泛，通常具有以下特点：

第一，基于财务学的财务分析是一门独立的课程，拥有完整的理论体系、方法体系和内容体系；

第二，基于财务学的财务分析以财务学的领域为导向，以价值分析与量化分析技术为基础，以公司财务比率或能力分析、证券市场分析等为主要内容；

第三，基于财务学的财务分析应用领域较为广泛，包括证券估价、业绩评价、风险管理、企业重组等；

第四，基于财务学的财务分析在处理财务分析与会计学的关系上，往往将财务报告作为分析的基础信息。

应当指出，无论是会计学中的财务报表分析还是财务学中的财务比率分析，都无法反映财务分析的本质与全部内涵；无论是基于会计学的财务分析还是基于财务学的财务分析，都体现了财务分析学的独立性、综合性与边缘性。然而，在当今经济变革的时代，随着经济环境（包括实践与理论）的变化，财务分析的需求与供给都发生了变化，财务分析也必然面临理论和实践的挑战。

（三）财务分析学科定位

关于财务分析的学科定位问题一直存在较大争议，有人将其划归为会计学，有人将其划归为财务管理，还有人将其划归为金融学、统计学等。财务分析之所以定位较难，是因为它是一门与上述学科都相关的边缘性学科，这从另一个方面也说明财务分析应该独立于上述学科而存在。

财务分析实际上是在会计信息供给（会计学）与会计信息需求（财务学、经济学、管理学等）之间架起的一座桥梁。因为在会计学与经济学、管理学和财务学等学科的关系中，都涉及会计学的发展如何满足相关学科发展的信息需求、其他学科的发展如何有效利用会计信息的问题。一方面，会计学毕竟不是单纯满足某一信息使用者需求的，因此，会计提供的信息往往需要分析与转换为对信息需求者有用的信息；另一方面，经济学、管理学、财务学等相关学科的复杂性也不能要求会计学者完全或直接掌握会计信息的需求，将对相关学科决策需求的分析转换为会计信息需求，也是会计学发展所需要的。在会计学与相关学科关系的信息转换中，财务分析起着至关重要的作用。财务分析就是根据相关学科或人们对会计信息的需求，将标准的会计信息分析转换为决策与管理所需要的信息；同时，财务分析又将相关学科理论与实务所需求的信息，分析转换为会计应该提供的信息。财务分析的这种地位与作用，在会计学与财务学的关系发展中体现得最为明显与清楚，如图1-1所示。

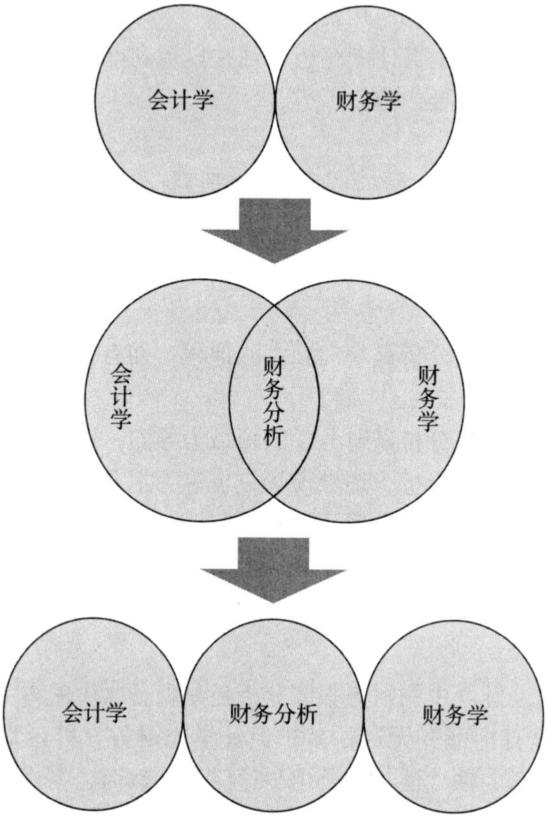

图1-1　财务分析与会计学、财务学的关系及演变

随着相关学科理论与实务对会计信息需求的加大，财务分析在连接会计学与相关学科关系中的地位与功能将进一步扩展，如图1-2所示。

从财务分析在与会计学和相关学科关系中的地位与作用来看，随着会计学科地位的提升，以及相关学科对会计学信息需求范围、数量与质量要求的提高，财务分析将在分析主体、分析对象、分析内容和学科地位上有进一步的扩展与提升。财务分析不仅要满足投资者、债权人等外部信息需求者的需要，而且要满足管理者、员工等内部信息需求者的需要；不仅要满足管理学理论与实务发展的需要，而且要满足经济学理论与实务发展的需要。财务分析不仅是一门独立的边缘性学科，而且将成为一个独立于会计学和财务学等的专业方向。

知识拓展1-1

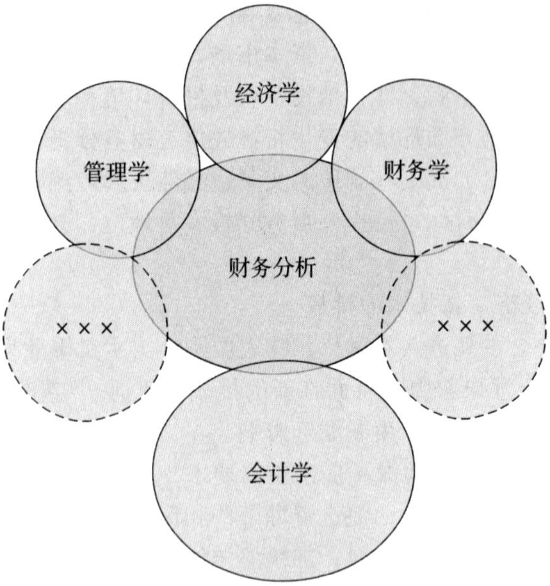

图1-2　财务分析、会计学与相关学科的关系

二、我国财务分析实践发展与面临的挑战

（一）我国财务分析实践发展

我国的财务分析思想出现较早，但真正开展财务分析工作还是在20世纪初。当时中国的一些外国洋行和中国金融资本家开始分析企业的经营效益和偿债能力，但很少根据会计核算数据进行较全面的分析。中华人民共和国成立后，在计划经济体制下，我国一直把财务分析作为企业经济活动分析的一部分。但在统收统支的计划经济体制下，经济活动分析的基本任务是分析企业各项计划的完成情况，财务分析在经济活动分析中是无足轻重的。改革开放以来，随着企业自主权的扩大，财务分析引起了越来越多有识之士的重视，不仅经济活动分析中的财务分析内容得到了充实，财务管理和管理会计等学科中也增加了财务分析的内容。但是，这些学科毕竟有其独立的理论与方法论体系，财务分析只不过是这些学科体系的一部分，没能形成满足在市场经济条件下建立现代企业制度需要的独立的财务分析学理论体系与方法论体系。企业所有者、潜在投资者、企业经营者、企业债权人等缺少投资、经营、交易等所需要的财务分析系统理论与方法。因此，在我国建立独立的财务分析学科体系是经济发展的客观需要。

随着我国社会主义市场经济体制的建立、发展与完善，我国的宏观经济环境和微观经济体制都发生了很大变化。建立产权清晰、权责明确、政企分开、管理科学的现代企业制度已成为我国企业制度改革的目标和方向。在现代企业制度下，企业的所有者、债权人、经营者和政府经济管理者都站在各自的立场上，或从各自的目的和利益出发，关心企业的财务状况、经营成果和经济效益。国家在宏观经济政策和环境方面也为他们分析和掌握企业的经营和财务状况创造了条件。例如，统一了财务会计制度，完善了财务会计信息披露制度，建立了产权清晰的企业制度等。这些都为我国财务分析的发展奠定了基础。

财务分析的发展要适应学科地位及专业发展的需要，必须充分考虑经济环境变化所带来的挑战，这些挑战包括市场经济体制、资本市场、企业制度和会计准则等经济环境的变化。从财务分析最基本的需求者，即外部投资者及投资环境和内部管理者及环境出发，金融市场发展和企业决策控制方面环境的变化将挑战传统财务分析体系和内容；从财务分析基础的供给者出发，我国会计准则和制度的变革也必然挑战传统财务分析体系与内容。因此，要建立现代财务分析学科体系，提升财务分析学科地位，必须面对各种挑战，创新财务分析理论与方法。

（二）新环境、新经济、新技术的挑战

当前，中国特色社会主义进入新时代意味着中国社会主义事业发展进入了一个崭新的历史阶段。“新时代”还意味着中国将面临新的挑战和机遇。“新时代”带来了新的环境、经济和技术，对社会和经济发展产生了深远影响。

1.新环境：新时代对生态环境保护提出更高要求，强调绿色发展和可持续发展。推动建设美丽中国，加强生态文明建设，促进资源节约和环境保护。新时代对应对气候变化和能源转型提出挑战。推动低碳经济发展，加快清洁能源的应用和转型，推动可再生能源发展。新时代数字化社会快速发展，物联网、云计算、大数据、人工智能等技术的普及和应用，推动了数字经济的兴起。

2.新经济：新时代强调创新驱动经济发展。加强科技创新、提升产业技术水平，推动数字经济、智能制造、生物技术等新兴产业的发展。新时代注重发展服务业，特别是现代服务业。推动服务业升级，培育互联网经济、文化创意产业、旅游业等新的服务业领域。新时代共享经济快速崛起，以分享和共享为核心的经济模式得以推动，如共享出行、共享住宿、共享办公等。

3.新技术：人工智能技术在新时代得到广泛应用，包括机器学习、自然语言处理、计算机视觉等领域，推动了智能化、自动化和智能交互的发展。区块链技术在新时代得到重视，应用于金融、物流、供应链管理等领域，提供了分布式、安全可信的数据交换和存储方式。5G通信技术的发展和应用，提供了更高速度、更低延迟和更广连接性的通信能力，推动了物联网、智能交通等领域的发展。新时代注重发展生物技术，包括基因编辑、生物医药、农业基因改良等领域的技术创新，推动了生物产业的发展。

新时代的新环境、新经济和新技术为社会和经济发展带来了新的机遇和挑战，对产业结构、经济模式、社会生活方式等方面产生了深远影响。同时，也需要制定相应的政策和措施，以促进新经济和新技术的良性发展，解决相关的问题和风险。

（三）新环境、新经济和新技术对财务分析发展的挑战

在新经济和新技术背景下，财务分析面临许多挑战，其中一些主要挑战包括：

1.数据量的增加和多样性：新经济和新技术导致了更多的数据生成和收集，包括大数据、非结构化数据、社交媒体数据等。这使得处理和分析数据更具挑战性，需要更强大的分析工具和技术。

2.数据质量和一致性：由于数据的多样性和来源的不一致性，数据质量成为一个关键问题。确保数据的准确性和一致性是一个挑战，因为错误的数据分析可能导致不准确的财务见解。

3.快速变化的商业环境：新经济和新技术的兴起使市场处于不断变化之中。财务分析需要及时适应这些变化，以便做出实时决策。

4.隐私和数据安全：新技术和数字化趋势引发了对数据隐私和数据安全的担忧。保护客户和企业数据的隐私和安全成为一个重要的挑战，同时需要遵守相关法规。

5.技术和工具的更新：财务分析人员需要不断更新他们的技能，以适应新的分析工具和技术，如大数据分析、人工智能、区块链等。

6.复杂的金融工具和交易：新经济的发展引入了更复杂的金融工具和交易，如加密货币、初次公开募股（IPO）等，这使得财务分析需要更深入地了解这些新的金融工具。

7.市场不确定性：新经济和新技术的兴起经常伴随着市场不确定性，包括竞争的不断变化和技术创新的快速发展。这使得财务分析更加复杂，需要更多的战略规划。

8.社会和环境责任：企业越来越受到社会和环境责任的压力，需要财务分析来衡量和报告这些因素的影响，这可能需要额外的数据和指标。

综上所述，财务分析在新经济和新技术环境下需要应对更复杂的数据、更快速的变化和更多的风险。同时，这也为企业提供了更多的机会，通过更好的财务分析来实现创新、增长和竞争优势。因此，财务分析人员需要不断适应这些挑战，并寻求创新的方法来处理和分析财务数据。

知识拓展 1-2

（四）新环境、新经济、新技术的挑战对财务分析理论的影响

这些挑战会对财务分析理论体系产生影响，因为传统的财务分析方法和理论体系通常不足以解决新经济和新技术环境中出现的问题。以下是一些应对这些挑战的方式，涉及财务分析理论体系的方方面面：

1.整合非财务数据：财务分析理论体系需要考虑如何整合非财务数据，包括社交媒体数据、市场数据、客户数据等。这可能需要发展新的分析模型和方法，以更全面地了解企业绩效。

2.强调实时性：新经济环境要求财务分析能够提供实时数据和见解。因此，财务分析理论需要考虑如何有效地处理和分析实时数据，并提供及时的决策支持。

3.数据质量和一致性标准：财务分析理论需要制定更严格的数据质量和一致性标准，以确保数据的准确性和可比性。这可能包括建立数据清洗和标准化的最佳实践。

4.风险管理和合规性：新经济环境中的复杂性要求财务分析理论更加注重风险管理和合规性。这可能包括开发新的风险评估模型和合规性框架，以应对新兴风险。

5.技术工具的集成：财务分析理论需要考虑如何集成新的技术工具，如大数据分析、人工智能和区块链，以提高分析的效率和深度。

6.可持续发展和社会责任：财务分析理论需要考虑企业的可持续发展和社会责任，以便更全面地评估企业价值。

7.教育和培训：教育机构和行业需要调整财务分析的培训和教育，以确保专业人员能够适应新的环境和工具。

总的来说，财务分析理论体系需要不断演进，以适应新经济和新技术环境的挑战和机会。这意味着要寻求更全面的理论框架，整合多样的数据来源，强调实时性和风险管理，以便更好地支持企业在新经济环境中的决策和战略规划。财务分析专业人员和研究者需要积极参与和推动这一领域的发展。

【思政案例】 基于机器学习的分析师识别公司财务舞弊风险的研究

1.案例分析资料

利用机器学习方法预测财务舞弊风险，结合分析师评级数据，实证考察分析师能否识别公司的财务舞弊风险。以2007—2018年A股上市公司为样本进行多元回归分析发现，公司财务舞弊风险越大，分析师越可能对公司出具消极的评级报告，表明分析师在分析和解读信息过程中能够识别公司的财务舞弊风险并有效应对。这一影响在分析师经验越丰富、声誉越好以及利益冲突越小时更为突出，表明分析师识别财务舞弊的能力和动机影响其能否识别公司财务舞弊风险。基于分析师发布消极评级的经济后果的检验表明，分析师消极评级能显著降低公司未来发生财务舞弊的概率。

资料来源：伍彬，刘云菁，张敏．基于机器学习的分析师识别公司财务舞弊风险的研究［J］．管理学报，2022，19（7）：1082-1091.（详见二维码“思政知识1-1”）

思政知识1-1

2.案例分析提示

（1）通过思政案例学习，学生能够明确财务分析业务与公司管理者及分析师之间的关系，从中理解提升道德法治观念的重要性。

（2）通过思政案例学习，学生能够站在公司管理者的角度思考问题，遵纪守法，降低舞弊风险，真正靠价值创造提升企业经营业绩。

（3）通过思政案例学习，学生能够站在财务分析师的角度思考问题，提升自身业务素质和法治观念，准确分析判断公司的舞弊行为。

三、财务分析的基本内涵

在明确财务分析学科定位和财务分析实践发展需求的基础上，界定财务分析的内涵是建立财务分析理论体系的关键。财务分析是财务分析主体为实现财务分析目标，以财务信息及其他相关信息为基础，运用财务分析技术，对分析对象财务活动的可靠性和有效性进行分析，为经营决策、管理控制及监督管理提供依据的一门具有独立性、边缘性、综合性的经济应用学科。

财务分析的主体是多元的，投资者、中介机构（如财务分析师）、管理者、监管部门、其他利益相关者等都是财务分析的主体，他们都从各自的目的出发进行财务分析。

财务分析的分析依据或基础是以财务信息为主，其他相关信息为辅。财务信息包括财务报告信息和内部会计报告信息，资本市场金融产品价格信息和利率信息等；其他相关信息包括非财务的统计信息、业务信息等。

财务分析的对象是财务活动，分析的内容是其可靠性与有效性。所谓可靠性分析是分析财务信息是否真实准确地反映了财务活动的过程与结果，特别是分析那些由于会计信息确认、计量、记录和报告原则与方法的差异、变更、错误等对财务活动可靠性带来的影响。所谓有效性分析是分析财务活动的盈利能力、营运能力、偿债能力、增长能力等，以判断分析对象财务活动与结果的质量，为经营决策、管理控制及监督管理提供准确的信息或依据。

因此，从相关主体来看，财务分析可分为投资者财务分析、管理者财务分析、监管者财务分析、客户财务分析、供应商财务分析、员工财务分析等；从分析方法来看，财务分析可分为会计分析与比率分析；从服务对象来看，财务分析可分为外部财务分析和内部财务分析；从职能作用来看，财务分析可分为基于决策的财务分析、基于控制的财务分析和基于监管的财务分析。

综上所述，财务分析是以会计核算和报告资料及其他相关资料为依据，采用一系列专门的分析技术和方法，对企业等经济组织过去和现在的有关筹资活动、投资活动、经营活动的盈利能力、营运能力、偿债能力和增长能力状况等进行分析与评价，为企业的投资者、债权人、经营者及其他关心企业的组织或个人了解企业过去、评价企业现状、预测企业未来、做出正确经营决策、管理控制和监督管理提供准确的信息或依据的经济应用学科。

四、财务分析的目标

财务分析的目标是建立财务分析理论体系和内容体系的关键。财务分析的目标应与财务分析信息使用者的目标相一致。随着财务分析信息使用者的增加及信息使用者目标的多重化，财务分析目标必然出现多样性与多重性。

从财务分析主体或信息使用者角度看财务分析目标，可分为投资者财务分析目标、管理者财务分析目标、监管者财务分析目标、利益相关者财务分析目标等。投资者财务分析目标又可分为股权投资者财务分析目标、债权投资者财务分析目标。管理者财务分析目标可分为高级管理者财务分析目标、部门管理者财务分析目标等。监管者财务分析目标可分为政府部门财务分析目标、中介机构财务分析目标等。利益相关者财务分析目标可分为客户财务分析目标、供应商财务分析目标、员工财务分析目标等。

从财务分析信息使用目的角度看财务分析目标，可分为基于决策的财务分析目标和基于管理控制的财务分析目标。基于决策的财务分析目标可按决策类型分为投资决策财务分析目标、筹资决策财务分析目标、经营决策财务分析目标、分配决策财务分析目标等。基于管理控制的财务分析目标可按控制环节分为预测、预算中的财务分析目标，业绩评价中的财务分析目标，管理激励中的财务分析目标等。

无论从其主体、客体看，还是从使用目的看，财务分析的目标都是要满足投资者、债权人、经营管理者及其他利益相关者决策与控制的需要。因此，研究财务分析的目标可从以下几方面进行：

（一）从企业股权投资者角度看财务分析的目标

企业的股权投资者包括企业的所有者和潜在投资者，他们进行财务分析的最根本目标是看企业的盈利能力状况，因为盈利能力是投资者资本保值和增值的关键。但是投资者仅关心盈利能力还是不够的，为了确保资本保值增值，他们还应研究企业的权益结构、支付能力及营运状况。只有投资者认为企业有着良好的发展前景，企业的所有者才会保持或增加投资，潜在投资者才能把资金投向该企业；否则，企业所有者将会尽可能地抛售股权，潜在投资者将会转向其他企业投资。另外，对于企业所有者而言，财务分析也能评价企业经营者的经营业绩，发现经营过程中存在的问题，从而通过行使股东权利，为企业未来发展指明方向。

（二）从企业债权人角度看财务分析的目标

企业债权人包括企业借款的银行和一些金融机构，以及购买企业债券的单位与个人等。债权人进行财务分析的目标与经营者和投资者都不同，银行等债权人一方面从各自经营或收益目的出发愿意将资金贷给某企业，另一方面又要非常小心地观察和分析该企业有无违约或清算、破产的可能性。一般来说，银行等金融机构及其他债权人不仅要求本金能及时收回，而且要得到相应的报酬或收益，而这个收益的大小又与其承担的风险程度相适应，通常偿还期越长，风险越大。因此，从债权人角度进行财务分析的主要目标：一是看其对企业的借款或其他债权是否能及时、足额收回，即研究企业偿债能力的大小；二是看债务人的收益状况与风险程度是否相适应。为此，还应将偿债能力分析与盈利能力分析相结合。

（三）从企业经营者角度看财务分析的目标

企业经营者主要指企业的经理以及各分厂、部门、车间等的管理人员。他们进行财务分析的目标是综合的。从对企业所有者负责的角度，他们关心盈利能力，这是他们的总体目标。但是，在财务分析中，他们不仅关心盈利的结果，还关心盈利的原因及过程，如资产结构分析、营运状况与效率分析、经营风险与财务风险分析、支付能力与偿债能力分析等。分析的目标是及时发现生产经营中存在的问题与不足，并采取有效措施解决这些问题，使企业不仅用现有资源获取更多的盈利，而且使企业盈利能力保持持续增长。

（四）其他利益相关者财务分析的目标

其他利益相关者主要指与企业经营有关的企业单位和国家行政管理与监督部门。与企业经营有关的企业单位主要指材料供应者、产品购买者等。这些企业单位出于保护自身利益的需要，也非常关心往来企业的财务状况，进行财务分析。它们进行财务分析的主要目标在于搞清企业的信用状况，包括商业上的信用和财务上的信用。商业信用指按时、按质完成各种交易行为；财务信用则指及时清算各种款项。企业信用状况分析，首先可通过对企业支付能力和偿债能力的评价进行；其次可根据对企业利润表中反映的企业交易完成情况进行分析判断来说明。

思政知识 1-2

国家行政管理与监督部门主要指市场监管、物价、财政、税务以及审计等部门。它们进行财务分析的目标：一是监督、检查党和国家的各项经济政策、法规、制度在企业单位的执行情况；二是保证企业财务会计信息和财务分析报告的真实性、准确性，为宏观决策提供可靠信息。

第二节　财务分析的体系与内容

一、我国财务分析体系构建的理论基础

（一）企业目标与财务目标

任何一个学科体系与内容的建立都离不开其应用领域的目标。财务分析作为对企业财务活动及其效率与结果的分析，其目标必然与企业的财务目标相一致。目前，关于企业财务目标的提法或观点较多，如股东权益目标、企业价值目标、利润目标、经济效益目标等。

要研究企业财务目标，首先应明确企业目标，企业的目标从根本上必然与企业的所有

者目标相一致。作为一家企业，其生存与发展的基础是拥有一定资源，包括资本资源和劳动力资源。企业的所有者是资本资源的所有者还是劳动力资源的所有者呢？这里存在两种不同的观点：一种观点认为，资本所有者是企业的所有者，即资本所有者以其资本投入为基础雇佣劳动力，劳动者是企业的雇工，这就是所谓的资本雇佣劳动制；另一种观点认为，劳动力所有者即劳动者是企业的所有者，劳动者以劳动为基础，通过雇佣资本进行生产经营。此时，劳动者是企业所有者，资本是企业购买的生产要素，这就是所谓的劳动雇佣资本制。在商品经济条件下，劳动雇佣资本制是不成立的，因为在劳动雇佣资本制度下，企业只能负盈，不能负亏，或者说劳动者只能分享收益，不能承担风险。现代企业制度属于资本雇佣劳动制，因此，企业所有者是资本所有者，企业目标应与企业资本所有者目标相一致，即资本的保值与增值。

企业资本保值增值目标与企业财务目标是否一致呢？回答是肯定的。无论是股东权益目标、企业价值目标、利润目标，还是经济效益目标，都是如此。追求股东权益或股东价值增加是企业财务的根本目标，它与追求企业价值或其他利益方利益并不矛盾。股东价值增加，从长远看，必然使企业各利益方同时受益，不可能以损害其他利益方为基础。股东是公司中增进自己权益的同时也增进他人权益的唯一利益方。①同时，股东权益目标与利润目标和经济效益目标也不矛盾，利润是直接目标，经济效益是核心目标。②

（二）财务目标与财务活动

企业追求财务目标的过程正是企业进行财务活动的过程，这个过程包括筹资活动、投资活动、经营活动和分配活动。图1-3反映了企业财务活动与财务目标的关系。

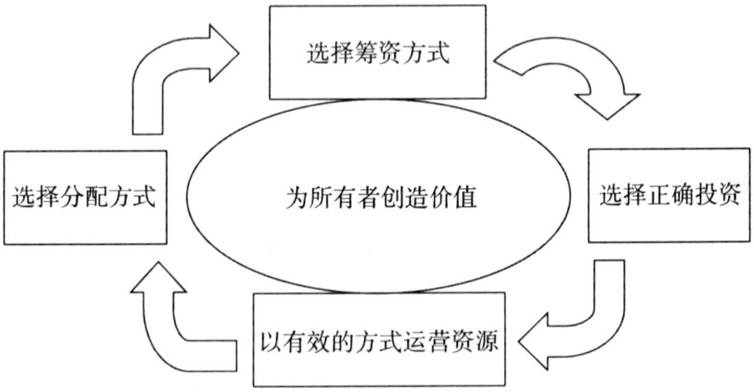

图1-3　财务活动与财务目标的关系

企业筹资活动过程是资本的来源过程或资本取得的过程，包括自有资本（所有者权益）和借入资本（负债）。企业在筹资活动中或在取得资本时，要考虑资本成本、筹资风险、支付能力、资本结构等因素。筹资活动的目的在于以较低的资本成本和较小的风险取得企业所需要的资本。

企业投资活动过程是资本的使用过程或资产的取得过程，包括流动资产、固定资产、长期投资、无形资产等。企业在投资活动过程中，要考虑投资收益、投资风险、投资结构及资产利用程度等因素。投资活动的目的在于充分使用资产，以一定的资产、较小的风险

① 科普兰，科勒，默林，等. 价值评估［M］. 贾辉然，等译. 北京：中国大百科全书出版社，1998：23.
② 张先治. 中国企业财务管理目标探讨［J］. 会计研究，1997（11）：13-17.

取得尽可能大的产出。

企业经营活动过程是资本的耗费和收回过程，包括发生的各种成本费用和取得的各项收入。企业在经营活动中，要考虑生产要素和商品或劳务的数量、结构、质量、消耗、价格等因素。经营活动的目的在于以较低的成本费用取得较多的收入，实现更多的利润。

企业分配活动过程是资本退出经营的过程或利润分配的过程，包括提取资本公积和盈余公积，向股东支付股利和留用利润等。企业在分配过程中，要考虑资本需要量、股东的利益、国家政策、企业形象等因素。分配活动的目的在于兼顾各方利益，使企业步入良性循环的轨道。

（三）财务活动与财务报表

企业的基本财务报表由资产负债表、利润表和现金流量表组成。企业的各项财务活动都直接或间接地通过财务报表来体现，如图1-4所示。

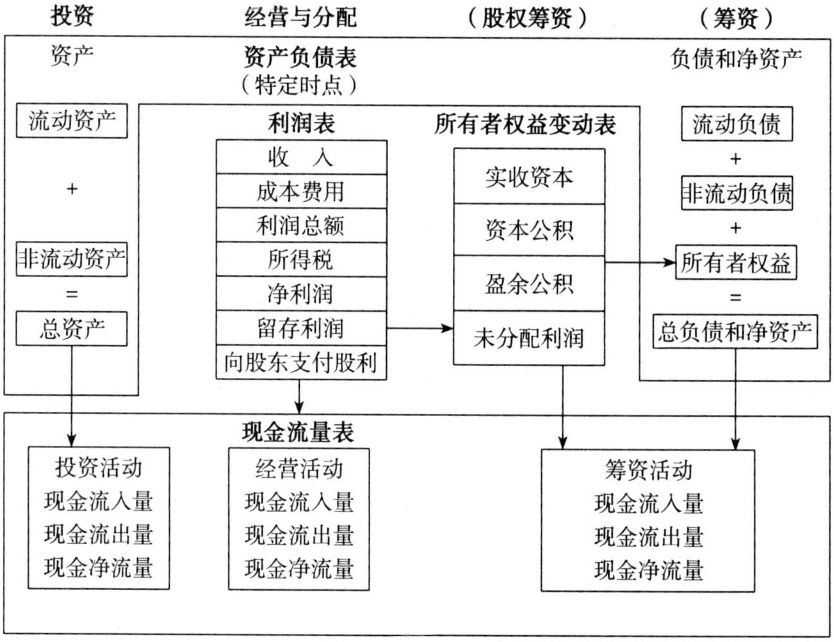

图1-4　财务活动与财务报表形式图

资产负债表是反映企业在某一特定日期财务状况的报表。它是企业筹资活动和投资活动的具体体现。

利润表是反映企业在一定会计期间经营成果的报表。它是企业经营活动和分配活动的具体体现。

所有者权益变动表是反映企业在一定会计期间所有者权益变动情况的报表。它是企业股权筹资活动的具体体现。

现金流量表是反映企业在一定会计期间现金和现金等价物（以下简称现金）流入和流出的报表。它以现金流量为基础，是企业财务活动总体状况的具体体现。

可见，财务报表从静态到动态，从权责发生制到收付实现制，对企业财务活动中的筹资活动、投资活动、经营活动和分配活动进行了全面、系统、综合的反映。

（四）财务报表与财务效率

财务报表，包括动态报表和静态报表，它不仅能直接反映筹资活动、投资活动、经营活动和分配活动的状况，而且可间接揭示或通过财务分析揭示财务活动的效率或能力，包括盈利能力、营运能力、偿债能力和增长能力。

盈利能力是指企业投入一定资源所取得利润的能力。根据不同的资源投入，盈利能力可分为资本经营盈利能力，即利润与所有者权益之比；资产经营盈利能力，即利润与总资产之比；商品经营盈利能力，即利润与成本费用之比。

营运能力是指企业营运资产的效率。根据不同的资产范围，营运能力可分为全部资产营运能力，如总资产周转率等；流动资产营运能力，如流动资产周转率和存货周转率等；固定资产营运能力，如固定资产收入率等。

偿债能力是指企业偿还本身所欠债务的能力。根据偿债期长短，偿债能力可分为短期偿债能力，如流动比率、速动比率等；长期偿债能力，如资产负债率、利息保障倍数等。

增长能力是指企业保持持续发展或增长的能力。根据影响增长能力的因素，增长能力可分为销售增长能力，如销售增长率；资本增长能力，如资本积累率及资本增长率；可持续增长能力，如可持续增长比率等。

上述各种能力是企业财务效率的体现，而财务效率的计算与分析则离不开财务报表。

（五）财务效率与财务结果

企业各项财务效率的高低，最终都将体现在企业的财务结果上，即体现在企业的价值上。企业价值是企业财务效率的综合反映或体现。同时，企业价值的高低正是评价企业财务目标实现程度的根本。

图1-5可直观反映从财务目标到财务结果整个企业循环过程的情况。

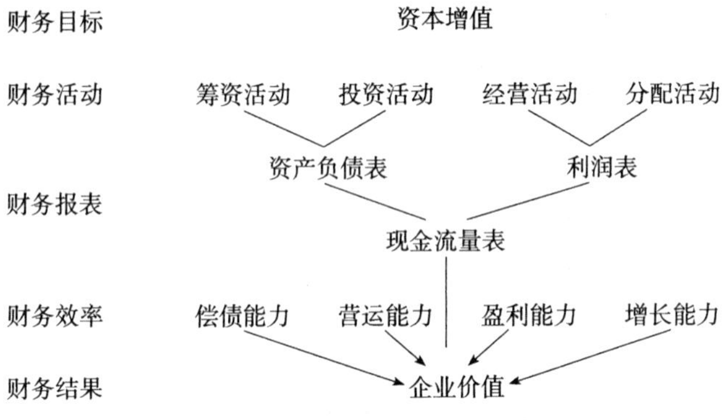

图1-5　财务目标至财务结果循环

二、财务分析体系与内容的构建

在研究财务分析产生与发展、界定财务分析内涵、明确财务分析目标与作用的基础上，结合对国内财务分析体系与内容的剖析，我们将财务分析体系与内容归纳为以下四篇十三章内容。

第一篇为财务分析概论，本篇是财务分析的原理篇，介绍了财务分析的基本理论与基本方法，包括财务分析理论、财务分析信息基础和财务分析程序与方法三章内容。

在第一章财务分析理论中，首先介绍了财务分析的内涵与目标；然后分析了财务分析的体系与内容；第三节介绍了财务分析的形式与作用。

在第二章财务分析信息基础中，首先介绍了财务分析信息的种类；然后介绍了财务报告的内涵与作用；接着分别从会计报表、会计报表附注、审计报告等方面论述了财务报告及审计报告的结构与作用；最后介绍了财务分析法规与政策依据。

在第三章财务分析程序与方法中，首先论述了财务分析的基本程序与步骤，然后根据财务分析四个阶段分别介绍了分析方法：（1）财务分析信息搜集和整理渠道与方法；（2）战略分析与会计分析方法；（3）比率分析与因素分析方法；（4）财务综合分析评价方法；（5）大数据财务分析方法。

第二篇为财务报告分析，本篇主要从会计分析角度对财务报告进行分析，包括资产负债表分析、所有者权益变动表分析、利润表分析和现金流量表分析四章内容。

在第四章资产负债表分析中，首先对资产负债表进行水平分析，明确资产与权益变动的原因；然后对资产负债表进行垂直分析，搞清企业财务状况；最后对资产负债表按资产、负债和所有者权益项目进行分析。

在第五章所有者权益变动表分析中，首先明确了所有者权益变动表的内容及与其他报表的关系；接着对所有者权益变动表进行水平分析与垂直分析；最后从管理决策角度分析股权分置和股利政策对所有者权益变动产生的影响。

在第六章利润表分析中，首先主要根据利润表主表从企业利润的形成角度对利润增减变动和利润结构变动情况进行分析，以找出影响利润变动的关键因素；然后根据利润表附表，对企业分部门、分地区利润状况及主营业务利润状况进行分析；最后根据会计报表附注信息，对收入、成本费用等项目进行分析。

在第七章现金流量表分析中，首先对现金流量表从当年现金流量变动角度进行分析；其次从不同时期现金流量变动和现金流量结构变动角度进行水平分析与垂直分析；最后将现金流量与利润结合起来进行分析，包括对比分析与趋势分析等。

第三篇为财务效率分析，本篇主要从比率分析与因素分析角度研究企业财务效率及变动情况，包括企业盈利能力分析、企业营运能力分析和企业偿债能力分析及企业发展能力分析四章内容。

在第八章企业盈利能力分析中，首先对一般企业资本经营盈利能力进行比率分析与因素分析；其次对资产经营盈利能力进行分析；然后分析商品经营能力并对影响盈利能力的关键因素——主营业务利润进行因素分析；最后对上市公司盈利能力进行分析。

在第九章企业营运能力分析中，首先对总资产营运能力进行分析，以反映全部资产营运效率；接着对流动资产营运能力进行分析，这是营运能力分析的重点，主要包括对流动资产周转率的分析和流动资产周转加速对资产及收入的影响分析；然后进行固定资产营运能力分析。

第十章企业偿债能力分析包括企业短期偿债能力分析和企业长期偿债能力分析两部分。短期偿债能力分析在明确影响短期偿债能力因素的基础上，通过对流动比率、速动比率等指标的计算与分析，评价企业的短期偿债能力状况。长期偿债能力分析，则主要通过对资产负债率等指标的计算与分析，评价企业的长期偿债能力及其财务风险程度。

在第十一章企业发展能力分析中，首先论述了企业发展能力分析的目标与内容；接着从企业单项指标角度分析企业的发展能力，包括资产增长、收入增长和净利润增长能力等；最后从企业整体发展能力角度进行综合分析。

知识拓展1-3

第四篇为财务综合分析评价，本篇包括综合分析与业绩评价和企业价值评估两章内容。

在第十二章综合分析与业绩评价中，首先应用杜邦综合分析体系对企业综合能力进行分析；然后分别运用综合指数法和综合评分法或功效系数法对企业经济效益或企业经营绩效进行综合评价。

在第十三章企业价值评估中，分别运用以现金流量为基础的价值评估、以经济利润为基础的价值评估和以价格比或价格乘数为基础的价值评估三种基本方法，评估企业价值及股东价值，以分析确认企业价值创造程度。

第三节　财务分析的形式与作用

一、财务分析的形式

由于进行财务分析的角度不同，如分析的主体不同、客体不同、目的不同等，因此财务分析形式也有所不同。明确不同财务分析形式的特点及用途，对于准确分析企业财务状况，实现分析目标都有着重要的意义和作用。通常，财务分析的形式可从以下几方面进行划分：

（一）内部分析与外部分析

财务分析根据分析主体的不同，可分为内部分析与外部分析：

1.内部分析。内部分析，亦称内部财务分析，主要指企业内部经营者对企业财务状况的分析。内部分析的目的是判断和评价企业生产经营是否正常、顺利，如通过流动性分析，可检验企业的资金运营速度、货款及债务的支付或偿还能力；通过收益性分析，可评价企业的盈利能力和资本保值、增值能力；通过对企业经营目标完成情况的分析，可考核与评价企业经营业绩，及时、准确地发现企业的成绩与不足，为企业未来生产经营的顺利进行、提高经济效益指明方向。

2.外部分析。外部分析，亦称外部财务分析，主要指企业外部的投资者、债权人及政府部门等，根据各自需要，对企业的有关情况进行的分析。投资者的分析，关心的主要是企业的盈利能力、发展后劲，以及资本的保值与增值状况；债权人的分析，主要看企业的偿债能力和信用情况，判断其本金和利息是否能及时、足额收回；政府有关部门对企业的财务分析，主要是看企业的经营行为是否规范、合法，以及对社会的贡献状况。在现代企业制度条件下，外部财务分析是财务分析的基本形式。

应当指出，内部分析和外部分析并不是完全孤立或隔离的，要保证财务分析的准确性，内部分析有时也应站在外部分析的角度进行，而外部分析也应考虑或参考内部分析的结论，以避免出现片面性。

（二）静态分析与动态分析

财务分析根据分析的方法与目的可分为静态分析和动态分析：

静态分析是根据某一时点或某一时期的会计报表或分析信息，分析报表中各项目或报表之间各项目关系的财务分析形式。例如，可通过某一财务比率，或某几个财务比率揭示财务关系，也可通过垂直分析或结构分析，揭示总体中各项目的水平。静态分析的目的在于找出财务活动的内在联系，揭示其相互影响与作用，反映经济效率和财务现状。

动态分析是根据几个时期的会计报表或相关信息，分析财务变动状况。例如，水平分析、趋势分析等都属于动态分析。动态分析通过对不同时期财务活动的对比分析，揭示财务活动的变动及其规律。

静态分析与动态分析各有优点与不足，要全面综合分析财务报表，这两类分析都是必需的。

（三）全面分析与专题分析

财务分析根据分析的内容与范围的不同，可分为全面分析和专题分析：

1.全面分析。全面分析是指对企业在一定时期生产经营各方面的情况进行系统、综合、全面的分析与评价。全面分析的目的是找出企业生产经营中带有普遍性的问题，全面总结企业在这一时期的成绩与问题，为协调各部门关系，搞好下期生产经营安排奠定基础或提供依据。全面分析通常在年终进行，形成综合、全面的财务分析报告，向职工代表大会或股东代表大会汇报。

2.专题分析。专题分析是指根据分析主体或分析目的的不同，对企业生产经营过程中某一方面的问题所进行的较深入的分析。如经营者对生产经营过程某一环节或某一方面存在的突出问题进行的分析，投资者或债权人对自己关心的某方面问题进行的分析等，都属于专题分析。专题分析能及时、深入地揭示企业在某方面的财务状况，为分析者提供详细的资料信息，对解决企业的关键性问题有重要作用。例如，当企业在某时期资金紧张时，通过财务专题分析，可从筹资结构、资产结构、现金流量及支付能力等方面，研究资金紧张的原因及解决的对策。

在财务分析中，应将全面分析与专题分析相结合，这样才能全面、深入地揭示企业的问题，正确地评价企业各方面的状况。

（四）财务报表分析与内部报表分析

财务分析从分析资料角度划分，可分为财务报表分析和内部报表分析。

1.财务报表分析。财务报表是财务会计报表的简称。财务报表分析是指对财务会计报表的分析。财务会计报表是企业依据会计准则和会计制度编制的，向国家有关部门及与企业有关的单位等提供的反映企业财务状况和经营成果等会计信息的总结性文件。由于财务报表具有合法性、客观性、公开性等特点，因此，对财务报表进行分析，不仅有利于财务分析的规范化、制度化，而且便于企业及有关各方面对企业经营与财务状况进行系统分析。从这个角度看，财务报表分析是财务分析最基本的形式，甚至有人将财务报表分析直接理解为财务分析。财务报表分析根据报表的种类不同又可分为资产负债表分析、利润表分析和现金流量表分析。资产负债表分析可揭示企业的全部资产与权益的结构状况、适应状况、总额变动情况等。利润表分析可揭示企业的收益状况和盈利状况，以及利润分配状况等。现金流量表分析主要揭示企业各项财务活动的现金流入量和现金流出量情况。应当指出，由于财务会计报表之间是相互联系、相互制约的，因此，财务报表分析不能仅对某一报表孤立进行分析，而应将全部财务报表分析结合起来，这样才能得出正确的结论。

2.内部报表分析。内部报表主要指除财务会计报表之外的其他与企业财务和会计活动有关的报表资料，其中最基本的是管理会计报表。内部报表分析作为财务分析的一种形式或组成部分是必要的。因为：第一，内部报表分析是对财务报表分析的必要补充。例如，利润表分析可说明企业的收益情况和盈利能力，进一步分析也可说明企业盈利增长的一般原因，或是销量增加的影响，或是成本降低的影响，但是为什么企业成本会降低呢？财务报表分析并不能回答这个问题，而内部报表分析则可根据成本报表资料，分析说明成本升降的原因。第二，由于内部报表是根据企业的生产经营特点和管理需要编制的，因此对内部报表的分析更有利于揭示企业经营管理中存在的问题或不足，这对企业的经营者是尤为重要的。

应当指出，随着会计信息披露范围的扩大，许多内部会计报表作为财务报表的附表而被公开披露。因此，在这种情况下，财务报表分析形式与内部报表分析形式也将趋于统一。

二、财务分析的条件与要求

（一）财务分析的条件

明确了财务分析的目的、作用、内容及形式，为进行财务分析奠定了理论基础，然而，要搞好财务分析，充分发挥财务分析的作用，还必须搞清财务分析的前提条件。

1.统一的财务会计制度

财务分析的基本资料依据是会计核算和报表资料。不同的会计制度，会计核算和报表的方法可能不同，会计账户和报表反映的内容可能不同等。这将给财务分析，尤其给外部财务分析带来极大困难。例如，在不同所有制企业会计制度的不同情况下，企业的投资者和债权人不能根据不同性质的企业会计资料直接进行对比分析，或者说，如果直接进行对比则可能得出错误的结论，这势必限制了财务分析的广泛应用。我国会计准则和财务通则的颁布实行，为进行财务分析创造了十分必要和有利的条件。由于有了统一的会计准则，人们可按照统一的概念基础、程序和手续编制会计报表，而会计报表使用者也有了阅读和分析会计报表的统一尺度。

2.产权清晰的企业制度

从财务分析的产生、发展、目的、作用看，财务分析之所以如此重要而引起越来越多人的重视，是因为它能服务于企业利益的各个方面。而只有在产权清晰、权责分明的企业制度下，企业各方的权利与义务才能得以确认，财务分析的主体才能实现多元化，财务分析的必要性才更加突出。在传统的计划经济体制下，企业投资者、经营者、债权人等之间的关系模糊，产权不清、责任不明，人们不会关心和重视财务分析。而在市场经济条件下，随着现代企业制度的建立，企业产权逐渐清晰起来，投资者、经营者、债权人、宏观经济管理者各自站在不同角度关心企业的生产和经营，从而形成财务分析主体的多元化，促进和完善了财务分析的内容与方法。

3.完善的信息披露体制

企业信息是进行财务分析的基础，没有及时、完备、准确的信息，要保证财务分析的正确性是不可能的。因此，完善信息披露体制是搞好财务分析的重要前提条件。而要做到这一点，企业在会计报表中不仅要按会计准则要求，全面、系统地反映企业的经营和财务状况，而且对会计程序和手续的变动也必须予以充分披露，以便会计报表的使用者能正确分析其对企业财务状况和经营成果的影响。另外，要建立健全信息市场，完善信息网络，使财务分析者充分、及时地取得各种分析信息。

（二）财务分析的要求

在搞清财务分析条件的基础上，为健全与完善财务分析理论，搞好财务分析实务，必须注意做好以下几点：

1.创造与完善财务分析条件

前面论述了搞好财务分析的前提条件，这也是进行财务分析的基本要求。要发展和完善财务分析理论与方法，首先必须满足这些条件，或采取措施创立与完善这些条件。具体地说，我国目前已经有了统一的会计制度，但是无论是会计准则，还是行业会计制度都需要进一步完善。一些会计资料还不能满足不同分析主体的需要。建立现代企业制度已成为我国目前企业制度改革的重点和方向，但是要建成现代企业制度，还需要我们不断地探索和奋斗。因此，当前必须注重对现有企业的改制，以建立适应财务分析要求的产权清晰的企业制度。信息披露问题是财务分析条件中最关键的问题，也是财务分析能否积极有效开展起来的主要问题。目前，我国的信息披露体制还不够健全，渠道还不够畅通，这就要求我们在制度上对信息披露的完整性、时效性、准确性做出具体规定，为财务分析提供有用信息。

2.学习与掌握财务分析方法

搞好财务分析，除了必要的外部条件或信息资料，关键还在于分析者的理论与实践水平。一个没有很好掌握财务分析理论和方法的分析者，拥有多么完善的分析资料或信息，也可能得出错误的分析结论。财务分析是一门新的学科，而且在不断发展和完善之中，因此，不断学习和掌握财务分析理论与方法，是与企业有关的所有单位或个人都需要的，包括投资者、债权人、经营者、宏观管理者等，特别是一些决策者和参谋者更应系统学习和掌握财务分析方法。

3.建立与健全财务分析组织

随着现代企业制度的建立，企业的财务分析工作将逐步走上制度化、规范化的道路。这就要求企业必须建立与健全完善的财务分析组织体系，及时、系统、全面地分析企业的财务状况和经营成果。财务分析组织应以财务部门为核心，进行比较全面、综合的分析，横向各部门单位，纵向各车间、班组也应进行专题分析。应当指出，企业的财务分析组织并不一定只对本企业的财务状况和经营成果进行分析，对其他企业的财务状况和经营成果进行分析也是财务分析组织的一项重要任务。因为在现代企业制度下，企业可能作为投资者、债权人等利益相关者与其他企业发生交易和往来。只有建立健全各级分析组织，才能保证财务分析工作的顺利、有效进行。

三、财务分析的作用

从财务分析的产生、发展及与其他学科的关系到财务分析的目标，都说明财务分析是十分必要的，尤其在我国建立社会主义市场经济体制和现代企业制度的今天，财务分析的意义更加深远，作用更加重大。从不同角度看财务分析的作用是不同的。从财务分析的服务对象看，财务分析不仅对企业内部的生产经营管理有着重要作用，而且对企业外部投资决策、贷款决策、赊销决策等也有着重要作用。从财务分析的职能作用来看，它对于正确预测、决策、计划、控制、考核、评价都有着重要作用。这里主要从财务分析对评价企业过去、现在及未来的作用加以说明。

（一）财务分析可正确评价企业过去

正确评价企业的过去，是说明现在和揭示未来的基础。财务分析通过对实际会计报表等资料的分析能够准确地说明企业过去的业绩状况，指出企业存在的问题及产生的原因，是主观原因还是客观原因等，这不仅对正确评价企业过去的经营业绩是十分有益的，而且可对企业投资者和债权人的行为产生积极的影响。

（二）财务分析可全面反映企业现状

财务会计报表及管理会计报表等资料是企业各项生产经营活动的综合反映。但会计报表的格式及提供的数据往往是根据会计的特点和管理的一般需要而设计的，它不可能全面提供不同目标报表使用者所需要的各方面数据资料。财务分析，根据不同分析主体的分析目标，采用不同的分析手段和方法，可得出反映企业某方面现状的指标，如反映企业资产结构的指标、企业权益结构的指标、企业支付能力和偿债能力的指标、企业营运状况的指标、企业盈利能力的指标等。这种分析对于全面反映和评价企业的现状有重要作用。

（三）财务分析可用于估价企业未来

财务分析不仅可用于评价企业的过去和反映企业的现状，更重要的是它可通过对过去与现状的分析与评价，估价企业的未来发展状况与趋势。财务分析对企业未来的估价：第一，可为企业未来财务预测、财务决策和财务预算指明方向；第二，可准确评估企业的价值及价值创造，这对企业进行经营者绩效评价、资本经营和产权交易都是十分有益的；第三，可为企业进行财务危机预测提供必要信息。

□ 本章小结

目前的财务分析从理论基础上看，主要可分为基于会计学的财务分析与基于财务学的财务分析两种。财务分析学实际上是在会计信息供给（会计学）与会计信息需求（财务学、经济学、管理学等）之间架起的一座桥梁。

财务分析的发展要适应学科地位及专业发展的需要，必须充分考虑经济环境变化所带来的挑战，这些挑战包括市场经济体制、资本市场、企业制度和会计准则等经济环境的变化。财务分析在新经济和新技术环境下需要应对更复杂的数据、更快速的变化和更多的风险。同时，这也为企业提供了更多的机会，通过更好的财务分析来实现创新、增长和竞争优势。因此，财务分析需要不断适应这些挑战，并寻求创新的方法来处理和分析财务数据。

财务分析是以会计核算和报告资料及其他相关资料为依据，采用一系列专门的分析技术和方法，对企业等经济组织过去和现在的有关筹资活动、投资活动、经营活动、分配活动的盈利能力、营运能力、偿债能力和增长能力状况等进行分析与评价，为企业的投资者、债权人、经营者及其他关心企业的组织或个人了解企业过去、评价企业现状、预测企业未来、做出正确经营决策、管理控制和监督管理提供准确的信息或依据的经济应用学科。

财务分析的目标受财务分析主体和财务分析服务对象的制约，不同的财务分析主体进行财务分析的目标是不同的，不同的财务分析服务对象所关心的问题也是不同的。各种财务分析主体的分析目标和财务分析服务对象所关心的问题，也就构成了财务分析的目标或财务分析的研究目标。

在界定财务分析内涵、明确财务分析目标与作用的基础上，结合对国内财务分析体系与内容的剖析，解析财务分析体系构建的理论基础，可将我国财务分析体系与内容归纳为四篇十三章内容。第一篇为财务分析概论，本篇是财务分析的原理篇，包括财务分析理论、财务分析信息基础和财务分析程序与方法三章内容。第二篇为财务报告分析，本篇主要从会计分析角度对财务报告进行分析，包括资产负债表分析、所有者权益变动表分析、利润表分析和现金流量表分析四章内容。第三篇为财务效率分析，本篇主要从比率分析与因素分析角度研究企业财务效率及变动情况，包括企业盈利能力分析、企业营运能力分析、企业偿债能力分析及企业发展能力分析四章内容。第四篇为财务综合分析评价，本篇包括综合分析与业绩评价和企业价值评估两章内容。

财务分析的形式有：外部分析与内部分析；静态分析与动态分析；全面分析与专题分析；财务报表分析与内部报表分析等。要进行财务分析，应该有统一的会计制度、产权清晰的企业制度、完善的信息披露制度。同时，要学习掌握现代财务分析方法，健全财务分析组织与制度。财务分析对于正确预测、决策、计划、控制、考核、评价都有着重要作用。

案例分析1-1

□ 数智能力训练

人工智能大模型能够为我们进行财务分析提供很多有益的帮助。结合本章学习的内容，我们可运用人工智能大模型对财务分析基本理论中的相关问题进行进一步的分析，以提升同学们运用数智模型进行财务分析的能力。

本章的数智能力训练题主要有：

1.财务分析作为财务分析信息需求者与财务信息供给者之间的桥梁，在数智化技术不断创新发展的环境下，其地位与作用会发生哪些变化？财务分析与会计学和财务管理的关系是否有所变化？

2.利用人工智能大数据模型，探索我国财务分析理论体系和教材结构的几种主要类型，对比分析我国财务分析体系与西方财务分析体系的差异及原因。

3.数智化背景下，人工智能大数据模型可为基于业财融合的财务分析提供技术支持，请选择某一上市公司的财务会计报告数据，利用大数据模型分析其业务情况和财务情况。

目前可以采用的人工智能大模型主要有阿里“通义千问”、百度“文心一言”和科大讯飞“星火”等模型，当然也可以采用最新推出的其他模型。同学们可以多尝试一下不同的提问方式，或者不同的人工智能模型，看看答案会有怎样的差别？看看你能否找到与人工智能建立有效沟通的渠道！

□ 互动练习

第二章　财务分析信息基础

□ 学习目标
第一节　财务分析信息的种类
第二节　年度报告的内涵与作用
第三节　会计报表
第四节　会计报表附注
第五节　审计报告与内部控制信息
第六节　财务分析法规与政策依据
□ 本章小结
□ 数智能力训练
□ 互动练习

□ 学习目标

本章的主要学习目标是掌握财务分析信息的主要种类、来源以及在财务分析中所发挥的作用。

◇ 知识目标

了解财务分析信息的种类；理解并掌握会计报告的内涵与种类；掌握财务分析标准及作用；理解并掌握会计报表附表与附注的内涵与作用；理解财务报表信息的局限性；了解不同类型的审计意见和审计报告；了解内部控制的基本内容以及内部控制信息披露的基本要求；了解政策信息与市场信息的种类与作用。

◇ 技能目标

掌握资产负债表、所有者权益变动表、利润表和现金流量表的结构、内容与作用。

◇ 能力目标

能够根据财务分析的目标收集所需要的财务分析信息；能够区分不同来源信息间的差异及其在财务分析中的作用的差别；能够确定合理的财务分析标准信息，掌握不同类型标准信息的优缺点；能够将会计报表数字和报表附注信息相结合，从中提取恰当的财务分析信息；能够灵活运用现行的会计法规体系，从财务报表中提取财务分析所需要的信息。

◇ 思政目标

能够正确理解政府宏观经济政策的立足点，能够全面客观地评价政策效果，能够理解我党的执政初衷“不忘初心、牢记使命”，树立为国家发展和社会进步贡献个人力量的信念。

【引例】

据新华网报道，2024年1月16日，2024比亚迪梦想日活动正式举办，发布了新能源汽车智能化发展全新战略——整车智能，以及丰富的技术成果，向外界展现了比亚迪的智能化实力及未来战略布局，致力于引领行业智能化发展新方向，加速汽车行业智能化转型。比亚迪深刻洞察行业和用户需求，发布整车智能战略。比亚迪认为，目前行业把汽车智能化和智舱智驾画上等号，导致概念被窄化。实际上，智能化绝不止智舱智驾，整车智能打破固有思维，重新定义智能汽车。比亚迪集团董事长兼总裁王传福表示："整车智能，才是真智能。"与此同时，比亚迪还推出双循环多模态AI——璇玑AI大模型，首次将人工智能应用到车辆全领域。它拥有业界庞大的数据底座、行业领先的样本量和高算力，覆盖了整车三百多个场景，赋予整车智能持续进化的能力。未来，比亚迪将不断降低智驾的体验门槛，以更领先的技术、更具竞争力的成本，加速智驾普及。

智能化对比亚迪的经营业绩会产生怎样的影响？企业的市场占有率、产品结构、成本控制和投入产出比等，在智能化冲击下，会有怎样的变化？我们需要获取哪些相关信息，才能对这些问题进行充分的分析，并且找到答案？财务分析的信息基础涉及范围广泛、载体多样，既包括宏观经济信息，又包括企业微观环境信息；既包括在报表内以数字体现的量化信息，又包括在附注中以文字描述的非量化信息。同时，不同的信息基础，在财务分析活动中发挥的作用千差万别。如何才能根据财务分析的需要寻找到恰当的信息基础，如何将财务分析信息的作用发挥到最大；特别是在人工智能不断渗透的环境下，如何利用现代技术获取信息，实现人类与人工智能之间的"取长补短"。这都需要我们针对财务分析信息基础进行深入系统的学习。

（资料来源：翟子赫.比亚迪发布整车智能战略，加速汽车工业智能化变革［EB/OL］.［2024-05-20］.http：//www.xinhuanet.com/auto/20240117/e9afe48141974f62bd4ee778150a494a/c.html）

第一节　财务分析信息的种类

一、财务分析信息的作用与要求

（一）财务分析信息的作用

从财务分析的基本定义和财务分析的基本程序都可看出，财务分析信息是财务分析的基础。它对于保证财务分析工作的顺利进行、提高财务分析的质量与效果都有着重要的作用。

第一，财务分析信息是财务分析的根本依据。没有财务分析信息，财务分析如"无米之炊"，是不可能进行的。财务分析实际上就是对财务信息的分析，如要分析企业的资产、负债和所有者权益状况，就必须有资产负债表的信息，而要分析企业的盈利状况，则需要有利润表的信息等。

第二，搜集和整理财务分析信息是财务分析的重要步骤和方法之一。从一定意义上说，财务分析信息的搜集与整理过程，就是财务分析的过程。财务分析所用的信息并不是取之即来、来之即用的。不同的分析目的和分析要求所需要的信息是不同的，包括信息来源不同、内容不同和形式不同等。因此可以说，财务分析信息的搜集与整理是财务分析的基础环节。

第三，财务分析信息的数量和质量决定着财务分析的质量与效果。正因为财务分析信息是财务分析的基本依据和基础环节，因此，财务分析信息的准确性、完整性、及时性，对提高财务分析的质量和效果是至关重要的。使用错误的、过时的或不规范的财务分析信息，无法保证财务分析的准确性。

（二）财务分析信息的种类

进行财务分析的信息是多种多样的，不同的分析目的、分析内容所使用的财务信息可能是不同的。因此，从不同角度看，财务分析信息的种类是不同的。

第一，内部信息与外部信息。

财务分析信息按信息来源可分为内部信息和外部信息两类。所谓内部信息，是指从企业内部可取得的财务信息。外部信息则是指从企业外部取得的信息。

企业的内部信息主要包括：

（1）会计信息。

会计信息又可分为财务会计信息和管理会计信息。财务会计信息主要指财务报告，包括资产负债表、利润表、所有者权益变动表及现金流量表等国家财务会计制度规定企业编制的各种报表以及有关附表等。管理会计信息主要包括责任会计核算信息、决策会计信息等。

（2）统计与业务信息。

统计信息主要指各种统计报表和企业内部统计信息。业务信息则指与各部门经营业务及技术状况有关的核算与报表信息。总之，统计与业务信息包括了除会计信息之外其他反映企业实际财务状况或经营成果的信息。

（3）计划及预算信息。

计划及预算信息是企业管理的目标或标准，包括企业的生产计划、经营计划、财务计划、财务预算，以及各种消耗定额、储备定额、资金定额等。

企业的外部信息包括：

案例分析2-1

会计准则体系框架

（1）国家经济政策与法规信息。

国家的宏观经济信息主要指与企业财务活动密切相关的信息，如物价上涨率或通货膨胀率、银行利息率、各种税率等；有关法规包括会计法、税法、会计准则、审计准则、会计制度等。

（2）综合部门发布的信息。

综合部门发布的信息包括国家统计局定期公布的统计报告和统计分析；国家发改委的经济形势分析、国民经济计划及有关部门的经济形势预测；各证券市场和资金市场的有关股价、债券利息等方面的信息等。

（3）政府监管部门的信息。

政府监管部门的信息指企业的直接或者间接主管部门提供的信息。就来源而言，这些信息与“国家经济政策与法规信息”和“综合部门发布的信息”极为相似，都来自政府部门或者准政府部门性质的机构。但是，政府监管部门的信息更能反映政府作为经济管理者所发挥的作用，披露的信息通常与具体的企业密切相关。

（4）中介机构的信息。

中介机构的信息指会计师事务所、资产评估事务所等提供的企业审计报告和资产评估报告等。

（5）报纸杂志的信息。

报纸杂志的信息指各种经济著作、报纸及杂志的科研成果、调查报告、经济分析中所提供的与企业财务分析有关的信息。

（6）企业间交换的信息。

企业间交换的信息指企业与同行业其他企业或有业务往来的企业间相互交换的报表及业务信息等。

（7）国外有关信息。

国外有关信息指从国外取得的各种经济信息。信息取得的渠道有出国考察访问、购买国外经济信息报纸杂志、国际会议交流等。

第二，定期信息与不定期信息。

财务分析信息根据取得的时间的确定性程度可分为定期信息和不定期信息。定期信息是指企业经常需要，可定期取得的信息；不定期信息则是根据临时需要搜集的信息。

定期信息主要包括：

（1）会计信息。

会计信息，尤其是财务会计信息是以会计制度规定的时间，按月度和年度核算和编报的，企业财务分析中可定期取得的信息。

（2）统计信息。

企业的统计月报、季报和年报信息也是财务分析的定期信息之一。

（3）综合经济部门的信息。

综合经济部门的信息有的按月公布、按季公布、按年公布，也有一些市场信息是按日或按旬公布。

（4）中介机构信息。

定期财务分析信息为企业定期财务分析提供了可能、奠定了基础。

不定期信息主要有：

（1）宏观经济政策信息。

（2）企业间不定期交换的信息。

（3）国外经济信息。

（4）主要报纸杂志信息等。

知识拓展2-1

不定期的经济信息，有的是因为信息不能定期提供形成的，有的是因为企业不定期分析需要形成的。企业在财务分析中应注重定期信息的搜集与整理，同时也应及时搜集不定期信息。

【思政案例】 **新能源汽车补贴政策**

1.案例分析资料

在中国，为了鼓励新能源汽车产业发展、减少环境污染并促进能源结构调整，政府在过去多年中实施了一系列针对购买纯电动汽车（BEV）和插电式混合动力汽车（PHEV）

等新能源汽车的补贴政策。

2021年开始，对于续航里程300千米以下的电动汽车不再享受补贴；续航在300至400千米之间的车型补贴为9 100元人民币；而续航超过400千米的车型则补贴12 600元人民币。2021年至2022年期间，购买新能源汽车可以享受免车辆购置税的优惠政策。到2023年及以后，消费者购买新能源汽车将不再享有来自中央政府的直接补贴。但是，地方政府可能会继续推出地方性的购车优惠措施以支持新能源汽车市场的发展，如免费或优惠车牌获取、充电设施补贴、停车优惠等非直接财政补贴政策。

政府对于电动汽车进行补助有着多重考虑。电动汽车在使用过程中不直接排放尾气污染物，有利于减少空气污染和温室气体排放，符合全球应对气候变化、保护环境的战略目标。通过补贴政策鼓励消费者购买和使用电动汽车，有助于推动国家能源结构的转型，实现低碳交通系统的发展。政府通过补贴政策可以有力地推动汽车产业向新能源方向转型升级，促进电池技术、驱动电机技术和充电基础设施等相关产业的技术创新和产业链完善。电动汽车能够减少对石油等非可再生资源的依赖，通过电力作为动力来源，特别是在利用风能、太阳能等可再生能源进行充电时，有助于提高国家能源供应的安全性。许多国家为实现《巴黎协定》等国际气候协定中的减排目标，承诺减少碳排放并推广清洁能源汽车。补贴政策是落实这些承诺的重要手段之一。

（资料来源：濮振宇.12年，近1 500亿元：新能源汽车补贴的“国家账本”［EB/OL］.［2024-05-20］.https：//www.thepaper.cn/newsDetail_forward_15692282）

2.案例分析提示

（1）作为最大的发展中国家，中国政府选择了高质量的增长模式，不但要实现发展，还要兼顾人类活动对环境的影响，这样才是可持续的增长。

（2）中国政府兑现了在国际协定中做出的承诺，展示出了有责任有担当的大国风范。

（3）青年人应该将个人发展和国家发展结合在一起，不能贪图眼前利益，要走“高质量”“可持续”的发展路线。

第三，实际信息与标准信息。

财务分析信息根据实际发生与否可分为实际信息和标准信息。实际信息是指反映各项经济指标实际完成情况的信息。标准信息是指用于作为评价标准而搜集与整理的信息，如预算信息、行业信息等。

财务分析通常是以实际信息为基础进行的，但标准信息对于评价企业财务状况也是不可缺少的。

第四，财务信息和非财务信息。

财务分析信息根据是否直接反映企业的经营成果、财务状况和现金流量可分为财务信息和非财务信息。通常而言，财务信息是指以数字方式反映企业的经营成果、财务状况和现金流量的信息；非财务信息是以非数字方式反映企业组织结构、内部治理、战略目标和未来发展计划等方面情况的信息。

企业的财务信息主要包括：

（1）资产负债表信息。

（2）利润表信息。

（3）所有者权益变动表信息。

（4）现金流量表信息。

（5）报表附注信息。

企业的非财务信息主要包括：

（1）股权结构信息。

（2）董事会构成信息。

（3）内部控制信息。

（4）战略目标信息。

（5）行业信息。

（6）生产技术信息等。

在财务分析过程中，财务信息和非财务信息都是非常重要的信息来源。特别是在“业财融合”的背景下，将财务分析和非财务分析有机地结合是进行财务分析的关键。业财融合，是业务与财务融合的简称，指业务发展与财务管理相结合，业务和财务融为一体，从企业的整体去思考业务开展是否符合集团发展的目标方向。业财融合的核心是要打破传统的部门壁垒，促使财务人员更加深入地参与到企业的日常业务活动中去，同时要求业务人员具备一定的财务意识，共同推进企业的价值创造和价值维护。财务信息提供量化的数据，反映企业经营活动的过程和结果，是财务分析主要的分析对象和信息来源；非财务信息提供有关企业的组织结构设置和行业背景情况等方面的信息，是财务信息必要和有益的补充。在财务分析过程中，需要将非财务信息和财务信息相结合。比如，在分析企业的经营业绩时，必然要先考虑企业所处行业的特点、企业所采用的生产技术以及企业发展战略目标等方面的非财务信息，在此基础上，对企业利润表的财务信息进行分析，才能得到企业经营情况的分析结论。比如，在分析人工智能技术对企业影响时：一方面，应当对人工智能技术本身的基本功能有所了解，能够判断技术变革对行业发展趋势的影响，进而分析企业的应对措施是否得当；另一方面，要能从财务活动的角度将人工智能的影响转化为财务状况、经营成果和现金流量方面的信息。只有将财务信息和非财务信息结合，才可能有效地开展财务分析活动。

（三）财务分析信息的要求

为了保证财务分析的质量与效果，财务分析信息必须满足以下要求：

1.财务信息的完整性

所谓财务信息的完整性，是指财务分析的信息必须在数量上和种类上满足财务分析目的的需要。缺少分析所需要的某方面信息，势必影响分析结果的正确性。例如，要进行投资收益率分析，仅有利润表信息，而缺少资产负债表信息是不行的；在通货膨胀情况下，缺少通货膨胀率的信息也会影响投资收益率分析的准确性。此外，财务信息的完整性，还需非财务信息加以配合。非财务信息虽然不会直接影响财务信息的数字，但是会对财务信息的理解产生影响。

2.财务信息的系统性

财务信息的系统性，一方面是指财务分析信息要具有连续性，尤其是对定期财务分析信息，一定不能当期分析结束后就将其丢掉，而应保持信息的连续性，为趋势分析奠定基础；另一方面是指财务分析信息的分类和保管要有科学性，以满足不同目的的财务分析需要。

3.财务信息的准确性

财务信息的准确性是保证财务分析结果正确性的关键，歪曲的分析信息不可能得出正确的分析结论。财务信息的准确性既受信息本身正确性的影响，又受资料整理过程准确性或信息使用准确性的影响，尤其对企业外部信息的范围、计算方法等要有全面准确的了解，在分析时应结合企业具体情况进行数据处理，否则可能影响分析质量。

案例分析2-2

ChatGPT与信息准确性

4.财务信息的及时性

财务信息的及时性，是指根据不同的分析目的和要求，能及时提供所需的信息。定期财务信息的及时性决定着定期分析的及时性，例如，只有及时编报财务报表，才能保证财务报表分析的及时性。对于不定期的财务信息，也要及时搜集和整理，以备在需要时能及时提供，保证临时财务分析的要求，特别是对于一些有关决策性的分析，财务分析信息的及时性尤其重要，因为错过了时机，就失去了分析的意义。

5.财务信息的相关性

财务信息的相关性包含两层含义：一是知道各种财务分析信息的用途，如资产负债表能提供哪些信息，用它可进行什么分析；利润表的信息可用于何种分析等。二是知道特定的分析目的需要什么信息，如进行企业偿债能力分析的主要信息来自资产负债表，进行盈利能力分析的主要信息来自利润表等。只有明确了这两点，才能保证分析信息搜集与整理的准确性、及时性。

二、财务分析评价标准信息

确立财务分析评价标准是财务分析的一项重要内容。不同的财务分析评价标准，针对同一分析对象会得出不同的分析结论。正确确定或选择财务分析评价标准，对于发现问题、找出差异、正确评价有着十分重要的意义与作用。通常，财务分析评价标准包括经验标准、历史标准、行业标准、预算标准等。

（一）经验标准

经验标准是在财务比率分析中经常采用的一种标准。所谓经验标准，是指这个标准的形成依据大量的实践经验的检验。例如，流动比率的经验标准为2∶1；速动比率的经验标准是1∶1等。还有，当流动负债对有形净资产的比率超过80%时，企业就会出现经营困难，存货对净营运资本的比率不应超过80%等，都是经验标准。也有人将这种经验标准称为绝对标准，认为它们是人们公认的标准，不论什么公司、什么行业、什么时间、什么环境，都是适用的。但是，实际上，经验标准只是针对一般情况而言的，并不是适用于一切领域或一切情况的绝对标准。例如，假设一个公司的流动比率大于2∶1，但其信用政策较差，存在大量应收账款和许多积压物资与产品；另一公司的流动比率可能低于2∶1，但在应收账款、存货及现金管理方面非常成功。这时并不能根据经验标准认为前一公司的流动性或偿债能力好于后一公司。另外，受行业因素和企业发展阶段的影响，相同比率在不同行业和不同企业的发展阶段也存在较大差异。因此，人们在应用经验标准时，必须非常仔细，不能生搬硬套。

（二）历史标准

历史标准是指以企业过去某一时间的实际业绩为标准。这种标准对于评价企业自身财务状况和经营成果是否改善是非常有益的。历史标准可选择企业历史最高水平，也可选择企业正常经营条件下的业绩水平。另外，在财务分析中，经常将本年的财务状况与上年进行对比，此时企业上年的业绩水平实际上也可看作历史标准。应用历史标准的优点有：一是比较可靠，是企业曾达到的水平；二是具有较高的可比性。但历史标准也有其不足之处：一是历史标准比较保守，因为现实要求与历史要求可能不同；二是历史标准适用范围较窄，只能说明企业自身的发展变化，不能全面评价企业在同行业中的地位与水平，尤其对于外部分析，仅用历史标准是远远不够的。

（三）行业标准

行业标准是财务分析中广泛采用的标准，它是按行业制定的，以反映行业财务状况和经营成果的基本水平。行业标准也可指同行业某一比较先进的企业的业绩水平。企业在财务分析中运用行业标准，可说明企业在行业中所处的地位与水平。假设行业的投资收益率标准为10%，如果企业的投资收益率为8%，就是投资者所不能接受的。行业标准还可用于判断企业的变动趋势。假如在一个经济萧条时期，企业的利润率从12%下降为9%，而同行业其他企业的利润率则从12%下降为6%，这时则可认为企业的盈利状况是相当好的。

应当指出，运用行业标准有三个限制条件：第一，同行业内的两家公司并不一定是可比的。例如，同是石油行业的两家企业，一家可能从市场购买原油生产石油产品，另一家则集开采、生产、提炼和销售石油产品于一体，这两家公司的经营就是不可比的。第二，一些大的公司现在往往跨行业经营，公司的不同经营业务可能有着不同的盈利水平和风险程度，这时用行业统一标准进行评价显然是不合适的。解决这一问题的方法是将公司不同经营业务的收入、收益、资产、费用等分项报告。第三，应用行业标准还受企业采用的会计方法的限制，同行业企业如果采用不同的会计方法，也会影响评价的准确性。例如，库存材料发出的计价方法不同，不仅可能影响存货的价值，而且可能影响成本的水平。因此，在采用行业标准时，也要注意这些限制。

（四）预算标准

预算标准是指企业根据自身经营条件或财务状况所制定的目标标准。预算标准通常在一些新的行业、新建企业以及垄断性企业应用较多。对于其他行业和企业，运用预算标准其实也是有益的，因为预算标准可将行业标准与企业历史标准相结合，比较全面地反映企业的状况，尤其对于企业内部财务分析，预算标准更具有优越性，可考核、评价企业各级、各部门经营者的经营业绩，以及对企业总体目标实现的影响。但是，预算标准对于外部财务分析的作用不明显。另外，预算标准的确定也受人为因素影响，缺乏客观依据。

可见，各种财务分析评价标准都有其优点与不足。在财务分析中不应孤立地选用某一种标准，而应综合应用各种标准，从不同角度对企业经营成果和财务状况进行评价，这样才有利于得出正确结论。

三、政策与市场信息

（一）政策与市场信息的重要性

政策与市场信息是指除企业内部信息之外的所有企业外部信息。在进行企业财务分析过程中，无论是投资者、经营者还是债权人，只靠企业内部信息是远远不够的，尤其是在我国实行社会主义市场经济体制的今天，财务分析更离不开政策与市场信息。

企业的投资者或所有者为保证其投资的收益性和安全性，不仅要分析企业的盈利能力、支付能力，而且必须掌握市场上的无风险投资收益率水平、其他企业的投资收益率水平；不仅要看企业目前的生产经营状况，而且应根据国家的产业政策信息，预测企业未来的发展前景；不仅要了解企业的名义产出和盈利水平，而且要依据通货膨胀率分析确定企业的实际产出和盈利水平。这些都离不开政策与市场信息。

企业的经营者要不断提高企业经济效益，保证企业经营成果和财务状况不断改善，必须面向市场、进入市场。不掌握国家政策与市场信息，要在市场竞争中立于不败之地是不可能的。例如，企业可根据市场利率信息确定企业的负债结构；根据市场的需求信息确定产品的品种和产量；根据国家的产业政策与技术政策确定企业的发展目标等。

企业的债权人在对企业进行财务分析时，不仅要根据企业财务会计报表信息分析其流动性和偿债能力，还要研究企业在市场上的信誉状况、企业的发展前景，以及国家的信贷政策变动情况。只有这样，才能保证债权人财产的收益性与安全性。

由于我国正处于构建现代化市场体系的阶段，政府在经济活动中仍然扮演着重要的角色，能够通过各种经济手段和行政手段对经济生活施加影响，而市场也会对政府干预经济活动的行为产生反应。因此，在关注政策与市场信息的同时，要特别注意这两类信息之间的相互作用。

（二）政策法规信息

政策法规信息主要指国家为加强宏观管理所制定的各项与企业有关的政策、法规、制度等。

1.经济体制方面的政策

经济体制方面的政策是指涉及国家经济体制方面变化的政策，如我国从计划经济体制向有计划商品经济体制的转变，从有计划商品经济体制向社会主义市场经济体制的转变，从封闭的经济体制向开放的经济体制的转变等，都属于体制方面的政策变动。财务分析中如能明确企业所处的体制环境，尤其是能预测到体制的变动，势必对企业的投资和经营产生积极的影响。

2.宏观经济政策

宏观经济政策主要指财政政策、税收政策、金融政策、货币政策等。这些政策对于企业的财务分析是至关重要的。试想一个企业经营者如果不了解税率、利率的水平及其变动，不掌握通货膨胀率的水平及变动趋势，那么，希望他能搞好这个企业是不现实的。同理，一个投资者或债权人不掌握宏观经济政策的变动也必将做出错误的决策。

3.产业政策与技术政策

产业政策是指导国家产业发展的政策性文献，它规定了哪些产业是基础产业，哪些产业是支柱产业，并相应地对产业组织、产业技术和产业布局做出规划。技术政策规定了国家鼓励创新和推广的技术，以及相应的鼓励措施。投资者和经营者掌握产业政策和技术政策，对于保证企业持续健康发展有着重要作用。

思政知识2-1

（三）市场信息

市场信息包括除政策法规信息之外的所有企业外部信息，主要有：

1.综合部门发布的信息

综合部门发布的信息主要指国家统计局定期公布的统计报告和统计分析，国家发改委的国民经济计划及有关部门发布的部门信息及经济形势预测等。

2.证券市场的信息

证券市场的信息主要指各证券市场和资金市场有关股价、债券利息等方面的信息，如上市公司的每日股市行情，人民银行每日公布的人民币汇率，证券报纸杂志刊登的有关股价、利率等方面的信息，以及国外证券市场的信息等。

3.其他市场的信息

其他市场的信息指生产市场信息、物资市场信息、劳动力市场信息，以及有关信息市场或信息部门提供的各种信息，包括一些中介机构提供的公证信息。

4.企业间交流的信息

企业间交流的信息指企业与同行业其他企业或有业务往来的企业间相互交换的报表及业务信息等。

5.其他有关信息

其他有关信息指除以上市场信息之外的与企业财务分析有关的信息，如通过出国考察访问、购买国外经济信息报纸杂志、参加国际会议交流等方式从国外取得的各种经济信息资料，以及国内有关部门的评比、会议交流信息等。

第二节　年度报告的内涵与作用

一、年度报告的内容和作用

年度报告是公司以年度为时间单位，定期、按时对外提供的财务报告和其他经营成果、财务状况和现金流量信息的报告。根据我国《证券法》和《公司法》的规定，所有公开上市交易的公司必须按时编制并披露年度报告。年度报告与财务报告并不相同，财务报告是年度报告的重要组成部分，但是年度报告的内容并不局限于财务报告。

（一）年度报告的内容

根据中国证券监督管理委员会制定的《上市公司信息披露管理办法》与《公开发行证券的公司信息披露内容与格式准则第2号——年度报告的内容与格式（2021年修订）》，上市公司年报应按以下内容列示：重要提示、目录和释义、公司简介和财务指标、管理层讨论与分析、公司治理、环境和社会责任、重要事项、股份变动及股东情况、优先股相关情况、债券相关情况、财务报告。

（二）年度报告的作用

从信息的类型来看，年度报告的内容包括财务信息和非财务信息两部分。年度报告在财务分析中的作用，主要表现在以下三个方面：

（1）介绍公司行业情况和内部治理机制等背景资料。对公司进行财务分析，离不开对公司所处行业和内部治理结构的了解。虽然这些非财务信息不能直接反映经营成果和财务状况，但是能提供对企业进行深入分析的必要信息。不同行业间的盈利能力水平和资产营运效率存在着差异，若不了解公司的行业背景则难以对财务效率进行正确的分析；缺少对公司股权结构和公司治理结构的了解，则难以进行科学的财务分析。

（2）披露公司的经营成果和财务状况。作为年度报告的重要组成部分，财务报告提供了企业经营成果和财务状况的详细的量化信息。在董事会报告中，董事会对报告期公司的经营成果进行详细的分析，并提供更为精确的信息。此外，年度报告还披露公司关联方交易的交易方、交易原则、交易价格等信息。这些信息分别从不同方面和不同角度，披露公司的经营成果和财务状况。

（3）提供公司未来的经营计划。在年度报告中，公司管理层会分析所处行业的发展趋势及面临的市场竞争格局，向投资者提示管理层所关注的公司未来的发展机遇和挑战，披露公司发展战略，以及拟开展的新业务、拟开发的新产品和拟投资的新项目等。同时，公司会披露新年度的经营计划，包括收入、费用、成本计划、研发计划及新年度的经营目标，如销售额的提升、市场份额的扩大、成本的升降，以及为达到上述经营目标拟采取的策略和行动等。这些信息对于预测公司未来的经营业绩和财务状况都有重要作用。

二、财务报告的内涵与种类

财务报告是企业对外提供的反映企业某一特定日期的财务状况和某一会计期间的经营成果、现金流量等会计信息的文件。财务报告包括财务报表和其他应当在财务报告中披露的相关信息和资料。财务报表具体由会计报表本身及其附注两部分构成，而会计报表仅指报表本身不包括附注。财务报表是企业财务会计确认与计量的最终结果体现，投资者等相关使用者主要是通过财务报表来了解企业当前的财务状况、经营成果和现金流量等情况，从而预测未来的发展趋势。因此，财务报表是向投资者等财务报告使用者提供决策有用信息的主要媒介和渠道，是沟通投资者、债权人、政府及其他利益相关者等与企业管理层之间信息的桥梁和纽带。

以财务报表为核心的财务报告体系可以从不同的侧面提供反映企业财务状况、经营业绩和现金流量等方面较为完整的信息。在经济全球化背景下，高质量的财务报表能产生多样化信息，对投资人、债权人和其他利益相关者做出合理的决策具有重要的意义和价值。

财务报告与财务报表之间的关系如图2-1所示。

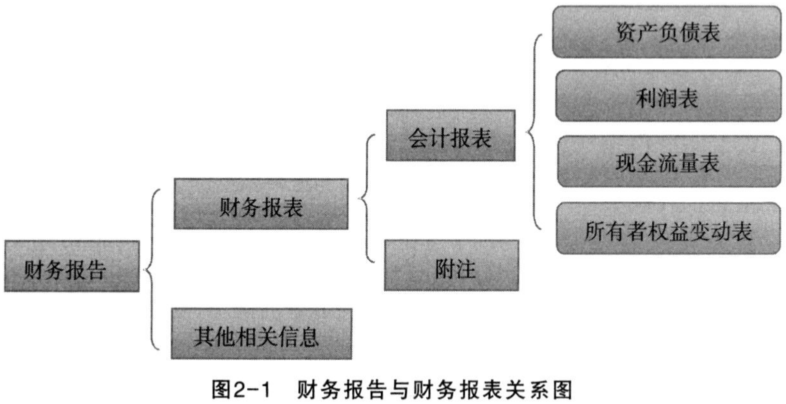

图2-1　财务报告与财务报表关系图

在现代企业制度下，企业的所有者和投资者、债权人、经营者，以及政府管理部门和社会监督部门的工作人员等，要与企业发生投资、借贷、交易、管理、监督等活动，这都需要依据财务报告信息对企业状况进行分析。因此，了解财务报告结构、内容及可提供的信息，是每个分析者所必需的。而要了解财务报告的内容，明确财务报告的作用，首先应掌握财务报表的种类。企业财务报表按照不同的划分标准或从不同的角度划分，可分为以下几类：

第一，按会计报表反映的经济内容可分为资产负债表、利润表、所有者权益变动表和现金流量表。

（1）资产负债表主要是反映企业在一定日期的资产、负债和所有者权益状况的会计报表。

（2）利润表主要是反映企业在某一时期内经营成果的会计报表。

（3）所有者权益变动表主要是反映构成所有者权益的各组成部分当期的增减变动情况的会计报表。

（4）现金流量表主要是反映企业在某一时期内现金取得、流出以及流向状况的会计报表。

了解财务报表的经济内容，对于准确搜集与整理分析信息、实现分析目的是十分有益的。

第二，按会计报表编制范围可分为企业会计报表和合并会计报表。

财务报表按编制单位的特点可分为单位报表和合并报表两种：

（1）企业会计报表或单位报表，是指独立法人企业编制的反映本单位情况的财务报表。

（2）合并会计报表是指反映母公司和其全部子公司形成的企业集团整体财务状况、经营成果和现金流量的财务报表。

了解和掌握单位报表和合并报表的内容和特点，对于分析不同类型的企业财务状况是有益的。如果对一家母子公司进行分析，而不明确合并报表的基本内容和特点，那么是很难得出正确结论的。

知识拓展 2-2

第三，按会计报表的使用对象可分为对外会计报表和对内会计报表。

（1）对外会计报表是指根据国家有关法规，企业定期向其利益关系人（如投资者、债权人、政府部门等）报送的会计报表，如资产负债表、利润表、所有者权益变动表、现金流量表及相关附表等。

（2）对内会计报表，亦称管理报表，是根据内部经营管理的需要，企业自行设计与填制的会计报表，如成本费用报表、责任会计报表等。

第四，按会计报表的编制时期可分为年度报表、季度报表和月度报表。

三、财务报告的作用

财务报告的目标就是向信息使用者提供对决策有用的信息，因此其作用是有利于财务报告信息使用者进行经济决策。财务报告的使用者很多，如图 2-2 所示，除了包括股东、债权人之外，也包括了政府、社区代表、供应商等，而在美国财务会计公告第 8 号概念公告中，主要信息使用者被界定为现在的和潜在的投资者、贷款人和其他债权人。

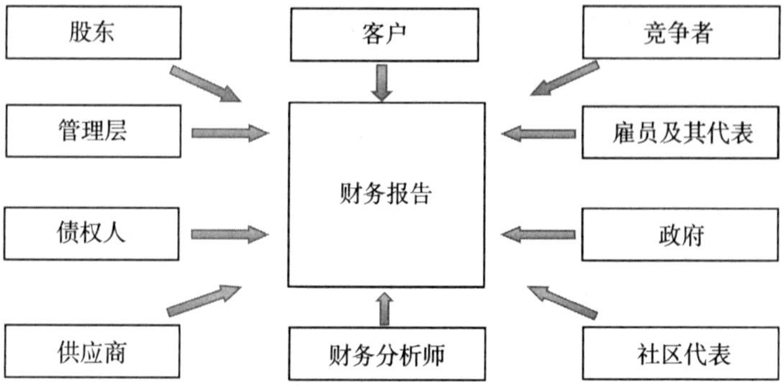

图2-2　财务报告的信息使用者

第三节　会计报表①

一、资产负债表

（一）基本结构与内容

资产负债表是反映企业在某一时点财务状况的会计报表。它是根据“资产=负债+所有者权益”的会计等式，依照一定的分类标准和一定的次序，对企业一定日期的资产、负债和所有者权益项目予以适当安排，按一定的要求编制而成的。我国会计制度规定的企业资产负债表的基本格式见表2-1。

表2-1　**BQC公司合并资产负债表**

2022年12月31日　单位：万元

项目	期末余额	期初余额	项目	期末余额	期初余额
流动资产：			流动负债：		
货币资金	5 147 126.30	5 045 709.70	短期借款	515 309.80	1 020 435.80
交易性金融资产	2 062 693.00	560 605.20	交易性金融负债	5 460.50	0
衍生金融工具	0	0	衍生金融负债	0	0
应收票据	0	0	应付票据	332 841.90	733 145.90
应收账款	3 882 849.40	3 625 128.00	应付账款	14 043 731.00	7 316 016.70

① 本教材选用比亚迪股份有限公司（以下简称比亚迪，证券代码002594；本书简称BQC公司）的2022年年度报告中的相关内容作为贯穿全书的分析资料，目的只是为便于学生学习与理解本课程教学内容与方法，不存在任何其他商业目的。书中各个部分对该公司的分析与评价只是作者依据有限资料（不排除为说明某计算方法等问题在缺少必要信息时的假设条件）为说明分析方法所进行的简要判断与说明，并不构成其他人用于其他目的评价或评估该公司的依据。教师和同学在利用该案例进行教学时，也可进一步参考该公司披露的信息和证券分析师的分析报告。特此说明。

续表

项目	期末余额	期初余额	项目	期末余额	期初余额
应收款项融资	1 289 428.40	874 312.60	预收款项	0	130.00
预付款项	822 356.70	203 657.70	合同负债	3 551 657.10	1 493 257.60
其他应收款	191 000.90	141 075.10	应付职工薪酬	1 203 701.10	584 887.00
其中：应收利息	0	13 656.90	应交税费	432 639.40	177 901.80
应收股利	0	0	其他应付款	12 212 384.10	4 134 810.20
买入返售金融资产	0	0	其中：应付利息	0	0
存货	7 910 719.90	4 335 478.20	应付股利	0	0
合同资产	1 355 299.80	849 338.20	预计负债	128 745.20	235 556.40
持有待售资产	0	0	持有待售负债	0	0
一年内到期的长期应收款	105 256.20	123 166.70	一年内到期的非流动负债	646 482.80	1 298 341.60
其他流动资产	1 313 620.10	852 547.50	其他流动负债	261 503.20	135 911.40
流动资产合计	24 080 350.70	16 611 018.90	流动负债合计	33 334 456.10	17 130 394.40
非流动资产：			非流动负债：		
发放贷款和垫款	0	0	长期借款	759 359.60	874 351.90
债权投资	0	0	应付债券	0	204 643.90
其他债权投资	0	0	其中：优先股	0	0
长期应收款	111 863.70	117 005.80	永续债	0	0
长期股权投资	1 548 540.20	790 500.10	租赁负债	261 727.40	141 529.10
其他权益工具投资	441 858.40	291 383.60	长期应付款	0	0
其他非流动金融资产	214 714.00	23 397.20	长期应付职工薪酬	0	0
投资性房地产	8 500.50	8 750.00	预计负债	0	0
固定资产	13 188 036.90	6 122 136.50	递延收益	0	0
在建工程	4 462 193.50	2 027 730.90	递延所得税负债	201 853.00	60 956.60
生产性生物资产	0	0	其他非流动负债	2 689 684.80	741 717.90
油气资产	0	0	非流动负债合计	3 912 624.80	2 023 199.40

续表

项目	期末余额	期初余额	项目	期末余额	期初余额
使用权资产	313 732.70	157 323.20	负债合计	37 247 080.90	19 153 593.80
无形资产	2 322 349.70	1 710 494.20	所有者权益：		
开发支出	168 300.00	260 503.10	股本	291 114.30	291 114.30
商誉	6 591.40	6 591.40	其他权益工具	0	0
长期待摊费用	45 810.80	7 743.20	其中：优先股	0	0
递延所得税资产	368 690.50	191 331.60	永续债	0	0
其他非流动资产	2 104 531.60	1 252 105.00	资本公积	6 170 589.30	6 080 721.90
非流动资产合计	25 305 713.90	12 966 995.80	减：库存股	180 992.00	0.00
			其他综合收益	42 833.20	-12 405.50
			专项储备	1 207.80	1 036.90
			盈余公积	683 854.10	500 908.80
			一般风险准备	0	0
			未分配利润	4 094 323.20	2 645 590.70
			归属于母公司所有者权益合计	11 102 929.90	9 506 967.10
			少数股东权益	1 036 053.80	917 453.80
			所有者权益合计	12 138 983.70	10 424 420.90
资产总计	49 386 064.60	29 578 014.70	负债和所有者权益总计	49 386 064.60	29 578 014.70

从表2-1可以看出，资产负债表的结构是左右平衡式的，左方反映企业的各类资产，右方反映企业的负债和所有者权益，左右双方总额相等。

（二）资产项目的构成及作用

资产是企业拥有或者控制的能以货币计量的经济资源，包括企业的各种财产、债权和其他权利。资产按其流动性状况，一般分为流动资产和非流动资产。其中，非流动资产主要包括长期股权投资、固定资产、无形资产、递延所得税资产和其他非流动资产等。各类资产的特点和组成项目是不同的，在企业生产经营中的作用也是不同的。资产负债表中的资产项目按上述分类，为财务分析提供了丰富的信息，并对财务分析起到了重要作用。

第一，提供了企业变现能力的信息。一般来说，流动资产的变现能力较强，而非流动资产的变现能力则较差。另外，在流动资产中，还可提供速动资产的信息。这些无论是对债权人还是对经营者、投资者都是有用的。

第二，提供了企业资产结构的信息。这有利于反映企业的经营状况和资源配置与使用的合理性程度，如有形资产与无形资产的结构合理性、流动资产与固定资产的结构合理性等。

第三，提供了反映企业资产管理水平的信息。如资产负债表中应收账款等项目的状况，可在一定程度上反映企业应收账款管理的水平。

第四，提供了反映企业价值的信息。企业价值等于企业各项资产价值之和，因此资产负债表提供的各项资产的价值信息，有助于分析企业价值。虽然现行权责发生制的会计体系仍然以历史成本作为主要的计量属性，但是随着公允价值的引入，资产项目的账面价值与市场价值的关系将更加密切，为确定企业价值提供更相关的信息。

（三）负债项目的构成及作用

负债是企业所承担的能以货币计量、将以资产或劳务偿付的债务。它是企业资金来源的重要组成部分。负债的基本特点是：第一，它将在未来时期付出企业的经济资源或经济利益；第二，它必须是过去的交易和事项所发生的，其债务责任能够以货币确切地计量或者合理地估计。资产负债表中的负债项目是按到期日的远近顺序排列的，即流动负债在前，非流动负债在后。资产负债表将负债分为流动负债和非流动负债，为财务分析提供了以下有用信息：

第一，提供了反映企业总体债务水平的信息。企业的负债特点表明，负债要按期偿还，另外，除结算等原因外，大部分负债要按固定利率支付利息。因此，企业的负债水平问题是关系到企业经营战略、财务状况和经营成果的一个重要问题。企业债务规模的大小，反映了其风险的大小，而且这种风险对于企业的债权人、投资人和经营者都是存在的。

第二，提供了反映企业债务结构的信息。由于负债分为流动负债和非流动负债两类，而两类负债的特点又不同，因此为研究短期债务结构和长期债务结构提供了方便。企业经营者通过合理调整负债结构，一方面保证正常经营的资金需要，另一方面降低资金成本，提高经济效益。而对于企业的债权人来说，通过对债务结构的分析，可判断企业的偿债能力，特别是可分清企业的短期偿债能力和长期偿债能力。

（四）所有者权益项目的构成及作用

所有者权益是指企业投资者对企业净资产的所有权，它是企业资金来源的主要部分。所有者权益包括实收资本、资本公积、盈余公积和未分配利润等项目。资产负债表中的所有者权益项目是按权益的永久程度高低排列的，永久程度高的在前，低的在后，它们依次是：实收资本、资本公积、盈余公积和未分配利润。资产负债表对所有者权益项目的划分，为财务分析提供了如下信息：

第一，提供了反映企业所有者权益内部结构的信息。所有者权益内部结构反映了企业自有资金的来源构成，这个结构的合理性对于企业投资者或所有者的利益有着重要影响。

第二，提供了企业收益分配情况的信息。企业收益的分配主要指利润的分配，其程序和方法应遵循国家的有关规定。盈余公积和未分配利润等项目的变动可反映出利润分配的状况。这些不仅是投资者所关心的，政府的管理、监督部门也对其感兴趣。

除上述资产、负债、所有者权益项目各自提供的分析信息外，将三者结合起来，还可综合提供以下信息：

第一，提供分析企业偿债能力的信息。分析企业偿债能力实际上是将企业的债务状况与相应的资产保证相比较。资产负债表完整地提供了这方面的信息，包括短期偿债能力分析的信息和长期偿债能力分析的信息。

第二，提供分析企业权益结构的信息。所谓权益，是指负债与所有者权益的统称，权益结构就是指负债和所有者权益在总资产或在权益中的比重，它对于研究企业的财务风险以及长期偿债能力都是有益的。

二、利润表

（一）利润表的基本结构与内容

利润表是反映企业在一定期间（如年度、月度或季度）内生产经营成果（或亏损）的会计报表。利润表是一种动态报表，它一方面利用企业一定时期的收入、成本费用及税金数据，确定企业的利润；另一方面按照有关规定将实现的利润在利益相关者之间进行分配。

利润表有两种格式：一是单步式利润表；二是多步式利润表。

第一，单步式利润表。单步式利润表的基本特点是将本期发生的所有收入汇集在一起，将所有的成本费用汇集在一起，然后将总收入减去总成本费用得出本期利润。单步式利润表能清晰地反映出企业在一定时期的总收入、总成本费用和利润额，编制方便，钩稽关系清楚，即总收入-成本费用=利润额。但是，它没有准确反映利润形成的过程及各种收入与相应成本费用之间的关系，无法为深入分析提供更多的信息。

第二，多步式利润表。多步式利润表与单步式利润表不同，它的特点是按利润形成环节，分步骤地将有关收入与成本费用相减，从而得出各步骤的利润额。多步式利润表是我国会计制度规定的报表格式，它的一般格式见表2-2。

表2-2　**BQC公司合并利润表**

2022年度　　单位：万元

项目	本年金额	上年金额
一、营业总收入	42 406 063.50	21 614 239.50
其中：营业收入	42 406 063.50	21 614 239.50
二、营业总成本	40 118 733.20	21 260 233.90
其中：营业成本	35 181 568.00	18 799 768.90
税金及附加	726 711.00	303 487.80
销售费用	1 506 067.60	608 167.80
管理费用	1 000 737.00	571 019.30
研发费用	1 865 445.30	799 097.40
财务费用	-161 795.70	178 692.70
其中：利息费用	131 635.00	190 764.20

续表

项目	本年金额	上年金额
利息收入	182 961.70	63 184.10
加：其他收益	172 113.60	227 019.60
投资收益（损失以“-”号填列）	−79 190.30	−5 713.40
其中：对联营企业和合营企业的投资收益	−68 588.50	−14 529.50
以摊余成本计量的金融资产终止确认收益	−2 271.90	−8 876.50
净敞口套期收益（损失以“-”号填列）	0	0
公允价值变动收益（损失以“-”号填列）	12 609.80	4 735.60
信用减值损失（损失以“-”号填列）	−98 952.10	−38 807.40
资产减值损失（损失以“-”号填列）	−138 645.80	−85 747.50
资产处置收益（损失以“-”号填列）	−1 083.60	7 706.70
三、营业利润（亏损以“-”号填列）	2 154 181.90	463 199.20
加：营业外收入	52 697.40	33 765.40
减：营业外支出	98 906.40	45 164.30
四、利润总额（亏损总额以“-”号填列）	2 107 972.90	451 800.30
减：所得税费用	336 662.50	55 073.70
五、净利润（净亏损以“-”号填列）	1 771 310.40	396 726.60
（一）按经营持续性分类		
1.持续经营净利润（净亏损以“—”号填列）	1 771 310.40	396 726.60
2.终止经营净利润（净亏损以“—”号填列）	0	0
（二）按所有权归属分类		
1.归属于母公司所有者的净利润	1 662 244.80	304 518.80
2.少数股东损益	109 065.60	92 207.80
六、其他综合收益的税后净额	54 623.00	42 776.60
归属于母公司所有者的其他综合收益的税后净额	55 238.70	43 201.10
（一）不能重分类进损益的其他综合收益	64 806.70	45 922.20
1.重新计量设定受益计划变动额	0	0
2.权益法下不能转损益的其他综合收益	0	0

续表

项目	本年金额	上年金额
3.其他权益工具投资公允价值变动	85 206.80	53 308.90
4.企业自身信用风险公允价值变动	0	0
5.所得税影响	−20 400.10	−7 386.70
6.其他	0	0
（二）将重分类进损益的其他综合收益	−9 568.00	−2 721.10
1.权益法下可转损益的其他综合收益	0	0
2.其他债权投资公允价值变动	0	0
3.金融资产重分类计入其他综合收益的金额	0	0
4.其他债权投资信用减值准备	0	0
5.现金流量套期储备	0	0
6.外币财务报表折算差额	−6 749.00	−6 402.50
7.应收款项融资公允价值变动	−3 065.30	4 270.20
8.应收款项融资信用减值损失	246.30	−588.80
9.其他	0	0
归属于少数股东的其他综合收益的税后净额	−615.70	−424.50
七、综合收益总额	1 825 933.40	439 503.20
归属于母公司所有者的综合收益总额	1 717 483.50	347 719.90
归属于少数股东的综合收益总额	108 449.90	91 783.30
八、每股收益：		
（一）基本每股收益（元/股）	5.71	1.06
（二）稀释每股收益（元/股）	5.71	1.06

据2009年财政部制定的《企业会计准则解释第3号》的要求，每股收益项目前应增加“其他综合收益”和“综合收益总额”。“其他综合收益”项目反映的是在现行会计准则体系下，未进入净利润计算范畴的各项利得和损失的税后净额，从而以更为全面、广阔的视角反映企业经营情况。“净利润”和“其他综合收益”共同构成了“综合收益总额”，反映企业经营活动的整体业绩情况。

（二）利润表的信息作用

利润表的格式内容及基本钩稽关系，为财务分析提供了有用的信息。从财务分析的不同角度看，利润表可提供的信息及其作用主要有以下几点：

第一，提供了反映企业财务成果的信息。企业的财务成果，即企业实现的利润，是企业经营的根本目标所在，是企业经营者、投资者以及长期债权人都十分关心的信息。利润表系统明确地提供了企业不同业务的财务成果信息，对于分析评价各方面的经营业绩，以及与同类企业的同类业务对比，都是有益的。

第二，提供了反映企业盈利能力的信息。企业盈利能力是企业投资者和经营者都非常关心的问题。它不仅可用于评价企业的经营业绩，而且是投资者、经营者进行决策的重要依据。盈利能力通常体现为财务成果和与其相关的一些指标之间的比率关系，如财务成果与收入的比率关系，财务成果与成本费用的比率关系等。利润表不仅提供了财务成果的信息，也提供了盈利能力分析所需要的收入信息和成本费用信息，这对于评价企业盈利能力是十分重要的。另外，其他反映盈利能力的指标的计算，也离不开利润表提供的数据。

第三，提供了反映企业营业收入、成本费用状况的信息。企业营业收入和成本费用状况是企业生产经营成果的直接和具体体现，因此，对营业收入的分析往往成为经营分析中的重点。通过营业收入和成本费用分析，可找出企业生产经营过程中存在的问题和不足，这对于评价企业业绩、规划企业未来都是有重要作用的。

第四，提供了企业经营业绩结构的信息。在利润表中，经营业绩的来源被划分为经常性的营业利润和非经常性的营业外收支；营业利润中又分为营业收入、投资收益和公允价值变动收益三项。比较不同业绩之间的差异，能够提供经营业绩的结构信息，为分析企业经营业绩的质量和持续性提供必要的信息。

三、所有者权益变动表

（一）所有者权益变动表的基本结构与内容

所有者权益变动表是反映企业在一定期间（如年度、季度或月度）内，所有者权益的各组成部分当期增减变动情况的报表。在所有者权益变动表中，净利润、其他综合收益，以及由所有者的资本交易导致的所有者权益的变动分别列示。我国目前会计准则中规定企业编报的所有者权益变动表的一般格式见表2-3和表2-4。

（二）所有者权益变动表的信息作用

所有者权益变动表的格式和内容，为财务分析提供了丰富的信息。从不同角度来看，所有者权益变动表提供的信息及其作用主要体现在以下几个方面：

1.所有者权益变动的原因

在所有者权益变动表中，导致所有者权益变动的原因按照“净利润”、“其他综合收益”以及“与所有者的资本交易”等不同类别分别进行列示。这种列示方法，提供不同活动对所有者权益变动产生的影响，能够清晰、明确地反映引发所有者权益变动的原因。

2.列示所有者权益内部结构的变动

在所有者权益变动表中，除了提供不同原因对所有者权益产生的影响之外，还列示所有者权益内部结构变动。资本公积或盈余公积转增资本，盈余公积弥补亏损等造成所有者权益内部结构变动的因素都分别列示，从而为了解所有者权益的内部结构变动提供了信息。

表2-3

BQC公司合并所有者权益变动表

2022年度

单位：万元

科目名称	归属于母公司的所有者权益										少数股东权益	所有者权益合计
	股本	其他权益工具			资本公积	减：库存股	其他综合收益	专项储备	盈余公积	未分配利润	小计		
		优先股	永续债	其他									
一、上期期末余额	291 114.30	0	0	0	6 080 721.90	0	-12 405.50	1 036.90	500 908.80	2 645 590.70	9 506 967.10	917 453.80	10 424 420.90
加：会计政策变更	0	0	0	0	0	0	0	0	0	0	0	0	0
前期差错更正	0	0	0	0	0	0	0	0	0	0	0	0	0
同一控制下企业合并	0	0	0	0	0	0	0	0	0	0	0	0	0
其他	0	0	0	0	0	0	0	0	0	0	0	0	0
二、本期期初余额	291 114.30	0	0	0	6 080 721.90	0	-12 405.50	1 036.90	500 908.80	2 645 590.70	9 506 967.10	917 453.80	10 424 420.90
三、本期增减变动金额	0	0	0	0	89 867.40	180 992.00	55 238.70	170.90	182 945.30	1 448 732.50	1 595 962.80	118 600.00	1 714 562.80
（一）综合收益总额	0	0	0	0	0	0.00	55 238.70	0	0	1 662 244.80	1 717 483.50	108 449.90	1 825 933.40
（二）所有者投入和减少资本	0	0	0	0	66 218.50	180 992.00	0	0	0	0.00	-114 773.50	57 487.90	-57 285.60
1.所有者投入的普通股	0	0	0	0	0	0	0	0	0	0	0	50 762.50	50 762.50
2.其他权益工具持有者投入资本	0	0	0	0	0	0	0	0	0	0	0	0	0
3.股份支付计入所有者权益的金额	0	0	0	0	56 769.40	0	0	0	0	0	56 769.40	2 361.50	59 130.90
4.授予限制性股票的影响	0	0	0	0	0	180 992.00	0	0	0	0	-180 992.00	0.00	-180 992.00
5.其他	0	0	0	0	9 449.10	0	0	0	0	0	9 449.10	4 363.90	13 813.00
（三）利润分配	0	0	0	0	0	0	0	0	182 945.30	-213 512.30	-30 567.00	-7 946.40	-38 513.40
1.提取盈余公积	0	0	0	0	0	0	0	0	182 945.30	-182 945.30	0	0	0
2.提取一般风险准备	0	0	0	0	0	0	0	0	0	0	0	0	0

续表

科目名称	归属于母公司的所有者权益											少数股东权益	所有者权益合计
	股本	其他权益工具			资本公积	减：库存股	其他综合收益	专项储备	盈余公积	未分配利润	小计		
		优先股	永续债	其他									
3.对股东的分配	0	0	0	0	0	0	0	0	0	-30 567.00	-30 567.00	-7 946.40	-38 513.40
4.其他	0	0	0	0	0	0	0	0	0	0	0	0	0
（四）所有者权益内部结转	0	0	0	0	0	0	0	0	0	0	0	0	0
1.资本公积转增资本（或股本）	0	0	0	0	0	0	0	0	0	0	0	0	0
2.盈余公积转增资本（或股本）	0	0	0	0	0	0	0	0	0	0	0	0	0
3.盈余公积弥补亏损	0	0	0	0	0	0	0	0	0	0	0	0	0
4.设定受益计划变动额结转留存收益	0	0	0	0	0	0	0	0	0	0	0	0	0
5.其他综合收益结转留存收益	0	0	0	0	0	0	0	0	0	0	0	0	0
6.子公司股份制改制	0	0	0	0	0	0	0	0	0	0	0	0	0
7.其他	0	0	0	0	0	0	0	0	0	0	0	0	0
（五）专项储备	0	0	0	0	0	0	0	170.90	0	0	170.90	0	170.90
1.本期提取	0	0	0	0	0	0	0	170.90	0	0	170.90	0	170.90
2.本期使用	0	0	0	0	0	0	0	0	0	0	0	0	0
（六）其他	0	0	0	0	0	0	0	0	0	0	0	0	0
1.子公司少数股东回购权	0	0	0	0	23 648.90	0	0	0	0	0	23 648.90	-39 391.40	-15 742.50
2.其他	0	0	0	0	0	0	0	0	0	0	0	0	0
四、本年年末余额	291 114.30	0	0	0	6 170 589.30	180 992.00	42 833.20	1 207.80	683 854.10	4 094 323.20	11 102 929.90	1 036 053.80	12 138 983.70

表2-4

BQC公司合并所有者权益变动表

2021年度

单位：万元

科目名称	归属于母公司的所有者权益													少数股东权益	所有者权益合计
	股本	其他权益工具			资本公积	减：库存股	其他综合收益	专项储备	盈余公积	一般风险准备	未分配利润	其他	小计		
		优先股	永续债	其他											
一、上期期末余额	272 814.30	0	109 459.20	0	2 469 866.30	0	-55 606.60	408.60	444 830.00	0	2 445 655.60	0	5 687 427.40	757 963.80	6 445 391.20
加：会计政策变更	0	0	0	0	0	0	0	0	0	0	0	0	0	0	0
前期差错更正	0	0	0	0	0	0	0	0	0	0	0	0	0	0	0
同一控制下企业合并	0	0	0	0	0	0	0	0	0	0	0	0	0	0	0
其他	0	0	0	0	0	0	0	0	0	0	0	0	0	0	0
二、本期期初余额	272 814.30	0	109 459.20	0	2 469 866.30	0	-55 606.60	408.60	444 830.00	0	2 445 655.60	0	5 687 427.40	757 963.80	6 445 391.20
三、本期增减变动金额	18 300.00	0	-109 459.20	0	3 610 855.60	0	43 201.10	628.30	56 078.80	0	199 935.10	0	3 819 539.70	159 490.00	3 979 029.70
（一）综合收益总额	0	0	0	0	0	0	43 201.10	0	0	0	304 518.80	0	347 719.90	91 783.30	439 503.20
（二）所有者投入和减少资本	18 300.00	0	-109 459.20	0	3 616 079.80	0	0	0	0	0	0	0	3 524 920.60	96 013.40	3 620 934.00
1.所有者投入的普通股	18 300.00	0	0	0	3 604 873.10	0	0	0	0	0	0	0	3 623 173.10	94 192.80	3 717 365.90
2.其他权益工具持有者投入资本	0	0	-109 459.20	0	-540.80	0	0	0	0	0	0	0	-110 000.00	0	-110 000.00
3.股份支付计入所有者权益的金额	0	0	0	0	8 414.90	0	0	0	0	0	0	0	8 414.90	3 224.00	11 638.90
4.授予限制性股票的影响	0	0	0	0	0	0	0	0	0	0	0	0	0	0	0
5.其他	0	0	0	0	3 332.60	0	0	0	0	0	0	0	3 332.60	-1 403.40	1 929.20
（三）利润分配	0	0	0	0	0	0	0	0	56 078.80	0	-104 583.7	0	-48 504.90	-18 593.10	-67 098.00
1.提取盈余公积	0	0	0	0	0	0	0	0	56 078.80	0	-56 078.8	0	0	0	0
2.提取一般风险准备	0	0	0	0	0	0	0	0	0	0	-42 344.9	0	-42 344.90	-18 593.10	-60 938.00

续表

科目名称	归属于母公司的所有者权益												少数股东权益	所有者权益合计
	股本	其他权益工具			资本公积	减：库存股	其他综合收益	专项储备	盈余公积	一般风险准备	未分配利润	其他	小计		
		优先股	永续债	其他											
3.对股东的分配	0	0	0	0	0	0	0	0	0	0	−6 160.00	0	−6 160.00	0	−6 160.00
4.其他	0	0	0	0	0	0	0	0	0	0	0	0	0	0	0
（四）所有者权益内部结转	0	0	0	0	0	0	0	0	0	0	0	0	0	0	0
1.资本公积转增资本（或股本）	0	0	0	0	0	0	0	0	0	0	0	0	0	0	0
2.盈余公积转增资本（或股本）	0	0	0	0	0	0	0	0	0	0	0	0	0	0	0
3.盈余公积弥补亏损	0	0	0	0	0	0	0	0	0	0	0	0	0	0	0
4.设定受益计划变动额结转留存收益	0	0	0	0	0	0	0	0	0	0	0	0	0	0	0
5.其他综合收益结转留存收益	0	0	0	0	0	0	0	0	0	0	0	0	0	0	0
6.子公司股份制改制	0	0	0	0	0	0	0	0	0	0	0	0	0	0	0
7.其他	0	0	0	0	0	0	0	0	0	0	0	0	0	0	0
（五）专项储备	0	0	0	0	0	0	0	628.30	0	0	0	0	628.30	0.00	628.30
1.本期提取	0	0	0	0	0	0	0	628.30	0	0	0	0	628.30	0.00	628.30
2.本期使用	0	0	0	0	0	0	0	0	0	0	0	0	0	0	0
（六）其他	0	0	0	0	−5 224.20	0	0	0	0	0	0	0	−5 224.20	−9 713.60	−14 937.80
1.子公司少数股东回购权	0	0	0	0	−5 224.20	0	0	0	0	0	0	0	−5 224.20	−9 713.60	−14 937.80
2.其他	0	0	0	0	0	0	0	0	0	0	0	0	0	0	0
四、本年年末余额	291 114.3	0	0	0	6 080 721.90	0	−12 405.50	1 036.90	500 908.80	0	2 645 590.70	0	9 506 967.10	917 453.80	10 424 420.90

3.为利润表和资产负债表提供辅助信息

所有者权益变动表中的“其他综合收益”以及“利润分配”与利润表之间存在较强的关联性。“其他综合收益”与利润表中的“其他综合收益”相辅相成，共同反映了公允价值变动对企业产生的影响。“利润分配”则提供了企业利润分配的去向和数量，为利润表提供辅助信息。所有者权益变动表中提供的所有者权益结构变动信息与资产负债表中所有者权益部分相辅相成，提供了所有者权益变动的详细信息。

4.提供企业全面收益的信息

从企业所有者的角度来看，所有者权益的变动反映了其在公司中所拥有资产情况的变动。若不考虑增资、发放股利以及内部的结转，影响所有者权益变动的主要因素是经营活动的收益和直接计入所有者权益的利得和损失，两者之和被视为企业的全面收益。全面收益不但反映了企业的经营情况，还反映了公允价值变动对企业所有者财富状况产生的影响，能为所有者提供更为全面的投资决策信息。

四、现金流量表

（一）基本结构与内容

现金流量表实际上是资金变动表的一种形式，用现金的来源、运用、增加、减少来说明企业财务状况的变动。表中的现金不仅是指会计上的现金，而且包括银行存款和其他现金等价物。我国目前会计准则中规定企业编报的现金流量表的一般格式见表2-5。

表2-5　**BQC公司合并现金流量表**

2022年度　　单位：万元

项目	2022年	2021年
一、经营活动产生的现金流量：		
销售商品、提供劳务收到的现金	41 320 922.60	20 266 645.50
收到的税费返还	762 816.20	485 542.10
收到其他与经营活动有关的现金	2 054 259.90	589 693.20
经营活动现金流入小计	44 137 998.70	21 341 880.80
购买商品、接受劳务支付的现金	22 084 250.40	10 439 912.10
支付给职工以及为职工支付的现金	5 351 972.80	2 875 975.10
支付的各项税费	1 853 718.80	780 515.20
支付其他与经营活动有关的现金	764 291.00	698 810.20
经营活动现金流出小计	30 054 233.00	14 795 212.60
经营活动产生的现金流量净额	14 083 765.70	6 546 668.20
二、投资活动产生的现金流量：		
收回投资收到的现金	1 377.90	0

续表

项目	2022年	2021年
取得投资收益收到的现金	12 933.30	20 388.60
处置固定资产、无形资产和其他长期资产收回的现金净额	26 823.70	82 638.90
处置子公司及其他营业单位收到的现金净额	9 580.00	22 232.90
收到其他与投资活动有关的现金	1 280 349.40	1 146 942.20
投资活动现金流入小计	1 331 064.30	1 272 202.60
购建固定资产、无形资产和其他长期资产支付的现金	9 745 686.20	3 734 360.90
投资支付的现金	1 057 290.80	352 682.80
取得子公司及其他营业单位支付的现金净额	0	0
支付其他与投资活动有关的现金	2 587 687.00	1 725 558.10
投资活动现金流出小计	13 390 664.00	5 812 601.80
投资活动产生的现金流量净额	−12 059 599.70	−4 540 399.20
三、筹资活动产生的现金流量：		
吸收投资收到的现金	50 762.50	3 731 371.90
其中：子公司吸收少数股东投资收到的现金	0	0
取得借款收到的现金	2 763 594.80	3 287 237.90
发行债券收到的现金	0	0
其他权益工具持有者投入的现金	0	0
收到其他与筹资活动有关的现金	303 147.30	0
筹资活动现金流入小计	3 117 504.60	7 018 609.80
偿还债务支付的现金	4 404 889.40	4 987 880.50
分配股利、利润或偿付利息支付的现金	163 285.20	261 930.30
其中：子公司支付给少数股东的股利、利润	7 946.40	18 593.10
支付的其他权益工具利息	0	6 160.00
支付其他与筹资活动有关的现金	498 198.30	52 547.30
其他权益工具持有者赎回的现金	0	110 000.00
筹资活动现金流出小计	5 066 372.90	5 412 358.10

续表

项目	2022年	2021年
筹资活动产生的现金流量净额	−1 948 868.30	1 606 251.70
四、汇率变动对现金及现金等价物的影响	60 962.00	−4 384.50
五、现金及现金等价物净增加额	136 259.70	3 608 136.20
加：期初现金及现金等价物余额	4 981 986.00	1 373 849.80
六、期末现金及现金等价物余额	5 118 245.70	4 981 986.00

（二）现金流量表的信息作用

现金流量表提供了反映企业财务变动情况的详细信息，为分析、研究企业的资金来源与运用情况提供了依据。它提供的信息及其作用主要表现在以下几个方面：

第一，提供了企业资金（特别是现金，下同）来源与运用的信息。这对于分析企业资金来源与运用的合理性、判断企业的营运状况和效果、评价企业的经营业绩都是非常有益的。

第二，提供了企业现金增减变动原因的信息，特别是通过对经营现金流量、投资现金流量和筹资现金流量的揭示，可以搞清企业现金增减变动的具体原因，不仅可以明确企业当期现金增减的合理性，而且可为改善企业资金管理指明方向。

第三，提供了资产负债表和利润表分析所需要的信息。分析资产、负债和所有者权益的状况与变动，以及分析利润形成与分配的状况与变动，仅从两表自身分析有时是不够的，或者是难以说清的。其实，资产、负债、所有者权益、收入、成本、利润都是互相联系的，在两个表中反映，割裂了它们之间的联系。现金流量表提供的信息，将资产负债表与利润表衔接起来，说明了利润形成与分配同资金来源与运用的关系，这对于分析、研究企业总体经营与财务状况有着重要意义与作用。

第四，提供了企业利润质量的相关信息。与利润表不同，现金流量表的编制基础是“收付实现制”而非“权责发生制”。采用不同的编制基础，对企业的各项活动加以记录反映，创造了交叉对比的条件。比如，对于企业经营活动成果，现金流量表和利润表分别采用“收付实现制”和“权责发生制”加以确认。通过对比两者之间的差异，特别是从较长时间比较两者之间的差异，有助于更加准确地判断企业利润的质量。如果经营活动现金流量和净利润之间长期存在较大差异，那么在分析过程中就要对利润质量给予更多的关注。

第四节　会计报表附注

一、会计报表附注概述

附注是财务报表不可或缺的组成部分。报表使用者要了解企业的财务状况、经营成果和现金流量，应当全面阅读附注，附注相对于报表而言，同样具有重要性。附注提供会计报表信息生成的依据，并提供无法在报表上列示的定性信息和定量信息，从而使得报表中数据的信息更加完整，为财务分析奠定良好的信息基础。根据会计准则的规定，附注应当按照一定的结构进行系统合理的排列和分类，有序地披露信息。

（一）会计报表附注基本内容

会计报表附注主要包括企业的基本情况、财务报表的编制基础、遵循企业会计准则的声明、重要会计政策和会计估计、会计政策和会计估计变更以及差错更正的说明、合并财务报表的合并范围、重要报表项目的说明以及重要事项的揭示等内容。在会计报表附注中，重要报表项目的说明和重要事项的揭示，需要在财务分析时给予更多的关注。

1.重要报表项目的说明

会计报表中的数字是对企业各项活动的高度概括和综合，虽然具有较高的信息含量，但是财务分析只有借助于更加详细的信息，才能深入理解数字背后的经济实质。重要报表项目的说明能够提供更加详细的信息，有助于更为有效地利用会计报表中的数字。

企业应当尽可能以列表形式披露重要报表项目的构成或当期增减变动情况。对重要报表项目的明细说明，应当按照资产负债表、利润表、现金流量表、所有者权益变动表的顺序和报表项目列示的顺序，采用文字和数字描述相结合的方式进行披露，并与报表项目相互参照。

2.重要事项的揭示

重要事项的揭示，主要包括以下三种：

（1）或有事项。企业应当披露预计负债的种类、形成原因以及经济利益流出不确定性的说明；与预计负债有关的预期补偿金额和本期已确认的预期补偿金额；或有负债的种类、形成原因及经济利益流出不确定性的说明；或有负债预计产生的财务影响，以及获得补偿的可能性；无法预计的，应当说明原因；或有资产很可能会给企业带来经济利益的，补充披露其形成的原因、预计产生的财务影响等；在涉及未决诉讼、未决仲裁的情况下，披露全部或部分信息预期对企业造成重大不利影响的，披露该未决诉讼、未决仲裁的性质以及没有披露这些信息的事实和原因。

（2）资产负债表日后事项的说明。其包括每项重要的资产负债表日后非调整事项的性质、内容，及其对财务状况和经营成果的影响。无法做出估计的，应当说明原因。

（3）关联方关系及其交易的说明。企业应当披露母公司和子公司的名称。如果母公司不是该企业的最终控制方，说明最终控制方名称。母公司和最终控制方均不对外提供财务报表的，说明母公司之上与其最相近的对外提供财务报表的母公司名称。企业还应当披露母公司和子公司的业务性质、注册地、注册资本（或实收资本、股本）及其当期发生的变化；母公司对该企业或者该企业对子公司的持股比例和表决权比例；企业与关联方发生交易的，该关联方关系的性质、交易类型及交易要素。

（二）各主要会计报表附注

1.资产负债表附注

资产负债表中列示的项目是高度浓缩后的信息。受制于资产负债表的格式要求，这些信息的来源和构成无法直接在资产负债表中加以披露。为此，资产负债表的编制者根据现有会计准则的要求，将这些信息在会计报表附注中加以详细披露。由于在披露过程中，其通常会采用表格的形式，因此也可将其称为资产负债表的附表。常见的资产负债表附表有与应收账款和长期股权投资相关的附表。

（1）与应收账款相关的附表。应收账款是重要的资产负债表项目，报表附注中通常会提供账龄分析和客户分布等信息。应收账款账龄分析表，是根据账龄对应收账款余额进行的详细分解。通过分析应收账款账龄分析表有助于更好地了解应收账款的质量和时间变化趋势。应收账款账龄分析表的格式与内容详见表2-6。

表2-6　**应收账款账龄分析表**

编制单位：BQC公司　2022年12月31日　单位：万元

	2022年	2021年
1年以内	2 792 749.80	2 158 318.20
1年至2年	618 448.90	845 905.60
2年至3年	384 920.60	518 414.60
3年以上	365 699.90	317 929.50
合计	4 161 819.20	3 840 567.90
减：应收账款坏账准备	278 969.80	215 439.90
应收账款账面余额	3 882 849.40	3 625 128.00

在资产负债表中，还会根据主要应收账款分布情况提供“前五大客户”的应收账款情况，主要包括客户名称、应收账款余额、占比以及坏账准备金额等，这有助于了解公司客户结构和应收账款集中度，更好地了解企业的经营情况是否过于依赖某些客户，进而更好地判断企业资产的质量。具体格式与内容详见表2-7。

表2-7　**前五大客户应收账款分析表**

编制单位：BQC公司　2022年12月31日　金额单位：万元

项　目	金额	坏账准备金额	占应收账款总额的比例（%）
应收账款余额第一大客户	194 704.70	328.40	4.68
应收账款余额第二大客户	101 664.80	514.80	2.44
应收账款余额第三大客户	91 604.80	198.90	2.20
应收账款余额第四大客户	84 065.70	8 064.90	2.02
应收账款余额第五大客户	74 896.60	167.20	1.80
合计	546 936.60	9 274.20	13.14

（2）长期股权投资明细表。长期股权投资是企业资产负债表重要的非流动资产项目。长期股权投资明细表是一份详细列示企业长期股权投资项目的表格，其中包括投资的种类、投资金额、持股比例、投资收益等信息。该表格是企业财务报表的重要组成部分，对于了解企业长期股权投资状况、评估企业投资风险和未来发展前景具有重要意义。具体格式与内容详见表2-8。

表2-8

长期股权投资明细表

编制单位：BQC公司　　2022年度　　单位：万元

项目 / 合营企业	年初余额	本年变动						年末余额	年末减值准备
		追加投资	减少投资	权益法下投资收益	其他综合收益	其他权益变动	宣告现金股利		
比亚迪汽车金融有限公司	371 545.70	480 000.00	—	32 992.40	—	—	—	884 538.10	—
横琴和谐鼎泰股权投资企业（有限合伙）	69 932.40	—	—	6 478.90	—	—	—	76 411.30	—
Community Fund LP	—	57 222.00	—	−2 621.10	—	—	—	54 600.90	—
青海盐湖比亚迪资源开发有限公司	26 196.70	—	—	216.90	—	—	—	26 413.60	—
美好出行（杭州）汽车科技有限公司	58 912.70	—	—	−42 470.10	—	7 020.00	—	23 462.60	—
深圳腾势新能源汽车有限公司	−100 000.00	0.00	−21 869.40	−78 130.60	—	—	—	—	—
其他合营企业	137 762.70	77.20	−72 021.60	−2 461.00	—	—	−327.50	63 029.80	—
小计	664 350.20	637 299.20	−93 891.00	−85 994.60	—	7 020.00	−327.50	1 128 456.30	—
联营企业									
盛新锂能集团股份有限公司	−200 000.00	0.00	—	—	—	—	—	200 000.00	—
西藏日喀则扎布耶锂业高科技有限公司	29 684.10	—	—	22 796.30	—	—	—	52 480.40	—
深圳佛吉亚汽车部件有限公司	20 537.60	—	—	10 879.20	—	—	—	31 416.80	—
浙江碳一新能源有限责任公司	—	30 000.00	—	−191.10	—	—	—	29 808.90	—
无锡邑文微电子科技有限公司	—	20 000.00	—	−1 233.60	—	961.30	—	19 727.70	—
中铁工程设计咨询集团有限公司	15 225.40	—	—	3 963.90	—	—	−1 740.10	17 449.20	—
其他联营企业	60 702.80	20 770.00	−16 868.10	3 131.50	—	1 464.70	—	69 200.90	—
小计	126 149.90	270 770.00	−16 868.10	39 346.20	—	2 426.00	−1 740.10	420 083.90	—
合计	790 500.10	908 069.20	−110 759.10	−46 648.40	—	9 446.00	−2 067.60	1 548 540.20	—

除了上述附表之外，资产负债表附注还为分析者提供理解财务报表有关项目所做的进一步解释。资产负债表附注通常解释三种情况：表内有关项目的附注，如对短期投资中的证券市价等的说明；表外有关项目的附注，如对抵押资产等的说明；对资产负债表有关会计政策变化的说明，如存货计价政策变化等。

2.利润表附注

为了明确利润表中的数据来源和构成，提供更多的相关信息，现行会计准则要求对部分利润表中的数字，以表格的形式在报表附注中加以披露。利润表的附表包括资产减值损失明细表和分部报告。

（1）资产减值损失明细表。资产减值损失明细表是利润表的附表之一，用于补充说明企业各项资产减值损失的详细情况。通过资产减值损失明细表，可以获得各项资产减值损失详细信息，有助于对企业资产减值政策及实施情况进行客观的分析。资产减值损失明细表的格式与内容见表2-9。

表2-9　**资产减值损失明细表**

编制单位：BQC公司　2022年度　单位：万元

项　目	2022	2021
存货跌价损失	83 400.90	70 770.30
开发支出减值损失	32 205.40	9 308.10
无形资产减值损失	9 158.80	—
固定资产减值损失	—	21.20
合同资产减值损失	13 880.70	5 647.90
合　计	138 645.80	85 747.50

（2）分部报告。分部报告，作为利润表的附表之一，是反映企业各经营分部的收入、成本、费用、营业利润、资产总额和负债总额等情况的报表。企业应当以内部组织结构、管理要求、内部报告制度为依据确定经营分部，以经营分部为基础确定报告分部，并按规定披露分部信息。经营分部应当同时满足以下条件：该组成部分能够在日常活动中产生收入、发生费用；企业管理层能够定期评价该组成部分的经营成果，以决定向其配置资源、评价其业绩；企业能够获得该组成部分的财务状况、经营成果和现金流量等有关会计信息。如果未能满足上述规定条件，但企业认为披露该经营分部信息对财务报告使用者是有用的，也可将其确定为报告分部。经营分部报告见表2-10。

表2-10　**分部报告（经营分部）**

编制单位：BQC公司　2022年度　单位：万元

项 目	手机部件、组装及其他产品	汽车、汽车相关产品及其他产品	调整和抵销	合计
对外交易收入	9 881 505.40	32 469 117.50	55 440.60	42 406 063.50
分部间交易收入	876 531.00	397 174.40	−1 273 705.40	—
合计	10 758 036.40	32 866 291.90	−1 218 264.80	42 406 063.50

续表

项 目	手机部件、组装及其他产品	汽车、汽车相关产品及其他产品	调整和抵销	合计
对合营和联营企业的投资损失	—	68 588.50	—	68 588.50
折旧和摊销	283 273.60	1 753 726.90	—	2 037 000.50
利润/（亏损）总额	189 330.30	1 864 218.40	54 424.20	2 107 972.90
所得税费用	8 736.70	319 675.70	8 250.10	336 662.50
资本性支出	521 048.60	12 507 544.00	—	13 028 592.60
资产总额	5 462 552.00	41 969 146.90	1 954 365.70	49 386 064.60
负债总额	2 202 069.80	32 602 353.40	2 442 657.70	37 247 080.90
其他披露				
对合营和联营企业的长期股权投资	—	1 548 540.20	—	1 548 540.20

从会计准则的变动来看，分部报告所提供的信息内容没有根本性的差别。但是，分部报告的组织形式已从原有的地区分部和业务分部更改为经营分部。从财务分析信息的角度来看，与地区分部和业务分部报告相比，经营分部报告提供的信息更有助于对企业营运活动与财务目标之间的关系进行分析。从新旧分部报告的关系来看，经营分部报告与业务分部报告较为相似。

除上述附表外，主营业务收入明细表、管理费用明细表、销售费用明细表、财务费用明细表、公允价值变动收益明细表、投资收益明细表等也属于利润表的附表，都应在附注中加以披露。

除了提供利润表的附表之外，利润表附注还对利润表中重要项目及相关问题进行说明，以便正确理解与分析利润表。利润表附注通常说明以下问题：有关收入与成本费用的会计政策变化，如收入的确认、存货计价、成本核算方法改变等；利润表中具体项目的补充说明，如营业外收支项目的说明、投资收益项目的说明等；利润表表外有关项目的说明，如对其他业务收入与支出的说明等。

3. 现金流量表附注

现金流量表附注包括以下内容：

（1）当期取得或处置子公司及其他营业单位的有关信息。

（2）将净利润调节为经营活动现金流量。

（3）现金及现金等价物净增加情况。

（三）会计报表和报表附注的关系

在财务报告中，会计报表以确认和计量的方式，采用量化的方法对企业的经营成果、财务状况和现金流量情况加以反映；而报表附注以披露的方式，为会计报表中高度概括的数字提供进一步的解释，从而增加财务报告使用者能够获取的信息。

1. 为会计报表提供详细信息

会计报表中的数字是对企业经营活动、财务状况和现金流量情况的高度概括。报表数字具有很高的信息含量，但是如果缺少必要的报表附注对报表数字加以解释，这些信息很难为处于企业外部的财务分析人员所获取。比如，利润表中的“财务费用”是对企业财务活动产生的各种费用进行汇总，并仅以单一数字列示，这使财务分析人员难以获取充分信息对企业财务活动进行有效的分析。利润表附注提供的财务费用明细表，将财务费用分解为利息收入、利息支出、汇兑损失、现金折扣及贴息和银行手续费等部分，为分析企业的财务活动提供了更为详细的信息。

2.为会计报表提供定性信息

受计量属性的限制，会计报表只能以数字的方式进行量化计量。因此，关于企业经营成果、财务状况和现金流量的定性信息，无法在报表中加以反映。这会直接影响对定量信息的使用和解读。相比之下，报表附注可以采用非量化的方式提供定性信息。比如，企业资产负债表中资产的担保情况无法在报表中加以反映，但是可以用报表附注的方式加以披露。资产担保行为虽然没有改变资产的数额，却会影响资产未来收益是否能够流入企业，进而影响企业的财务状况和经营业绩。因此，只有将报表附注和会计报表相结合，才能获取准确、全面的财务分析信息。

二、财务会计报表的局限性

一般来说，财务会计报表的局限性主要体现在以下几方面：

（一）财务会计报表计量的局限性

所谓财务会计报表计量的局限性，是指财务会计报表都是以货币为计量单位计量的，不能反映企业经营中的非货币性事项。货币计量虽然有其重要意义与作用，但企业经营中的非货币性事项，如产量、质量、劳动力及设备状况等对分析企业财务状况和经营成果也是非常必要的。另外，以货币为计量手段，在物价变动较大的情况下，特别是在通货膨胀的情况下，会对分析数据的准确性产生不利影响，甚至产生歪曲，导致错误的分析结果。

（二）财务会计报表内容的局限性

财务会计报表内容的局限性主要体现在：第一，财务报表由于制度原因、保密原因或规范原因等，不能提供详尽的分析数据，如各成本项目数据、材料消耗数据、人工消耗数据等；第二，财务报表不能反映企业未来将要发生的事项，只是对历史情况的反映；第三，财务报表不能表明企业采用的具体会计原则和会计方法，如在存货计价方法方面和折旧方法方面，不同的企业可根据要求采用不同的方法，而不同的方法对其计量结果是有影响的。

（三）财务会计报表时间的局限性

财务会计报表的编报通常是按月进行的，有些报表是按年进行的，且报表形成和报出时间与报表内容反映的时间之间又存在一定时差，因此，财务报表信息并不能反映分析时企业的真实情况，尤其在当今市场竞争激烈、情况瞬息万变的时代，明确报表时间上的局限性是十分重要的。

案例分析2-3

三、数字化财务报告的优势

数字化财务报告是指利用数字化技术和互联网平台进行编制、存储和传递的财务报告。相比传统纸质报告，数字化财务报告具有更高的可访问性、可搜索性、实时更新性和环保性，能够更便捷地满足利益相关方获取财务信息的需求。

（一）可访问性

数字化财务报告通过网络平台进行传递和存储，使得利益相关方可以随时随地通过互联网获取财务报告。无论是内部管理人员、外部投资者、监管机构，还是其他利益相关方，都可以通过电子渠道方便地获取财务报告，无须受到时间和地点的限制。这种高度的可访问性大大地提高了信息的传递效率，使得财务报告更容易被利益相关方获取和利用。

（二）可搜索性

数字化财务报告具有更好的可搜索性，利益相关方可以通过关键词搜索的方式更快地找到所需信息。传统的纸质财务报告需要逐页翻阅，而数字化财务报告可以通过搜索功能快速定位到相关信息，提高了信息的利用效率。此外，数字化财务报告还可以通过交互式的方式进行数据筛选和定制化呈现，使得利益相关方能够根据自身需求更灵活地获取和利用财务信息。

（三）实时更新性

数字化财务报告具有更好的实时更新性，一旦财务数据发生变化，可以随时进行更新。相比传统的纸质财务报告需要重新印刷和分发，数字化财务报告可以通过网络平台实现即时更新，确保信息的及时性和准确性。这种实时性使得利益相关方能够更快地获取最新的财务信息，及时做出决策和调整。

（四）环保性

数字化财务报告相比纸质财务报告具有更好的环保性。采用电子化技术可以减少大量的纸张使用，降低了对森林资源的消耗，同时减少了印刷和分发的成本。数字化财务报告符合可持续发展的理念，有利于降低企业的环境责任压力，同时节约了企业的成本。

第五节　审计报告与内部控制信息

一、审计报告意见

注册会计师审计报告是进行财务分析的重要信息。有人将审阅注册会计师审计报告作为财务分析的首要步骤，其足以说明审计报告的重要性。审计报告可向财务分析者提供有关财务报告是否公正表述的独立性、权威性意见。

注册会计师在审计报告中对所审计的财务报告可提出以下五种意见中的一种：

（1）标准无保留意见。

（2）带强调事项段的无保留意见。

（3）保留意见。

（4）否定意见。

（5）无法表示意见。

在上述五种意见中，第一种属于标准审计报告；后四种属于非标准审计报告，其中保留意见、否定意见和无法表示意见又被称为非无保留意见。注册会计师在审计报告中如果提出后四种意见，必须做出必要的说明。

根据《财政部关于印发〈中国注册会计师审计准则第1504号——在审计报告中沟通关键审计事项〉等12项准则的通知》，自2018年起，全部上市公司在审计报告中披露关键审计事项。关键审计事项是指注册会计师根据职业判断认为对本期财务报表审计最为重要的事项。值得注意的是，关键审计事项不能替代构成导致非无保留意见的事项，也不能替代可能导致对被审计单位持续经营能力产生重大疑虑的事项或情况存在重大不确定性的情况。此外，关键审计事项的应对以对财务报表整体进行审计并形成审计意见为背景，注册会计师不对关键审计事项单独发表意见，在审计报告中沟通关键审计事项，也不是注册会计师就单一事项单独发表意见。

知识拓展2-3

二、内部控制信息

根据财政部2008年颁发的《企业内部控制基本规范》，内部控制是由企业董事会、监事会、经理层和全体员工实施的、旨在实现控制目标的过程。内部控制的目标是合理保证企业经营管理合法合规、资产安全、财务报告及相关信息真实完整，提高经营效率和效果，促进企业实现发展战略。继《企业内部控制基本规范》之后，财政部同五部委于2010年发布了《企业内部控制配套指引》，并于2012年开始在沪深两市的主板公司内逐步推行。内部控制涉及公司的组织结构、业务环节和信息系统等方面，也是重要的财务分析信息来源。

（一）内部控制的内容

根据《企业内部控制基本规范》的要求，企业建立与实施有效的内部控制，应当包括五个要素：

1.内部环境

内部环境是企业实施内部控制的基础，一般包括治理结构、机构设置及权责分配、内部审计、人力资源政策、企业文化等。

2.风险评估

风险评估是企业及时识别、系统分析经营活动中与实现内部控制目标相关的风险，合理确定风险应对策略。

3.控制活动

控制活动是企业根据风险评估结果，采用的相应的控制措施，以将风险控制在可承受范围之内。

4.信息与沟通

信息与沟通是企业及时、准确地收集、传递与内部控制相关的信息，确保信息在企业内部、企业与外部之间进行有效沟通。

5.内部监督

内部监督是企业对内部控制建立与实施情况进行监督检查，评价内部控制的有效性，发现内部控制缺陷，并及时加以改进。

（二）内部控制评价报告概述

为了评价内部控制设计和执行的有效性，企业应当由董事会或者类似机构围绕内部环境、风险评估、控制活动、信息与沟通和内部监督等要素，对内部控制设计和运行情况的有效性进行全面评价。

1.内部控制评价报告

内部控制评价需要对内部控制确认加以确定，并按其影响程度分为重大缺陷、重要缺陷和一般缺陷。重大缺陷，是指一个或多个控制缺陷的组合，可能导致企业严重偏离控制目标。重要缺陷，是指一个或多个控制缺陷的组合，其严重程度和经济后果低于重大缺陷，但仍有可能导致企业偏离控制目标。一般缺陷，是指除重大缺陷、重要缺陷之外的其他缺陷。重大缺陷、重要缺陷和一般缺陷的具体认定标准，由企业根据上述要求自行确定。

企业内部控制评价部门应当编制内部控制缺陷认定汇总表，结合日常监督和专项监督发现的内部控制缺陷及其持续改进情况，对内部控制缺陷及其成因、表现形式和影响程度进行综合分析和全面复核，提出认定意见，并以适当的形式向董事会、监事会或者经理层报告。重大缺陷应当由董事会予以最终认定。企业对于认定的重大缺陷，应当及时采取应对策略，切实将风险控制在可承受范围之内，并追究有关部门或相关人员的责任。

在完成内部控制评价之后，企业应当编制内部控制评价报告。内部控制评价报告至少应当披露下列内容：（1）董事会对内部控制报告真实性的声明；（2）内部控制评价工作的总体情况；（3）内部控制评价的依据；（4）内部控制评价的范围；（5）内部控制评价的程序和方法；（6）内部控制缺陷及其认定情况；（7）内部控制缺陷的整改情况及重大缺陷拟采取的整改措施；（8）内部控制有效性的结论。

2.内部控制信息披露

上市公司在完成内部控制评价后，应当编制内部控制自我评价报告，并应在年度报告披露的同时，披露年度内部控制自我评估报告，同时披露会计师事务所对内部控制自我评估报告的核实评价意见。

第六节 财务分析法规与政策依据

一、会计法规体系

我国会计法规体系框架随着会计改革而不断变化，目前正在向国际惯例靠近，从总体上说，主要有以下五个层次：

第一层次是全国人民代表大会及其常务委员会颁布的法律，如《中华人民共和国会计法》《中华人民共和国公司法》《中华人民共和国注册会计师法》和税法等。

第二层次是国务院制定或颁布的行政法规，如《企业财务会计报告条例》《总会计师条例》等。这些法规主要涉及会计核算中所必须遵守的基本要求，以及会计工作中所涉及和运用到的基本概念，一般不具备直接指导实务的作用。

第三层次是由财政部或财政部与其他部委联合制定与颁布的部门规章，包括会计核算制度、会计监督制度、会计机构会计人员管理制度、会计工作管理制度，如《企业会计准则》《企业财务通则》《企业会计制度》《事业单位会计制度》《行政单位会计制度》《民间非营利组织会计制度》《会计基础工作规范》《会计档案管理办法》《企业内部控制基本规范》

等。这些规章是指根据企业会计基本准则的框架和原则，针对不同的具体经济业务或报表项目有可能发生的各种确认和计量以及披露问题做出的处理规范。

第四层次是地方政府、主管部委和非政府机构制定的法规，如上海市人民政府发布的《上海市证券交易管理办法》、注册会计师协会制定的法规、证券交易委员会制定的法规、行业协会制定的财会制度等。

第五层次是企业、非营利组织、行政单位内部财务与会计管理制度，如企业内部控制制度、内部财务管理制度、内部会计管理制度、成本管理制度、资金管理制度等。这些制度是在遵守各种法规的前提下，将企业或单位的实际情况与法规原则相结合而形成的行为守则。

二、财务分析中应注意的会计原则

在财务分析中使用会计信息时，企业一定要注意会计核算所遵循的基本原则：

（1）企业应当以实际发生的交易或者事项为依据进行会计确认、计量和报告，如实反映符合确认和计量要求的各项会计要素及其他相关信息，保证会计信息真实可靠、内容完整。

（2）企业提供的会计信息应当与财务会计报告适用的经济决策需要相关，有助于财务会计报告使用者对企业过去、现在或者未来的情况做出评价或者预测。

（3）企业提供的会计信息应当清晰明了，便于财务会计报告使用者理解和使用。

（4）企业提供的会计信息应当具有可比性。同一企业不同时期发生的相同或者相似的交易或者事项，应当采用一致的会计政策，不得随意变更。确需变更的，应当在附注中说明。不同企业发生的相同或者相似的交易或者事项，应当采用规定的会计政策，确保会计信息口径一致、相互可比。

（5）企业应当按照交易或者事项的经济实质进行会计确认、计量和报告，不应仅以交易或者事项的法律形式为依据。

（6）企业提供的会计信息应当反映与企业财务状况、经营成果和现金流量等有关的所有重要交易或者事项。

（7）企业对交易或者事项进行会计确认、计量和报告应当保持应有的谨慎，不应高估资产或收益、低估负债或费用。

（8）企业对于已经发生的交易或者事项，应当及时进行会计确认、计量和报告，不得提前或者延后。

三、上市公司监管法规体系

（一）法律法规

1.法律。它包括《中华人民共和国证券法》《中华人民共和国证券投资基金法》《中华人民共和国公司法》《中华人民共和国企业所得税法》《中华人民共和国审计法》等。

2.行政法规和法规性文件。它包括《国务院关于开展优先股试点的指导意见》《国务院关于促进企业兼并重组的意见》《证券公司监督管理条例》《国务院批转证监会关于提高上市公司质量意见的通知》等。

3.司法解释。它包括《最高人民法院、最高人民检察院关于办理内幕交易、泄露内幕信息刑事案件具体应用法律若干问题的解释》《最高人民法院关于修改关于适用〈中华人民共和国公司法〉若干问题的规定的决定》《最高人民法院、最高人民检察院、公安部、中国证券监督管理委员会关于查询、冻结、扣划证券和证券交易结算资金有关问题的通知》等。

（二）部门规章和规范性文件

上市公司监管部门规章根据监管部门不同可分为各不同部门的规章。以证券交易所为例，部门规章通常可包括以下部分：发行上市规章；上市公司规章；证券机构规章；证券交易规章；信息披露规章；外资股类规章；基金类规章；服务类规章；其他规章。

（三）业务规则

业务规则是指上市公司监管各业务部门自身制定的规则。以证券交易所为例，业务规则通常包括以下各类：组织类规则；发行类规则；上市类规则；交易类规则；会员类规则；服务类规则；收费类规则；基金类规则；债券类规则；其他规则。

□ 本章小结

财务分析信息为财务分析提供根本依据，其数量和质量决定着财务分析的质量和效果。收集和整理财务分析信息的过程，也是财务分析的重要步骤。按照不同标准，财务分析信息可以划分为内部信息和外部信息、定期信息和不定期信息、实际信息和标准信息、财务信息和非财务信息。财务分析信息应当具备完整性、系统性、准确性、及时性和相关性。常用的财务分析评价标准有经验标准、历史标准、行业标准、预算标准等。

年度报告是财务分析信息的重要来源，为财务分析活动提供财务信息和非财务信息。年度报告的主要作用有：介绍公司、行业情况和内部治理机制等背景资料；披露公司的经营成果和财务状况；提供公司未来的经营计划。财务报告包括财务报表和其他应当在财务报告中披露的相关信息和资料。财务报表具体由会计报表本身及其附注两部分构成，而会计报表仅指报表本身不包括附注。以财务报表为核心的财务报告体系可以从不同的侧面提供反映企业财务状况、经营成果和现金流量等方面较为完整的信息。财务报告的目标就是向信息使用者提供对决策有用的信息，因此其作用是有利于财务报告信息使用者进行经济决策。

会计报表主要包括资产负债表、利润表、所有者权益变动表和现金流量表。各会计报表的组成项目及其结构，分别为财务分析提供不同的相关信息。资产负债表中的资产项目提供了企业变现能力的信息、资产结构的信息、资产管理水平的信息和公司价值的信息；负债项目提供了总体债务水平的信息、债务结构的信息；所有者权益项目提供了所有者权益内部结构的信息、企业收益分配的信息。资产、负债和所有者权益结合起来，提供了偿债能力和权益结构的信息。利润表提供了企业财务成果的信息、盈利能力的信息、营业收入和成本费用的信息、经营业绩结构的信息。所有者权益变动表提供了所有者权益变动的原因、所有者权益内部结构的变动、资产负债表和利润表的辅助信息、企业全面收益的信息。现金流量表提供了企业资金来源与运用的信息、现金增减变动的原因、资产负债表和利润表分析所需的信息。

会计报表附注是对会计报表内容的进一步解释，既包括对报表项目进行详细解释的附表，也包括对报表项目进行定性的非财务性信息。在财务分析过程中，会计报表的主要局限性体现在计量属性、报表内容和报表时间三方面。

审计报告也是财务分析的重要信息来源。从审计意见类型来看，审计报告可以分为标准无保留意见和非标准无保留意见两类。内部控制的目标在于合理保证企业经营管理合法合规、资产安全、财务报告及相关信息真实完整，提高经营效率和效果，促进企业实现发展战略。根据《企业内部控制基本规范》的要求，企业建立与实施有效的内部控制，应当包括五个要素：内部环境、风险评估、控制活动、信息与沟通和内部监督。为了评价内部控制设计和执行的有效性，企业需要对内部控制设计和运行情况的有效性进行全面评价。

在我国，现行的会计法规体系主要包括五个层次：全国人民代表大会及常务委员会颁布的法律；国务院制定或颁布的法规；财政部或财政部与其他部委联合制定与颁布的法规；地方政府、主管部委和非政府机构制定的法规；企业、非营利组织、行政单位内部财务与会计管理制度。上市公司监管法规体系包括法律法规、部门规章和规范性文件以及业务规则三方面内容。

□ 数智能力训练

人工智能大模型能够为我们进行财务分析提供很多有益的帮助。结合本章学习的内容，我们可运用人工智能大模型对财务分析信息基础进行进一步的分析，以提升同学们运用数智模型进行财务分析的能力。

本章的数智能力训练题主要有：

1. 人工智能和大数据技术的发展，对财务分析有什么影响？利用人工智能和大数据技术，能够获得哪些对财务分析有用的信息呢？如何利用人工智能和大数据，才能进行更有效的财务分析呢？能用一个行业，或者一家企业来展示一下吗？

2. 在对汽车制造业（零售业、交通运输业、食品加工行业、钢铁行业……）行业进行财务分析时，哪些政策变化必须要加以考虑？这些政策对财务分析具体会产生哪些影响？

3. 我国会计准则和上市公司信息披露，在过去12个月以内，有哪些最新的变化吗？这些变化对财务分析活动有什么影响吗？能举个具体例子，展示一下吗？

4. 在财务分析中，应用人工智能和大数据的技术有什么需要注意的地方吗？如何才能做到扬长避短呢？

目前可以采用的人工智能大模型主要有阿里“通义千问”、百度“文心一言”和科大讯飞“星火”等模型，当然也可以采用最新推出的其他模型。同学们可以多尝试一下不同的提问方式，或者不同的人工智能模型，看看答案会有怎样的差别？看看你能否找到与人工智能建立有效沟通的渠道！

□ 互动练习

第三章　财务分析程序与方法

□ 学习目标

本章的学习目标是使学生掌握财务分析的基本程序与基本方法。其具体目标包括：

◇ 知识目标

掌握财务分析程序包括哪几个阶段和步骤，各阶段和步骤的目标与作用是什么；明确企业战略分析的内容与作用；理解会计分析的目的；明确比率分析法的分类与作用；掌握因素分析法的原理；了解综合分析与评价方法的作用；理解与掌握财务分析报告的内容与写作要求。

◇ 技能目标

掌握会计分析的程序与方法，特别是对水平分析法、垂直分析法和趋势分析法评价的思路与方法；掌握因素分析法的程序与方法；掌握财务分析报告的编写方法；理解大数据财务分析法的程序与方法运用。

◇ 能力目标

能够运用财务分析基本程序与方法分析财务状况和财务成果；能够运用会计分析方法揭示会计报表和报告中信息的质量，为财务比率分析奠定基础；能够运用比率分析法揭示财务状况及效果的质量水平与特点；能够运用因素分析法揭示财务状况及效果变化的原因；学会灵活运用财务分析方法解决复杂的现实问题，实现财务分析的总体目标。

◇ 思政目标

能够在学习与掌握财务分析程序及具体方法的基础上，深刻领会企业使命、愿景及目标对财务分析方法的指引作用，能够在学习及未来的工作中树立正确的世界观、人生观和价值观。

【引例】

2023年8月2日，《财富》世界500强榜单全球发布，比亚迪位列第212位，排名较2022年上升224名，成为今年排名升幅最大的中国企业。

2022年，比亚迪全年营业收入4 240.61亿元，同比增长96.2%，各项核心经营数据均创历史新高。比亚迪新能源汽车销量实现大幅增长，2022年新能源汽车全球累计销量突破186万辆，荣膺全球新能源汽车销量冠军。2023年1—7月，比亚迪新能源汽车累计销量突破150万辆，其中，海外累计销量超9万辆，超越2022年全年的海外销售总量。截至2023年7月，比亚迪新能源汽车累计销量超480万辆。

成立28年来，比亚迪坚持前瞻战略和创新技术，实现业绩的持续攀升。如今，比亚迪已成长为一家横跨电子、汽车、新能源和轨道交通四大产业的国际型企业。在"双碳"目标成为全球共识的背景下，比亚迪依靠不懈的技术创新，走出一条可持续创新发展之路。

秉承"技术为王、创新为本"的发展理念，比亚迪2022年累计研发投入202.23亿元，同比增长90.31%。截至2023年7月，比亚迪全球累计申请专利超4万项、授权专利超2.8万项，拥有超9万名研发人员，赋能新能源行业高质量发展。凭借刀片电池、DM-i超级混动、e平台3.0、CTB电池车身一体化、易四方技术平台、云辇智能车身控制系统等颠覆性技术及应用，比亚迪形成庞大的"技术鱼池"，持续引领全球绿色出行的变革。

一直以来，比亚迪积极推进国际化业务的发展。2010年，比亚迪提出"城市公共交通电动化"战略，随后开始在全球范围内推广新能源巴士、出租车。深耕海外市场10载，如今，比亚迪以公交电动化为代表的业务范围已涵盖全球70多个国家及地区的400余个城市。截至目前，比亚迪乘用车已进入日本、德国、澳大利亚、巴西、阿联酋等54个国家及地区，部分车型在泰国、以色列、新加坡等地已连续数月成为新能源车销量冠军。

在新能源浪潮下，比亚迪将继续秉承"为地球降温1℃"的可持续愿景，推动中国智造迈向全球，以领先科技和多元化产品助力全球实现绿色梦想。

为什么比亚迪2022年能进入世界500强且位次提升如此之大？该公司的国际化创新发展战略对公司的财务状况和经营成果有何种影响？如何通过会计分析、财务效能分析和综合分析评估来判断企业的未来发展？学习财务分析程序与方法一章将为我们提供解答这些问题的方法论。

（资料来源：根据比亚迪公司新闻（2023年8月3日）整理）

第一节　财务分析基本程序与步骤

财务分析的程序，亦称财务分析的一般方法，是指进行财务分析所应遵循的一般规程。研究财务分析程序是进行财务分析的基础与关键，它为开展财务分析工作、掌握财务分析技术指明了方向。

综观现有的多种财务分析程序，它们有其相同点，即在搜集财务分析信息、分析财务信息、得出财务分析结论等步骤上是基本一致的，区别主要体现在具体分析环节或细节上。结合中外财务分析步骤与特点，考虑我国财务分析的需求与供给，我们将财务分析的程序与步骤归纳为四个阶段十个步骤。

一、财务分析信息搜集整理阶段

财务分析信息搜集整理阶段主要由以下三个步骤组成：

1.明确财务分析目的

进行财务分析，首先必须明确为什么要进行财务分析，是要评价企业经营业绩，进行投资决策，还是要制定未来经营策略。只有明确了财务分析的目的，才能正确地搜集整理信息，选择正确的分析方法，从而得出正确的结论。

2.制订财务分析计划

在明确财务分析目的的基础上，应制订财务分析的计划，包括财务分析的人员组成及分工、时间进度安排，财务分析内容及拟采用的分析方法等。财务分析计划是财务分析顺利进行的保证。当然，这个计划并不一定形成文件，可能只是一个草案，也可能是口头的，但没有这个计划是不行的。

3.搜集整理财务分析信息

财务分析信息是财务分析的基础，信息搜集整理的及时性、完整性、准确性，对分析的正确性有着直接的影响。信息的搜集整理应根据分析的目的和计划进行，但这并不是说不需要经常性、一般性的信息搜集与整理。其实，只有平时日积月累，才能根据不同的分析目的及时提供所需信息。

二、战略分析与会计分析阶段

战略分析与会计分析阶段主要由以下两个步骤组成：

1.企业战略分析

企业战略分析通过对企业所在行业或企业拟进入行业的分析，明确企业自身地位及应采取的竞争战略。企业战略分析通常包括行业分析和企业竞争策略分析。行业分析的目的在于分析行业的盈利水平与盈利潜力，因为不同行业的盈利能力和潜力大小是不同的。影响行业盈利能力的因素有许多，归纳起来主要可分为两类：一是行业的竞争程度；二是市场谈判或议价能力。企业战略分析的关键在于企业如何根据行业分析的结果，正确选择企业的竞争策略，使企业保持持久竞争优势和高盈利能力。企业进行竞争的策略有许许多多，最重要的有两种，即低成本竞争策略和产品差异竞争策略。

企业战略分析是会计分析和财务效率分析的导向，通过企业战略分析，分析人员能深入理解企业战略目标、行业特点和竞争策略，明确会计分析与财务效率分析的重点，从而能进行客观、正确的会计分析与财务效率分析。

2.财务报告会计分析

会计分析的目的在于评价企业会计所反映的财务状况与经营成果的真实程度。会计分析的作用，一方面通过对会计政策、会计方法、会计披露的评价，揭示会计信息的质量；另一方面通过对会计政策、会计估计变更的调整，修正会计数据，为财务效率分析奠定基础，并保证财务分析结论的可靠性。进行会计分析，一般可按以下步骤进行：第一，阅读财务报告；第二，比较会计报表；第三，解释会计报表；第四，修正会计报表信息。

前面提到，会计分析是财务效率分析的基础，通过会计分析，对发现的由于会计原则、会计政策等原因引起的会计信息差异，应通过一定的方式加以说明或调整，消除会计信息的失真问题。

三、财务效率分析阶段

财务效率分析阶段是在战略分析与会计分析的基础上进行的，它是为实现财务分析目的，进行财务指标及影响因素计算与分析的阶段，该阶段主要包括以下两个步骤：

1.财务指标分析

财务指标分析，主要是财务比率指标分析，是财务分析的一种重要方法或形式。财务指标能准确反映某方面的财务状况。进行财务分析，应根据分析的目的和要求选择正确的分析指标。债权人要进行企业偿债能力分析，必须选择反映偿债能力的指标或反映流动性情况的指标，如流动比率指标、速动比率指标、资产负债率指标等；而一个潜在投资者要进行企业投资的决策分析，则应选择反映企业盈利能力的指标，如总资产报酬率、资本收益率，以及股利报偿率和股利发放率等。正确选择与计算财务指标是正确判断与评价企业财务状况的关键所在。

2.基本因素分析

财务分析不仅要解释现象，而且应分析原因。因素分析法就是要在报表整体分析和财务指标分析的基础上，对一些主要指标的完成情况，从其影响因素角度，进行深入定量分析，确定各因素对其影响的方向和程度，为企业正确进行财务评价提供最基本的依据。

四、财务综合分析评价阶段

财务综合分析评价阶段是财务效率分析阶段的继续，它根据不同的财务分析目标，形成财务分析最终结论，该阶段具体又可分为三个步骤：

1.财务综合分析与评价

财务综合分析与评价是在应用各种财务分析方法进行分析的基础上，将定量分析结果、定性分析判断及实际调查情况结合起来，以得出财务分析结论的过程。财务综合分析与评价是财务分析的关键步骤，综合分析与评价结论的正确与否反映了财务分析的质量与水平。

2.财务预测与价值评估

财务分析既是一个财务管理循环的结束，又是另一个财务管理循环的开始。应用历史或现实财务分析结果预测未来财务状况与企业价值，是现代财务分析的重要任务之一。因此，财务分析不能仅满足于事后分析原因、评价业绩，更要对企业未来发展状况进行分析预测，以评估企业的价值。

3.财务分析报告

财务分析报告是财务分析的最后一步。它将财务分析的基本问题、财务分析结论，以及针对问题提出的措施、建议以书面的形式展示出来，为财务分析主体及财务分析报告的其他使用者提供决策依据。财务分析报告是对财务分析工作的总结，还可作为历史信息，供后来的财务分析者参考，以保证财务分析的连续性。

第二节 战略分析与会计分析

一、企业战略分析

（一）企业战略分析的内涵与作用

在明确财务分析目的、搜集整理财务分析信息的基础上，企业战略分析成为财务分析的新起点。所谓企业战略分析，其实质在于通过对企业所在行业或企业拟进入行业的分析，明确企业自身地位及应采取的竞争战略，以权衡收益与风险，了解与掌握企业的发展潜力，特别是在企业价值创造或盈利方面的潜力。因此，企业战略分析通常包括行业分析和企业竞争策略分析。企业战略分析是会计分析和财务效率分析的导向，通过企业战略分析，分析人员能深入了解企业的经济状况和经济环境，从而能进行客观、正确的会计分析与财务效率分析。

【思政案例】　　企业愿景、使命与战略目标

企业战略目标应与企业的愿景和使命相协调。

愿景指希望、向往、愿意看到的前景，与“愿望”是近义词。企业愿景（或称企业远景）是对企业未来的一种憧憬和期望，是企业努力经营想要达到的长期目标，是企业发展的蓝图，体现企业永恒的追求。企业愿景要与社会发展目标相协调，将人民对美好生活的向往作为企业的奋斗目标。企业愿景要解决一个问题，即“我们要成为什么”，反映了管理者对企业与业务的期望，描绘了未来向何处去，旨在为企业未来定位，它是引导企业前进的“灯塔”。例如，华为的愿景是“把数字世界带入每个人、每个家庭、每个组织，构建万物互联的智能世界”；比亚迪的愿景是“用技术创新，满足人们对美好生活的向往，打造中国自己的新能源汽车品牌”；中国石化的愿景是“打造世界领先洁净能源化工公司”。

使命又称宗旨、纲领等，表达了“我们要做什么，我们的事业（业务、任务）财务分析是什么”，它反映了一个组织之所以存在的理由或价值。一般来说，绝大多数企业的使命是高度概括和抽象的，企业使命不是对企业经营活动具体结果的表述，而是企业开展活动的方向、原则和哲学。企业使命是对企业“存在理由”的宣言，它要回答“我们的企业为什么要存在”的问题。例如，福耀玻璃集团创始人、董事长曹德旺认为，企业家的责任有三条：国家因为有你而强大，社会因为有你而进步，人民因为有你而富足。战略目标是企业愿景与使命的具体化。

战略目标反映了企业在一定时期内经营活动的方向和所要达到的水平，如业绩水平、发展速度等。与企业使命不同的是，战略目标要有具体的数量特征和时间界限。战略目标是企业制定战略的基本依据和出发点，是战略实施的指导方针和战略控制的评价标准。在确定战略目标时，通常使用一套被称作SMART的基本原则：S（specific）——具体——不含糊。M（measurable）——可计量——可以量化。A（attainable）——可行——可以达到。R（relevant）——相关——与使命一致。T（time bounded）——定时——有完成期限。

每位同学无论在当前的学习还是将来的工作中，都会面临着愿景、使命和目标的确定及选择问题。如何将个人的愿景、使命和目标与所在单位的愿景、使命和目标结合，与国家的愿景、使命和目标结合，是值得教学中重视与培养的关键问题。

思政知识3-1

（二）企业战略分析的基础

进行企业战略分析，一要明确企业战略制定的程序；二要明确企业战略制定与分析的宏观经济环境。这些是进行企业战略分析的基础。

1. 企业战略制定的程序

企业战略制定的程序如图3-1所示。

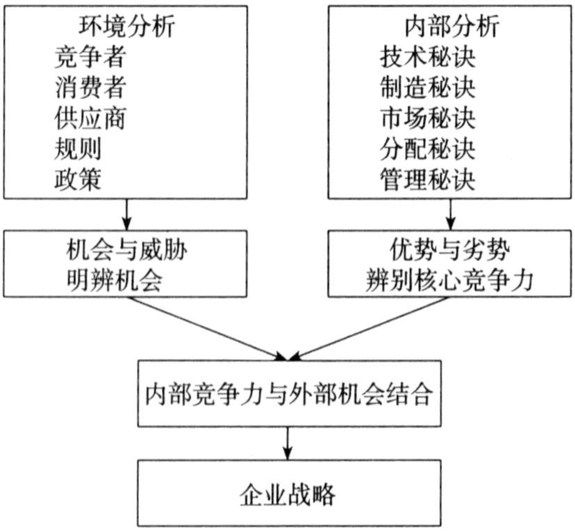

图3-1　企业战略制定的程序

从图3-1可以看出，企业的战略制定，既要通过对外部环境的分析明辨机会与威胁，又要通过企业内部活动分析明确优势与劣势，辨别核心竞争力。只有将外部机会与内部优势结合起来，才能制定正确的企业战略。

应当指出，企业战略的制定还应考虑企业类型。对于企业集团，其战略制定通常包括两个或更多的层次，如企业集团整体战略、各事业部或子公司的单位战略。集团整体战略与各单位战略在制定与分析时要考虑的因素是有所不同的。集团整体战略制定中更重视对行业的分析和经营多样性的分析。单位战略的制定则更重视对竞争策略等方面的分析。

企业战略制定过程，既是企业战略目标的确定过程，也是明确企业战略目标影响因素的过程。企业战略的制定，既为财务分析指明了方向，同时也是财务分析在战略制定过程的应用。

2. 宏观经济环境分析

宏观经济环境是指宏观经济运行的周期性波动等规律性因素和政府实施的经济政策等政策性因素。进行企业战略分析，首先应明确企业所处的宏观经济环境。其具体包括：

（1）经济周期。市场经济从来不是单向运动的，它的运行具有周期性和波动性的特征。人们对未来经济形势的预期，使得证券市场的变动一般先于经济周期的变动，由此起到“晴雨表”的作用。当经济繁荣接近顶峰时，明智的投资者意识到这一点，便开始少量抛售股票，致使股价上涨缓慢，当更多的投资者支持同样观点时，股票市场的供求关系由平衡逐渐过渡到供大于求，股价开始下跌，到经济衰退时，股市将加速下跌。不过，经济周期对不同行业的影响会有差异，有些行业（公用事业、生活必需品行业等）受经济周期影响较小，有些行业（钢铁、能源、房地产等）受经济周期影响比较明显。

（2）货币政策。货币政策是指政府为实现一定的宏观经济目标所制定的关于货币供应和货币流通组织管理的基本方针和基本准则。中央银行的货币政策对证券市场价格有非常重要的影响，从整体来说，松的货币政策使得证券市场价格上涨，紧的货币政策使得证券市场价格下跌。具体而言，中央银行主要通过利率、准备金率等货币政策工具对证券市场产生影响。

从投资者角度来看，利率上升会影响投资者对金融资产的选择，较高的利率使更多的资金流入银行或债市，从而分流股票市场的资金，使股票价格下跌。利率下降，资金流向的方向则相反。从上市公司角度来看，利率的升降使公司的融资成本相应增加或减少，进而影响盈利和股价水平。如果利率的升降伴随着金融紧缩或扩张政策，则会导致社会投资的减少或增加，影响经济增长速度，从而对股市形成长期向下的压力或向上的动力。

准备金率是中央银行调节货币供应量、影响货币市场和资本市场的资金供求，进而影响证券市场威力最大的货币政策工具。中央银行通过提高法定存款准备金率，限制商业银行创造派生存款的能力，致使货币市场供应量减少，证券市场价格下跌；反之，中央银行通过降低法定存款准备金率，增加货币供应量，使证券市场资金增多，从而推动证券价格上涨。例如，为贯彻中央经济工作会议确定的从紧货币政策要求，回收市场过剩的流动性，中国人民银行于2007年共10次上调存款类金融机构人民币存款准备金率，通过降低资本市场货币供应量对证券市场价格产生向下的影响。

（3）财政政策。财政政策是政府依据客观经济规律制定的指导财政工作和处理财政关系的一系列方针、准则和措施的总称。财政政策的手段主要包括国家预算、税收、国债、财政支出、财政补贴、转移支付等。财政政策对证券市场的影响是多方面的，其中财政收支状况和税收调节政策所产生的影响最重要。

（4）汇率。汇率是外汇市场上一国货币与他国货币相互交换的比率。汇率变化一方面会影响资本市场的外国资本流量，另一方面会影响本国企业的进出口。一般来说，如果一个国家的汇率上升，将导致外国资本流入本国，本国的证券市场将因需求旺盛而价格上涨；汇率下降，则资本流出本国，本国证券市场因需求减少而价格下跌。汇率的高低对本国进出口贸易的影响表现在：本国汇率上升将导致更多的外币兑换本币，本国产品的竞争力下降，出口型企业受损，因而汇率上升对此类公司的证券价格将产生不利的影响；相反，进口型企业将因汇率上升、成本下降而受益，因此汇率上升对此类公司的证券价格会产生有利的影响。

宏观环境分析对企业财务分析十分重要，企业财务活动的各个环节都受宏观环境的影响，只有将宏观环境因素与企业经营活动有机结合起来，才能准确分析企业的财务状况和经营成果的水平。

（三）行业分析

行业分析为企业财务分析指明方向，即通过对企业所在行业的分析，明确企业所处行业的竞争程度与地位，有利于分析者进行正确的决策。行业分析主要包括行业的竞争程度分析和市场议价能力分析两个方面。

1.行业竞争程度分析

一个行业中的竞争程度和盈利能力水平主要受三个因素影响：一是现有企业间的竞争；二是新加入企业的竞争威胁；三是替代产品或服务的威胁。

（1）现有企业间竞争程度分析。现有企业间的竞争程度影响着行业的盈利水平，通常竞争程度越高，价格越接近边际成本，盈利水平也越低。行业现有企业间的竞争程度分析主要应从影响企业间竞争的因素入手，通常包括以下内容：

第一，行业增长速度分析。行业增长速度越快，现有企业间不必为相互争夺市场份额而展开价格战；反之，如果行业增长较慢或停滞不前，则竞争势必加剧。

第二，行业集中程度分析。如果行业市场份额主要集中在少数企业，即集中程度高，则竞争程度较低；反之，则竞争程度较高。

第三，差异程度与替代成本分析。行业间企业要避免正面价格竞争，关键在于其产品或服务的差异程度，差异程度越大，竞争程度越低。当然，差异程度与替代成本相关，当替代成本较低时，企业间仍可进行价格竞争。

第四，规模经济性分析。具有规模经济性的行业，其固定成本与变动成本之比往往较高，此时企业为争夺市场份额进行的价格竞争就激烈。

第五，退出成本分析。当行业生产能力大于市场需求，而行业退出成本又较高时，势必会引起激烈的价格竞争，以充分使用生产能力；如果退出成本较低，则竞争将减弱。

（2）新加入企业竞争威胁分析。当行业平均利润率超过社会平均利润率，即行业取得超额利润时，行业必然面临新企业加入的威胁。影响新企业加入的因素有许多，其主要因素有：

第一，规模经济性因素。规模经济性程度越高，新企业进入难度越大。因为要进入该行业，企业必须进行大规模投资。否则，如果投资规模小而达不到规模经济性，企业很难取得竞争优势，因此增加了新企业进入的困难。

第二，先进入优势因素。新进入企业与行业现有企业在竞争上总是处于相对不利的地位。因为先进入企业为防止新企业进入，在制定行业标准或规则方面总是偏向于现有企业；同时现有企业通常具有成本优势，这也增加了新进入的难度。

第三，销售网与关系网因素。新进入企业要生存与发展，必然要打入现有企业的销售网与关系网。因此，现有企业销售网与关系网的规模与程度将影响新企业进入的难易程度。

第四，法律障碍因素。许多行业对新进入企业在法律上有所规定与限制，如许可证、专利权等。因此，法律限制程度就直接影响新企业进入的难易程度。

（3）替代产品或服务威胁分析。替代产品与替代服务对行业竞争程度有重要影响。当行业存在许多替代产品或替代服务时，其竞争程度加剧；反之，替代产品或服务少，则竞争性较小。消费者在选择替代产品或服务时，通常考虑产品或服务的效用和价格两个因素。如果替代效用相同或相似，价格竞争就会激烈。

2. 市场议价能力分析

虽然行业竞争能力是行业盈利能力的决定因素，但行业实际盈利水平的高低，还取决于本行业企业与供应商和消费者（客户）的议价能力。

（1）企业与供应商的议价能力分析。影响企业与供应商议价能力的因素主要包括以下几种：

第一，供应商的数量对议价能力的影响。当企业的供应商越少，可供选择的产品或服务也越少时，供应商方面的议价能力就越强；反之，则企业的议价能力越强。

第二，供应商的重要程度对议价能力的影响。供应商对企业的重要程度取决于其供应产品对企业产品的影响程度。如果供应商的产品是企业产品的核心部件，而替代产品较少，则供应商的议价能力增强；反之，企业具有更好的议价能力。

第三，单个供应商的供应量。单个供应商对企业的供应量越大，往往对企业的影响与制约程度越大，其议价能力也越强。

（2）企业与客户的议价能力分析。影响企业与客户议价能力的因素有很多，如替代成本、产品差异、成本与质量的重要性、客户数量等。将这些因素归纳起来主要体现在以下两个方面：

第一，价格敏感程度的影响。价格敏感程度取决于产品差别程度及替代成本水平。产品差别越小，替代成本越低，价格敏感度越强，客户的议价能力越强。另外，客户对价格的敏感程度还取决于企业产品对客户的成本构成影响程度。如果企业产品在客户成本中占较大比重，客户将对其价格十分敏感；反之，则敏感程度下降。

第二，相对议价能力的影响。价格敏感程度虽然会对价格产生影响，但实际价格还取决于客户相对议价能力。影响其议价能力的因素有：企业（供应商）与客户的供需平衡状况，单个客户的购买量，可供选择的替代产品数量，客户选择替代产品的成本水平，客户的逆向合并威胁等。

案例分析3-1

（四）企业竞争策略分析

企业进行竞争的策略有许许多多，最重要的有两种，即低成本竞争策略和产品差异策略。

1. 低成本竞争策略分析

低成本竞争策略是指企业能以较低的成本提供与竞争对手相同的产品或服务。这时企业可以较低的价格与竞争对手争夺市场份额。低成本竞争策略通常是取得竞争优势最明显的方式。企业要使其成本低于同行业其他企业成本，即取得低成本竞争优势，需要在降低成本方面下功夫。

第一，优化企业规模，降低产品成本；

第二，改善资源利用率，降低产品成本；

第三，运用价值工程，降低产品成本；

第四，提高与供应商的议价能力，降低采购成本；

第五，强化管理控制，降低各项费用。

当企业所处行业替代产品威胁较小、新企业进入威胁较大时，企业往往愿意选择低成本竞争策略。

2.产品差异策略分析

产品差异策略是指企业通过其产品或服务的独特性与其他企业竞争，以争取在相同价格或较高价格的基础上占领更大的市场份额，取得竞争优势与超额利润。产品或服务差异包括较高的产品或服务质量、较多的产品或服务类别、良好的销售或售后服务、独特的品牌形象。

企业选择产品差异策略，必须做好以下工作：

第一，明确企业的产品或服务差异将满足哪一部分消费者的需求；

第二，使企业的产品或服务差异（特色）与消费者的要求完全一致；

第三，企业提供的差异化产品或服务，其成本应低于消费者愿意接受的价格。

而要做好这些工作，企业要在研究与开发、工程技术和市场容量等方面进行投资，同时要鼓励创造与革新。

传统的竞争策略分析认为，低成本竞争策略和产品差异策略是相互排斥的，处于两种策略中间的企业是危险的。实际上，成功的企业在选择某一竞争策略时，不应完全忽视另一种竞争策略，即追求产品差异，不能忽视成本；追求低成本竞争策略，不能完全忽视产品或服务差异。

企业采取不同的竞争策略，其财务状况和经营成果的反映是不同的，对财务状况和经营成果的评价标准也是不同的。因此，企业竞争策略分析与财务报表会计分析、财务效率分析是紧密相关的。

【案例 3-1】　竞争战略与财务分析——莱宝高科、鸿海精密和苹果公司利润结构特征

莱宝高科、鸿海精密和苹果公司均处于TMT（电信、媒体和科技）行业。莱宝高科主要致力于液晶显示（LCD）行业上游显示材料的研发和生产，主导产品为ITO导电玻璃和中小尺寸彩色滤光片。鸿海精密主业为计算机系统设备及其外围的连接器等，线缆组件及壳体，基座的开发、设计、制造及销售等，精密模具的制造及销售等。苹果公司作为美国的一家高科技公司，其主要业务为设计、生产和销售个人电脑、便携式数字音乐播放器、移动通信工具、各种相关软件、辅助设施、外围设备和网络产品等。三家公司虽处于同一行业，但处于同一行业的不同价值链环节。

分析三家公司2011—2015年的利润结构特征。在短短的5年内，莱宝高科的营业成本率从49.94%上升到96.51%，毛利率从50.06%跌到了3.49%，其波动犹如“过山车”；5年内鸿海精密的营业成本率最高为93.56%、最低为91.56%，毛利率最高为8.44%、最低为6.44%，虽然毛利率比较低但是相当稳定；苹果公司在5年间营业成本率最高为62.38%、最低为56.13%，毛利率最高为43.87%、最低为37.62%，毛利率很高且稳定在40%左右。莱宝高科的销售净利率从2011年的37.13%跌到了2015年的-25.12%，鸿海精密的销售净利率虽然比较低，但是稳定在2%~3%的水平，苹果公司的销售净利率则稳定地高于20%。2015年，苹果公司、莱宝高科和鸿海精密的营业开支占总收入的比重分别为9.58%、14.33%和3.49%。成功实施技术差异化策略的苹果公司的营业开支占总收入的比重要远远高于成功实施总成本领先策略的鸿海精密，莱宝高科由于未能贯彻执行总成本领先策略而导致这一比例在三家公司中最高。

为什么苹果公司的毛利率和销售净利率都稳定在较高的水平，鸿海精密稳定在较低的水平，而莱宝高科则如过山车般从原来的高水平在短期内就下降到了亏损的地步？苹果公司成功运用了技术差异化策略，通过技术专利构筑了较高的竞争壁垒，其他企业根本无法模仿；鸿海精密成功运用了总成本领先策略，通过精益管理等工具进行严格的成本费用控制，保证了其在生产制造环节的竞争优势；莱宝高科的主要产品为触摸屏，进入门槛不高，因竞争者众多而陷入价格战，同时，莱宝高科未能很好地执行总成本领先策略，导致在竞争中陷入劣势而出现亏损。莱宝高科无法成为类似苹果公司一样的技术差异化策略公司，但是向鸿海精密学习运用总成本领先策略做好成本费用控制是一个比较现实的选择。该例子的利润结构很好地阐释了中国公司目前在多数行业产业链中所处的地位及面临的竞争劣势。

（资料来源：郭永清．不同公司竞争策略下的财报特征——基于多公司案例的对比研究［J］．会计之友，2017（10）：2-10）

二、会计分析技术

会计分析是财务报表分析的重要步骤之一。进行会计分析，一般可按以下步骤进行：

（一）阅读财务报告

阅读财务报告是会计分析的第一步。关于财务报告的内容在第二章中已有较详细的论述，此处不再重述。应当指出的是，在全面阅读财务报告的基础上应注意以下几点：

（1）注册会计师的审计意见与结论；

（2）企业采用的会计原则、会计政策、会计估计及其变更情况；

（3）会计信息披露的完整性、真实性；

（4）会计报表附注中涉及的重大事项、表外资产情况、会计报表期后事项等；

（5）管理层讨论等上市公司定期报告的相关内容。

总之，在会计分析的这个步骤，一定要抓住财务报告中的重要信息、关键信息、敏感信息及可能产生的盈余管理等信息，为后面的分析奠定信息基础。

（二）比较会计报表

在阅读会计报告的基础上，重点对会计报表进行比较。比较的方法包括水平分析法、垂直分析法和趋势分析法。通过各种比较，揭示财务会计信息的差异及变化，找出需要进一步分析与说明的问题。

1.水平分析法

水平分析法，是将反映企业报告期财务状况的信息（特别指会计报表信息资料）与反映企业前期或历史某一时期财务状况的信息进行对比，研究企业各项经营业绩或财务状况的发展变动情况的一种财务分析方法。水平分析法所进行的对比，一般而言，不是指单指标对比，而是对反映某方面情况的报表的全面、综合的对比分析，尤其在会计报表分析中应用较多。因此，通常也将水平分析法称为会计报表分析法。水平分析法的基本要点是，将报表资料中不同时期的同项数据进行对比，对比的方式有以下几种：

一是绝对值增减变动，其计算公式是：

$$\text{绝对值变动数}=\text{分析期某项指标实际数}-\text{基期同项指标实际数}$$

二是增减变动率，其计算公式是：

$$\text{变动率（\%）}=\frac{\text{绝对值变动数}}{\text{基期实际数}}\times 100\%$$

三是变动比率值，其计算公式是：

$$变动比率值=\frac{分析期实际数}{基期实际数}$$

上式中所说的基期，可指上年度，也可指以前某年度。下面举例说明水平分析法的应用。BQC公司2021—2022年有关营业收入、净利润、每股收益及每股股息资料及水平分析见表3-1。

表3-1 **水平分析表**

项 目	2022年	2021年	差异额	差异率（%）
营业收入（百万元）	424 060.64	216 142.40	+207 918.24	+96.20
净利润（百万元）	17 713.10	3 967.27	+13 745.84	+346.48
每股收益（元）	5.71	1.06	+4.65	+438.68
每股股息（元）	1.14	0.11	+1.03	+936.36

从表3-1的水平分析可以看出，2022年比2021年BQC公司的营业收入、净利润、每股收益、每股股息均有所增长，但增减变动率是有所不同的。通过进一步分析可判断造成各指标增长率不同的可能原因，为深入分析指明方向。

应当指出，水平分析法通过将企业报告期的财务会计资料与前期对比，揭示各方面存在的问题，为全面深入分析企业的财务状况奠定了基础，因此可以说，水平分析法是会计分析的基本方法。另外，水平分析法可用于一些可比性较高的同类企业之间的对比分析，以找出企业间存在的差距。但是，水平分析法在不同企业的应用中，一定要注意其可比性问题，即使在同一企业应用，对于存在差异的评价也应考虑其对比基础。另外，在水平分析中，应将两种对比方式结合运用，仅用变动量，或仅用变动率都可能得出片面的甚至是错误的结论。

2.垂直分析法

垂直分析与水平分析不同，它的基本点不是将企业报告期的分析数据直接与基期进行对比求出增减变动量和增减变动率，而是通过计算报表中各项目占总体的比重或结构，反映报表中的项目与总体关系情况及其变动情况。会计报表经过垂直分析法处理后，通常称为同度量报表，或称总体结构报表、共同比报表等，如同度量资产负债表、同度量利润表、同度量成本表等，都是应用垂直分析法得到的。垂直分析法的一般步骤是：

第一，确定报表中各项目占总额的比重或百分比，其计算公式是：

$$某项目的比重=\frac{该项目金额}{各项目总金额}\times 100\%$$

第二，通过各项目的比重，分析各项目在企业经营中的重要性。一般地，项目比重越大，说明其重要程度越高，对总体的影响越大。

第三，将分析期各项目的比重与前期同项目比重进行对比，研究各项目的比重变动情况。也可将本企业报告期各项目比重与同类企业的可比项目比重进行对比，研究本企业与同类企业的不同，以及成绩和存在的问题。

根据BQC公司的资料，该企业相关指标经过垂直分析可得到表3-2。

从表3-2的垂直分析可以看出，该企业2022年比2021年营业收入、营业毛利增长，营业成本小幅下降，净利润有大幅增长。净利润受到期间费用、营业外收支及所得税费用等原因的影响，可进一步分析。

表3-2 **垂直分析表**

项 目	2022年	2021年	2022年（%）	2021年（%）
营业收入（百万元）	424 060.64	216 142.40	100	100
营业成本（百万元）	351 815.68	187 997.69	83	87
营业毛利（百万元）	72 244.96	28 144.71	17	13
净利润（百万元）	17 713.10	3967.27	4.2	1.8

3.趋势分析法

趋势分析法是根据企业连续几年或几个时期的分析资料，运用指数或完成率的计算，确定分析期各有关项目的变动情况和趋势的一种财务分析方法。趋势分析法既可用于对会计报表的整体分析，即研究一定时期报表各项目的变动趋势，也可对某些主要指标的发展趋势进行分析。趋势分析法的一般步骤是：

第一，计算趋势比率或指数。通常，指数的计算有两种方法：一是定基指数；二是环比指数。定基指数就是指各个时期的指数都是以某一固定时期为基期来计算的。环比指数则是指各个时期的指数都是以前一期为基期来计算的。趋势分析法通常采用定基指数。

第二，根据指数计算结果，评价与判断企业各项指标的变动趋势及其合理性。

第三，预测未来的发展趋势。根据企业以前各期的变动情况，研究其变动趋势或规律，从而可预测出企业未来发展变动情况。

下面举例说明趋势分析法的应用。BQC公司2018—2022年有关营业收入、净利润、每股收益及每股股息资料见表3-3。

表3-3 **财务指标表**

项 目	2022年	2021年	2020年	2019年	2018年
营业收入（百万元）	424 060.64	216 142.40	156 597.69	127 738.52	130 054.71
净利润（百万元）	17 713.10	3 967.27	6 013.96	2 118.86	3 556.19
每股收益（元/股）	5.71	1.06	1.47	0.50	0.93
每股股息（元/股）	1.14	0.11	0.15	0.06	0.20

根据表3-3的资料，运用趋势分析法可得出趋势分析表，见表3-4。

表3-4 **趋势分析表**

项 目	2022年	2021年	2020年	2019年	2018年
营业收入（%）	326.1	166.2	120.4	98.2	100.0
净利润（%）	498.1	111.6	169.1	59.6	100.0
每股收益（%）	614.0	114.0	158.1	53.8	100.0
每股股息（%）	570.0	55.0	75.0	30.0	100.0

从表3-4可以看出，BQC公司营业收入逐年增长，特别是2022年增长较快；净利润

在2020年、2021年、2022年均有较大幅度增长，在2021年有所下降；每股收益和每股股息在2020年、2021年、2022年均有较大幅度增长，在2021年有所下降。从总体状况看，企业自2018年以来，盈利状况呈现上升趋势，尤其是2020年和2022年各项指标完成的情况都比较好；从各指标之间的关系看，每股收益的平均增长速度最快，高于营业收入、净利润和每股股息的平均增长速度。企业几年来的发展趋势说明，企业的经营成果和财务状况不断改善，如果这个趋势能保持下去，2023年的状况也会较好。

（三）解释会计报表

解释会计报表是指在比较会计报表的基础上，考虑企业采取的会计原则、会计政策、会计核算方法等，说明会计报表差异产生的原因，包括会计原则变化影响、会计政策变更影响、会计核算失误影响等，特别重要的是要发现企业经营管理中存在的潜在“危险”信号。

解释会计报表是会计分析的重要环节，通过对会计报表差异或变化的解释，着重分清财务报表数据变化的主观原因影响与客观原因影响，可持续影响与临时性影响，实质性影响与盈余管理影响，真实盈余管理影响与应计盈余管理影响等。

知识拓展 3-1

（四）修正会计报表信息

在解释会计报表的基础上，依据会计相关性与可靠性的原则，对与财务分析目的不相关、不可靠的会计信息进行调整或剔除，保证会计报表中信息的质量，为财务指标分析，如比率分析、因素分析等奠定相关、可靠的基础。

第三节　比率分析与因素分析

一、比率分析法

（一）比率分析法的定义

比率分析法是财务分析最基本、最重要的方法。正因如此，有人甚至将财务分析与比率分析等同起来，认为财务分析就是比率分析。比率分析法实质上是将影响财务状况的两个相关因素联系起来，通过计算比率，反映它们之间的关系，借以评价企业财务状况和经营成果的一种财务分析方法。比率分析的形式有：第一，百分率，如流动比率为200%；第二，比率，如速动比率为1∶1；第三，分数，如负债为总资产的1/2。

比率分析法以其简单、明了、可比性强等优点在财务分析实践中被广泛采用。

（二）比率分析指标

由于财务分析的目的不同、分析的角度不同等，比率分析法中的比率有许多分类形式。有的根据财务报表的种类来划分比率，有的根据分析主体来划分比率，有的从反映财务状况的角度来划分比率等。几种主要的比率划分方法有：

第一，按分析主体或目的划分的比率。按财务分析主体或目的的不同，财务分析的比率可分别从投资者、债权人、政府管理者及经营者的角度进行划分。

第二，按分析内容划分的比率。按分析内容划分比率，是站在企业整体立场上，或者说是站在企业经营者的立场上，根据不同的管理目的和要求产生的。

第三，按财务报表划分的比率。按财务报表划分的比率，主要包括资产负债表比率、利润表比率、现金流量表比率、所有者权益变动表比率，以及资产负债表、所有者权益变动表、利润表和现金流量表结合比率等。

比率指标通常是反映企业经济效率的指标，经济效率是企业经营管理所追求的核心目标。基于企业目标和财务目标角度，比率分析指标通常包括盈利能力指标、营运能力指标、偿债能力指标和增长能力指标。企业财务比率分析指标体系如图3-2所示。

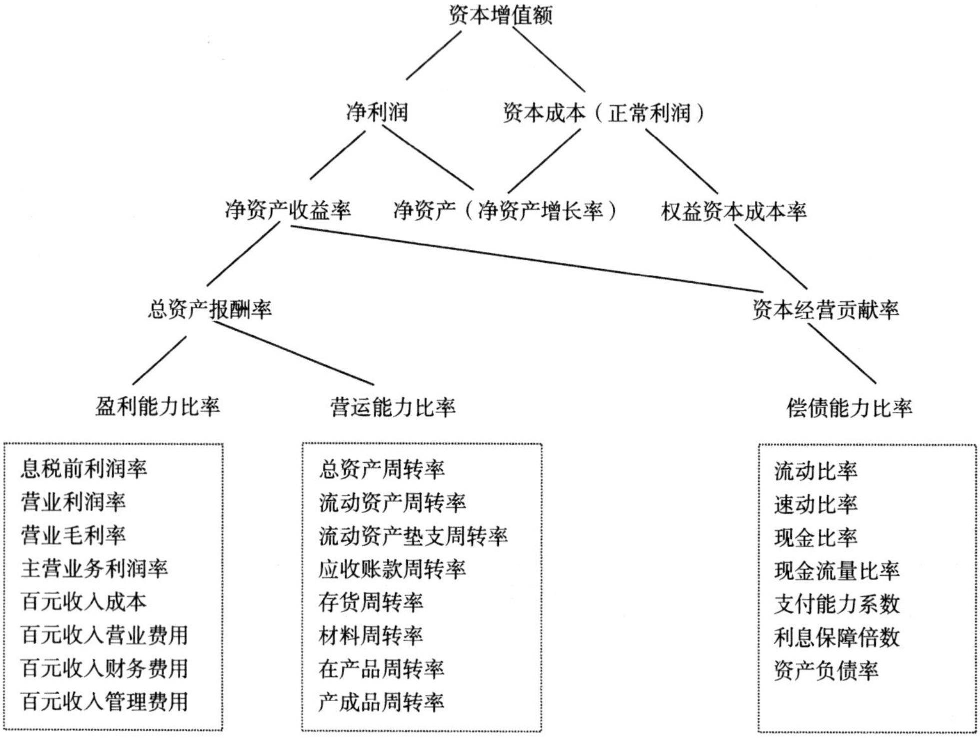

图3-2 财务比率指标体系图

（三）标准比率

在比率分析中，分析师往往对比率进行各种各样的比较，如时间序列比较、横向比较和依据一些绝对标准比较。不同的比较有着不同的评价目的和作用。标准比率是比率分析法中最常用的比较标准。

标准比率的计算方法有三种：

1.算术平均法

应用算术平均法计算标准比率，就是指将若干相关企业同一比率指标相加，再除以企业数得出算术平均数。这里所说的相关企业根据分析评价范围而定，如进行行业分析比较，相关企业为同行业内企业；如进行全国性分析比较，则相关企业为国内企业；如进行国际分析比较，则相关企业为国际范围内的企业。例如，某行业12家企业的流动比率资料见表3-5。

$$行业平均流动比率=\frac{2\,454\%}{12}\times100\%=204.5\%$$

采用这种方法计算平均数时，无法消除过高或过低比率对平均数的影响，从而影响比率标准的代表性。因此，有人在计算平均数时选择中间区域，计算时首先将企业按比率大小排列（见表3-6）。

表3-5 **某行业12家企业的流动比率资料（1）**

企业名称	流动比率（%）
NO.1	213
NO.2	154
NO.3	133
NO.4	104
NO.5	212
NO.6	448
NO.7	217
NO.8	139
NO.9	290
NO.10	215
NO.11	111
NO.12	218
合计	2 454

表3-6 **某行业12家企业的流动比率资料（2）**

企业名称	流动比率（%）
NO.4	104
NO.11	111
NO.3	133
NO.8	139
NO.2	154
NO.5	212
NO.1	213
NO.10	215
NO.7	217
NO.12	218
NO.9	290
NO.6	448

如果排除比率最低的两家企业和最高的两家企业，则行业平均流动比率为：

$$行业平均流动比率=\frac{1\ 501\%}{8}\times100\%=187.6\%$$

这样计算的标准比率，显然更具有代表性。

2.综合报表法

综合报表法是指将各企业报表中的构成某一比率的两个绝对数相加，然后根据两个绝对数总额计算的比率。仍以上述的12家企业为例，有关资料见表3-7。

表3-7　某行业12家企业的相关资料

企业名称	流动资产（元）	流动负债（元）	流动比率（%）
NO.1	16 980	7 960	213
NO.2	1 880 000	1 219 375	154
NO.3	10 535	7 926	133
NO.4	2 077 400	1 994 316	104
NO.5	253 300	119 697	212
NO.6	991 500	221 138	448
NO.7	4 434 000	2 039 664	217
NO.8	100 700	72 504	139
NO.9	1 385 000	476 939	290
NO.10	1 652 160	768 445	215
NO.11	10 100	9 063	111
NO.12	126 750	58 252	218
合计	12 938 425	6 995 279	

$$行业平均流动比率=\frac{12\ 938\ 425}{6\ 995\ 279}\times100\%=184.96\%$$

这种方法考虑了企业规模等因素对比率指标的影响，但其代表性可能更差。

3.中位数法

中位数法是指将相关企业的比率按高低顺序排列；然后再划出最低和最高的各25%，中间50%即中位数比率，亦可将中位数再分为上中位数25%和下中位数25%；最后依据企业比率的位置进行评价。例如，上例12家企业的净资产利润率，按此方法进行划分，可得出如下结果（如图3-3所示）。

可见，比率在上界的25%，表示企业有很好的盈利能力；比率在下界的25%，表示企业盈利能力较差；比率在中位数的50%，说明企业有良好的盈利能力，而在上中位数表示盈利水平较高，在下中位数表示盈利能力一般。

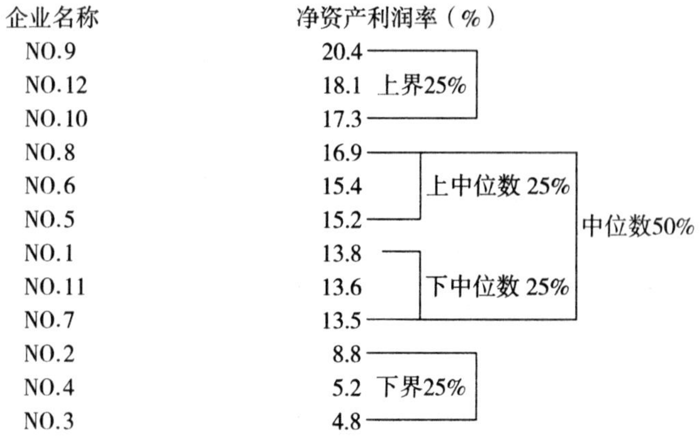

图3-3　12家企业净资产利润率的划分结果

（四）比率分析法的局限性

虽然比率分析法被认为是财务分析的最基本或最重要的方法，但应用比率分析法时必须了解它的不足：第一，比率的变动可能仅仅被解释为两个相关因素之间的变动；第二，很难综合反映比率与计算它的会计报表的联系；第三，比率给人们不保险的最终印象；第四，比率不能给人们会计报表关系的综合观点。

知识拓展 3-2

二、因素分析法

因素分析法是依据分析指标与其影响因素之间的关系，按照一定的程序和方法，确定各因素对分析指标差异影响程度的一种技术方法。因素分析法是经济活动分析中最重要的方法之一，也是财务分析的方法之一。因素分析法根据其分析特点可分为连环替代法和差额计算法两种。

（一）连环替代法

连环替代法是因素分析法的基本形式，有人甚至将它与因素分析法看成同一概念，即连环替代法就是因素分析法，或因素分析法就是连环替代法。连环替代法的名称是由其分析程序的特点决定的。为正确理解连环替代法，首先应明确连环替代法的一般程序或步骤。

1.连环替代法的程序

连环替代法的程序由以下几个步骤组成：

（1）确定分析指标与其影响因素之间的关系。确定分析指标与其影响因素之间的关系，通常用指标分解法，即将经济指标在计算公式的基础上进行分解或扩展，从而得出各影响因素与分析指标之间的关系式。如对于总资产报酬率指标，要确定它与影响因素之间的关系，可按下式进行分解：

$$
\begin{aligned}
\text{总资产报酬率} &= \frac{\text{息税前利润}}{\text{平均资产总额}} \times 100\% \\
&= \frac{\text{营业收入}}{\text{平均资产总额}} \times \frac{\text{息税前利润}}{\text{营业收入}} \times 100\% \\
&= \frac{\text{总产值}}{\text{平均资产总额}} \times \frac{\text{营业收入}}{\text{总产值}} \times \frac{\text{息税前利润}}{\text{营业收入}} \times 100\% \\
&= \text{总资产产值率} \times \text{产品销售率} \times \text{销售（息税前）利润率}
\end{aligned}
$$

分析指标与影响因素之间的关系式，既说明哪些因素影响分析指标，又说明这些因素与分析指标之间的关系及顺序。如上式中影响总资产报酬率的有总资产产值率、产品销售率和销售利润率三个因素；它们都与总资产报酬率成正比例关系；它们的排列顺序是总资产产值率在先，其次是产品销售率，最后是销售利润率。

（2）根据分析指标的报告期数值与基期数值列出两个关系式或指标体系，确定分析对象。如对于总资产报酬率而言，两个指标体系是：

基期总资产报酬率=基期总资产产值率×基期产品销售率×基期销售利润率

实际总资产报酬率=实际总资产产值率×实际产品销售率×实际销售利润率

分析对象=实际总资产报酬率-基期总资产报酬率

（3）连环顺序替代，计算替代结果。所谓连环顺序替代，就是以基期指标体系为计算基础，用实际指标体系中的每一因素的实际数顺序地替代其相应的基期数，每次替代一个因素，替代后的因素被保留下来。计算替代结果，就是在每次替代后，按关系式计算其结果。有几个因素就替代几次，并相应确定计算结果。

（4）比较各因素的替代结果，确定各因素对分析指标的影响程度。比较替代结果是连环进行的，即将每次替代所计算的结果与这一因素被替代前的结果进行对比，二者的差额就是替代因素对分析对象的影响程度。

（5）检验分析结果。将各因素对分析指标的影响额相加，其代数和应等于分析对象。如果二者相等，说明分析结果可能是正确的；如果二者不相等，则说明分析结果一定是错误的。

连环替代法的程序或步骤是紧密联系、缺一不可的，尤其是前四个步骤，其中任何一步出现错误，都会出现错误结果。下面举例说明连环替代法的步骤和应用。

某企业2021年和2022年有关总资产产值率、产品销售率、销售利润率与总资产报酬率的资料见表3-8。

表3-8 **财务指标表**

指　标	2022年	2021年
总资产产值率（%）	80	82
产品销售率（%）	98	94
销售利润率（%）	30	22
总资产报酬率（%）	23.52	16.96

要求：分析各因素变动对总资产报酬率的影响程度。

根据连环替代法的程序和上述总资产报酬率的因素分解式，可得出：

实际指标体系：80%×98%×30%=23.52%

基期指标体系：82%×94%×22%=16.96%

分析对象：23.52%-16.96%=+6.56%

在此基础上，按照第三步骤的做法进行连环顺序替代，并计算每次替代后的结果：

基期指标体系：82%×94%×22%=16.96%

替代第一因素：80%×94%×22%=16.54%

替代第二因素：80%×98%×22%=17.25%

替代第三因素：80%×98%×30%=23.52%

（或实际指标体系）

根据第四步骤，确定各因素对总资产报酬率的影响程度：

总资产产值率的影响：16.54%-16.96%=-0.42%

产品销售率的影响：17.25%-16.54%=+0.71%

销售利润率的影响：23.52%-17.25%=+6.27%

最后检验分析结果：-0.42%+0.71%+6.27%=+6.56%

2.应用连环替代法应注意的问题

连环替代法，作为因素分析法的主要形式，在实践中应用比较广泛。但是，在应用连环替代法的过程中必须注意以下几个问题：

（1）因素分解的相关性问题。所谓因素分解的相关性，是指分析指标与其影响因素之间必须真正相关，即有实际经济意义。各影响因素的变动确实能说明分析指标差异产生的原因。这就是说，经济意义上的因素分解与数学上的因素分解不同，不是在数学算式上相等就行，而要看经济意义。例如，将影响材料费用的因素分解为下面两个等式，从数学上都是成立的：

材料费用=产品产量×单位产品材料费用

材料费用=工人人数×每人消耗材料费用

但是从经济意义上说，只有前一个因素分解式是正确的，后一个因素分解式在经济上没有任何意义。因为工人人数和每人消耗材料费用到底是增加有利还是减少有利，这个式子无法说清楚。当然，有经济意义的因素分解式并不是唯一的，一个经济指标从不同角度看，可分解为不同的有经济意义的因素分解式。这就需要我们在因素分解时，根据分析的目的和要求，确定合适的因素分解式，以找出分析指标变动的真正原因。

（2）分析前提的假定性。所谓分析前提的假定性，是指分析某一因素对经济指标差异的影响时，必须假定其他因素不变，否则就不能分清各单一因素对分析对象的影响程度。但是实际上，有些因素对经济指标的影响是共同作用的结果，如果共同影响的因素越多，那么这种假定的准确性就越差，分析结果的准确性也就会降低。因此，在因素分解时，并非分解的因素越多越好，而应根据实际情况，具体问题具体分析，尽量减少对相互影响较大的因素进行再分解，使之与分析前提的假设基本相符；否则，因素分解过细，从表面看有利于分清原因和责任，但是在共同影响因素较多时，反而影响了分析结果的正确性。

（3）因素替代的顺序性。前面谈到，因素分解不仅因素确定要准确，而且因素排列顺序也不能交换，这里特别要强调的是不存在乘法交换律问题。因为分析前提假定性的原因，按不同顺序计算的结果是不同的。那么，如何确定正确的替代顺序呢？这是一个理论上和实践中都没能很好解决的问题。传统的方法是依据数量指标在前、质量指标在后的原则进行排列；现在也有人提出依据重要性原则排列，即主要的影响因素排在前面，次要的影响因素排在后面。但是无论哪一种排列方法，都缺少坚实的理论基础。正因如此，许多人对连环替代法提出异议，并试图加以改善，但至今仍无人们公认的好的解决方法。一般来说，替代顺序在前的因素对经济指标影响的程度不受其他因素影响或影响较小，排列在后的因素中含有其他因素共同作用的成分，从这个角度看问题，为分清责任，将对分析指标影响较大的并能明确责任的因素放在前面可能要好一些。

（4）顺序替代的连环性。顺序替代的连环性是指在确定各因素变动对分析对象的影响时，都是将某一因素替代后的结果与该因素替代前的结果对比，一环套一环。这样才既能保证各因素对分析对象影响结果的可分性，又便于检验分析结果的准确性。因为只有连环替代并确定各因素影响额，才能保证各因素对经济指标的影响之和与分析对象相等。

（二）差额计算法

差额计算法是连环替代法的一种简化形式，当然也是因素分析法的一种形式。差额计算法作为连环替代法的简化形式，其因素分析的原理与连环替代法是相同的。区别只在于分析程序上，差额计算法比连环替代法简单，它可直接利用各影响因素的实际数与基期数的差额，在其他因素不变的假定条件下，计算各因素对分析指标的影响程度。或者说差额计算法是将连环替代法的第三步骤和第四步骤合并为一个步骤进行。

这个步骤的基本点就是：确定各因素实际数与基期数之间的差额，并在此基础上乘以排列在该因素前面各因素的实际数和排列在该因素后面各因素的基期数，所得出的结果就是该因素变动对分析指标的影响数。

下面根据表3-8提供的数据，运用差额计算法分析各因素变动对总资产报酬率的影响程度。

分析对象：23.52%-16.96%=+6.56%

因素分析：

（1）总资产产值率的影响：（80%-82%）×94%×22%=-0.41%

（2）产品销售率的影响：80%×（98%-94%）×22%=+0.70%

（3）销售利润率的影响：80%×98%×（30%-22%）=+6.27%

最后检验分析结果：-0.41%+0.70%+6.27%=+6.56%

应当指出，应用连环替代法应注意的问题，在应用差额计算法时同样要注意。除此之外，还应注意的是，并非所有连环替代法都可按上述差额计算法的方式进行简化，特别是在各影响因素之间不是连乘的情况下，运用差额计算法必须慎重。下面举例加以说明，例如，某企业有关产量及成本的资料见表3-9。

表3-9 **产量及成本资料表**

项　目	2022年	2021年
产品产量（件）	1 200	1 000
单位变动成本（元）	11	12
固定总成本（元）	10 000	9 000
产品总成本（元）	23 200	21 000

要求：确定各因素变动对产品总成本的影响程度。

产品总成本与其影响因素之间的关系式是：

产品总成本=产品产量×单位变动成本+固定总成本

运用连环替代法进行分析如下：

分析对象：23 200-21 000=+2 200

因素分析：

2021年：1 000×12+9 000=21 000

替代第一因素：1 200×12+9 000=23 400

替代第二因素：1 200×11+9 000=22 200

2022年：1 200×11+10 000=23 200

产品产量变动影响：23 400−21 000=+2 400

单位变动成本影响：22 200−23 400=−1 200

固定总成本影响：23 200−22 200=+1 000

各因素影响之和为：+2 400−1 200+1 000=+2 200，与分析对象相同。

如果直接运用差额计算法，则得到：

产品产量变动影响：（1 200−1 000）×12+9 000=+11 400

单位变动成本的影响：1 200×（11−12）+9 000=+7 800

固定总成本变动影响：1 200×11+（10 000−9 000）=+14 200

各因素影响之和为：+11 400+7 800+14 200=+33 400

可见，运用差额计算法的各因素分析结果之和不等于+2 200的分析对象，显然是错误的。错误的原因在于产品总成本的因素分解式中各因素之间不是纯粹相乘的关系，而是相加的关系。这时运用差额计算法对连环替代法进行简化应为：

产品产量变动影响：（1 200−1 000）×12=+2 400

单位变动成本的影响：1 200×（11−12）=−1 200

固定总成本变动影响：10 000−9 000=+1 000

在因素分解式中存在加、减、除法的情况下，一定要注意这个问题，否则将得出错误的结果。

第四节　财务综合分析评价

一、财务综合分析与评价

（一）财务综合分析方法

财务综合分析方法有许多，概括起来可分为两类：一是财务报表综合分析，如资产与权益综合分析（详见第四、五章）、利润与现金流量综合分析（详见第六、七章）等；二是财务指标体系综合分析，如杜邦财务分析体系、杜邦财务指标体系改进分析（详见第十二章）等。

知识拓展3-3

（二）财务综合评价方法

财务综合评价方法有综合指数评价法、综合评分法等。第十二章将结合我国经济效益评价和企业绩效评价详细介绍这两种方法的应用。

二、财务预测分析与企业价值评估

企业价值评估实际上也是企业评价的方法。企业价值评估应在财务分析的基础上进行，通过财务预测分析，确定企业未来现金流量或利润；然后对现金流量或利润按一定的折现率进行折现，从而确定企业价值或股东价值。企业价值评估的具体步骤与方法详见第十三章。

三、财务分析报告

（一）财务分析报告的含义与作用

财务分析报告是指财务分析主体对企业在一定时期的筹资活动、投资活动、经营活动中的盈利状况、营运状况、偿债状况等进行分析与评价所形成的书面文字报告。

财务分析的主体可能是经营者，也可能是财务分析师或其他与企业利益相关者。企业的投资者、债权人和其他部门在进行投资、借贷和其他决策时，并不能完全依据经营者财务分析报告的结论。这些部门的财务分析人员或聘请的财务分析专家，会提供自己的财务分析报告，为决策者进行决策提供更客观的资料。例如，政府部门的财务分析报告可为国家进行国民经济宏观调控和管理提供客观依据。当然，应当指出，企业外部分析主体的财务分析报告并不一定针对一家企业进行全面分析，它可能针对某一专题对许多企业进行分析。如银行可根据对众多企业偿债能力的分析，形成关于企业偿债能力状况的财务分析报告，为领导者进行借贷决策提供依据。

总之，财务分析报告是对企业财务分析结果的概括与总结，它对企业的经营者、投资者、债权人及其他有关单位或个人了解企业生产经营与财务状况，进行投资、经营、交易决策等都有着重要意义。

第一，财务分析报告为企业外部潜在投资者、债权人、政府有关部门评价企业经营成果与财务状况提供参考。企业外部潜在投资者、债权人和政府有关部门等从各自分析目的出发，经常对企业进行财务分析。他们分析的最直接依据是企业的财务报表，但企业财务分析报告能提供许多财务报表所不具备的资料，因此企业财务分析报告也就成为企业外部分析者的重要参考资料。

第二，财务分析报告为企业改善与加强生产经营管理提供重要依据。企业财务分析报告全面揭示企业的盈利能力、运营效率、支付及偿债能力等方面取得的成绩和存在的问题或不足，为企业改善经营管理指明方向，提供信息依据。企业可针对财务分析报告中提出的问题，采取积极的相应措施加以解决，这对于改善企业经营管理、提高财务运行质量和经济效益有着重要作用。

第三，财务分析报告是企业经营者向董事会和股东会或职工代表大会汇报的书面材料。财务分析报告全面总结经营者在一定时期的生产经营业绩，说明企业经营目标的实现程度或完成情况，揭示企业生产经营过程中存在的问题，提出解决问题的措施和未来的打算。董事会和股东会可根据财务分析报告对经营者进行评价和奖惩。

（二）财务分析报告的格式与内容

财务分析报告的格式与内容，根据分析报告的目的和用途的不同可能有所不同。如专题分析报告的格式与内容和全面分析报告的格式与内容就不同；月度财务分析报告与年度财务分析报告的格式与内容也可能有区别。这里仅就全面财务分析报告的一般格式与内容加以说明。

全面财务分析报告的格式比较正规，内容比较完整。一般地说，财务分析报告的格式与内容如下：

1.基本财务情况反映

基本财务情况反映主要说明企业各项财务分析指标的完成情况，包括企业盈利能力情况，如利润额及增长率、各种利润率等；企业营运状况，如存货周转率、应收账款周转率、各种资产额的变动和资产结构变动、资金来源与运用状况等；企业权益状况，如企业负债结构、所有者权益结构的变动情况，以及企业债务负担情况等；企业偿债能力状况，如资产负债率、流动比率、速动比率的情况等；企业产品成本的升降情况等。对于一些对外报送的财务分析报告，还应说明企业的性质、规模、主要产品、职工人数等情况，以便财务分析报告使用者对企业有比较全面的了解。

2.主要成绩和重大事项说明

这一部分在全面反映企业总体财务状况的基础上，主要对企业经营管理中取得的成绩及原因进行说明。例如，利润取得较大幅度的增长，主要原因是通过技术引进和技术改造提高了产品质量、降低了产品消耗、打开了市场销路等；企业支付能力增强、资金紧张得以缓解，主要原因是产品适销对路、减少了产品库存积压、加快了资金周转速度等。

3.存在问题的分析

这是企业财务分析的关键所在。一个财务分析报告如果不能将企业存在的问题分析清楚，分析的作用就不能很好地发挥，至少不能认为这个分析报告是完善的。进行存在问题的分析，一要抓住关键问题，二要分清原因。例如，某企业几年来资金一直十分紧张，经过分析发现，问题的关键在于企业固定资产投资增长过快，流动资产需求加大，即资产结构失衡。又如，企业产品成本居高不下，主要原因在于工资增长水平快于劳动生产率的增长水平等。另外，对于存在的问题，应分清是主观因素引起的，还是客观原因造成的。

4.提出改进措施意见

财务分析的目的是发现问题并解决问题。财务分析报告对企业存在的问题必须提出切实可行的改进意见。如对于企业资产结构失衡问题，解决的措施是或减少固定资产，或增加流动资产。在企业资金紧张、筹资困难的情况下，可能减少闲置固定资产是可行之策。因为在资金本来十分紧张的情况下，再要加大流动资产，势必加剧资金紧张，不利于问题的解决。

应当指出，财务分析报告的结构和内容不是固定不变的，根据不同的分析目的或针对不同的财务分析报告服务对象，分析报告的内容侧重点可以不同。有的财务分析报告可能侧重于第一部分的企业财务情况反映，有的则可能侧重于存在问题的分析及提出改进措施意见。

（三）财务分析报告的编写要求

明确了财务分析报告的格式与内容，并不意味着能编写出合格的财务分析报告。编写财务分析报告的人员不仅需要具备财务分析知识，而且要具有一定的写作水平。在此基础上，编写财务分析报告还要满足以下基本要求：

1.突出重点、兼顾一般

编写财务分析报告，必须根据分析的目的和要求，突出分析的重点，不能面面俱到。即使是编写全面财务分析报告，也应有主有次。但是突出重点并不意味着可忽视一般，企业经营活动和财务活动都是相互联系、互相影响的，在对重点问题进行分析时，兼顾一般问题，有利于做出全面正确的评价。

2.观点明确、抓住关键

对财务分析报告每一部分的编写，观点都应明确，指出企业经营活动和财务活动中取得的成绩和存在的问题，并抓住关键问题进行深入分析，搞清主观原因和客观原因。

3.注重时效、及时编报

财务分析报告具有很强的时效性，尤其对于一些决策者而言，及时的财务分析报告意味着决策成功了一半，过时的财务分析报告将失去意义，甚至产生危害。在当今信息社会中，财务分析报告作为一种信息媒体，必须十分注重时效性。

4.客观公正、真实可靠

财务分析报告编写得客观公正、真实可靠，是充分发挥财务分析报告作用的关键。如果财务分析报告不能做到客观公正，人为地夸大某些方面，或缩小某些方面，甚至弄虚作假，则会使财务分析报告使用者得出错误结论，造成决策失误。财务分析报告的客观公正、真实可靠，既取决于财务分析基础资料的真实可靠，又取决于财务分析人员运用正确的分析方法，客观公正地进行分析评价。

案例分析 3-2

5.报告清楚、文字简练

报告清楚，一是指财务分析报告必须结构合理、条理清晰；二是指财务分析报告的论点和论据清楚；三是指财务分析报告的结论要清楚。文字简练是指在财务分析报告编写中，要做到言简意赅，简明扼要。当然，报告清楚与文字简练应相互兼顾，做到简练而又清楚，清楚而又简练，既不能为了清楚搞长篇大论，又不能为了简练而使报告不清楚。

第五节　大数据财务分析法

一、大数据财务分析的程序

大数据财务分析是利用大数据技术和分析方法来处理和分析财务数据的过程，旨在提供更深入、全面和实时的洞察，以支持企业在财务决策方面做出更明智的选择。这种分析方法结合了财务数据和大数据分析技术，以发现隐藏在数据中的趋势、关联和机会。大数据财务分析的一般程序如下：

1.数据采集：进行大数据财务分析的首要任务是收集大量的财务数据，这些数据可以包括公司的财务报表、交易记录、客户信息、供应链数据等。这些数据通常以结构化和非结构化形式存在。

2.数据清洗和整合：大数据通常包含大量杂乱的数据，需要进行清洗和整合，以确保数据的质量和一致性。这包括处理缺失值、重复数据和错误数据，以及将不同数据源的数据整合在一起。

3.数据存储：清洗和整合后的数据需要存储在适当的数据存储系统中，如数据仓库、数据湖或云存储。

4.数据分析：在数据存储之后，数据分析师和数据科学家使用各种分析方法，如数据挖掘、机器学习、统计分析等，来探索数据并发现有关企业财务状况和绩效的关键见解。这包括财务指标的计算、趋势分析、关联分析和风险评估。

5.可视化和报告：将分析结果以可视化方式呈现，如图表、仪表板和报告，以便决策者能够更容易理解和利用这些见解。

6.预测和建模：使用大数据分析方法来预测未来的财务趋势和结果。这可能包括财务预测、风险模型和财务模型的建立。

7.决策支持：大数据财务分析的最终目标是提供有力的决策支持，帮助企业管理层在财务方面做出明智的决策，如投资、成本控制、战略规划等。

大数据财务分析可以帮助企业更好地理解其财务状况，优化资源分配，并更好地应对市场变化和竞争压力。它是一种强大的工具，可以在不同行业和领域中发挥重要作用。

二、可视化分析法

（一）可视化分析的类型

在大数据财务分析中，可视化分析是大数据财务分析重要的分析环节和方法。可视化分析是一种将数据以图形、图表、仪表板和可交互方式呈现的数据分析方法。可视化分析的类型包括以下几种：

1.线性图表：如折线图和柱状图，用于显示随时间变化的数据趋势，比如销售额、股价等。

2.饼图：用于显示各部分占整体的比例，适用于展示市场份额、成本构成等。

3.散点图：可用于显示两个变量之间的关系，有助于发现关联性和趋势。

4.热力图：显示数据的密度和分布，常用于地理信息系统和热度图分析。

5.仪表板：用于显示包含多个可视化元素的单个界面，允许用户同时查看多个数据指标，以获得全面的洞察。

6.地图可视化：用于显示地理位置数据，如销售地点、客户分布、分行位置等。

7.树状图和网络图：用于展示层次结构或复杂关系，如组织结构、产品流程等。

8.箱线图：用于显示数据分布的五数（即最小值、下四分位数、中位数、上四分位数和最大值）摘要统计信息，有助于检测异常值。

9.词云图：用于显示可视化文本数据中的关键词和频率，常用于情感分析和关键词分析。

10.三维和多维图表：用于显示多个变量之间的关系，通常需要高级可视化工具。

（二）可视化报告图与传统图解分析法

图解分析法，亦称图解法，是财务分析中经常应用的方法之一。严格地说，图解分析法并不是一种独立的财务分析方法，而是上述财务分析方法的直观表达形式。例如，对比分析法、结构分析法、趋势分析法、因素分析法及综合分析法等都可用图解分析法来表达。图解分析法的作用在于能形象、直观地反映财务活动过程和结果，将复杂的经济活动及其结果以通俗、易懂的形式表现出来。传统的财务图解分析法的分析图主要有：

1.对比图解分析法。如图3-4所示。

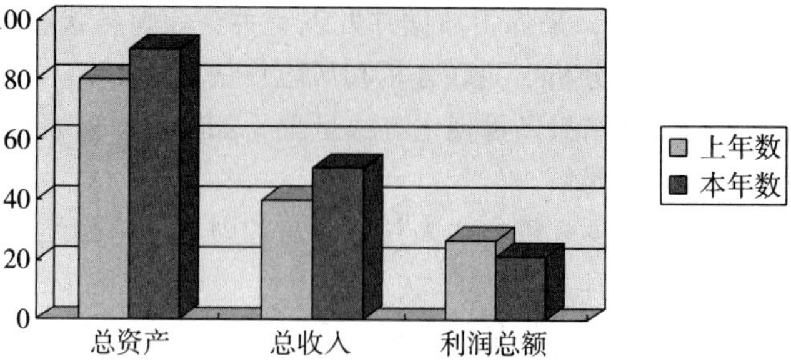

图3-4　对比分析柱形图（单位：万元）

2.结构图解分析法。如图3-5和图3-6所示。

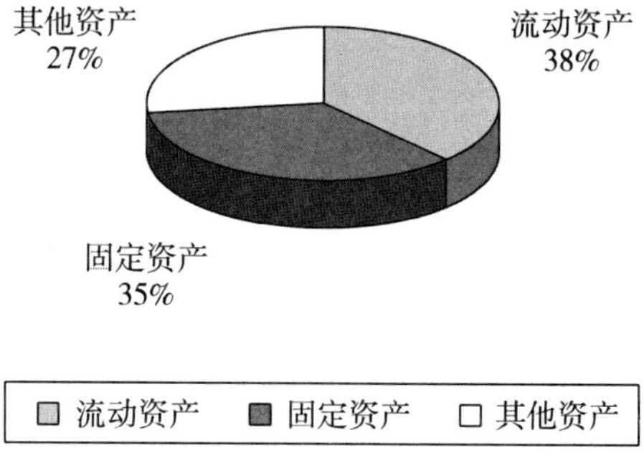

图3-5　资产结构图

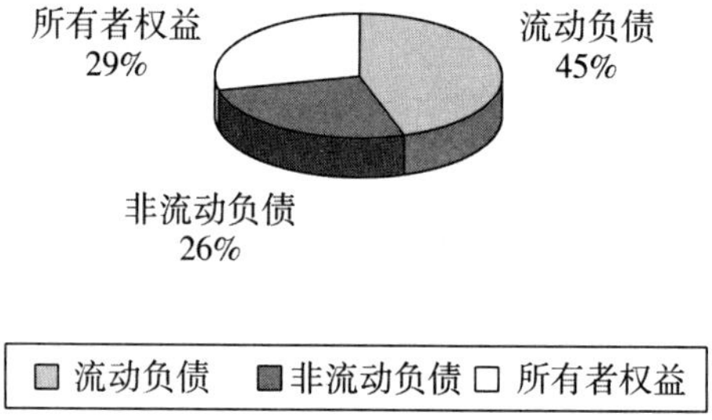

图3-6　权益结构图

3.趋势图解分析法。如图3-7所示。

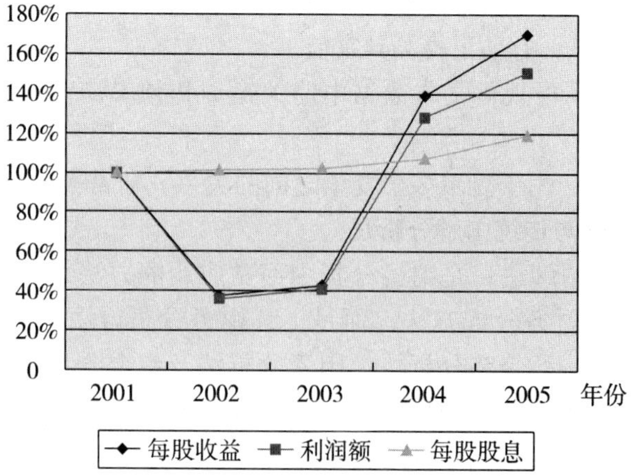

图3-7　趋势分析图

4.因素分解图。如图3-8所示。

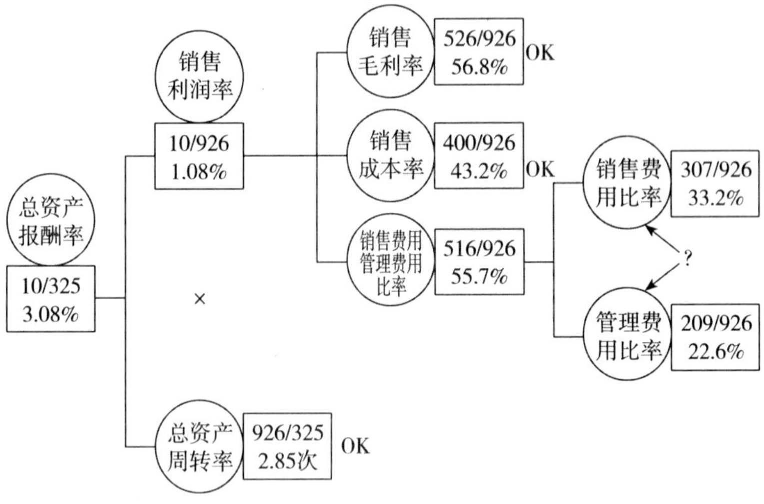

图3-8　总资产报酬率因素分解图

5.量本利分析图。如图3-9所示。

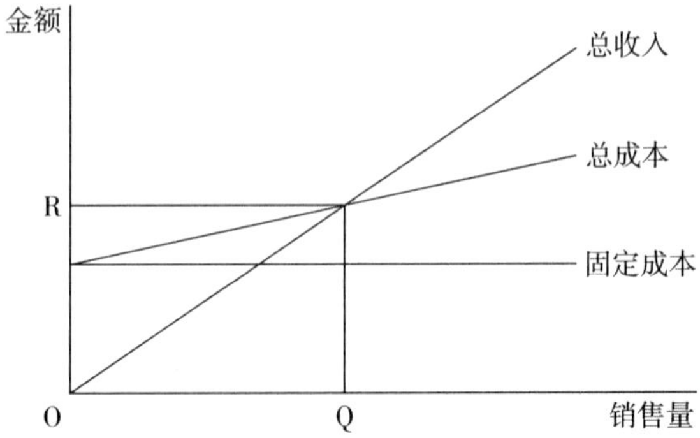

图3-9　量本利分析图

6.综合分析雷达图。如图3-10所示。

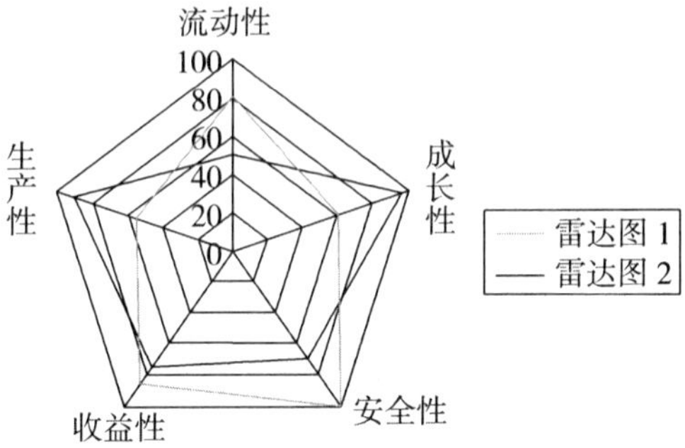

图3-10　综合分析雷达图

与传统财务图解分析法相比，可视化分析具有以下特点：

1.数据量和处理能力：大数据财务分析可以处理大规模的数据集，包括结构化和非结构化数据，从而能够获取更全面、更深入的洞察。而传统的图解分析法通常处理的数据量较小，可能无法应对大规模数据的分析需求。

2.实时性：大数据财务分析可以实现实时或近乎实时的数据分析和可视化展示，能够及时反映企业的财务状况和经营动态。传统的图解分析法可能需要更长的时间来收集、整理和分析数据，实时性较差。

3.交互性和动态性：可视化分析提供了更强的交互性和动态性，用户可以通过交互式界面进行数据探索、筛选、排序和下钻等操作，以便更好地理解数据之间的关系和趋势。传统的图解分析法通常是静态的，用户的参与度较低。

4.多维分析：大数据财务分析可以进行多维度的数据分析和展示，同时考虑多个因素对财务绩效的影响。可视化分析工具可以将不同维度的数据以图形化的方式展示出来，帮助用户更直观地理解复杂的关系。传统的图解分析法可能局限于单一或少数几个维度的分析。

5.数据可视化效果：可视化分析利用丰富的图表、图形和可视化元素，将财务数据以更直观、易于理解的方式呈现。这有助于发现数据中的模式、趋势和异常情况，从而更好地支持决策。传统的图解分析法可能依赖于简单的图表和图形，可视化效果相对有限。

总的来说，可视化分析在大数据财务分析中具有更强的数据处理能力、实时性、交互性和可视化效果，能够提供更深入、全面的财务洞察。然而，传统的图解分析法在某些情况下仍然具有其价值，可以根据具体需求选择合适的分析方法，以满足不同情境和受众的需求。

三、大数据财务分析方法对传统财务分析方法的影响

从大数据财务分析程序及相关方法看，数字化和智能化的发展确实在很大程度上影响了财务分析方法，使传统的财务分析方法变得更加高效、准确和自动化。

1.自动化和机器学习：数字化和智能化的工具和技术可以自动执行烦琐的财务数据处理和分析任务，如数据清洗、分类、趋势分析等。机器学习算法可以自动发现模式和关联，从而提高分析的速度和精度。

2.实时数据处理：新技术使得财务数据的实时处理和分析成为可能。这意味着企业可以更快速地做出决策，而不必等待传统的财务报告周期。

3.更广泛的数据可用性：数字化时代意味着更多的数据来源和类型可供分析，包括非财务数据。这可以提供更全面的见解，帮助企业更好地了解其财务状况。

4.高级可视化和仪表板：数字化工具可以创建交互性高级可视化和仪表板，使用户更容易理解和探索数据，同时提供更深入的见解。

5.预测和模拟：智能分析可以帮助企业预测未来的财务趋势和结果，同时进行模拟分析以评估不同决策的影响。

6.降低成本：自动化和智能化财务分析方法通常可以降低成本，因为它们减少了手动工作的需求，并提高了分析效率。

总之，数字化和智能化的发展使传统财务分析方法更容易实现，同时也提供了更多的分析工具和技术，有助于提高准确性和决策支持。这些技术的使用有望在财务分析领域带来显著的效益。

但是，传统的财务分析基本方法，如水平分析、垂直分析、趋势分析和比率分析等，从原理上没有本质改变。这些方法仍然是财务分析的基础，用于评估企业的财务状况和绩

效。虽然基本财务分析方法的原理没有本质改变，但数字化和智能化技术已经改进了这些方法的实施方式和效率。这些技术提供了更多的数据和工具，有助于提高财务分析的准确性、及时性和深度，从而更好地支持企业决策和战略规划。因此，传统财务分析方法仍然非常有价值，而且它们现在能够与现代技术相结合，提供更大的效益。

□ 本章小结

财务分析的程序，亦称财务分析的一般方法，是指进行财务分析所应遵循的一般规程。财务分析的程序可以归纳为四个阶段十个步骤。

财务分析信息搜集整理阶段主要由三步组成：(1) 明确财务分析目的。(2) 制订财务分析计划。(3) 搜集整理财务分析信息。

战略分析与会计分析阶段主要由两步组成：(1) 企业战略分析。企业战略分析通过对企业所在行业或企业拟进入行业的分析，明确企业自身地位及应采取的竞争战略。企业战略分析通常包括行业分析和企业竞争策略分析。(2) 财务报表会计分析。会计分析的目的在于评价企业会计所反映的财务状况与经营成果的真实程度。会计分析的作用，一方面通过对会计政策、会计方法、会计披露的评价，揭示会计信息的质量；另一方面通过对会计灵活性、会计估价的调整，修正会计数据，为财务分析奠定基础，并保证财务分析结论的可靠性。进行会计分析，一般可按以下步骤进行：第一，阅读会计报告；第二，比较会计报表；第三，解释会计报表；第四，修正会计报表信息。

财务效率分析阶段主要包括指标分析和因素分析两步：(1) 财务指标分析。对财务指标进行分析，特别是进行财务比率指标分析，是财务分析的一种重要方法或形式。财务指标能准确反映某方面的财务状况。进行财务指标分析，应根据分析的目的和要求选择正确的分析指标。(2) 基本因素分析。财务分析不仅要解释现象，而且应分析原因。因素分析法就是在会计分析和财务指标分析的基础上，对一些主要指标的完成情况，从其影响因素角度，深入进行定量分析，确定各因素对其影响的方向和程度，为企业正确进行财务评价提供最基本的依据。

财务综合分析评价阶段主要由财务综合分析与评价、财务预测分析和价值评估、财务分析报告三步组成：(1) 财务综合分析与评价。财务综合分析与评价是在应用各种财务分析方法进行分析的基础上，将定量分析结果、定性分析判断及实际调查情况结合起来，以得出财务分析结论的过程。(2) 财务预测分析和价值评估。财务分析既是一个财务管理循环的结束，又是另一个财务管理循环的开始。财务分析不能仅满足于事后分析原因，得出结论，而且要对企业未来发展及价值状况进行分析与评价。(3) 财务分析报告。财务分析报告是财务分析的最后一步。它将财务分析的基本问题、财务分析结论，以及针对问题提出的措施、建议以书面的形式展示出来，为财务分析主体及财务分析报告的其他受益者提供决策依据。

大数据财务分析是利用大数据技术和分析方法来处理和分析财务数据的过程，旨在提供更深入、全面和实时的洞察，以支持企业在财务决策方面做出更明智的选择。这种分析方法结合了财务数据和大数据分析技术，以发现隐藏在数据中的趋势、关联和机会。在大数据分析中，可视化分析是大数据分析重要的分析环节和方法。但是，传统的财务分析基本方法，如水平分析、垂直分析、趋势分析和比率分析等，从原理上没有本质改变。这些方法仍然是财务分析的基础，用于评估企业的财务状况和绩效。虽然基本财务分析方法的原理没有本质改变，但数字化和智能化技术已经改进了这些方法的实施方式和效率。

□ 数智能力训练

人工智能大模型能够为我们进行财务分析提供很多有益的帮助。结合本章学习的内容，我们可运用人工智能大模型对财务分析程序与方法中的相关问题进行进一步的分析，以提升同学们运用数智模型进行财务分析的能力。

本章的数智能力训练题主要有：

1. 在数智化技术不断创新发展的环境下，财务分析的程序会发生哪些变化？财务分析的具体方法又会有何变化？

2. 利用人工智能大数据模型进行财务分析相对于传统财务分析方法在哪些领域有优势？以某一上市公司为例，分析说明基于大数据财务分析的特点和优势。

3. 可视化分析是大数据财务分析的主要形式之一，其特点是什么？请选择某一上市公司的财务报告数据，利用大数据模型分析并形成可视化财务分析图形。

目前可以采用的人工智能大模型主要有阿里“通义千问”、百度“文心一言”和科大讯飞“星火”等模型，当然也可以采用最新推出的其他模型。同学们可以多尝试一下不同的提问方式，或者不同的人工智能模型，看看答案会有怎样的差别？看看你能否找到与人工智能建立有效沟通的渠道！

□ 互动练习

第二篇　财务报告分析

第四章　资产负债表分析

□ 学习目标

本章的学习目标是使学生掌握资产负债表分析的基本方法与基本内容。其具体目标包括：

◇

了解资产负债表分析的目的；掌握资产负债表分析评价的思路；明确资产的不同分类和影响负债结构与股东权益结构的因素；理解资产负债表主要项目的内涵；了解会计政策和会计估计变更的影响及资产负债表主要项目变动的原因。

◇技能目标

掌握资产负债表的分析方法，能熟练地运用水平分析法、垂直分析法编制资产负债表分析表；能够运用趋势分析法进行资产负债表变动趋势分析。

◇能力目标

能够在编制资产负债表水平分析表的基础上，对资产负债表的变动情况做出恰当的评价，并对资产变动的合理性、变动原因进行评价；能够在编制资产负债表垂直分析表的基础上，对资产结构、负债结构和股东权益结构的变动情况做出分析，并对资产配置的合理性、负债结构和股东权益结构的合理性做出评价；能够对企业采用的主要会计政策和会计估计做出评价，并能够识别会计政策和会计估计变更对资产负债表的影响；在以上分析的基础上，能够对企业的整体财务状况、资产质量、资产结构和债务结构做出综合评价。

◇思政目标

理解个人成长与国家、个人与社会之间的关系，培养高尚情操和无私奉献精神，编制好自己的人生资产负债表。

【引例】

在2022年成为中国汽车市场和全球新能源汽车市场“双料冠军”后，比亚迪正在为冲击更高的销量目标扩产备战。比亚迪执行副总裁李柯在接受外媒采访时表示，比亚迪正探索在欧洲建立自己的工厂。在国内也传出了其要接手工厂的消息：一汽丰田天津泰达二工厂将停产转卖给比亚迪。

趁着新能源汽车的红利，比亚迪在过去一年迎来高速发展，其产销量分别达到187.7万辆和186.3万辆，同比分别增长209.2%和208.6%。在年销量近200万辆后，市场有消息传出，比亚迪2023年的销量目标是要达到400万辆，这意味着在2022年的基础上要实现翻一番的增长。为了满足高速增长的新能源汽车需求，比亚迪开启了建厂扩产的军备竞赛。仅2022年，比亚迪就有常州基地、江西抚州基地、合肥长丰一期、西安三期等多个新建产能投产。其中，西安作为比亚迪最大的整车生产基地，2022年新能源汽车产量99.5万辆。目前比亚迪西安基地已经开始四期扩建工作，已于2023年6月建成，成为比亚迪首个年产能突破百万辆的超级工厂。除了西安四期工厂，比亚迪还将有郑州基地、合肥长丰二期、深汕项目、襄阳项目等陆续投产。届时，比亚迪将在全国形成西安、深圳坪山、长沙、常州、抚州、合肥长丰、济南、郑州、襄阳、深汕合作区等10个生产基地，整体规划产能超过400万辆。

资产负债表反映特定时点的财务状况，企业的财务状况为什么会影响到资产负债表？为了应对市场需求，公司努力扩张生产能力的举措可能会影响到资产负债表哪些资产项目？当资产项目发生变动时，负债和所有者权益又会有怎样的调整，才能满足“资产=负债+所有者权益”的会计恒等式？若想回答这些问题，需要了解如何对资产负债表进行分析，资产负债表的分析应从哪些方面入手，怎样结合报表附注和其他方面的信息进行综合分析，怎样对资产负债表的变动做出综合评价？这也是本章想要解决的问题。

（资料来源：界面新闻．比亚迪产能“狂飙”今年或冲击400万销量目标［EB/OL］．［2023-02-08］．https：//finance.sina.com.cn/stock/relnews/cn/2023-02-08/doc-imyeyhru6428302.shtml）

第一节　资产负债表分析的目的与内容

一、资产负债表分析的目的

企业的投资行为是其提升竞争力、实现增长和创造价值的核心手段之一。当企业进行投资时，无论是对内扩大生产规模、更新技术设备、研发新产品，还是对外收购兼并、拓展新市场或进行金融资产投资等，都会形成一系列不同类型的资产。这些资产可以划分为非流动资产和流动资产两大类别。非流动资产主要包括固定资产（如土地、建筑物、生产设备）、无形资产（如专利权、商标权、商誉）、长期股权投资以及其他非流动资产等，它们代表了在较长时期内能够为企业带来经济效益的资源。流动资产则包括现金及现金等价物、应收账款、存货以及预付账款等，在短期内能够转换为现金或用于支持日常运营活动的资源。在财务报表体系中，特别是反映静态财务状况的资产负债表，上述所有的资产项目均会被详细列示于资产方。资产方记录了企业在某一特定日期所拥有的全部经济资源的价值，清晰地展示了企业通过投资积累起来的物质基础及其构成情况。企业进行投资必然伴随着资金的投入。企业筹集所需资金的主要途径有：债务融资与权益融资。债务融资主要指企业通过向银行借款、发行债券等方式取得资金，这将在资产负债表的负债部分得到体现，如短期借款、长期借款、应付债券等项目。权益融资则是通过发行股票或接受投资者直接投资等方式增加所有者权益，这部分体现在资产负债表的所有者权益部分，包括股本、资本公积、盈余公积、未分配利润等项目。因此，从资产负债表的整体结构来看，左方资产栏目的增长反映了企业投资活动的成果，而右方负债和所有者权益栏目则揭示了支撑这种资产扩张背后的资金来源，两者共同勾勒出企业财务运作的全貌，帮助分析者理解企业如何运用投资策略创造价值，并评估其财务健康状况与未来潜力。

资产负债表分析的目的，就在于了解会计报表对企业财务状况的反映程度，以及所提供会计信息的质量，据此对企业资产和权益的变动情况以及企业财务状况做出恰当的评价，具体来说就是：

1.通过资产负债表分析，了解企业财务状况的变动情况

资产变动作为企业经营活动和财务决策的直接反映，其每一次增减都会在会计恒等式中引起负债与所有者权益相应的变化，以保持资产等于负债与所有者权益之和这一基本平衡关系。资产负债表分析是对这种动态变化过程进行系统性考察和评估的重要手段。它不仅揭示了企业在一定时期内资产、负债及所有者权益的具体构成及其相互之间的比例关系，而且通过对各项目的同比、环比分析以及各类财务比率计算，能够深入剖析企业财务结构的优化程度、偿债能力、盈利能力以及资本运营效率等多方面的情况。通过对资产负债表的细致解读，分析师和决策者可以判断企业财务状况变动是否合理，即企业的财务活动是否与其经营战略、行业环境及市场地位相协调，以及这些变动对企业的长期价值创造和短期风险抵御能力的影响是积极的还是消极的。

2.通过资产负债表分析，评价企业会计对企业经营状况的反映程度

资产负债表本身并不能独立、全面地揭示企业的全部经营活动状况。企业管理层在编制资产负债表的过程中，基于各种内外部因素和管理策略，可能会选择全面且真实地展现企业的运营状态；然而，同样可能存在因种种动机而未能将一些对经营具有重大影响的事项充分体现在报表中的情况。当资产负债表无法精确、详尽地体现企业的实际经营表现时，财务数据变动及其背后的原因便难以获得合理且深入的解释。能否如实反映企业经营情况是资产负债表分析的目的：即通过细致解读和评估，发掘并验证报表所记载信息与企业真实经营状况之间的契合度，从而为投资者、管理者和其他利益相关方提供更为精准和全面的企业业绩评估依据。

3.通过资产负债表分析，评价企业的会计政策

从根本上讲，资产负债表上的数据是企业财务活动的直接结果，但这种结果是通过企业管理人员依据某种会计政策，按照某种具体会计处理方法进行会计处理后编制出来的。因此，企业采用何种会计政策，使用何种会计处理方法，必然会对资产负债表上的数据产生影响。比如，按照会计准则，投资性房地产可以以成本模式或公允价值模式来计量。两种方法对资产负债表的影响存在显著差别：在成本模式下，企业将投资性房地产在购入时的成本记录到账面，并仅在发生减值或者有改良支出时调整账面价值。即使房地产市场价

值大幅上涨，资产负债表上的“投资性房地产”项目反映的仍是历史成本，不体现市场变动带来的增值。而采用公允价值模式，企业在每个资产负债表日都需要根据房地产当前的公允市场价格对资产进行重新估值。当房地产市场繁荣，资产价格上升时，资产负债表上“投资性房地产”项目的金额也会相应增加，从而影响总资产规模以及所有者权益。企业所选择的会计政策和会计处理方法是否合适，企业是否利用会计政策的选择达到特定会计目的，深入分析资产负债表及相关项目的异常变动，了解企业会计政策选择的动机，可以揭示出管理人员的倾向，评价企业的会计政策，消除会计报表外部使用者对企业会计信息的疑惑。

4.通过资产负债表分析，修正资产负债表的数据

资产负债表是进行财务分析的重要基础资料，即使剔除管理人员的主观因素，资产负债表数据的变化也不完全是企业经营活动的结果。会计政策变更、会计估计及变更等企业经营以外的因素对资产负债表数据也有相当大的影响，通过资产负债表分析，揭示出资产负债表数据所体现的财务状况与真实财务状况的差异，通过差异调整，修正资产负债表数据，尽可能消除会计信息失真，为进一步利用资产负债表进行财务分析奠定资料基础，以保证财务分析结论的可靠性。

二、资产负债表分析的内容

资产负债表分析主要包括以下内容：

1.资产负债表水平分析

资产负债表水平分析，就是指通过对企业各项资产、负债和股东权益进行对比分析，揭示企业筹资与投资过程的差异，从而分析与揭示企业生产经营活动、经营管理水平、会计政策及会计估计变更对筹资与投资的影响。

2.资产负债表垂直分析

资产负债表垂直分析，就是指通过将资产负债表中各项目与总资产或权益总额进行对比，分析企业的资产构成、负债构成和股东权益构成，考察企业资产结构和资本结构的合理程度，探索企业资产结构优化、资本结构优化的途径。

3.资产负债表趋势分析

资产负债表趋势分析，就是指通过对较长时期企业总资产及主要资产项目、负债及主要负债项目、股东权益及主要股东权益项目变化趋势的分析，揭示筹资活动和投资活动的状况、规律及特征，推断企业发展的前景。

4.资产负债表项目分析

资产负债表项目分析，就是指在资产负债表全面分析的基础上，对资产负债表中资产、负债和股东权益的主要项目进行深入分析，包括会计政策、会计估计等变动对相关项目影响的分析。

知识拓展4-1

需要强调的是，资产负债表反映的是特定时点——资产负债表日——企业的财务情况，因此容易受管理人员的影响。管理人员可能利用各种方法和手段，对企业财务状况加以粉饰，以达到特定目的。在资产负债表分析中，必须考虑管理人员临近资产负债表日的行为因素。

第二节 资产负债表水平分析

一、资产负债表水平分析表的编制

资产负债表水平分析的目的之一就是从总体上了解资产、权益的变动情况，揭示出资产、负债和股东权益变动的差异，分析其差异产生的原因。资产负债表水平分析的依据是资产负债表数据，通过采用水平分析法，将资产负债表的实际数与选定的标准进行比较，编制出资产负债表水平分析表，在此基础上进行分析评价。

资产负债表水平分析要根据分析的目的来选择比较的标准（基期），当分析的目的在于揭示资产负债表实际变动情况，分析产生实际差异的原因时，应当选择历史标准，即选择资产负债表的上年实际数作为比较标准。当分析的目的在于揭示资产负债表预算或计划执行情况，分析影响资产负债表预算或计划执行情况的原因时，应当选择预算标准，即选择资产负债表的预算数或计划数作为比较标准。

资产负债表水平分析除了要计算某项目的变动额和变动率外，还应计算出该项目变动对总资产或权益总额的影响程度，以便确定影响总资产或权益总额的重点项目，为进一步分析指明方向。某项目变动对总资产或权益总额的影响程度可按下式计算：

$$\text{某项目变动对总资产（权益总额）的影响（\%）}=\frac{\text{某项目的变动额}}{\text{基期总资产}\left(\text{权益总额}\right)}\times 100\%$$

根据表2-1提供的资料，编制BQC公司资产负债表水平分析表见表4-1。

表4-1 **BQC公司资产负债表水平分析表** 金额单位：万元

项目	2022年	2021年	变动情况		占资产总额变动的比例（%）
			变动额	变动率（%）	
流动资产：					
货币资金	5 147 126.30	5 045 709.70	101 416.60	2.01	0.51
交易性金融资产	2 062 693.00	560 605.20	1 502 087.80	267.94	7.58
衍生金融工具	0	0	0		
应收票据	0	0	0		
应收账款	3 882 849.40	3 625 128.00	257 721.40	7.11	1.30
应收款项融资	1 289 428.40	874 312.60	415 115.80	47.48	2.10
预付款项	822 356.70	203 657.70	618 699.00	303.79	3.12
其他应收款	191 000.90	141 075.10	49 925.80	35.39	0.25
其中：应收利息	0	13 656.90	-13 656.90	-100.00	-0.07
应收股利	0	0	0		0.00

续表

项　目	2022年	2021年	变动情况		占资产总额变动的比例（%）
			变动额	变动率（%）	
买入返售金融资产	0	0	0		0.00
存货	7 910 719.90	4 335 478.20	3 575 241.70	82.46	18.05
合同资产	1 355 299.80	849 338.20	505 961.60	59.57	2.55
持有待售资产	0	0	0		0.00
一年内到期的长期应收款/非流动资产	105 256.20	123 166.70	−17 910.50	−14.54	−0.09
其他流动资产	1 313 620.10	852 547.50	461 072.60	54.08	2.33
流动资产合计	24 080 350.70	16 611 018.90	7 469 331.80	44.97	37.71
非流动资产：					
发放贷款和垫款	0	0	0		0.00
债权投资	0	0	0		0.00
其他债权投资	0	0	0		0.00
长期应收款	111 863.70	117 005.80	−5 142.10	−4.39	−0.03
长期股权投资	1 548 540.20	790 500.10	758 040.10	95.89	3.83
其他权益工具投资	441 858.40	291 383.60	150 474.80	51.64	0.76
其他非流动金融资产	214 714.00	23 397.20	191 316.80	817.69	0.97
投资性房地产	8 500.50	8 750.00	−249.50	−2.85	0.00
固定资产	13 188 036.90	6 122 136.50	7 065 900.40	115.42	35.67
在建工程	4 462 193.50	2 027 730.90	2 434 462.60	120.06	12.29
生产性生物资产					
油气资产					
使用权资产	313 732.70	157 323.20	156 409.50	99.42	0.79
无形资产	2 322 349.70	1 710 494.20	611 855.50	35.77	3.09
开发支出	168 300.00	260 503.10	−92 203.10	−35.39	−0.47
商誉	6 591.40	6 591.40	0	0.00	0.00
长期待摊费用	45 810.80	7 743.20	38 067.60	491.63	0.19
递延所得税资产	368 690.50	191 331.60	177 358.90	92.70	0.90
其他非流动资产	2 104 531.60	1 252 105.00	852 426.60	68.08	4.30

续表

项　目	2022年	2021年	变动情况		占资产总额变动的比例（%）
			变动额	变动率（%）	
非流动资产合计	25 305 713.90	12 966 995.80	12 338 718.10	95.15	62.29
资产总计	49 386 064.60	29 578 014.70	19 808 049.90	66.97	100.00
流动负债：					
短期借款	515 309.80	1 020 435.80	-505 126.00	-49.50	-2.55
交易性金融负债	5 460.50	0	5 460.50		0.03
衍生金融负债					
应付票据	332 841.90	733 145.90	-400 304.00	-54.60	-2.02
应付账款	14 043 731.00	7 316 016.70	6 727 714.30	91.96	33.96
预收款项	0	130.00	-130.00	-100.00	0.00
合同负债	3 551 657.10	1 493 257.60	2 058 399.50	137.85	10.39
应付职工薪酬	1 203 701.10	584 887.00	618 814.10	105.80	3.12
应交税费	432 639.40	177 901.80	254 737.60	143.19	1.29
其他应付款	12 212 384.10	4 134 810.20	8 077 573.90	195.36	40.78
其中：应付利息					
应付股利					
预计负债	128 745.20	235 556.40	-106 811.20	-45.34	-0.54
持有待售负债					
一年内到期的非流动负债	646 482.80	1 298 341.60	-651 858.80	-50.21	-3.29
其他流动负债	261 503.20	135 911.40	125 591.80	92.41	0.63
流动负债合计	33 334 456.10	17 130 394.40	16 204 061.70	94.59	81.81
非流动负债：					
长期借款	759 359.60	874 351.90	-114 992.30	-13.15	-0.58
应付债券	0	204 643.90	-204 643.90	-100.00	-1.03
其中：优先股					
永续债					
租赁负债	261 727.40	141 529.10	120 198.30	84.93	0.61
长期应付款					

续表

项　目	2022年	2021年	变动情况		占资产总额变动的比例（%）
			变动额	变动率（%）	
长期应付职工薪酬					
预计负债					
递延收益					
递延所得税负债	201 853.00	60 956.60	140 896.40	231.14	0.71
其他非流动负债	2 689 684.80	741 717.90	1 947 966.90	262.63	9.83
非流动负债合计	3 912 624.80	2 023 199.40	1 889 425.40	93.39	9.54
负债合计	37 247 080.90	19 153 593.80	18 093 487.10	94.47	91.34
所有者权益：					
股本	291 114.30	291 114.30	0	0	0
其他权益工具					
其中：优先股					
永续债					
资本公积	6 170 589.30	6 080 721.90	89 867.40	1.48	0.45
减：库存股	180 992.00	0.00	180 992.00		0.91
其他综合收益	42 833.20	-12 405.50	55 238.70	-445.28	0.28
专项储备	1 207.80	1 036.90	170.90	16.48	0
盈余公积	683 854.10	500 908.80	182 945.30	36.52	0.92
一般风险准备					
未分配利润	4 094 323.20	2 645 590.70	1 448 732.50	54.76	7.31
归属于母公司所有者权益合计	11 102 929.90	9 506 967.10	1 595 962.80	16.79	8.06
少数股东权益	1 036 053.80	917 453.80	118 600.00	12.93	0.60
所有者权益合计	12 138 983.70	10 424 420.90	1 714 562.80	16.45	8.66
负债和所有者权益总计	49 386 064.60	29 578 014.70	19 808 049.90	66.97	100.00

二、资产负债表变动情况的分析评价

企业总资产表明企业资产的存量规模，随着企业经营规模的变动，资产存量规模也处在变动之中。一方面，资产存量规模过小，将难以满足企业经营的需要，影响企业的正常经营活动；另一方面，资产存量规模过大，将造成资产的闲置，使资金周转缓慢，影响资产的利用效率。资产作为保证企业经营活动的物质基础，它的获得必须有相应的资金来源。企业通过举债或吸收投资来满足对企业资产的资金融通，从而产生了债权人、投资人对企业资产的两种不同要求权，即债权和权益。资产与负债和权益分别列示在资产负债表左右两边，反映出企业的基本财务状况，对资产负债表变动情况的分析评价也应当从这两大方面进行。

（一）从投资或资产角度进行分析评价

虽然从资金流动的先后次序来看，企业需要先进行融资，待取得资金后才能进行投资；但是，从逻辑上看，只有先确定能够实现资本保值增值的投资机会，才可能获得资金提供方的资金。投资或资产角度的分析评价主要从以下几方面进行：

第一，分析总资产规模的变动状况以及各类、各项资产的变动状况，揭示出资产变动的主要方面，从总体上了解企业经过一定时期经营后资产的变动情况。

第二，发现变动幅度较大或对总资产变动影响较大的重点类别和重点项目。在进行分析时，首要步骤是识别资产类别或个别项目中变动幅度尤为显著的部分，尤其是那些出现非正常变化的项目。其次，应着重关注那些对总资产数额产生显著影响的资产项目。实际上，某资产项目对总资产的影响程度并非仅由该项目自身的变动幅度决定，而是同时取决于该项目在总资产构成中的相对权重。也就是说，即使资产项目的绝对数值发生较大变化，若其占总资产的比例相对较小，则对该资产总额的实际影响也可能较为有限；反之，即便变动额度相对不大，但如果该资产在总资产中占据较大比例，则其变动对总资产的影响可能会非常显著。如本例中长期待摊费用项目，本期变动幅度高达491.63%，但由于该项目仅占总资产的0.1%，所以对总资产变化的影响仅为0.19%。而存货本期增加82.46%，同时对总资产影响达到18.05%。这意味着存货项目更应该成为分析的重点。分析时只有注意到这一点，才能突出分析重点，抓住关键问题，这样有助于深入分析，并减轻分析工作量。

第三，要注意分析资产变动的比较基础。在变动率的计算过程中，计算结果取决于变动额与基期数额的比值。在正常情况下，资产负债表的各项目都应当为正数。因此，变化率为正值时，代表该项目增长；变化率为负值时，代表该项目减少。但是，在特殊情况下，如果基础数值为负，那么在对变动率进行解读时，需要特别注意符号变化的含义。比如，在“其他综合收益”的计算过程中，由于2021年的数值为负，虽然该项目在2022年出现了大幅度的正向增长，其增长率仍然为-445.28%。这是由于计算的基础为负值，变动率为负值反而意味着该项目是在朝扭转亏损的方向变化。

第四，注意分析会计政策变动的影响。企业在实际运营中，资产的变动主要受制于其生产经营活动规模的变化，然而，在会计核算和财务报表编制过程中，企业管理人员所采取的会计政策和会计方法选择同样对资产变动起到至关重要的作用。尽管会计准则与会计制度为企业的会计核算及财务报表编制设定了基本框架和规则，但同时为企业在遵循准则的基础上提供了多种会计政策和会计方法的选择空间。因此，在进行财务分析时，首要任务是深入理解并掌握企业所采用的具体会计政策及其变更情况，揭示由于会计政策变更或会计估计的主观性所带来的财务数据调整影响。通过这样严谨的审查，可以校正可能存在的会计信息扭曲现象，确保财务分析基于真实可靠的会计信息基础之上进行，从而提高财务分析结论的准确性和可靠性。其具体分析见本章第四节。

根据表4-1，可以对BQC公司总资产变动情况做出以下分析评价：

BQC公司总资产本期增加了19 808 049.90万元，增长幅度为66.97%，这说明BQC公司本年资产出现了较大的增长幅度。进一步分析可以发现：

（1）非流动资产本期增加了12 338 718.10万元，增长幅度为95.15%，占总资产规模增加的62.29%，成为本期总资产增加的主要原因；流动资产本期增加了7 469 331.80万元，增长幅度为44.97%，占总资产规模变动的37.71%。

（2）本期总资产的增长主要体现在非流动资产的增长上。相对于流动资产，非流动资产的盈利能力更强，公司的盈利能力有较大幅度的增加。尽管非流动资产的各项目都有不同程度的增加，但是其增长主要体现三个方面：一是固定资产和在建工程的大幅增加。固定资产增加7 065 900.40万元，增幅高达 115.42%，占总资产变动额的35.67%；在建工程增加2 434 462.60万元，其增幅为120.06%，与固定资产增幅相近，占总资产变动额的12.29%。固定资产和在建工程合计，贡献了总资产变动额的47.96%。固定资产和在建工程反映公司的生产能力，两者的大幅增长说明BQC公司的生产规模和能力在急剧扩张。与之相关，在资产项目中，其他非流动资产也出现了显著的变化，增加了852 426.60万元，增幅68.08%，占总资产变动额的4.30%。根据附注，“预付工程设备款”是导致其他非流动资产增加的主要原因。预付工程设备款也与固定资产存在关联，需要综合考虑才能更好地反映企业生产能力的变化。结合行业发展趋势，BQC公司所处的新能源汽车行业经历了高速增长，企业扩张生产能力的举措具有一定的合理性。但是，生产能力的大幅度提升，也带来潜在的经营风险。如果行业发展趋势出现减缓，较高的固定成本将对企业业绩产生拖累。二是长期股权投资的增加。长期股权投资增加758 040.10万元，增幅为95.89%，对总资产增加额的贡献度为3.83%。与固定资产和在建工程不同，长期股权投资属于金融类资产，而非生产性实物资产。通过查阅报表附注可以发现，长期股权投资的增加主要来自合营的金融服务公司。从行业环境来看，金融服务对于汽车制造业的重要性正在不断提升，BQC增加长期股权投资的行为既与行业发展趋势一致，也与公司生产能力扩张相符合。三是无形资产的增加。无形资产增加611 855.50万元，增幅35.77%，对总资产增加额的贡献度为3.09%。根据报表附注，无形资产增加的主要来源是“土地使用权”的大幅增加，这与企业生产规模的大幅扩张相一致。值得注意的是，在新能源汽车行业中，科技对企业竞争力至关重要，但是BQC公司在“工业产权及专有技术”和“非专利技术及软件”两项上，并没有出现大幅增加。

（3）流动资产的增长主要体现在三个方面：一是存货水平的大幅增加。存货本期增加3 575 241.70万元，增幅为82.46%，占总资产增加额的18.05%；存货的大幅增加与企业固定资产水平的增加相一致，表明企业的生产能力得到了充分的利用。对于存货增加的合理性，还要结合存货各项目的内部结果进行进一步分析。二是交易性金融资产的大幅增加。交易性金融资产本期增加1 502 087.80万元，增幅为267.94%，占总资产增加额的7.58%。交易性金融资产是企业运用短期资金的重要方式。交易性金融资产的增加从一定程度表明公司的流动性有大幅度的改善。报表附注显示，本期的“结构性存款及大额存单”大幅增加。该项目的风险相对较小，是较为安全的资金运用方式。三是预付款项的大幅增加。预付款项本期增加618 699.00万元，增幅为303.79%，占总资产增加额的3.12%。预付款项主要反映企业与供应商之间的往来尚未结清的部分。预付款项的增加与企业生产能力的扩张相符。

知识拓展4-2

（二）从筹资或权益角度进行分析评价

筹资或权益角度的分析评价主要从以下几方面进行：

第一，分析权益总额的变动状况以及各类、各项筹资的变动状况，揭示出权益总额变动的主要方面，从总体上了解企业经过一定时期经营后权益总额的变动情况。

第二，发现变动幅度较大或对权益总额变动影响较大的重点类别和重点项目，为进一步分析指明方向。

第三，分析评价权益资金变动对企业未来经营的影响。在资产负债表上，资产总额等于负债与权益总额之和，当资产规模发生变动时，必然要有相应的资金来源，如果资产总额的增长幅度大于权益的增长幅度，表明企业债务负担加重，这虽然可能是企业筹资政策变动引起的，但后果是引起偿债保证程度下降，偿债压力加重。因此，不仅要分析评价权益资金发生了怎样的变动，而且要注意分析评价这种变动对企业未来经营的影响。具体分析见本节“四、权益资金变动对企业未来经营影响的分析评价”。

第四，注意分析评价表外业务的影响。例如，按目前会计准则的规定，资产负债表仅反映了企业按历史成本原则核算的现实负债，一家企业所承担的或有负债并不反映在资产负债表上，而这种可能成为企业现实负债的事项及对企业财务状况可能产生的影响，也是分析评价时要特别关注的。

根据表4-1，可以对BQC公司权益总额变动情况做出以下分析评价：

该公司权益总额较上年同期增加19 808 049.90万元，增长幅度为66.97%，说明BQC公司本年权益总额有较大幅度的增长。进一步分析可以发现：

（1）负债和所有者权益变动水平存在较大差异。负债本期增加18 093 487.10万元，增幅高达94.47%，占权益总额变动的91.34%；所有者权益本期增加了1 714 562.80万元，增幅为16.45%，在权益变动总额中仅占8.66%。

（2）负债总额增长主要体现在流动负债方面。流动负债本期增长16 204 061.70万元，增幅为94.59%，占权益增长额的81.81%；而非流动负债本期增长1 889 425.40万元，增幅为93.39%，占权益增长额的9.54%。从增幅来看，流动负债和非流动负债变动基本同步。但是，从对权益变动总额的贡献度来看，流动负债影响更大，这是由于企业流动负债在权益中占比较高。流动负债的增加，会增加企业偿债压力，加大财务风险。

流动负债的增加主要是受到应付账款、合同负债和其他应付款三项的影响。其中，应付账款总额增长6 727 714.30万元，增幅为91.96%，占权益变动总额的33.96%；其他应付款总额增长8 077 573.90万元，增幅为195.36%，占权益变动总额的40.78%；合同负债总额增长2 058 399.50万元，增幅为137.85%，占权益变动总额的10.39%。应付账款、合同负债和其他应付款都是与经营活动密切相关的项目，与商业信用密切相关。这反映出市场对BQC公司的信任程度较高。非流动负债的增加主要是其他非流动负债，当期增加额为1 947 966.90万元，增幅为262.63%，占权益变动总额的9.83%。

（3）所有者权益总额本期增加1 714 562.80万元，增幅为16.45%，占权益总额变动的8.66%。所有者权益的增长主要来自未分配利润。未分配利润本期增加1 448 732.50万元，增幅为54.76%，占权益变动总额的7.31%。这表明企业经营活动产生的收益是企业权益增加的主要来源。

另外，水平分析仅考虑了资产负债表各项目在不同期间的变动，没有考虑各项目的内部结构，以及该项目占总体的比重。因此，对资产负债表水平分析表的分析评价还应结合资产负债表垂直分析、资产负债表附注分析和资产负债表项目分析进行，同时还应注意与利润表、现金流量表相结合进行分析评价。

三、资产变动的合理性与效率性分析评价

对总资产变动情况进行分析，不仅要考察其增减变动额和变动幅度，还要对其变动的合理性与效率性进行分析，特别是对企业经营者进行分析时，更要注意到这一点。企业取得资产的目的不是单纯占有资产，而是运用资产以实现企业的目标。资产变动是否合理，直接关系到资产生产能力的形成与发挥，并通过资产的利用效率体现出来，因此，对资产变动的合理性与效率性进行分析评价，需要将资产的变动与经营活动结合起来。如果资产的变动能够带来更高效率的产出，那么资产变动通常是有效率的；反之，资产变动的合理性就可能受到质疑。对于BQC公司而言，资产总额增长超过60%，而同期销售收入增加接近100%，这表明公司的资产变动具有合理性。具体可以参见本书第九章营运能力分析。

分析时还应注意，有些资产会随产量或销售规模的变动而变动，如应收账款、货币资金、存货等；有些资产与产销规模变动没有直接联系，在产销规模发生变动时，这些资产基本不变或只发生较小的变动，如固定资产、无形资产等。分析时，可根据资产与产销变动之间的差异，将随产销规模变动的资产项目与产销变动情况单独比较，以准确评价资产变动的合理性。

四、权益资金变动对企业未来经营影响的分析评价

企业经营规模变动的一种表现形式是企业资产规模的变动，当企业资产规模变动时，必然要有相应的资金来源满足其需求。企业可以通过增加或减少负债、投资者追加或收回投资和留存收益这三种方式解决其资金来源。不同的资金来源方式会影响企业的未来经营、财务状况及财务成果，因此，要注意分析评价不同资金来源方式可能产生的影响，以便对企业未来发展做出推断。

（一）举债

在企业资产规模发生变动时，如果企业通过举债方式满足其资金需求，这是一种外延型扩大再生产，对企业未来经营的影响可能是：

（1）负债比重提高，债务负担加重。在其他权益资金项目不变时，企业举债必然会提高资产负债率，企业的资本结构会因此而发生变化，财务风险也会提高。企业债务负担加重，会加大企业的偿债压力，对企业资产流动性要求更高。资金安全是债权人进行信贷决策时要考虑的最重要的因素，当企业不断地通过举债扩大其经营规模时，企业财务风险不断增加，债权人会感到其资金安全受到威胁，会采取减少贷款或停止贷款等相应措施以保证其资金的安全性。如果一家企业单纯地依靠举债扩大其经营规模，那么没有债权人会无条件地承诺随时会满足企业的资金需求，一旦资金链断裂，企业的经营就会受到严重影响甚至威胁到企业的生存。从极端情况来看，企业负债水平的不断提升，会导致企业破产的可能性不断增加。特别是当企业所在行业处于经济下行阶段时，必须要对负债率的提升给予足够的警惕和重视。

（2）资金制约。理论上，企业能够举借债务的数额存在上限。当企业根据投资需求提升负债水平时，可能很快触及债务上限。这会导致企业面对未来投资机会时，无法通过债务渠道获得资金来源。为此，在分析负债水平时，必须考虑企业未来投资机会和潜在债务上限所产生的资金约束，避免因负债水平过高而无法募集资金，错失投资机会。

（3）财务杠杆作用加大。负债经营必然会产生相应的财务杠杆作用，负债比率越高，财务杠杆作用越大。需要注意的是，财务杠杆是把“双刃剑”，既能帮助企业产生更高的财务收益，也会增加企业的财务风险。企业获取财务杠杆利益的基本前提是总资产报酬率大于负债利息率，企业在进行负债筹资决策时，不能仅考虑资金需求，还要结合其盈利水平，以避免造成财务杠杆损失。

（4）负债能够约束经理人员的自利行为，产生治理效果。负债水平的提升会导致破产可能性的增加，企业破产不但会导致管理人员失去现有工作，也会导致其声誉受到损失，降低未来收益水平。同时，债务利息的支付会减少管理人员可以自由支配的资源，从而降低其浪费资源的可能性，对企业管理人员形成约束机制。

（二）追加投资

企业经营规模的扩张，也可以通过吸收投资来实现，从本质上讲，这也是一种外延型扩大再生产，可能对企业未来经营产生如下影响：

（1）资金制约。企业的投资人数量是有限的，这些投资人所拥有的资本也是有限的，任何一家企业，其经营规模的扩张都不可能完全依赖投资人的不断追加投资来实现。

（2）运用不当会失去投资人的支持。通过投资人追加投资满足企业规模扩张的资金需求，是企业普遍使用的筹资策略，但若运用不当，会产生消极作用，因为这种策略通常与投资人的最佳利益相悖。投资人将其拥有的资本投资于企业，是期望通过企业的经营活动使资本增值，如果企业无视投资人的这种利益要求，一味地要求投资人追加投资来满足企业规模扩张的资金需求，把投资人当成提款机，就会引起投资人的反感，甚至失去投资人的支持。

（3）有助于企业财务实力的提升。投资人投资是企业成立的基本前提，其投资规模是企业财务实力的直观表现。投资人追加投资，可以增强企业的财务实力，减轻债务负担，为企业进行资本结构调整、资金筹集、降低财务风险等奠定物质基础。

（三）留存收益

留存收益由两部分组成：一是提取的盈余公积；二是保留的未分配利润。留存收益的数量取决于企业的盈利、盈余公积的提取比例和企业的利润分配政策。留存收益对企业生产经营的作用体现在以下两个方面：

（1）为企业可持续发展提供源源不断的资金来源。企业经营规模的扩张无论是依靠举债还是投资人追加投资都会受到资金制约，而留存收益来源于企业经营所得，是企业主观努力的结果，属于内涵型扩大再生产，是一种“滚雪球式”的增长。

（2）促进企业经营步入良性循环。任何一家企业要想健康发展，单纯依赖外部“输血”是不行的，必须提高自身“造血”功能。通过企业卓有成效的经营，增加自身积累，从根本上提高偿债能力、改善财务状况、满足各方利益要求、树立企业形象和争取投资人支持，从而使企业步入良性循环的轨道。

第三节　资产负债表垂直分析

一、资产负债表垂直分析表的编制

资产负债表结构反映了资产负债表各项目的相互关系及各项目所占的比重。资产负债表垂直分析是通过计算资产负债表中各项目占总资产或权益总额的比重，分析评价企业资产结构和权益结构的变动情况及合理程度，具体来讲就是：①分析评价企业资产结构的变动情况及变动的合理性；②分析评价企业资本结构的变动情况及变动的合理性。

资产负债表垂直分析可以从静态角度和动态角度两方面进行。从静态角度分析就是以本期资产负债表为分析对象，分析评价其实际构成情况。从动态角度分析就是将资产负债表的本期实际构成与选定的标准进行对比分析，对比的标准可以是上期实际数、预算数和同行业的平均数或可比企业的实际数。对比标准的选择视分析目的而定。

根据表2-1提供的资料，编制BQC公司资产负债表垂直分析表，见表4-2。

表4-2　**BQC公司资产负债表垂直分析表**　金额单位：万元

项　目	2022年	2021年	2022年（%）	2021年（%）	变动情况（%）
流动资产：					
货币资金	5 147 126.30	5 045 709.70	10.42	17.06	-6.64
交易性金融资产	2 062 693.00	560 605.20	4.18	1.90	2.28
衍生金融工具	0	0	0.00	0.00	0.00
应收票据	0	0	0.00	0.00	0.00
应收账款	3 882 849.40	3 625 128.00	7.86	12.26	-4.39
应收款项融资	1 289 428.40	874 312.60	2.61	2.96	-0.35
预付款项	822 356.70	203 657.70	1.67	0.69	0.98
其他应收款	191 000.90	141 075.10	0.39	0.48	-0.09
其中：应收利息	0	13 656.90	0.00	0.05	-0.05
应收股利	0	0	0.00	0.00	0.00
买入返售金融资产	0	0	0.00	0.00	0.00
存货	7 910 719.90	4 335 478.20	16.02	14.66	1.36
合同资产	1 355 299.80	849 338.20	2.74	2.87	-0.13
持有待售资产					
一年内到期的长期应收款/非流动资产	105 256.20	123 166.70	0.21	0.42	-0.20

续表

项 目	2022年	2021年	2022年（%）	2021年（%）	变动情况（%）
其他流动资产	1 313 620.10	852 547.50	2.66	2.88	-0.22
流动资产合计	24 080 350.70	16 611 018.90	48.76	56.16	-7.40
非流动资产：					
发放贷款和垫款	0	0	0.00	0.00	0.00
债权投资	0	0	0.00	0.00	0.00
其他债权投资	0	0	0.00	0.00	0.00
长期应收款	111 863.70	117 005.80	0.23	0.40	-0.17
长期股权投资	1 548 540.20	790 500.10	3.14	2.67	0.46
其他权益工具投资	441 858.40	291 383.60	0.89	0.99	-0.09
其他非流动金融资产	214 714.00	23 397.20	0.43	0.08	0.36
投资性房地产	8 500.50	8 750.00	0.02	0.03	-0.01
固定资产	13 188 036.90	6 122 136.50	26.70	20.70	6.01
在建工程	4 462 193.50	2 027 730.90	9.04	6.86	2.18
生产性生物资产					
油气资产					
使用权资产	313 732.70	157 323.20	0.64	0.53	0.10
无形资产	2 322 349.70	1 710 494.20	4.70	5.78	-1.08
开发支出	168 300.00	260 503.10	0.34	0.88	-0.54
商誉	6 591.40	6 591.40	0.01	0.02	-0.01
长期待摊费用	45 810.80	7 743.20	0.09	0.03	0.07
递延所得税资产	368 690.50	191 331.60	0.75	0.65	0.10
其他非流动资产	2 104 531.60	1 252 105.00	4.26	4.23	0.03
非流动资产合计	25 305 713.90	12 966 995.80	51.24	43.84	7.40
资产总计	49 386 064.60	29 578 014.70	100.00	100.00	0.00
流动负债：					
短期借款	515 309.80	1 020 435.80	1.04	3.45	-2.41
交易性金融负债	5 460.50	0	0.01	0.00	0.01
衍生金融负债	0	0	0.00	0.00	0.00

续表

项 目	2022年	2021年	2022年（%）	2021年（%）	变动情况（%）
应付票据	332 841.90	733 145.90	0.67	2.48	-1.80
应付账款	14 043 731.00	7 316 016.70	28.44	24.73	3.70
预收款项	0	130.00	0.00	0.00	0.00
合同负债	3 551 657.10	1 493 257.60	7.19	5.05	2.14
应付职工薪酬	1 203 701.10	584 887.00	2.44	1.98	0.46
应交税费	432 639.40	177 901.80	0.88	0.60	0.27
其他应付款	12 212 384.10	4 134 810.20	24.73	13.98	10.75
其中：应付利息					
应付股利					
预计负债	128745.20	235 556.40	0.26	0.80	-0.54
持有待售负债	0	0	0.00	0.00	0.00
一年内到期的非流动负债	646 482.80	1 298 341.60	1.31	4.39	-3.08
其他流动负债	261 503.20	135 911.40	0.53	0.46	0.07
流动负债合计	33 334 456.10	17 130 394.40	67.50	57.92	9.58
非流动负债：					
长期借款	759 359.60	874 351.90	1.54	2.96	-1.42
应付债券	0	204 643.90	0.00	0.69	-0.69
其中：优先股	0	0	0.00	0.00	0.00
永续债	0	0	0.00	0.00	0.00
租赁负债	261 727.40	141 529.10	0.53	0.48	0.05
长期应付款	0	0	0.00	0.00	0.00
长期应付职工薪酬	0	0	0.00	0.00	0.00
预计负债	0	0	0.00	0.00	0.00
递延收益	0	0	0.00	0.00	0.00
递延所得税负债	201 853.00	60 956.60	0.41	0.21	0.20
其他非流动负债	2 689 684.80	741 717.90	5.45	2.51	2.94
非流动负债合计	3 912 624.80	2 023 199.40	7.92	6.84	1.08

续表

项 目	2022年	2021年	2022年（%）	2021年（%）	变动情况（%）
负债合计	37 247 080.90	19 153 593.80	75.42	64.76	10.66
所有者权益：					
股本	291 114.30	291 114.30	0.59	0.98	-0.39
其他权益工具	0	0	0.00	0.00	0.00
其中：优先股	0	0	0.00	0.00	0.00
永续债	0	0	0.00	0.00	0.00
资本公积	6 170 589.30	6 080 721.90	12.49	20.56	-8.06
减：库存股	180 992.00	0.00	0.37	0.00	0.37
其他综合收益	42 833.20	-12 405.50	0.09	-0.04	0.13
专项储备	1 207.80	1 036.90	0.00	0.00	0.00
盈余公积	683 854.10	500 908.80	1.38	1.69	-0.31
一般风险准备	0	0	0.00	0.00	0.00
未分配利润	4 094 323.20	2 645 590.70	8.29	8.94	-0.65
归属于母公司所有者权益合计	11 102 929.90	9 506 967.10	22.48	32.14	-9.66
少数股东权益	1 036 053.80	917 453.80	2.10	3.10	-1.00
所有者权益合计	12 138 983.70	10 424 420.90	24.58	35.24	-10.66
负债和所有者权益总计	49 386 064.60	29 578 014.70	100.00	100.00	0.00

【思政案例】 **人生的资产负债表**

“资产=负债+所有者权益”，这是资产负债表的基本关系，也是财务会计中用来说明企业财务状况的基本方法。除了企业之外，人生也有自己的资产负债表。2019年，在厦门国家会计学院的毕业典礼上，黄世忠院长提出了“人生的第二张资产负债表”。除了个人财富之外，每个人还有一张属于自己的精神资产负债表。这张报表并不遵循配比原则，只强调对社会的付出，不强调向社会的索取。这张报表也不讲究重要性原则，给予或接受他人的帮助和情义，不论大小，均应反映，予以列报。

在人生的第二张资产负债表上，资产和负债对应三个层面的关系：微观层面是与家人之间的相互关系，中观层面是与同学、同事、朋友和单位之间的相互关系，宏观层面是与国家和社会的相互关系。在人生的第二张资产负债表里，爱心和奉献是最重要的资产，贪婪和索取是最重大的负债。在人生的负债端方面，我们一生的负债，既包括父母的养育之恩，教师的启蒙教育，同事、朋友的支持鼓励，也包括党和政府开创太平盛世为我们提供的良好环境，当然也包括大自然赋予我们的青山绿水。

思政案例解析：

(1) 人生的价值不能仅以物质财富的创造来衡量，精神财富是不能用货币计量的。

(2) 从人生的资产负债表来看，只有投入到为国家和民族的振兴、为亲人和他人的幸福而奋斗的伟大事业中去，人生的净权益才能越做越大。

思政知识 4-1

二、资产负债表结构变动情况的分析评价

资产负债表结构变动情况的分析评价可从三个方面进行：

(一) 资产结构的分析评价

企业资产结构分析评价的思路是：

第一，从静态角度观察企业资产的配置情况，特别关注流动资产和非流动资产的比重以及其中重要项目的比重，分析时可通过与行业的平均水平或可比企业资产结构的比较，对企业资产的流动性和资产风险做出判断，进而对企业资产结构的合理性做出评价。从整体上看，流动资产和非流动资产的比重，主要受制于企业所处的行业。比如，零售企业的主要资产包括库存商品、应收账款（来自客户的赊销）以及预付账款等，这些都属于流动资产。由于零售业的经营特点是快速周转，需要大量采购商品并迅速销售出去，因此流动资产在其总资产中占据较大比重。而高科技企业除了具有一定的流动资产（如库存商品、应收账款）之外，还包括构成其核心竞争力的无形资产如研发支出形成的专利权、商标权、版权等，这些无形资产被归类为非流动资产，并可能占据相当大的比例。

第二，从动态角度分析企业资产结构的变动情况，对企业资产结构的稳定性做出评价，进而对企业资产结构的调整情况做出评价。资产结构变动的分析应该结合企业所处的外部经济环境和企业自身的经营活动开展。比如，人工智能会对不同行业的资产结构产生影响：高科技制造企业随着人工智能技术的发展，加大了对研发和知识产权的投资。在动态分析中，可能会发现非流动资产中的无形资产（如专利权、软件版权）所占比例显著增加，这是企业在应对市场竞争和技术革新时采取的战略调整。如果这种增长伴随着产品创新能力的提升和市场份额的扩大，那么可以评价企业的资产结构调整是有利且合理的。而传统零售商可能需要投资于自动化仓储系统、大数据分析平台等智能化设施，这会导致非流动资产短期内增加。同时，由于线上销售模式加速流转，存货周转率提高，流动资产中的库存商品可能会相应减少。通过对这些动态变化的分析，我们可以评估企业是否成功地将资金从低效率的流动资产转向有助于提高竞争力的长期投资，从而判断其资产结构转型的有效性。

从表4-2可以看出：

(1) 从静态方面分析，就一般意义而言，企业流动资产变现能力较强，其资产风险较小；非流动资产变现能力较差，其资产风险较大。所以，流动资产比重较大时，企业资产的流动性强而风险较小；非流动资产比重高时，企业资产的弹性较差，不利于企业灵活调度资金，风险较大。BQC公司本期的流动资产比例为48.76%，非流动资产比例为51.24%，处于均衡状态。根据该公司的资产结构，可以认为该企业资产的流动性较强，资产风险

不大。

（2）从动态方面分析，本期该企业流动资产比重下降了7.40%，非流动资产比重上升了7.40%。虽然，从整体来看，资产结构相对稳定，但是结合各资产项目的结构变动来看，可以发现企业资产存在明显的流动性下滑趋势。从流动资产内部来看，流动性较高的货币资金占比下降，从17.06%下降至10.42%；而流动性较差的存货占比则呈现上升趋势，从14.66%上升至16.02%。从非流动资产内部来看，固定资产和在建工程比例分别上升6.01%和2.18%。

（二）资本结构的分析评价

企业资本结构分析评价的思路是：

第一，从静态角度观察资本的构成，衡量企业的财务实力，评价企业的财务风险，同时结合企业的盈利能力和经营风险，评价其资本结构的合理性。

第二，从动态角度分析企业资本结构的变动情况，对资本结构的调整情况及对股东收益可能产生的影响做出评价。

从表4-2可以看出：

（1）从静态方面看，该公司股东权益比重为24.58%，负债比重为75.42%，资产负债率还是比较高的，财务风险相对较大。这样的财务结构是否合适，仅凭以上分析难以做出判断，必须结合企业盈利能力，通过权益结构优化分析才能予以说明。

（2）从动态方面分析，该公司的资本结构变化较大，各项目变动幅度较大，股东权益比重下降10.66%，而负债比重对应上升10.66%。在负债内部，流动负债占比上升更为显著，比重增长9.58%，而非流动负债占比变动相对较小，比重增长1.08%。

（三）资产负债表整体结构的分析评价

资产负债表整体结构分析是评价资产结构与资本结构是否匹配。从分类来看，资产方的类别与权益方的类别并不完全匹配：资产项目可以被划分为流动资产和非流动资产两大类；而权益包括流动负债、非流动负债和所有者权益三类。但是，非流动负债和所有者权益的存续期通常都会超过一年，与非流动资产的存续期相一致；而流动负债和流动资产的存续期都在一年之内。因此，通过比较流动资产和流动负债的关系可以评价企业的资产和资本匹配情况，进而判断资产负债表整体结构。

1.稳健结构

如果流动负债小于流动资产，那么资产负债表整体结构属于稳健结构。稳健结构的主要标志是企业流动资产的一部分资金需要使用流动负债来满足，另一部分资金需要则由非流动负债来满足。其形式见表4-3。

表4-3　**稳健结构的资产负债表**

<table>
<tr><td rowspan="2">流动资产</td><td>临时性占用流动资产</td><td>流动负债</td></tr>
<tr><td>永久性占用流动资产</td><td rowspan="2">非流动负债</td></tr>
<tr><td colspan="2" rowspan="2">非流动资产</td></tr>
<tr><td>所有者权益</td></tr>
</table>

从表4-3可以看出，稳健型的资产负债表整体结构的财务结果是：①足以使企业保持相当优异的财务信誉，通过流动资产的变现足以满足偿还短期债务的需要，企业风险较

小。②企业可以通过调整流动负债与非流动负债的比例，使负债成本达到企业目标。③无论是资产结构还是资本结构，都具有一定的弹性，特别是当临时性资产需要降低或消失时，可通过偿还短期债务或进行短期证券投资来调整，一旦临时性资产需要再产生时，又可以重新举借短期债务或出售短期证券来满足其需求。

多数企业资产负债表整体结构都表现为这种形式。

2.风险结构

风险结构的主要标志是流动负债不仅用于满足流动资产的资金需要，而且还用于满足部分长期资产的资金需要。这一结构形式不因流动负债在多大程度上满足长期资产的资金需要而改变。其形式见表4-4。

表4-4　**风险结构的资产负债表**

流动资产	流动负债
非流动资产	非流动负债 所有者权益

从表4-4可以看出，风险型的资产负债表整体结构的财务结果是：①财务风险较大，较高的资产风险与较高的筹资风险不能匹配。流动负债和长期资产在流动性上并不对称，如果通过长期资产的变现来偿还短期内到期的债务，必然给企业带来沉重的偿债压力，从而需要企业大大提高资产的流动性。②相对于稳健结构形式，其负债成本较低。③企业存在“黑字破产”的潜在危险，由于企业时刻面临偿债的压力，一旦市场发生变动，或意外事件发生，就可能引发企业资产经营风险，使企业资金周转不灵而陷入财务困境，造成企业因不能偿还到期债务而“黑字破产”。在实务中，风险结构的企业可能是希望利用流动负债成本较低的优势，来显示更为优异的业绩表现。但是，流动负债较高的财务风险往往会抵销其融资成本的优势。“短贷长用”企业通常会表现出风险结构的资产负债表。

这一结构形式只适用于企业处在发展壮大时期，或者在短期内作为一种财务策略来使用。

根据BQC公司的资产负债表垂直分析表（见表4-2）可以发现，该公司本年流动资产的比重为48.76%，流动负债的比重为67.50%，属于风险型结构。该公司上年流动资产的比重为56.16%，流动负债的比重为57.92%。从动态方面看，相对于上年，该公司资产结构与资本结构适应程度出现了显著的变化，呈现出明显的转向。

案例分析4-1

三、资产结构、负债结构和股东权益结构的具体分析评价

（一）资产结构的具体分析评价

企业资产结构的具体分析评价应特别关注以下几方面：

1.经营资产与非经营资产的比例关系

企业所占有的资产是企业进行经营活动的物质基础，但并不是所有的资产都是用于企业自身经营的，其中有些资产被其他企业所运用，如一些债权类资产和投资类资产；有些资产已转化为今后的费用，如长期待摊费用、开发支出和递延所得税资产等。尽管这些是

企业的资产，但已无助于企业自身经营。如果这些非经营资产所占比重过大，企业的经营能力就会远远小于企业总资产所表现出来的经营能力。当企业资产规模增长时，从表面上看，似乎是企业的经营能力增加了，但如果仅仅是非经营资产比重增加，经营资产比重反而下降，是不能真正提高企业的经营能力的。区分经营资产和非经营资产有助于深入分析企业的经营活动。若生产型企业出现非经营资产高于经营资产，特别是金融性非经营资产较高，这表明企业可能并没有将经营管理的重心放在主业之上。

根据表2-1的资料，整理编制BQC公司经营资产与非经营资产结构分析表，见表4-5。

表4-5　**BQC公司经营资产与非经营资产结构分析表**　金额单位：万元

项　目	2022年	2021年	2022年（%）	2021年（%）	变动情况（%）
经营资产：					
货币资金	5 147 126.30	5 045 709.70	10.42	17.06	-6.64
预付款项	822 356.70	203 657.70	1.67	0.69	0.98
存货	7 910 719.90	4 335 478.20	16.02	14.66	1.36
合同资产	1 355 299.80	849 338.20	2.74	2.87	-0.13
固定资产	13 188 036.90	6 122 136.50	26.70	20.70	6.01
在建工程	4 462 193.50	2 027 730.90	9.04	6.86	2.18
无形资产	2 322 349.70	1 710 494.20	4.70	5.78	-1.08
经营资产合计	35 208 082.80	20 294 545.40	71.29	68.61	2.68
非经营资产：					
交易性金融资产	2 062 693.00	560 605.20	4.18	1.90	2.28
衍生金融工具	0	0	0.00	0.00	0.00
应收账款	3 882 849.40	3 625 128.00	7.86	12.26	-4.39
应收款项融资	1 289 428.40	874 312.60	2.61	2.96	-0.35
其他应收款	191 000.90	141 075.10	0.39	0.48	-0.09
其中：应收利息	0	13 656.90	0.00	0.05	-0.05
应收股利	0	0	0.00	0.00	0.00
可供出售金融资产	0	0	0.00	0.00	0.00
买入返售金融资产	0	0	0.00	0.00	0.00
持有待售资产	0	0	0.00	0.00	0.00
一年内到期的非流动资产	105 256.20	123 166.70	0.21	0.42	-0.20

续表

项　目	2022年	2021年	2022年（%）	2021年（%）	变动情况（%）
其他流动资产	1 313 620.10	852 547.50	2.66	2.88	-0.22
发放贷款和垫款	0	0	0.00	0.00	0.00
债权投资	0	0	0.00	0.00	0.00
其他债权投资	0	0	0.00	0.00	0.00
长期应收款	111 863.70	117 005.80	0.23	0.40	-0.17
长期股权投资	1 548 540.20	790 500.10	3.14	2.67	0.46
其他权益工具投资	441 858.40	291 383.60	0.89	0.99	-0.09
开发支出	168 300.00	260 503.10	0.34	0.88	-0.54
使用权资产	313 732.70	157 323.20	0.64	0.53	0.10
递延所得税资产	368 690.50	191 331.60	0.75	0.65	0.10
其他非流动金融资产	214 714.00	23 397.20	0.43	0.08	0.36
投资性房地产	8 500.50	8 750.00	0.02	0.03	-0.01
商誉	6 591.40	6 591.40	0.01	0.02	-0.01
长期待摊费用	45 810.80	7 743.20	0.09	0.03	0.07
其他非流动资产	2 104 531.60	1 252 105.00	4.26	4.23	0.03
非经营资产合计	14 177 981.80	9 283 469.30	28.71	31.39*	-2.68*
资产总计	49 386 064.60	29 578 014.70	100.00	100.00	0.00

注：*存在尾差调整。

从表4-5可以看出，BQC公司的经营资产占总资产比重呈现出上升趋势，从2021年的68.61%上升至2022年的71.29%，主要原因是固定资产、在建工程和存货占比的提升。BQC公司的经营资产始终占比超过60%，说明企业以实体经济为主，以经营活动为主。

2.固定资产与流动资产的比例关系

一般而言，固定资产的盈利能力较强，但是流动性较差，风险较高；而流动资产的盈利能力较弱，流动性较强，风险较低。企业固定资产与流动资产之间只有保持合理的比例结构，才能形成现实的生产能力，否则，就有可能造成部分生产能力闲置或加工能力不足。以下三种固流结构政策可供企业选择：①适中的固流结构政策。采取这种策略，就是将固定资产存量与流动资产存量的比例保持在平均水平。在这种情况下，企业的盈利水平一般，风险程度一般。②保守的固流结构政策。采取这种策略，流动资产的比例较高。在这种情况下，由于增加了流动资产，企业资产的流动性提高，资产风险会因此降低，但可能导致盈利水平的下降。③激进的固流结构政策。采取这种策略，固定资产的比例较高。

在这种情况下，由于增加了固定资产，会相应提高企业的盈利水平，但同时可能导致企业资产的流动性降低，资产风险会因此提高。

从表4-2的分析可以看出，BQC公司本年度流动资产比重为48.76%，固定资产比重为26.70%，固流比例大致为1：1.83，上年度流动资产比重为56.16%，固定资产比重为20.70%，固流比例大致为1：2.71，固流比例呈现出风险转向。在流动资产占比减少的同时，固定资产依然增加，资产风险有所提升。

3.流动资产的内部结构

流动资产内部结构指组成流动资产的各个项目占流动资产总额的比重。分析流动资产结构，可以了解流动资产的分布情况、配置情况、资产的流动性及支付能力。

根据资产负债表提供的资料，编制流动资产结构分析表，见表4-6。

表4-6 **流动资产结构分析表**

项　目	金额（万元）		结构（%）		
	2022年	2021年	2022年	2021年	差异
货币资产	5 147 126.3	5 045 709.7	21.37	30.38	-9.00
债权资产	5 001 463.2	4 093 027.5	20.77	24.64	-3.87
存货资产	7 910 719.9	4 335 478.2	32.85	26.10	6.75
其他	6 021 041.3	3 136 803.5	25.00	18.88	6.12
流动资产合计	24 080 350.7	16 611 018.9	100.00	100.00	0.00

从表4-6可以看出，货币资产比重下降，公司的流动性水平下降，短期支付能力受到限制；存货资产比重的变化较大，根据固定资产和营业收入等相关信息判断，存货资产的增加主要来自生产经营规模的放大；债权资产比重相应上升，表明公司向客户提供更多的商业信用，且与存货占比同向变化，与企业扩张生产规模相一致。流动资产结构变化的分析，需要选择恰当的标准，选择行业标准或预算标准较为合适。最重要的是，需要将流动资产结构变动与公司经营情况变动相结合，才能正确评价资产结构的合理性。

思政知识4-2

（二）负债结构的具体分析评价

1.负债结构分析应考虑的因素

负债是指过去的交易、事项形成的现时义务，履行该义务预期会导致经济利益流出企业。根据债务偿还期限，负债可以分为流动负债和非流动负债，需要在一年内偿还的债务称为流动负债，其余则为非流动负债。

负债结构是因为企业采用不同负债筹资方式所形成的，是负债筹资的结果，因此，负债结构分析必须结合其他相关因素进行。

（1）负债结构与负债规模。负债结构反映的是各种类型债务在全部负债中的组成情况，负债结构与负债规模相关，却不能说明负债规模的大小。负债结构变化既可能是负债规模变化引起的，也可能是负债各项目变化引起的。分析时，只有联系负债规模，才能真正揭示出负债结构变动的原因和趋势。

（2）负债结构与负债成本。企业举债，不仅要按期归还本金，还要支付利息，这是企业使用他人资金必须付出的代价，通常称为资金成本。企业在筹集资金时，总是希望付出最低的代价，对资金成本的权衡，会影响到企业筹资方式的选择，进而对负债结构产生影响。反过来，负债结构的变化也会对负债成本产生影响。这是因为，不同的负债筹资方式所取得的资金，其资金成本是不一样的，任何一家企业都很难只用一种负债筹资方式来获取资金，当企业用多种负债筹资方式筹资时，其负债成本的高低除了与各种负债筹资方式的资金成本相关外，还取决于企业的负债结构。

（3）负债结构与债务偿还期限。这是负债结构分析要考虑的一个极其重要的因素。负债是必须要按期偿付的，企业在举债时，就应当根据债务的偿还期限来安排负债结构。企业负债结构合理的一个重要标志就是使债务的偿还时间与企业现金流入的时间相吻合，债务的偿还金额与现金流入量相适应。如果企业能够根据其现金流入的时间和流入量妥善安排举债的时间、偿债的时间和债务金额，使各种长、短期债务相配合，各种长、短期债务的偿还时间分布合理，企业就能及时偿付各种到期债务，维护企业信誉。否则，如果债务结构不合理，各种债务偿还期相对集中，就可能产生偿付困难，造成现金周转紧张的局面，影响到企业的形象，也会增加企业今后通过负债筹资的难度。

（4）负债结构与财务风险。企业的财务风险源于企业采用的负债经营方式。不同类型的负债，其风险是不同的，在安排企业负债结构时，必须考虑到这种风险。任何企业，只要采取负债经营方式，就不可能完全回避风险，但通过合理安排负债结构降低风险是完全可以做到的。一般说来，短期负债的风险要高于长期负债，这是因为长期负债的偿还期较长，使企业有充裕的时间为偿还债务积累资金，虽有风险，但相对较小。如果企业以多期的短期负债相衔接来满足长期资金的需要，可能因频繁的债务周转而发生一时无法偿还的情况，从而落入财务困境，甚至导致企业破产。

（5）负债结构与经济环境。企业生产经营所处的经济环境也是影响企业负债结构的因素之一，其中，资本市场的资金供求情况尤为重要。当国家紧缩银根时，企业取得短期借款就可能比较困难，其长期债务的比重就会高些；反之，企业较容易取得贷款时，其流动负债的比重就会大些。在这种情况下，经济环境对企业负债结构的影响是主要方面，企业自身的努力也会发挥相当的作用。

（6）负债结构与筹资政策。企业负债结构的安排和变动受到许多主、客观因素的影响和制约，企业筹资政策是一个纯粹的主观因素。企业根据自身的经营状况和资产配置情况所制定的筹资政策，直接决定企业的负债结构。从这个意义上说，负债结构分析也是筹资政策分析。

2.典型负债结构分析评价

负债的不同分类方式，可以形成不同的负债结构，因此，对负债结构的分析，可以从以下几个方面来进行：

（1）负债期限结构分析评价。负债按期限长短分为流动负债和非流动负债，负债的期限结构可以用流动负债比率和非流动负债比率来表示。根据表2-1，经整理编制负债期限结构分析表，见表4-7。

表4-7 **负债期限结构分析表**

项 目	金额（万元）		结构（%）		
	2022年	2021年	2022年	2021年	差异
流动负债	33 334 456.10	17 130 394.40	89.50	89.44	0.06
非流动负债	3 912 624.80	2 023 199.40	10.50	10.56	-0.06
负债合计	37 247 080.90	19 153 593.80	100.00	100.00	0.00

负债期限结构更能说明企业的负债筹资政策。从表4-7可以看出，在债务内部，流动负债和非流动负债之间的保持相对稳定，变化幅度非常小。考虑到表4-2展示出的企业负债整体占比的提升，公司负债期限结构是稳定的。这表明，公司可能对负债期限结构设有相应的标准，严格加以控制。

（2）负债方式结构分析评价。负债按其取得方式的不同可以分为银行信用、商业信用、应交款项、内部结算款项、外部结算款项、债券和其他负债等。根据表2-1，将负债按取得来源和方式汇总整理后，编制负债方式结构分析表，见表4-8。

表4-8 **负债方式结构分析表**

项 目	金额（万元）		结构（%）		
	2022年	2021年	2022年	2021年	差异
银行信用	1 274 669.40	1 894 787.70	3.42	9.89	-6.47
应付债券	0	204 643.90	0.00	1.07	-1.07
商业信用	14 376 572.90	8 049 292.60	38.60	42.02	-3.43
应交款项	432 639.40	177 901.80	1.16	0.93	0.23
内部结算款项	1 203 701.10	584 887.00	3.23	3.05	0.18
外部结算款项	12 212 384.10	4 134 810.20	32.79	21.59	11.20
其他负债	7 747 114.00	4 107 270.60	20.80	21.44	-0.64
负债合计	37 247 080.90	19 153 593.80	100.00	100.00	0.00

表4-8说明，商业信用和外部结算款项是公司负债资金的主要来源。商业信用主要利用公司在经营过程中，与供应商形成的商业关系实现融资。虽然，在各种负债方式中，商业信用方式居于首位，但是已经较上一期呈现出了一定的下滑趋势。但是，值得关注的是，BQC公司对于金融工具本身的利用呈现出显著下降。银行信用和应付债券，这两种方式都呈现出下降趋势。同时，外部结算款项本期占比高达32.79%，这主要与企业当期生产规模扩张相一致。

（3）负债成本结构分析评价。各种负债，由于其来源渠道和取得方式不同，成本也有较大差异。有些负债，如应付账款等，基本属于无成本负债；有些负债，如短期借款，则属于低成本负债；长期借款、应付债券等则属于高成本负债。根据对各种负债成本的划分，然后进行归类整理，就会形成负债成本结构。

根据表2-1，经整理后编制负债成本结构分析表，见表4-9。

表4-9　负债成本结构分析表

项　目	金额（万元）		结构（%）		
	2022年	2021年	2022年	2021年	差异
无成本负债	35 966 951.00	17 054 162.20	96.56	89.04	7.52
低成本负债	520 770.30	1 020 435.80	1.40	5.33	-3.93
高成本负债	759 359.60	1 078 995.80	2.04	5.63	-3.59
负债合计	37 247 080.90	19 153 593.80	100.00	100.00	0.00

从表4-9可以看出，无成本负债在全部负债中占据绝对主导地位，2022年占比达96.56%，而低成本负债和高成本负债占比呈现下降态势。这与负债方式分析中，商业信用占比较高的结果相一致。但是，需要强调的是，虽然商业信用并不会产生较高的直接负债成本，但是若不能及时支付货款，将对公司的声誉产生较大的负面影响，不利于经营活动的开展。

（三）股东权益结构的具体分析评价

1.股东权益结构分析应考虑的因素

股东权益是指所有者在企业资产中享有的经济利益，其金额为资产减去负债后的余额。股东权益是由企业投资人投资和企业生产经营所得净收益的积累而形成的，具体包括：①投资人直接投资所形成的投入资本；②资本公积；③从生产经营所得净收益中提取的盈余公积；④保留的未分配利润的积累。

股东权益，又称自有资本、主权资金、权益资金，是企业资金来源中最重要的组成部分，是其他资金来源的前提和基础。权益资金在企业生产经营期间不需返还，是可供企业长期使用的永久性资金，而且没有固定的利息负担。所以，权益资金越多，企业的财务实力越雄厚，财务风险越小，如果企业的资金全部是权益资金，则无财务风险可言。

股东权益结构是企业采用权益筹资方式而形成的，是权益筹资的结果。对股东权益结构进行分析，必须考虑以下因素：

（1）股东权益结构与股东权益总量。股东权益结构变动既可能是由股东权益总量变动引起的，也可能是由股东权益内部各项目本身变动引起的，两者的变化可分为：①总量变动，结构变动。例如，当各具体项目发生不同程度变动时，其总量会因此变动，但由于各项目变动幅度不同，其结构会随之变动。例如，经营活动带来未分配利润的增加。②总量不变，结构变动。这是由股东权益内部各项目之间相互转化造成的。例如，以资本公积转增股本。③总量变动，结构不变。当股东权益内部各项目按相同比例呈同方向变动时，会出现这种情况。实务中第三种情况几乎没有，而第一种、第二种情况却是普遍存在的。

（2）股东权益结构与企业利润分配政策。股东权益实质上可以分为两类：投资人投资和生产经营活动形成的积累。一般说来，投资人投资不是经常变动，因此，由企业生产经营获得的利润积累而形成的股东权益数量的多少，就会直接影响股东权益结构，而这完全取决于企业的生产经营业绩和利润分配政策。如果企业奉行高利润分配政策，就会把大部分利润分配给投资者，留存收益的数额就较小，股东权益结构变动就不太明显，生产经营活动形成的股东权益所占比重就较低；反之，其比重就较高。

（3）股东权益结构与企业控制权。企业的真正控制权掌握在投资人手里，特别是投资比例较大的投资人。如果企业吸收新的投资人追加投资来扩大企业规模，就会增加股东权益中投入资本比重，使股东权益结构发生变化，同时也会分散企业的控制权。如果投资人不想他对企业的控制权被分散，在企业需要资金时，会倾向于采取负债筹资方式，在其他条件不变时，既不会引起企业股东权益结构发生变动，也不会分散企业控制权。

（4）股东权益结构与股东权益资金成本。股东权益结构影响股东权益资金成本的一个基本前提是，股东权益各项目的资金成本不同。事实上，在股东权益各项目中，只有投资人投入的资本，才会发生实际资金成本支出，其余各项目是一种无实际筹资成本的资金来源，其资金成本只不过是机会成本，即它们无须像投入资本那样分配企业的利润。从理论上看，企业必须给予投资者应有的回报，否则投资者可以通过各种方法进行反击。比如，如果企业不能实现资本的价值，投资者能够撤换管理层。但是，在实务中，考虑到我国资本市场的实际情况，投资者在利益受到损害时，很难通过上述途径保护自己的利益。因而，这类资金的成本通常被视为低于投入资本。基于此类资金的这一特点，在股东权益中，这类资金比重越大，股东权益资金成本就越低。

（5）股东权益结构与经济环境。企业筹资渠道有多条，筹资方式也有多种，企业可以根据需要进行选择。企业在选择筹资渠道和筹资方式时，不仅取决于企业的主观意愿而且还受外界经济环境影响。例如，当资金市场比较宽松时，企业可能更愿意通过举债来筹集资金，这样既可以降低整个企业的资金成本，又可以获得财务利益，而资金市场紧张时，企业则会利用产权筹资方式来筹集资金，更注意企业自身的积累，其结果就会影响到股东权益结构。

2.股东权益结构分析评价

股东权益结构变动情况分析依据资产负债表提供的资料，采用垂直分析法进行。

根据表2-1提供的资料，编制股东权益结构变动情况分析表，见表4-10。

表4-10 **股东权益结构变动情况分析表**

项　目	金额（万元）		结构（%）		
	2022年	2021年	2022年	2021年	差异
股本	291 114.30	291 114.30	2.62	3.06	-0.44
其他权益工具	0	0	0.00	0.00	0.00
其中：优先股	0	0	0.00	0.00	0.00
永续债	0	0	0.00	0.00	0.00
资本公积	6 170 589.30	6 080 721.90	55.58	63.96	-8.38
减：库存股	180 992.00	0	1.63	0.00	1.63
其他综合收益	42 833.20	-12 405.50	0.39	-0.13	0.52

续表

项　目	金额（万元）		结构（%）		
	2022年	2021年	2022年	2021年	差异
专项储备	1 207.80	1 036.90	0.01	0.01	0.00
盈余公积	683 854.10	500 908.80	6.16	5.27	0.89
一般风险准备	0	0	0.00	0.00	0.00
未分配利润	4 094 323.20	2 645 590.70	36.88	27.83	9.05
归属于母公司的股东权益合计	11 102 929.90	9 506 967.10	100.00	100.00	0.00

根据表4-10，从静态来看，资本公积是公司权益的最主要来源，占比超过50%。这主要是BQC公司在2021年期间，在境外市场进行了股票增发。由于股票增发价格远超股票面值（1元/股），从而形成了较大的资本公积。从动态来看，未分配利润出现了较大的增幅，占比从27.83%上升至36.88%。较好的经营业绩为公司发展提供了可靠的内部资金来源。

第四节　资产负债表项目分析

一、主要资产项目分析

（一）货币资金

货币资金包括库存现金、银行存款和其他货币资金。货币资金是企业流动性最强、最有活力的资产，同时又是获利能力最低，或者说几乎不产生收益的资产，其拥有量过多或过少对企业生产经营都会产生不利影响。货币资金分析应关注以下几方面：

1.分析货币资金发生变动的原因

企业货币资金变动的主要原因可能是：第一，销售规模的变动。企业销售商品或提供劳务是取得货币资金的重要途径，当销售规模发生变动时，货币资金存量规模必然会发生相应的变动，并且二者具有一定的相关性。第二，信用政策的变动。销售规模的扩大是货币资金增加的先决条件，如果企业改变信用政策，则货币资金存量规模就会因此而变化。例如，在销售时，企业提高现销比例，货币资金存量规模就会变大些；反之，货币资金存量规模就会小些。如果企业奉行较严格的收账政策，收账力度较大，货币资金存量规模就会大些。第三，资金调度。一般来说，企业货币资金存量规模过小，会降低企业的支付能力，影响到企业的信誉，因此而负担不必要的罚金支出等，或因此而丧失优惠进货的机会及最佳投资机会等；比如，在企业生产经营过程中，可能会发生大笔的现金支出，如准备派发现金股利，偿还将要到期的巨额银行贷款，或集中购货等，企业为此必须提前做好准备，积累大量的货币资金以备需要，这样就会使货币资金存量规模变大；同理，如果货币资金存量规模过大，则会使企业丧失这部分资金的获利机会，影响企业资金的利用效果。

比如，企业通过发行新股、债券和银行借款而取得大量现金，但由于时间关系而没来得及运用或暂时没有合适的投资机会进行投资，就会形成较大的货币资金余额。

2.分析货币资金规模及变动情况与货币资金比重及变动情况是否合理

货币资金是企业不可或缺的流动性资产，其特殊性在于它是维持企业日常运营的基础，但本身不直接创造收益。若存量过低，则可能制约经营活动；而存量过高，则不仅可能导致资产利用效率低下，还会由于闲置现金未能有效投资而压缩了整体资产回报率。此外，充裕的现金储备易于诱发管理浪费与资源滥用问题。因此，企业货币资金存量及比重是否合适应结合以下因素进行分析：第一，企业货币资金的目标持有量。企业货币资金的目标持有量是指既能满足企业正常经营需要，又避免现金闲置的合理存量。企业应根据其目标持有量，控制货币资金存量规模及比重。第二，资产规模与业务量。一般来说，企业资产规模越大，业务量越大，处于货币资金形态的资产就可能越多。这里的业务量，不但包括现有业务，还包括潜在的投资机会。企业会为可能出现的潜在业务而储备一定量的现金。第三，企业融资能力。如果企业有良好信誉，融资渠道畅通，就没有必要持有大量的货币资金，其货币资金的存量与比重就可以低些。第四，企业运用货币资金的能力。如果企业运用货币资金的能力较强，能灵活进行资金调度，则货币资金的存量与比重便可维持较低水平。比如，在人工智能技术的支持下，通过大数据分析和预测模型可以更准确地预测现金流需求，帮助企业提前规划并精确调度资金，从而可能维持较低的货币资金存量而不影响正常运营和战略执行，同时最大化资金收益。第五，行业特点。由其行业性质所决定，处于不同行业的企业，其货币资金存量与比重会有差异。特别需要强调的是，资产负债表是时点报表，表中的货币资金数额仅反映企业在资产负债表日的水平，并不能等同于企业获取现金的能力。

根据表4-1和表4-2可以对BQC公司的货币资金存量规模、比重及变动情况作如下分析评价：

（1）从存量规模及变动情况看，该公司本期货币资金比上年增加了101 416.60万元，增幅为2.01%，其主要原因是企业销售规模的显著增加；但是，货币资金的增幅与销售收入的增加并不同步。其主要原因是交易性金融资产的大幅度增加，销售收入增加带来了货币资金的增加，为了避免资源的闲置浪费，企业将货币资金用于购买结构化存款等金融产品，形成了交易性金融资产，在保持资产流动性的同时，也避免了货币资金闲置而出现的机会成本。（2）从比重及变动情况来看，期末货币资金比重为10.42%，而期初比重为17.06%，出现了明显的下降。但是，如果考虑交易性金融资产的变化，则企业资产流动性的下降幅度会明显缩小。

（二）应收款项

应收款项主要包括应收账款（应收票据）和其他应收款，两者产生的原因不同，所以分析时也应分别进行。

1.应收账款（应收票据）

应收账款是企业提供商业信用所产生的。单纯从资金占用角度讲，应收账款的资金被占用是一种最不经济的行为，但这种损失往往可以通过企业扩大销售而得到补偿，所以，应收账款的资金占用又是必要的。对应收账款的分析，应从以下几方面进行：

（1）关注企业应收账款的规模及变动情况。企业销售产品是应收账款形成的直接原因，在其他条件不变时，应收账款会随销售规模的增加而同步增加。如果企业的应收账款增长率超过销售收入、流动资产和速动资产等项目的增长率，就可以初步判断其应收账款存在不合理增长的倾向，对此，应分析应收账款增加的具体原因是否正常。从经营角度讲，应收账款变动可能出于以下原因：①企业销售规模变动导致应收账款变动。②企业信用政策改变，当企业实行比较严格的信用政策时，应收账款的规模就会小些；反之，则会大些。③企业收账政策不当或收账工作执行不力。当企业采取较严格的收账政策或收账工作得力时，应收账款的规模就会小些；反之，则会大些。④应收账款质量不高，存在长期挂账且难以收回的账款，或因客户发生财务困难，暂时难以偿还所欠货款。

（2）分析会计估计变更的影响。由于企业经营活动中存在不确定因素，某些会计报表项目不能精确地计量，而只能加以估计。会计估计变更是因为：①赖以进行估计的基础发生变化，或者由于取得新的信息、积累更多的经验以及后来的发展变化，可能需要对会计估计进行修订。②会计的随意性。企业管理人员为达到特定的目的，如追求高盈利，使用带有倾向性的假设对当前业务的未来结果做出预测。如果会计估计变更是因为①发生的，这种变更会增加财务报表资料的真实性，但如果是因为②发生的，财务报表资料就可能会掩盖某些事实，造成财务信息人为失真。无论哪种情况发生，对应收账款的会计估计变更，最终都会使应收账款发生变动。

（3）分析企业是否利用应收账款进行利润调节。企业利用应收账款进行利润调节的案例屡见不鲜，因此，分析时要特别关注：①应收账款的异常增长，特别是会计期末突发性产生的与营业收入相对应的应收账款。如果一家企业平时的营业收入和应收账款都很均衡，而唯独第四季度特别是12月份营业收入猛增，并且与此相联系的应收账款也直线上升，就有理由怀疑企业可能通过虚增营业收入或提前确认收入进行利润操纵。②应收账款中关联方应收账款的金额与比例。由于关联方之间的交易并不总是按照市场价格进行，因此关联方交易为企业提供了操纵利润的盈余管理机会。如果一家企业应收账款中关联方应收账款的金额增长异常或所占比例过大，应视为企业可能利用关联方交易进行利润调节的信号。

（4）要特别关注企业是否有应收账款巨额冲销行为。一家企业巨额冲销应收账款，特别是其中的关联方应收账款，是不正常的，通常是在还历史旧账，或者是为今后进行盈余管理扫清障碍。这种行为被称为“洗大澡”（take a big bath）。当企业发现某年业绩较差时，在该年度进行巨额的应收账款冲销，甚至将本能收回的应收账款进行部分冲销，则很可能是为未来利润的转回提供空间。

根据BQC公司提供的会计报表及会计报表附注可知，公司应收账款本年余额为3 882 849.40万元，上年余额为3 625 128.00万元，增幅为257 721.40万元，增长率为7.11%。从变动情况来看，应收账款的变动幅度显著低于企业销售收入的增长速度。需要考虑的是公司应收款项融资也可能是应收账款在资产负债表中的表现形式，即企业将应收账款通过金融机构进行融资。如果考虑应收款项融资的变动水平，应收账款的变动幅度与销售收入变动幅度的同步性将大幅提升。此外，通过应收账款报表附注也会发现，一年内的应收账款余额较上一年增加接近30%。当考虑全部因素后，我们发现企业的应收账款增长速度仍然远低于销售收入的增幅。这表明，企业的应收账款管理较为严格，企业的市场地位较高，即便减少为客户垫付的货款，也能取得销售收入的增长。

2.其他应收款

其他应收款的发生通常是由企业间或企业内部往来事项引起的。实务中，一些上市公司为了某种目的，常常把其他应收款作为企业调整成本费用和利润的手段，甚至公司大股东会通过该项目侵占公司利益，分析时对其他应收款项目应予以充分注意。其他应收款分析应关注以下几方面：

（1）其他应收款的规模及变动情况。分析时应注意观察其他应收款增减变动趋势，如果其他应收款规模过大，或有异常增长现象，如其他应收款余额远远超过应收账款余额，其他应收款增长率大大超过应收账款增长率，就应注意分析企业是否有利用其他应收款进行利润操纵的行为。

（2）其他应收款包括的内容。一些企业常常把其他应收款项目当成蓄水池，任意调整成本费用，进而达到调节利润的目的。分析时要注意发现：一是是否将应计入当期成本费用的支出计入其他应收款；二是是否将本应计入其他项目的内容计入其他应收款。

（3）关联方其他应收款余额及账龄。近年来，大股东占用巨额上市公司资金的事例频繁曝光，已严重威胁到上市公司的正常经营。分析时应结合会计报表附注，观察是否存在大股东或关联方长期、大量占用上市公司资金，造成其他应收款余额长期居高不下的现象。

（4）是否存在违规拆借资金。上市公司以委托理财等名义违规拆借资金往往借助其他应收款来实现。特别要注意的是，其他应收款是否成为大股东或者实际控制人占用公司资金的手段。针对该类问题，可以分析其他应收款是否涉及公司的关联方。

（5）分析会计政策变更对其他应收款的影响。根据BQC公司的会计表及附注，该公司本年其他应收款余额为191 000.90万元，占总资产的0.39%，上年其他应收款的余额为141 075.10万元，占总资产的0.48%。从其他应收款所占比重和变化幅度来看并不大。从其他应收款的集中度来看，本年前五名欠款占比37%，较为集中。但是，从变动情况来看，较上期前五名欠款占比46%而言，已经出现较大下降。

3.坏账准备

坏账准备作为应收款项的备抵科目，也被经常用来进行利润调整，从而对资产负债表和利润表产生影响。坏账准备的分析应注意：

（1）分析坏账准备的提取方法、提取比例的合理性。按会计制度的规定，企业可以自行确定计提坏账准备的方法和计提的比例。这可能导致一些企业出于某种动机，利用会计估计的随意性选择提取比例，随意选择计提方法，人为地调节应收款项净额和当期利润。

（2）比较企业前后会计期间坏账准备提取方法、提取比例是否改变。一般说来，企业坏账准备的提取方法和提取比例一经确定，就不能随意变更了。企业随意变更坏账准备的提取方法和提取比例，往往隐藏着一些不可告人的目的。分析时应首先查明当企业坏账准备提取方法和提取比例变更时，企业是否按照信息披露制度的规定，对其变更原因予以说明。然后分析企业这种变更的理由是否充分合理，区分是正常的会计估计变更还是为了调节利润。

（3）区别坏账准备提取数变动的原因。坏账准备提取数发生变动，既可能是由应收款项变动引起的，也可能是由会计政策或会计估计变更引起的，分析时应加以区别。

根据BQC公司的资产负债表和会计报表附注，对该公司坏账准备变动情况作如下分析：2022年，公司按照单项评估预期信用损失计提坏账准备，计提比例为97.99%；按照信用风险组合评估预期信用损失计提坏账准备，计提比例为4.32%，基本与2021年持平。从公司坏账准备占应收账款账面余额的比例来看，2022年和2021年的计提比例分别为6.70%和5.61%，坏账准备计提比例有所提升。

案例分析4-2

（三）存货

存货是企业最重要的流动资产之一，通常占流动资产的一半以上。存货核算的准确性对资产负债表和利润表有较大的影响，因此，应特别重视对存货的分析。存货分析主要包括存货构成分析和存货计价分析。

1.存货构成

企业存货资产遍布于企业生产经营全过程，种类繁多，按其性质可分为材料存货、在产品存货和产成品存货。存货构成分析既包括各类存货规模与变动情况分析，也包括各类存货结构与变动情况分析。

（1）存货规模与变动情况分析。存货规模与变动情况分析，主要是观察各类存货的变动情况与变动趋势，分析各类存货增减变动的原因。在分析存货规模和变动情况时，需要将存货信息与企业所处行业的生产经营特点、上下游行业的联动效应以及供应商和客户关系相结合。

根据BQC公司财务报表附注提供的资料，编制该公司存货变动情况分析表，见表4-11。

表4-11 **存货变动情况分析表** 金额单位：万元

项　目	2022年	2021年	变动情况	
			变动额	变动率（%）
原材料	1 746 276.60	919 097.70	827 178.90	90.00
在产品	2 696 761.90	1 446 702.70	1 250 059.20	86.41
库存商品	3 279 593.30	1 861 691.40	1 417 901.90	76.16
周转材料	326 703.50	223 454.70	103 248.80	46.21
存货总值	8 049 335.30	4 450 946.50	3 598 388.80	80.85
存货跌价准备	138 615.40	115 468.30	23 147.10	20.05
存货净值	7 910 719.90	4 335 478.20	3 575 241.70	82.46

根据表4-11可知，如果按照存货总值计算，本年度存货资产增加3 598 388.80万元，增长率为80.85%；如果按照净值计算，则增加了3 575 241.70万元，增长率为82.46%。虽然存货净值的变动额和变动率都高于存货总值的变动额和变动率，但这只是存货资产因计提跌价准备而造成的价值量变动，这种变化对生产经营活动本身不会产生实质性影响。对生产经营活动进行分析时，还是应依据存货总值变动进行评价。

企业各类存货规模及其变动是否合理，应结合企业具体情况进行分析评价。材料存货和在产品存货是保证企业生产经营活动连续进行必不可少的条件。一般说来，随着企业生产规模的扩大，材料存货和在产品存货相应增加是正常的，其非正常减少会对今后企业生产的连续性产生影响。本例中，BQC公司本年度的销售收入大幅增加，与之相应，各项存货均呈现近似幅度的增加，表明企业生产规模不断扩张以满足市场需求。同时，各项存货的增长幅度均低于销售收入的增长幅度，表明企业资产利用效率较高，用相对较少的资源投入，支撑了较大规模的收入增长。

（2）存货结构与变动情况分析。存货资产结构指各种存货资产在存货总额中的比重。各种存货资产在企业再生产过程中的作用是不同的，其中库存商品和发出商品存货是存在于流通领域的存货，不是保证企业再生产过程不间断进行的必要条件，必须压缩到最低限度。材料类存货是维护再生产活动的必要物质基础，然而它只是生产的潜在因素，所以应把它限制在能够保证再生产正常进行的最低水平上。在产品存货是保证生产过程连续性的存货，企业的生产规模和生产周期决定了在产品存货的存量，在企业正常经营条件下，在产品存货应保持一个稳定的比例。

企业生产经营的特点决定了企业存货资产的结构，在正常情况下，存货资产结构应保持相对的稳定性。分析时，应特别注意对变动较大的项目进行重点分析。任何存货资产比重的剧烈变动，都表明企业生产经营过程中有异常情况发生，因此应深入分析其原因，以便采取有针对性的措施加以纠正。

根据BQC公司财务报表附注提供的资料，编制存货资产结构分析表，见表4-12。

表4-12 **存货资产结构分析表**

项目	金额（万元）		结构（%）		
	2022年	2021年	2022年	2021年	差异
原材料	1 746 276.60	919 097.70	21.69	20.65	1.05
在产品	2 696 761.90	1 446 702.70	33.50	32.50	1.00
库存商品	3 279 593.30	1 861 691.40	40.74	41.83	-1.08
周转材料	326 703.50	223 454.70	4.06	5.02	-0.96
存货总值	8 049 335.30	4 450 946.50	100.00	100.00	0.00
存货跌价准备	138 615.40	115 468.30			
存货净值	7 910 719.90	4 335 478.20			

从表4-12可以看出，该公司的原材料和在产品存货都呈现出小幅度的增加，而库存商品却呈现小幅下降。结合企业销售收入的大幅增加，存货结构的变化基本表明企业生产规模适度放大，以适应市场需求；同时，市场对企业产品的需求旺盛，产成品占资产的比例下降，表明没有出现库存数量的增加。

2.存货计价

存货资产是企业流动资产中最重要的组成部分，是生产经营活动重要的物质基础。存货资产的变动，不仅对流动资产的资金占用有极大的影响，而且对生产经营活动也会产生重大影响。存货变动更主要地受企业生产经营方面的影响，如生产经营规模的扩张和收缩、资产利用效率的高低、资产周转速度的快慢、存货管理水平的高低等。但存货的计价方法、存货的盘存制度和跌价准备的计提等因素的影响也不容忽视。虽然存货的计价方法不会改变存货实物量，但是计价方法能够反映出企业存货管理水平和管理人员对未来经营趋势的预期。

（1）分析企业对存货计价方法的选择与变更是否合理。可供企业选择的存货计价方法有先进先出法、个别计价法和加权平均法。因为价格的变动，存货的不同计价方法会导致不同的结果。在通货膨胀条件下，存货的不同计价方法对资产负债表和利润表的影响见表4-13。

表4-13 **存货的不同计价方法对资产负债表和利润表的影响**

计价方法	对资产负债表的影响	对利润表的影响
先进先出法	基本反映存货当前价值	利润被高估
个别计价法	基本反映存货真实价值	基本反映真实利润水平
加权平均法	介于两者之间	介于两者之间

存货计价方法的不同选择会产生重大的差异，一些企业在实务中往往将存货计价方法的选择作为操纵利润的手段。分析时应结合企业的具体情况、行业特征和价格变动情况，评价其存货计价方法选择的合理性，同时结合财务报表附注对存货会计政策变更的说明，判断其变更的合理性。

（2）分析存货的盘存制度对确认存货数量和价值的影响。存货数量变动是影响资产负债表存货项目的基本因素，企业存货数量的确定主要有两种方法：定期盘存法和永续盘存法。当企业采用定期盘存法进行存货数量核算时，资产负债表上存货项目反映的就是存货的实有数量。如果采用永续盘存法，除非在编制资产负债表时对存货进行盘存，否则，资产负债表上存货项目所反映的只是存货的账面数量。两种不同的存货数量确认方法会造成资产负债表上存货项目的差异，这种差异不是由存货数量本身的变动引起的，而是由存货数量的会计确认方法不同造成的。

（3）分析期末存货价值的计价原则对存货项目的影响。期末存货价值的确定通常采用历史成本法，但会计制度也允许企业采用“成本与可变现净值孰低法”来确定。当按历史成本法确定的存货价值等于可变现净值时，按两种方法确定的期末存货价值是一致的。当存货的可变现净值下跌至成本以下时，按“成本与可变现净值孰低法”确定的存货期末金额就会低于按历史成本法确定的存货期末金额。因此，企业改变存货价值的计价原则，就会引起资产负债表上存货项目的变动，但这种变动只是一种价值变动，存货数量并不因为计价方法的变更而改变。对于报表使用者来说，按“成本与可变现净值孰低法”对期末存货计价，其资产价值更真实可信。如果说把历史成本法改为“成本与可变现净值孰低法”是一种会计政策选择或会计政策变更，那么对可变现净值的确定就是一种会计估计，同样会影响资产负债表中存货的价值。

根据BQC公司的财务报表附注可知，该公司本年和上年存货数量的确定方法是永续盘存制，计价原则是于资产负债表日按“成本与可变现净值孰低法”确定期末存货价值，对存货提取存货跌价准备。该公司本年未发生存货会计政策和会计估计变更事项。根据表4-11可知，本年存货提取的跌价准备比上年增加了23 147.10万元。存货跌价准备反映了企业存货的质量，如果存货跌价准备占存货的比例过高，可以判定企业存货质量过低。本例中，2022年存货跌价准备所占比例仅为1.72%，而2021年计提比例为2.59%，说明该公司存货的质量有所提升。

（四）固定资产

固定资产是企业最重要的劳动手段，对企业的盈利能力有重大影响。固定资产分析主要从固定资产规模与变动情况分析、固定资产结构与变动情况分析、固定资产折旧分析和固定资产减值准备分析四方面展开。

1.固定资产规模与变动情况分析

固定资产规模与变动情况分析主要从固定资产原值变动情况分析和固定资产净值变动情况分析两个方面来进行。

（1）固定资产原值变动情况分析。固定资产原值是反映固定资产占用量的指标，如果剔除物价变动的影响，也可以说固定资产原值是以价值形式表示固定资产实物量的指标。固定资产原值反映了企业固定资产规模，其增减变动受当期固定资产增加和当期固定资产减少的影响。当期固定资产增加的主要原因有：①投资转入固定资产；②自行购入固定资产；③自建、自制固定资产；④融资租入固定资产；⑤接受捐赠固定资产；⑥固定资产盘盈；⑦其他原因。当期固定资产减少的主要原因有：①出售转让固定资产；②投资转出固定资产；③固定资产报废清理；④固定资产盘亏及毁损；⑤发生非常损失；⑥其他原因。对固定资产原值变动情况及变动原因的分析，可根据财务报表附注和其他相关资料进行。

（2）固定资产净值变动情况分析。固定资产净值的变动取决于两个方面：一是固定资产原值的变动；二是折旧的变动，而折旧的变动完全取决于折旧政策的选择。固定资产净值变动情况分析就是分析固定资产原值变动和固定资产折旧变动对固定资产净值的影响。

下面以BQC公司为例对其固定资产规模与变动情况进行分析。

首先，分析固定资产原值变动情况。根据BQC公司财务报表附注提供的资料编制该公司固定资产规模变动分析表，见表4-14。

表4-14 固定资产规模变动分析表 金额单位：万元

项目	永久业权土地	房屋及建筑物	机器设备	运输工具	办公设备及其他设备	合计
1.期初原值	3 854.40	2 480 654.00	7 140 628.00	201 368.40	1 419 659.20	11 246 164.00
2.本期增加	33 132.90	1 835 176.70	6 096 326.20	111 173.30	559 891.90	8 635 701.00
其中：购置	30 632.40	223 524.10	3 907 397.90	107 993.90	457 135.40	4 726 683.70
在建工程转入	0	1 611 605.50	2 187 955.40	8.00	102 249.70	3 901 818.60
外币报表折算差额	2 500.50	47.10	972.90	3 171.40	506.80	7 198.70
3.本期减少	0	20 784.50	376 012.70	23 967.60	57 635.20	478 400.00
其中：处置或报废	0	20 784.50	376 012.70	23 967.60	57 635.20	478 400.00
4.期末原值	36 987.30	4 295 046.20	12 860 941.50	288 574.10	1 921 915.90	19 403 465.00
5.增减额	33 132.90	1 814 392.20	5 720 313.50	87 205.70	502 256.70	8 157 301.00
6.增减（%）	859.61	73.14	80.11	43.31	35.38	72.53

从表4-14可以看出，首先，该公司本期固定资产原值增加8 157 301.00万元，增长率为72.53%，可以从三个不同角度分析：①增长原因。本期固定资产原值增加的主要原因除了外购，还有在建工程的转入。这表明，公司的生产规模正在急剧扩张。②增长结果。本期固定资产原值增长主要是机器设备增加6 096 326.20万元、房屋及建筑物增加1 835 176.70万元。机器设备增加属于生产用固定资产的增长，有利于提高公司的生产能力。这也反映企业正处于急剧扩张阶段。③本期固定资产减少主要是由于原有固定资产报废或处置。

其次，分析固定资产净值变动情况。根据表4-1、表4-14和该公司财务报表附注的相关资料，BQC公司固定资产净值变动分析如下：由于本期固定资产原值增加8 157 301.00万元，固定资产折旧增加1 091 409万元；由于固定资产清理，导致固定资产减值准备减少8.4万元，合计导致固定资产净值增加7 065 900.40万元。

2.固定资产结构与变动情况分析

固定资产按使用情况和经济用途可以分为：生产用固定资产、非生产用固定资产、租出固定资产、未使用和不需用固定资产、融资租入固定资产等。固定资产结构反映固定资产的配置情况，合理配置固定资产，既可以在不增加资金占用量的同时提高企业生产能力，又可以使固定资产得到充分利用。在各类固定资产中，生产用固定资产，特别是其中的机器设备，与企业生产经营直接相关，在固定资产中占较大比重。非生产用固定资产主要指职工宿舍、食堂、俱乐部等非生产单位使用的房屋和设备。虽然非生产用固定资产并不直接参与生产经营，但也是企业正常运营过程中不可缺少的。企业应在发展生产的基础上，根据实际需要适当增加这方面的固定资产，但增加速度一般应低于生产用固定资产的增加速度，其比重的降低应属正常现象。未使用和不需用固定资产对资金的有效使用是不利的，应该查明原因，采取措施，积极处理，将其压缩到最低限度。如因购入未来得及安装，或正在进行检修，虽属正常现象，也应加强管理，尽可能缩短安装和检修时间，使固定资产尽早投入到生产运营中。若因错误的投资决策造成固定资产闲置，则应改善资产管理流程和水平。

根据现行会计制度，企业无须对外披露固定资产的使用情况，企业外部分析人员通常无法获得这方面的相关信息。但是企业内部分析人员仍有必要分析固定资产的结构与变动趋势，考察固定资产分布和利用的合理性，为企业合理配置固定资产、挖掘固定资产利用潜力提供依据。固定资产结构分析应特别注意从以下三个方面进行：一是特别注意分析生产用固定资产与非生产用固定资产之间的比例变化情况；二是特别注意考察未使用和不需用固定资产比率的变化情况，查明企业在处置闲置固定资产方面的工作是否得力；三是考察生产用固定资产内部结构是否合理。

3.固定资产折旧分析

会计准则和制度允许企业使用的折旧方法有平均年限法、工作量法、双倍余额递减法、年限总和法，后两种方法属于加速折旧法。不同的折旧方法导致各期所提折旧不同，会引起固定资产价值发生不同的变化。固定资产折旧方法的选择对固定资产的影响还隐含着会计估计对固定资产的影响，如对折旧年限的估计、对固定资产残值的估计等。

固定资产折旧分析应注重以下几方面：

（1）分析固定资产折旧方法的合理性。企业应根据科技发展、环境及其他因素，合理选择固定资产折旧方法，对于利用固定资产折旧方法的选择及折旧方法的变更，达到调整固定资产净值和利润的目的的做法，要通过分析比较揭示出来。

（2）分析企业固定资产折旧政策的连续性。固定资产折旧方法一经确定，一般不得随意变更。企业变更固定资产折旧方法，可能隐藏着一些不可告人的目的，因此，应分析其变更理由是否充分，同时确定折旧政策变更的影响。

（3）分析固定资产预计使用年限和预计净残值确定的合理性。分析时，应注意固定资产使用年限和固定资产预计净残值的估计是否符合国家有关规定，是否符合企业实际情况。实务中，一些企业在固定资产没有减少的情况下，往往通过延长固定资产使用年限，使折旧费用大幅减少，达到扭亏增盈的目的。对于这种会计信息失真现象，分析人员应予以揭示，并加以修正。

BQC公司提供的财务报表表明，该公司采取年限平均法按固定资产类别计提折旧，预计净残值、折旧年限都符合会计制度规定。对照上年的财务报表附注，可以发现本年公司的固定资产折旧方法、预计净残值、折旧年限均未发生变化，由此可以判断该公司资产负债表所列示的固定资产折旧比较可靠。

4.固定资产减值准备分析

固定资产减值准备分析主要从以下几方面进行：

（1）固定资产减值准备变动对固定资产的影响。

（2）固定资产可回收金额的确定。这是确定固定资产减值准备提取数的关键。

（3）固定资产发生减值对生产经营的影响。固定资产发生减值使固定资产价值发生变化，既不同于折旧引起的固定资产价值变化，也不同于其他资产因减值而发生的价值变化。固定资产减值是由有形损耗或无形损耗造成的，如已遭毁损不再具有使用价值和转让价值或因技术进步已不可使用等，虽然固定资产的实物数量并没有减少，但其价值量和企业的实际生产能力都会相应变动。需要指出的是，根据现行准则规定，固定资产减值无法在将来转回，这会降低管理人员计提减值的意愿。如果固定资产实际上已发生了减值，企业不提或少提固定资产减值准备，不仅虚夸了固定资产价值，同时也虚夸了企业的生产能力。

二、主要负债项目变动情况分析

（一）短期借款

短期借款数额的多少，往往取决于企业生产经营和业务活动对流动资金的需要量、现有流动资产的沉淀和短缺情况等。企业应结合短期借款的使用情况和使用效果分析该项目。为了满足流动资产的资金需求，一定数额的短期借款是必需的，但如果数额过大，超过企业的实际需要，不仅会影响资金利用效果，还会因超出企业的偿债能力而给企业的持续发展带来不利影响。短期借款适度与否，可以根据流动负债的总量、当前的现金流量状况和对未来会计期间现金流量的预期来确定。

短期借款发生变化，其原因不外乎两大方面：生产经营需要变化；企业负债筹资政策变化。其具体变动的原因可归纳为：

（1）流动资产资金需要，特别是临时性占用流动资产需要发生变化。当季节性或临时性需要产生时，企业就可能通过举借短期借款来满足其资金需要，当这种季节性或临时性需要消除时，企业就会偿还这部分短期借款，从而造成短期借款的变化。

（2）节约利息支出。一般来讲，短期借款的利率低于长期借款和长期债券的利率，举借短期借款相对于长期借款来说，可以减少利息支出。

（3）调整负债结构和财务风险。企业增加短期借款，就可以相对减少对长期负债的需求，使企业负债结构发生变化。相对于长期负债而言，短期借款具有风险大、利率低的特点，负债结构变化将会引起负债成本和财务风险发生相应的变化。

（4）增加企业资金弹性。短期借款可以随借随还，有利于企业对资金存量进行调整。

表4-1显示，BQC公司本期短期借款出现大幅度的下降，这意味着短期需要偿还的金融负债下降，企业偿债压力大幅下降，财务风险下降。但是，考虑到公司资产规模的扩张，短期负债的减少意味着企业需要通过其他方式募集资金以满足生产规模扩张的需求。

（二）应付票据及应付账款

应付票据及应付账款因商品交易而产生，其变动原因有：

（1）企业销售规模的变动。当企业销售规模扩大时，会增加存货需求，使应付票据及应付账款等债务规模扩大；反之，会使其降低。

（2）为充分利用无成本资金。应付票据及应付账款是因商业信用产生的一种无资金成本或资金成本极低的资金来源，企业在遵守财务制度、维护企业信誉的条件下对其充分加以利用，可以减少其他筹资方式筹资数额，节约利息支出。虽然从资本成本来看，应付票据及应付账款并不发生直接的资金支出，但是会产生机会成本。更为重要的是，应付账款会影响企业的商业信誉，对企业的长期生产经营产生深远影响。

（3）提供商业信用企业的信用政策发生变化。如果其他企业放宽信用政策和收账政策，企业应付票据及应付账款的规模就会大些；反之，就会小些。

（4）企业资金的充裕程度。企业资金相对充裕，应付票据及应付账款规模会相对缩减一些，当企业资金比较紧张时，就会影响到应付票据及应付账款的清偿。

在市场经济条件下，企业之间相互提供商业信用是正常的。利用应付票据及应付账款进行资金融通，基本上可以说是无代价的融资方式，但企业应注意合理使用，以避免造成企业信誉损失。表4-1显示，BQC公司2022年应付票据和应付账款呈现不同的变化趋势：应付票据大幅减少，金额下降400 304.00万元，降幅高达54.60%；应付账款却大幅增加，增加6 727 714.30万元，增幅为91.96%。应付票据附注显示，在应付票据内部，商业承兑汇票较2021年大幅度攀升，接近2021年末数值的3倍；银行承兑汇票较2021年大幅下降，仅为2021年末数值的10%左右。

（三）应交税费

应交税费反映企业应交未交的各种税金和附加费，包括流转税、所得税和各种附加费。交纳税费是每家企业应尽的法定义务，企业应按有关规定及时、足额交纳。应交税费的变动与企业营业收入、利润的变动相关。分析时应注意查明企业是否有拖欠国家税款的现象。

（四）其他应付款

与其他应收款类似，其他应付款也属于往来类别的科目。但是，其他应付款并不直接与生产经营行为相关，因而规模通常较小，变动幅度有限。其他应付款分析的重点是：①其他应付款规模与变动是否正常；②是否存在企业长期占用关联方企业资金的现象。分析时应结合财务报表附注提供的资料进行。本例中，该公司本期其他应付款余额较上年增加了8 077 573.90万元，增长率为195.36%；根据附注，其他应付款的增加主要是外部往来款项增加了接近200%；外部往来款项主要是企业与其供应商之间的设备款和质保金。结合企业应收款项的显著变化，企业利用其市场地位充分发挥了商业信用对融资的作用，但是这也增加了企业经营过程中的风险和潜在的声誉影响。

此外，应付股利也属于其他应付款。应付股利反映企业应向投资者支付而未付的现金股利，是因企业宣告分派现金股利而形成的一项负债。支付股利需要大量现金，企业应在股利支付日之前做好支付准备。

（五）长期借款

长期借款是企业利用负债方式获得长期资金来源的方式。长期借款属于企业重要的融资决策，会对企业生产经营产生深远影响。影响长期借款变动的原因有：

（1）银行信贷政策及资金市场的资金供求状况。

（2）为了满足企业对资金的长期需要。

（3）保持企业权益结构的稳定性。

（4）调整企业负债结构和财务风险。

根据表4-1提供的资料，BQC公司2022年的长期借款减少了-114 992.30万元，降幅为-13.15%；同期，应付债券减少了100%，这主要是由于企业发行的应付债券即将于1年到期兑付，而进行了重分类，在“一年内到期的非流动负债”项目加以列示。由于2022年内，BQC公司没有再发行债券，因此期末应付债券的余额为零。长期借款和应付债券的变化表明BQC公司更加倾向于采用商业信用而非金融渠道获取资金，用以支持企业生产规模的扩张。

关于股东权益项目变动的分析可参见第五章。

□ 本章小结

资产负债表分析的目的，在于了解企业会计对企业财务状况的反映程度，以及所提供会计信息的质量。通过资产负债表分析，揭示资产负债表及相关项目的内涵；了解企业财务状况的变动情况及变动原因；评价企业会计信息对企业经营状况的反映程度；评价企业的会计政策选择的合理性和修正资产负债表人为失真的数据。

资产负债表水平分析是在运用水平分析法编制资产负债表水平分析表的基础上，从资产和权益两方面对其进行分析评价。从资产角度分析评价主要围绕四个方面进行：①分析评价总资产的变动情况和各类、各项资产的变动情况；②发现变动幅度较大或对总资产影响较大的重点类别或项目；③分析评价资产变动的合理性与效率性；④分析评价会计政策和会计估计变更的影响。从权益角度分析评价，主要围绕四个方面进行：①分析评价权益总额的变动情况及各类、各项目的变动情况；②找出重点类别和重点项目；③分析评价权益资金变动对企业未来经营的影响；④分析评价表外项目的影响。

资产负债表垂直分析是在运用垂直分析法编制资产负债表垂直分析表的基础上，首先从静态角度对资产结构和权益结构进行分析评价，然后从动态角度对资产结构和权益结构的变动情况进行分析评价，最后对资产负债表整体结构进行分析评价。资产结构的具体分析评价应重点抓住经营资产与非经营资产的比例关系、固定资产与流动资产的比例关系、流动资产的内部结构三个主要方面。在理解负债结构影响因素的基础上，从负债的期限结构、负债的方式结构和负债的成本结构三方面进行分析评价。在区分投入资本和内部形成的权益资金两个方面的基础上，对股东权益结构进行分析评价。

货币资金、应收账款、其他应收款、存货、固定资产、银行借款、应付账款、其他应付款是资产负债表最重要的项目，不仅需要搞清影响这些项目变动的原因及变动情况，更应注意分析评价会计政策和会计估计变更的影响。

□ 数智能力训练

人工智能大模型能够为我们进行财务分析提供很多有益的帮助。结合本章学习的内容，我们可运用人工智能大模型对资产负债表相关问题进行进一步的分析，以提升同学们运用数智模型进行财务分析的能力。

本章的数智能力训练题主要有：

1.不同行业的资产结构有哪些特点？哪些行业的固定资产比重会高一些？哪些行业的流动资产比重会低一些？

2.人工智能和大数据对企业的影响，会体现在哪些资产项目上？如何对这些资产项目进行分析？

3.在对不同行业的资产负债表进行分析时，应该关注的重点会计政策会有什么差别？最近的会计准则变化会对资产负债表分析有什么影响？

4.人工智能和大数据，对上市公司的负债率会有哪些影响？哪个行业受到的影响会大一些？哪个行业受到的影响会小一些？人工智能和大数据，对不同类型负债（如长期负债和短期负债）的影响会有哪些差异？

5.在人工智能和大数据的环境下，可以借助哪些信息对企业资产的质量进行分析？以汽车制造业（零售业、交通运输业、食品加工行业、钢铁行业……）为例，说明资产质量分析中如何利用人工智能和大数据的最新技术。不同行业的资产质量，在人工智能和大数据的环境下，是否会出现不同的变化趋势？

目前可以采用的人工智能大模型主要有阿里“通义千问”、百度“文心一言”和科大讯飞“星火”等模型，当然也可以采用最新推出的其他模型。同学们可以多尝试一下不同的提问方式，或者不同的人工智能模型，看看答案会有怎样的差别？看看你能否找到与人工智能建立有效沟通的渠道！

□ 互动练习

第五章　所有者权益变动表分析

□ 学习目标

本章的学习目标是使学生掌握所有者权益变动表的总体分析与对主要项目的理解。其具体目标包括：

◇ 知识目标

掌握所有者权益变动表的内涵及其与其他对外报表内容与项目的钩稽关系，理解所有者权益变动表的编制与分析意义；掌握所有者权益变动表一般分析的具体内容。

◇ 技能目标

掌握所有者权益变动表水平分析与垂直分析的方法，深入理解所有者权益主要项目变动的内容，掌握当期净利润增减与当期所有者权益变动额之间的关系，理解其他综合收益的内容，掌握会计政策的变更与前期差错的更正在表中的列示及其分析，深入理解各种股利决策行为对所有者权益变动的影响原理。

◇ 能力目标

能够通过所有者权益变动表进行必要的报表分析，对当期所有者权益变动的主要原因予以披露与揭示，灵活运用财务分析方法对所有者权益变动表及其主要项目的变动情况进行合理性或者信息质量的说明，学会判断对所有者权益有直接与间接影响的主要因素，深化库存股的内涵及对所有者权益变动影响的理解。

◇思政目标

以保护各类股东利益特别是中小股东利益，强化企业的受托责任意识为出发点，精准反映与揭示企业所有者权益变动的具体原因，不断营造强化尊重投资者、敬畏投资者的企业文化和市场文化氛围，提升企业特别是上市公司的社会影响力。

【引例】

2023年3月28日，国内新能源汽车"一哥"比亚迪（002594）交出了一份超预期成绩单。财报显示，公司2022年营业收入为4 240.61亿元，同比增长96.20%；实现归属于上市公司股东的净利润为166.22亿元，同比增长达到445.86%；扣非归属于上市公司股东的净利润为156.38亿元，同比增长11倍达到1 146.42%。不仅如此，从经营活动现金流量净额来看，比亚迪2022年达到1 408.38亿元，同比增长115.13%。

令人感到意外的是，这家市场占有率达到27%的新能源车企，在原材料碳酸锂价格飙升的背景下，仍然逆势实现了毛利率提升。2022年比亚迪汽车业务毛利率已经达到20.39%，迅速向竞争对手特斯拉同类业务的26.2%靠近。而上一年，双方毛利率差距为9.15个百分点。

安信证券此前一份研报表示，三大要素有望持续驱动比亚迪业绩高成长。第一，公司持续通过高价格产品和精准营销、服务等措施来实现品牌力的持续向上，汉、海豹等车型已经站稳脚跟，腾势、仰望等高端品牌陆续发布，长期有助形成明显产品溢价；第二，比亚迪不断进行技术创新使产品持续领先、成本逐步降低，实现盈利的持续向上；第三，随着总量以及收入扩张，单车折旧摊销、费用率有望持续下行，进而实现较高的盈利弹性。比亚迪2022年与2021年相比净资产等财务绩效表现见表5-1。

表5-1　**比亚迪2022年与2021年净资产等财务绩效表现对比**　金额单位：亿元

项　目	2022年	2021年	2020年	2022年比2021年的增长率（%）
营业收入	4 240.61	2 161.42	1 565.98	96.20
归属于上市公司股东的净利润	166.22	30.45	42.34	445.86
归属于上市公司股东的扣非净利润	156.38	12.55	29.54	1 146.42
经营活动产生的现金流量净额	1 408.38	654.67	453.93	115.13
基本每股收益（元）	5.71	1.06	1.47	438.68
稀释每股收益（元）	5.71	1.06	1.47	438.68
加权平均净资产收益率（%）	16.14	3.73	7.43	12.41
	2022年末	2022年初	2021年末	2022年年末比年初的增长率（%）
总资产	4 938.61	2 957.80	2 010.17	66.97
归属于上市公司股东的净资产	1 110.29	950.70	568.74	16.79

在股利政策方面，比亚迪计划2022年以29.11亿股为基数，向全体股东每10股派发现金红利11.42元（含税），送红股0股（含税），不以公积金转增股本。以此计算，比亚迪此次分红金额约为33.24亿元，约占2022年归母净利润的两成。

公司经营活动财务绩效直接影响其所有者权益，并且与所有者权益具体项目有着密切关联；股利决策的合理与否直接影响公司净资产规模，也影响公司未来的价值创造。财务分析者必须明确利润表与所有者权益变动表的联动关系，明确所有者权益变动表的分析目的和作用，揭示公司所有者权益变动的成因，以全面评价公司的财务状况和经营业绩。

资料来源：根据比亚迪公司年度报告及相关资料整理。

第一节 所有者权益变动表分析的目的与内容

一、所有者权益变动表的内涵

所有者权益变动表是一张总结性的报表，它总结了影响所有者权益的所有交易，反映了公司本期（年度或中期）内截至期末所有者权益变动情况。新会计准则颁布以前，公司所有者权益变动情况是以资产负债表附表形式予以体现的，新会计准则颁布后宏观层面要求上市公司于2007年开始正式对外呈报所有者权益变动表。所有者权益变动表成为与资产负债表、利润表和现金流量表并列披露的第四张财务报表。

2014年1月26日，财政部发布了修订版《企业会计准则第30号——财务报表列报》（财会〔2014〕7号），并规定自2014年7月1日起在所有执行企业会计准则的企业范围内施行，鼓励在境外上市的企业提前执行，2006年2月15日发布的《企业会计准则第30号——财务报表列报》同时废止。根据2014年准则，所有者权益变动表最大的变化为："综合收益总额"取代"净利润"和"直接计入所有者权益的利得和损失"项目及其总额。

所有者权益是指公司资产扣除负债后由股东享有的"剩余权益"，也称净资产，是股东投资资本与经营过程中形成的留存收益的集合，是股东投资和公司发展实力的资本体现。所有者权益在公司经营期内可供企业长期、持续地使用，是公司生存和发展的基础，按其来源或者形成渠道划分，可分为投入资本（包括实收资本和资本公积）和留存收益（包括盈余公积和未分配利润），也可以称投入资本为原始投入的资本，称留存收益为经营形成的资本。前者主要来自股东投入，后者源于企业经营积累。

所有者权益变动表应当反映构成所有者权益的各组成部分当期的增减变动情况。综合收益总额以及与所有者（或股东）的资本交易导致的所有者权益的变动，应当分别列示。与所有者的资本交易，是指企业与所有者以其所有者身份进行的、导致所有者权益变动的交易。

所有者权益变动表至少应当单独列示下列项目的信息：

1.综合收益总额，在合并所有者权益变动表中还应单独列示归属于母公司所有者的综合收益总额和归属于少数股东的综合收益总额；

2.会计政策变更和会计差错更正的累积影响金额；

3.所有者投入资本和向所有者分配利润等；

4.按照规定提取的盈余公积；

5.所有者权益各组成部分的期初和期末余额及其调节情况。

根据BQC公司2022年的财务数据，具体呈报的所有者权益变动表，见表2-3。

本教材第二章已经将四张会计报表展现给财务分析者，财务分析者应该从总体角度理解对外财务报表及其关联，并深入理解所有者权益变动表的作用。

资产负债表报告的是某一时点的资产、负债及所有者权益的价值存量，利润表、现金流量表与所有者权益变动表反映的是两个时点之间的存量变化——流量，利润表反映了所有者权益变化的一部分，现金流量表则反映了现金的变化过程及其结果，所有者权益变动表反映的是资产负债表中所有者权益具体项目的变化过程。四张会计报表用会计语言反映会计期间的总体财务状况和经营业绩。从存量与流量的视角，四张会计报表的内在关联如图5-1所示。

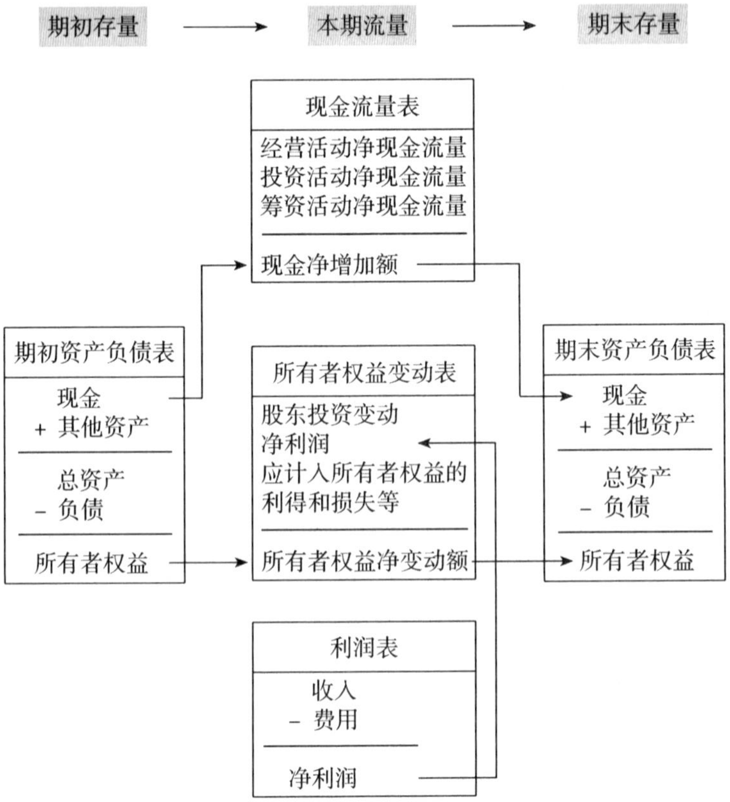

知识拓展5-1

图5-1　四张会计报表的内在关联图

二、编制所有者权益变动表的意义

（一）编制所有者权益变动表符合全面收益改革的国际趋势

1992年10月，英国会计准则理事会（ASB）要求对外编报的主要财务报表增加“全部已确认利得与损失表”；1997年美国会计准则委员会（FASB）要求财务报表中必须有一个独立的组成部分，突出显示企业的全部利得和损失，在收益表之外报告全面收益；1997年国际会计准则委员会（IASC）公布的修订后的IAS1“财务报表表述”中，要求财务报表中必须有一个独立的组成部分，来突出显示企业的全部利得和损失。

从国际会计准则制定机构关于财务业绩报告的改革过程来看，改革业绩报告的目标基本一致，都要求报告提供更全面、更有用的财务业绩信息，以满足使用者投资、信贷及其他经济决策的需要。

我国在2014年修订后的《企业会计准则——基本准则》中对所有者权益要素作了如下规定：“所有者权益的来源包括所有者投入的资本、直接计入所有者权益的利得和损失、留存收益等。”其中，直接计入所有者权益的利得和损失，是指不应计入当期损益、会导致所有者权益发生增减变动的、与所有者投入资本或者向所有者分配利润无关的利得或者损失。

由所有者权益变动表的内容可知，我国的所有者权益变动表的作用实际上就相当于英国ASB的“全部已确认利得与损失表”，美国FASB的“全面收益表”，国际会计准则委员会（IASC）的“权益变动表”。我国新会计准则颁布后的所有者权益变动表能更好地帮助投资者获得与其决策相关的全面收益信息。

（二）编制所有者权益变动表是公司所有者权益和受托责任日益受到重视的体现

所有者权益变动表可以反映股东所拥有的权益，据以判断资本保值、增值的情况以及对负债的保障程度。该表将全面反映企业的所有者权益在年度内的变化情况，便于会计信息使用者深入分析，进而对企业的资本保值增值情况做出正确判断，为决策提供有用的信息。投资人可以透过所有者权益变动表分析被投资方的投资价值、股利发放、员工红利等各项权益变动因素，以预测投资效益。

从受托责任角度，编制所有者权益变动表，既是对投资者负责，也是对股东和公司自身负责。

（三）编制所有者权益变动表将更好地为利润表和资产负债表提供辅助信息

所有者权益变动表中“综合收益总额”以及“利润分配”与利润表之间存在较强的关联性。利润表中的“综合收益总额”提供了综合收益总额的组成，能够帮助会计报告的使用者理解综合收益总额各组成部分对所有者权益变动的贡献。而所有者权益变动表中的“利润分配”项目，反映当年对所有者分配的利润金额和按规定提取的盈余公积金额，据此财务分析主体可分析企业的利润分配项目、利润分配政策以及利润分配趋势等内容，从而了解企业的利润分配政策以及利润分配的分配趋势。

利润分配实际上是法人行为，合并报表并非法人报表，而且由于抵销了内部未实现利润和没有恢复子公司计提的盈余公积，合并报表上的未分配利润不是母公司真正可供分配的利润，所以，上市公司利润分配还是应该以母公司报表可供分配利润为准。因此，编制合并会计报表的公司，其利润分配应当以母公司报表中的可供分配的利润为依据（具体新规见二维码5-2）。

知识拓展5-2

所有者权益变动表中提供的所有者权益结构变动信息与资产负债表中所有者权益部分相辅相成，提供了所有者权益具体项目变动的过程，弥补了资产负债表只提供某一时点价值存量的不足，让会计报告的使用者理解引起所有者权益变动的根源。

（四）编制所有者权益变动表能更清晰地体现会计政策变更和前期差错更正对所有者权益的影响

会计政策变更和前期差错更正对所有者权益本年年初余额的影响，原先主要在会计报表附注中体现，很容易被投资者忽略。新准则要求除了在附注中披露与会计政策变更、前期差错更正有关的信息外，还将在所有者权益变动表上直接列示会计政策变更和前期差错更正对所有者权益的影响，以使其得到更清晰的体现。

三、所有者权益变动表分析的目的

所有者权益变动表分析，是通过所有者权益的来源及变动情况，了解会计期间内影响所有者权益增减变动的具体原因，判断构成所有者权益各个项目变动的合法合规性与合理性，为报表使用者提供较为真实的所有者权益总额及其变动信息。

所有者权益变动表分析的具体目的如下：

第一，清晰体现会计期间构成所有者权益各个项目的变动规模与结构，了解其变动趋势，反映公司净资产的实力，提供资本保值增值的重要信息。

第二，进一步从全面收益角度报告更全面、更有用的财务业绩信息，以满足报表外部和内部使用者进行投资、信贷、监管及其他经济决策的需要。

第三，反映会计政策变更的合理性以及会计差错更正的幅度，具体报告会计政策变更和会计差错更正对所有者权益的影响数额。

第四，反映股利分配政策、股票回购等公司战略对所有者权益的影响。

四、所有者权益变动表的分析内容

所有者权益变动表的分析，包括如下内容：

第一，所有者权益变动表的水平分析、垂直分析和趋势分析。

第二，所有者权益变动表的主要项目分析。

第三，所有者权益变动影响因素分析。

【思政案例】　2021 年上市公司现金分红预案总额超 1.5 万亿元

1.案例分析资料

近年来，A股上市公司现金分红的意愿、分红金额及稳定性不断提高和增强，分红水平已与国际成熟资本市场相当，上市公司成为投资者分享经济增长红利的“新渠道”。中国上市公司协会（以下简称“中上协”）最新披露的2021年度A股上市公司现金分红情况显示，上市公司分红的积极性稳步提升，累计现金分红预案总额超1.5万亿元。具体来看，2021年度发布现金分红预案的上市公司同比2020年、2019年实施分红的公司数量，分别增长4.9%、17.7%，数量连续两年增长；全年现金分红预案总额超1.5万亿元，同比2020年、2019年实施分红总额，分别增长1.4%、13.6%。2008年至2021年，连续5年分红的上市公司数量占比从24%提升至50%，连续10年分红上市公司占比从4%提升至32%。从榜单情况来看，“上市公司丰厚回报榜单”入选公司2021年的现金分红总额占全体A股公司分红总额的63.55%，2019年至2021年三年累计现金分红总额占全体A股公司分红总额的66.67%，其中沪市主板137家、深市主板58家、创业板5家，国有控股上市公司占62.5%。“上市公司真诚回报榜单”入选公司中，沪市主板90家、深市主板31家、创业板79家，民营上市公司占60%。值得注意的是，有40家公司同时入选两个榜单。

上市公司是资本市场的基石。证监会主席易会满此前在出席中上协第三届会员代表大会时强调，上市公司质量的提升，最终要体现在价值创造和价值分配能力上。上市公司要继续通过现金分红、股份回购等方式增强对股东的回报，提升投资者的获得感。中上协表示，希望通过榜单发布引导上市公司结合自身发展阶段和资金状况，通过现金分红等方式回报投资者，有效保护投资者合法权益，培育资本市场长期投资理念，增强资本市场活力和吸引力。中上协也将持续开展最佳实践倡导系列工作，加强自律管理，发挥优秀公司示范引领作用，推动提高上市公司质量。

资料来源：高伟．2021年上市公司现金分红预案总额超1.5万亿元［N］．经济参考报．2022-06-02（3）．

2.案例分析提示

（1）通过案例学习，明确所有者权益变动表的内容及其分析在企业价值创造中的意义与作用，树立科学、公开、透明、公允的所有者权益价值评价机制，夯实上市公司与投资者的沟通桥梁，强化通过所有者权益变动表分析折射出的社会责任。

（2）通过案例学习，使学生基于公司视角，进一步提高所有者权益及其变动的信息质量，合理分析所有者权益变动的具体原因，提升会计信息披露真实性，强化法治观念，杜绝信息披露中的舞弊行为。

（3）通过案例学习，使学生增强企业高质量发展下红利与投资人获得感紧密相连的理念，通过现金分红等方式回馈投资者，强化投资者长期投资观与参与意识，有力促进全体人民共同富裕。

第二节　所有者权益变动表综合分析

一、所有者权益变动表的水平分析

所有者权益变动表的水平分析，是将所有者权益变动表的整体数据变动与各个项目的数据变动进行对比，揭示公司当期所有者权益规模与各个组成要素变动的关系，解释公司净资产的变动原因，从而进行相关分析与决策的过程。

所有者权益变动表的水平分析思路，是通过所有者权益的来源及其变动情况，了解会计期间内影响所有者权益增减变动的具体原因，判断构成所有者权益各个项目变动的合法合规性与合理性，为报表使用者提供较为真实的所有者权益总额及其变动信息。对于所有者权益变动表所包含的财务状况质量信息，主要应关注："输血性"变化和"盈利性"变化；所有者权益内部项目互相结转的财务效应；公司股权结构的变化与方向性含义；会计核算因素的影响；公司股利分配方式所包含的财务状况质量信息等。

下面以BQC公司2022年所有者权益变动表为例，对BQC公司所有者权益变动表的规模变动原因予以具体项目分析，详见表5-2。

从表5-2可知，BQC公司2022年所有者权益比2021年增加了1 714 562.80万元，增长幅度为16.45%；从影响的主要项目看，最主要的原因是本年综合收益总额1 825 933.40万元的贡献，而综合收益总额中净利润为1 771 310.40万元，占所有者权益增加额的103.3%（1 771 310.40÷1 714 562.80），说明BQC公司以盈利为资本保值增值的模式。增加净利润是经营资本增加的源泉，也是所有者权益增长的重要途径，正如定价理论信条所言，价值是股东在经营过程中产生的，而非股东在财务活动中产生的[①]；健康成长型公司，应通过投资收益实现经营积累，实现投资者资本的保值增值。从目前看来，BQC公司正是在重视和追求权益回报，以回归公司本质——"以营利为目的的经济组织"。

---

① 佩因曼．财务报表分析与证券定价［M］．刘力，陆正飞，译．北京：中国财政经济出版社，2002.

表5-2 **BQC公司2022年所有者权益变动表的水平分析表** 金额单位：万元

项目	归属于母公司的股东权益										少数股东权益	股东权益合计
	股本	其他权益工具	资本公积	减：库存股	其他综合收益	专项储备	盈余公积	一般风险准备	未分配利润	其他	小计		
一、上期期末余额	291 114.30		6 080 721.90		−12 405.50	1 036.90	500 908.80		2 645 590.70		9 506 967.10	917 453.80	10 424 420.90
加：会计政策变更													
前期差错更正													
同一控制下企业合并													
其他													
二、本期期初余额	291 114.30		6 080 721.90		−12 405.50	1 036.90	500 908.80		2 645 590.70		9 506 967.10	917 453.80	10 424 420.90
三、本年增减变动金额			89 867.40	180 992.00	55 238.70	170.90	182 945.30		1 448 732.50		1 595 962.80	118 600.00	1 714 562.80
本年增减变化率（%）			1.48		445.28	16.48	36.52		54.76		16.79	12.93	16.45
本年增减变动构成比重（%）			5.24	10.56	3.22	0.01	10.67		84.50		93.08	6.92	100.00
（一）综合收益总额					55 238.70				1 662 244.80		1 717 483.50	108 449.90	1 825 933.40
（二）所有者投入和减少资本			66 218.50	180 992.00							−114 773.50	57 487.90	−57 285.60
1.所有者投入的普通股												50 762.50	50 762.50
2.其他权益工具持有者投入资本													
3.股份支付计入所有者权益金额			56 769.40								56 769.40	2 361.50	59 130.90
4.授予限制性股票影响				180 992.00							−180 992.00		−180 992.00
5.其他			9 449.10								9 449.10	4 363.90	13 813.00
（三）利润分配							182 945.30		−213 512.30		−30 567.00	−7 946.40	−38 513.40
1.提取的盈余公积							182 945.30		−182 945.30				

续表

	归属于母公司的股东权益											少数股东权益	股东权益合计
	股本	其他权益工具	资本公积	减：库存股	其他综合收益	专项储备	盈余公积	一般风险准备	未分配利润	其他	小计		
2.提取一般风险准备													
3.对所有者（或股东）的分配									−30 567.00		−30 567.00	−7 946.40	−38 513.40
4.其他													
（四）所有者权益内部结转													
1.资本公积转增资本（或股本）													
2.盈余公积转增资本（或股本）													
3.盈余公积弥补亏损													
4.设定受益计划变动额结转留存收益													
5.其他综合收益结转留存收益													
6.其他													
（五）专项储备						170.90					170.90		170.90
1.本年计提						170.90					170.90		170.90
2.本年使用													
（六）其他													
1.子公司少数股东回购权			23 648.90								23 648.90	−39 391.40	−15 742.50
2.其他													
四、期末余额	291 114.30		6 170 589.30	180 992.00	42 833.20	1 207.80	683 854.10		4 094 323.20		11 102 929.90	1 036 053.80	12 138 983.70

说明：本年增减变动额=本年年末余额−本年年初余额

企业综合收益总额=企业净利润+其他综合收益税后净额

除此之外，所有者权益变动表的水平分析还应当对所有者权益规模变动原因逐一分析：

（一）实收资本（或者股本）变动情况的分析

实收资本（或者股本）的增加包括发行新股、资本公积转入、盈余公积转入、利润分配转入和发行新股等多种渠道，发行新股既能增加注册资本和股东权益，又可增加公司的现金资产，是增加公司所有者权益的最直接的方式。

（二）资本公积变动情况的分析

资本公积是指归所有者所共有的、非收益转化而形成的资本。资本公积增加的原因包括资本（股本）溢价和其他资本公积，比如：接受捐赠、法定财产重估增值和资本溢价。接受捐赠是指企业因接受其他部门或个人的现金或实物等捐赠而增加的资本公积；法定财产重估增值是指企业在分立、合并、变更和投资时资产评估或者合同、协议约定的资产价值与原账面净值的差额；资本溢价是指投资人缴付的出资额超出其认缴资本金的差额，包括股份有限公司发行股票的溢价净收入及可转换债券转换为股本的溢价净收入等。BQC公司在2022年所有者权益变动表中，资本公积增加89 867.40万元，较上年上升1.48%，其原因主要是所有者投入资本，比如，BQC公司所有者投入66 218.50万元，占资本公积变动总金额的73.68%（66 218.50÷89 867.40×100%），资本公积在以后会计期间有可能转增股本等。

（三）其他综合收益变动情况的分析

其他综合收益是指企业根据其他会计准则规定未在当期损益中确认的各项利得和损失，扣除所得税影响后的净额。其中包括以后会计期间不能重分类进损益的其他综合收益项目和以后会计期间在满足规定条件时将重分类进损益的其他综合收益项目两大类。BQC公司在2022年所有者权益变动表中，本期其他综合收益增加55 238.70万元。

（四）专项储备变动情况的分析

专项储备是企业提取的安全生产费以及维持简单再生产费用等具有类似性质的费用。高危企业按照国家规定提取的安全生产费，应当计入相关产品的成本或当期损益，同时计入专项储备。BQC公司当期安全生产费增加170.90万元，期末专项储备余额为1 207.80万元。

（五）盈余公积变动情况的分析

盈余公积是指公司从税后净利润中提取的公司积累基金。盈余公积按规定可用于弥补亏损，也可按法定程序转增资本金，法定公积金提取率为10%，盈余公积的增减变动情况可以直接反映出公司创利及其积累的情况。由于执行新金融工具准则，BQC公司2022年从净利润中提取盈余公积182 945.30万元，与2021年56 078.80万元相比较，增加了226.23%，体现出BQC公司利润积累的实力。

（六）未分配利润的分析

未分配利润是企业留待以后年度分配的结存利润。2022年BQC公司未分配利润本期增加1 448 732.50万元，增幅达54.76%，占母公司本期净利润的87.16%（1 448 732.50÷1 662 244.80×100%），通过业内对比清晰可见，公司当期有较强的持续发展能力和持续分红能力。

除了上述母公司层面原因外，影响BQC公司本期所有者权益变动的项目还包括少数股东权益对本期所有者权益变动的影响为118 600.00万元。

二、所有者权益变动表的构成分析

所有者权益变动表的构成分析，是对所有者权益各个子项目变动占所有者权益变动的比重予以计算，并进行分析评价，揭示公司当期所有者权益各个子项目的比重及其变动情况，解释公司净资产构成的变动原因，从而进行相关决策的过程。以BQC公司所有者权益变动表为基础资料，编制BQC公司2022年所有者权益变动构成分析表，见表5-3。

表5-3 **BQC公司2022年所有者权益变动构成分析表** 金额单位：万元

项目	归属于母公司的股东权益										少数股东权益	股东权益合计
	股本	其他权益工具	资本公积	减：库存股	其他综合收益①	专项储备	盈余公积	一般风险准备	未分配利润	小计		
一、本期期初余额	291 114.30		6 080 721.90		-12 405.50	1 036.90	500 908.80		2 645 590.70	9 506 967.10	917 453.80	10 424 420.90
二、本期期末余额	291 114.30		6 170 589.30	180 992.00	42 833.20	1 207.80	683 854.10		4 094 323.20	11 102 929.90	1 036 053.80	12 138 983.70
三、本年增减变动额			89 867.40	180 992.00	55 238.70	170.90	182 945.30		1 448 732.50	1 595 962.80	118 600.00	1 714 562.80
四、本年增减变动构成比重（%）			5.24	-10.56	3.22	0.01	10.67		84.50	93.08	6.92	100.00

从表5-3可以看出BQC公司2022年所有者权益变动项目总构成为100%，其在本期所有者权益变动增加额总构成中：资本公积的构成为5.24 %，库存股的构成为-10.56%，其他综合收益的构成为3.22%，专项储备的构成为0.01%，盈余公积的构成为10.67%，未分配利润的构成为84.50 %，归属于母公司的股权权益的构成为93.08%，少数股东权益的构成为6.92%。

从所有者权益变动总构成可见，BQC公司2022年“盈利性”变化使所有者权益增加的比重为98.40%（3.22%+0.01%+10.67%+84.50%），“输血性”变化使所有者权益增加的比重为5.24% ，其他占比属于库存股（-10.56%）与少数股东权益（6.92%）。总体而言，BQC公司的股东权益的增加占比中，经营形成的资本比重鲜明。

留存收益的直接效果就是在利润分配前提取盈余公积，限制向投资者分配利润，在利润分配中不完全分配以便以后年度分配，其目的在于：（1）降低公司财务风险。要发展、要扩大经营，必须保持一定数量的流动资本，以便保证企业能不断更新固定资产，按期偿还债务或应付经营中可能出现的意外损失，这一切都可以通过留存收益来实现。（2）均衡各期利润分配。因为公司各年实现利润不可能一样，为了给投资者以良好形象，显示公司经营稳定，可通过留存收益，以丰补歉，使投资者各年能得到大体相同的投资回报。（3）为公司扩充实力追加投资。作为公司，为了增强抗风险能力，必须扩大企业规模，在外界无追加投资的情况下，可以通过盈余公积转增资本的形式来补充原始投入资本的不足。（4）出于某些特殊目的考虑。

实收资本（或股本）是投资者按照公司章程或合同、协议的约定，实际投入公司并依法进行注册的资本，它体现了公司所有者对公司的基本产权关系。实收资本（或股本）的构成比例是确定所有者参与公司财务经营决策的基础，也是公司进行利润分配或股利分配

① 表中其他综合收益来源于外币报表折算差额。

的依据，同时还是公司清算时确定所有者对净资产的要求权的依据。资本公积是投资者的出资中超出其在注册资本中所占份额的部分，以及直接计入所有者权益的利得和损失，不直接表明所有者对公司的基本产权关系。从形成来源上看，资本公积不是由公司实现的利润转化而来的，从本质上讲应属于投入型资本范畴，因此，它与留存收益有根本区别，因为后者是由公司实现的利润转化而来的。资本公积尽管属于投入资本范畴，但它与实收资本又有所不同，实收资本属于法定资本，在金额上有比较严格的限制，资本公积在金额上则没有严格的限制，而且在来源上也相对灵活，它可以来源于投资者的额外投入，也可以来源于除投资者之外的其他企业或个人，如接受捐赠的资产等。BQC公司2022年资本公积的来源包括：债转股与股权激励对象累计行权形成的资本溢价。

三、所有者权益变动表的趋势分析

所有者权益变动表的趋势分析，是通过所有者权益变动表各个项目的变动情况，观察和分析股本、资本公积、盈余公积、未分配利润等项目的变动趋势，深入理解和掌握所有者权益项目增减变动的原因与规律，为财务预测、财务决策、编制财务预算和估算企业价值提供依据。由于所有者权益变动表已反映资产负债表中所有者权益项目由期初到期末的具体变动，因此，所有者权益变动表趋势分析是对资产负债表趋势分析的补充与延伸。

下面根据BQC公司2018—2022年的所有者权益变动表中的数据，进行所有者权益主要项目的趋势分析见表5-4和图5-2。

表5-4　**BQC公司所有者权益项目趋势分析**　单位：万元

项目	2018年	2019年	2020年	2021年	2022年
所有者权益	6 069 397.90	6 260 142.00	6 445 391.20	10 424 420.90	12 138 983.70
未分配利润	2 049 823.30	2 105 623.40	2 445 655.60	2 645 590.70	4 094 323.20
盈余公积	384 241.60	409 931.30	444 830.00	500 908.80	683 854.10

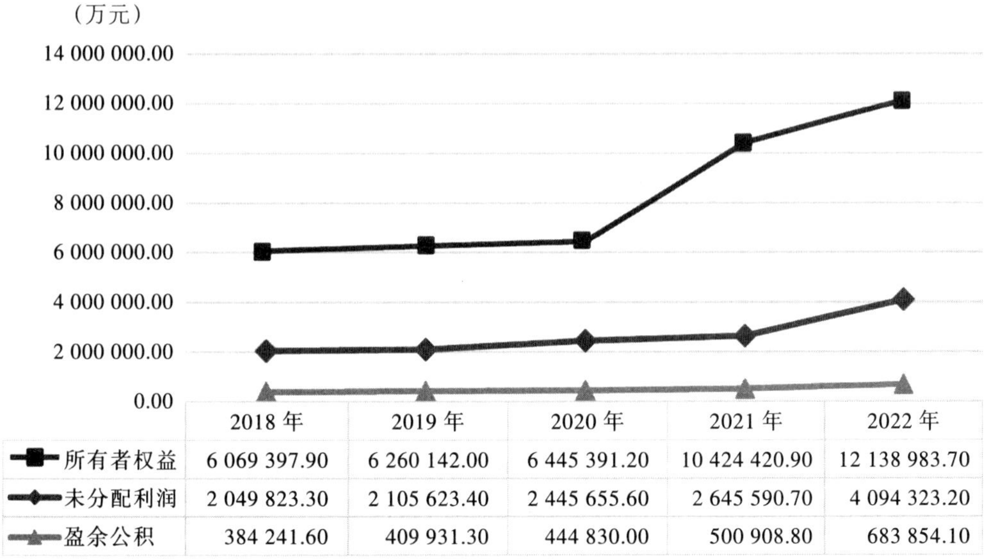

图5-2　BQC公司所有者权益趋势分析图

由BQC公司2018—2022年的所有者权益变动表重要数据的变化趋势可见，所有者权益在2018—2019年保持平稳；2020—2022年所有者权益规模变动明显，主要原因是公司净利润的迅速放大，2020—2022年连续三年归属于母公司所有者的净利润分别为166.22亿元、30.45亿元和42.34亿元，盈利拉动未分配利润和盈余公积的增长，说明同期所有者权益增长，留存收益占比较大，BQC公司的盈利是公司所有者权益的支撑，完全属于一家健康公司做强做大所有者权益的特征。

案例分析5-1

BQC公司所有者权益的增长趋势符合行业特征，经过与业内四家公司（CAQC、CCQC、GQJT、SQJT）的2017—2022年所有者权益的增长趋势比较可见，除了SQJT具有规模优势之外，BQC公司及另三家公司所有者权益基本处于相同区域增长态势，如图5-3所示。

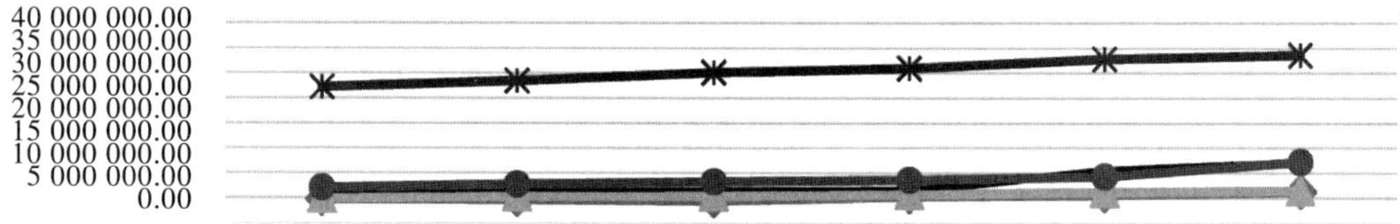

	2017年	2018年	2019年	2020年	2021年	2022年
BQC	5 995 948.70	6 069 397.90	6 260 142.00	6 445 391.20	10 424 420.90	12 138 983.70
CAQC	4 746 317.93	4 615 292.20	4 393 407.10	5 348 030.75	5 586 623.99	6 294 880.46
CCQC	4 925 796.17	5 268 858.75	5 439 922.99	5 734 184.76	6 212 848.28	6 521 590.81
GQJT	7 041 396.83	7 792 068.18	8 245 422.08	8 665 960.40	9 259 476.00	12 224 828.90
SQJT	27 210 581.68	28 472 022.55	30 083 962.43	31 004 131.19	32 877 073.06	33 630 023.69

图5-3 可比公司所有者权益趋势分析图

四、所有者权益变动表主要项目的分析

所有者权益变动表主要项目的分析，是将组成所有者权益的主要项目进行具体剖析对比，分析其变动成因、合理合法性、有无人为操控的迹象等事项的过程。

所有者权益变动表的主要项目，可以通过以下公式具体理解：

$$\text{本期所有者权益变动额}=\text{净利润}+\text{其他综合收益税后净额}+\text{会计政策变更和前期差错更正的累积影响}+\text{所有者或股东投入资本}-\text{向所有者或股东分配的利润}$$

为了避免与资产负债表分析重复，本章所有者权益变动表主要项目的分析主要包括以下三项。

（一）其他综合收益

其他综合收益是指企业根据其他会计准则规定未在当期损益中确认的各项利得和损失。利得是指由企业非日常活动所形成的、会导致所有者权益增加的、与所有者投入资本无关的经济利益的流入。损失是指由企业非日常活动所发生的、会导致所有者权益减少的、与向所有者（或股东）分配利润无关的经济利益的流出。根据定义，其他综合收益中的利得和损失是指不应计入当期损益、会导致所有者权益发生增减变动的、与所有者投入资本或者向所有者（或股东）分配利润无关的利得或者损失。

其他综合收益项目应当根据其他相关会计准则的规定分为下列两类列报：以后会计期间不能重分类进损益的其他综合收益项目；以后会计期间在满足规定条件时将重分类进损益的其他综合收益项目。

2014年《企业会计准则第30号——财务报表列报》修订前，已实现的利得与损失在发生当年记入利润表，未实现确认的利得与损失则应在资产负债表中确认，同时，所有者权益变动表涵盖这些信息。该准则修订后，利润表新增“其他综合收益税后净额”和“综合收益总额”项目，两类其他综合收益在利润表中进行列报，以下将对两大类其他综合收益进行说明。

1.以后会计期间不能重分类进损益的其他综合收益项目

（1）重新计量设定受益计划净负债或净资产导致的变动

根据《企业会计准则第9号——职工薪酬》的规定，有设定受益计划形式离职后福利的企业应当将重新计量设定受益计划净负债或净资产导致的变动计入其他综合收益，并且在后续会计期间不允许转回至损益。

（2）按照权益法核算的在被投资单位不能重分类进损益的其他综合收益变动中所享有的份额

根据《企业会计准则第2号——长期股权投资》的规定，投资方取得长期股权投资后，应当按照应享有或应分担的被投资单位其他综合收益的份额，确认其他综合收益，同时调整长期股权投资的账面价值。投资单位在确定应享有或应分担的被投资单位其他综合收益的份额时，该份额的性质取决于被投资单位的其他综合收益的性质，即如果被投资单位的其他综合收益属于“以后会计期间不能重分类进损益”类别，则投资方确认的份额也属于“以后会计期间不能重分类进损益”类别。

2.以后会计期间在满足规定条件时将重分类进损益的其他综合收益

（1）按照权益法核算的在被投资单位可重分类进损益的其他综合收益变动中所享有的份额

根据《企业会计准则第2号——长期股权投资》的规定，投资方取得长期股权投资后，应当按照应享有或应分担的被投资单位其他综合收益的份额，确认其他综合收益，同时调整长期股权投资的账面价值。关于其他综合收益的具体处理为：如果确认的其他综合收益是利得，则按相应比例计算增加数，贷记“其他综合收益——权益法下享有被投资单位的相应利得”；如果是损失，则借记“其他综合收益——权益法下享有被投资单位的相应损失”。在处置该项长期股权投资时，应将计入“其他综合收益”的累计金额转入当期损益。

（2）以公允价值计量且其变动计入其他综合收益的金融工具（债务工具）产生的其他综合收益

（3）按照金融工具准则的规定，对金融资产重分类按规定可以将原计入其他综合收益的利得或损失转入当期损益的部分

（4）现金流量套期工具产生的利得或损失中属于有效套期的部分

按照《企业会计准则第24号——套期保值》的规定，现金流量套期工具产生的利得

或损失中属于有效套期的部分，应当确认为所有者权益（其他综合收益）；属于无效套期的部分（扣除直接确认为所有者权益后的其他利得或损失），应当计入当期损益；境外经营净投资的套期，应当按照类似于现金流量套期的规定处理。具体账务处理为：属于无效套期形成的利得或损失记入“公允价值变动损益”科目，属于有效套期形成的利得或损失记入“其他综合收益——现金流套期工具损益”或“其他综合收益——境外经营净投资损益”科目。且对于有效套期形成的利得或损失部分，套期保值准则规定在一定的条件下，将原直接计入所有者权益（其他综合收益）中的套期工具损益累计金额转出，计入当期损益。

（5）外币财务报表折算差额

根据《企业会计准则第19号——外币折算》的规定，企业对境外经营的财务报表进行折算时，应当将外币财务报表折算差额在资产负债表中所有者权益项目下单独列示（通过其他综合收益项目）。具体账务处理为：借或贷记“其他综合收益——外币报表折算差额”，贷或借记“财务费用——汇兑差额”；企业在处置境外经营时，应当将资产负债表中所有者权益项目下列示的、与该境外经营相关的外币报表折算差额，自所有者权益项目转入处置当期损益，部分处置境外经营的，应当按处置的比例计算处置部分的外币财务报表折算差额，转入处置当期损益。

（6）根据相关会计准则规定的其他项目

如根据《企业会计准则第3号——投资性房地产》，非投资性房地产转换为以公允价值模式计量的投资性房地产时，应当按该项房地产转换日的公允价值入账，公允价值与账面价值的差额计入所有者权益（其他综合收益）。具体账务处理为：转换日，公允价值与账面价值借方差额计入“公允价值变动损益”，贷方差额计入“其他综合收益——投资性房地产转换损益”。该项投资性房地产处置时，将“其他综合收益”的累计金额转入当期损益。

为了更加清晰地说明其他综合收益是如何影响所有者权益增减变化的，特举例说明，见例5-1。

【例5-1】A公司2022年实现净利润300万元，分配股利80万元，增发新股200万元。2022年1月1日，A公司从证券市场购入B公司发行在外的股票10万股作为其他权益工具投资核算，每股支付价款2元，另支付相关费用1万元。2022年11月30日，A公司决定将一栋办公楼转换为采用公允价值模式进行后续计量的投资性房地产，该办公楼的账面原值为500万元，已累计计提折旧10万元，已计提的固定资产减值准备为20万元，转换日公允价值为600万元。2022年12月31日，B公司股票每股收盘价为3元。

分析：

其他权益工具投资公允价值变动产生的其他综合收益=3×10-（2×10+1）=9（万元）

投资性房地产转换产生的其他综合收益=600-（500-10-20）=130（万元）

其他综合收益合计=9+130=139（万元）

根据净利润与所有者权益变动额的关系公式，本题所有者权益变动额的具体结果为：

所有者权益变动额=300+139+200-80=559（万元）

项目	人民币（万元）
税后利润	300
+其他综合收益	139
+新增股本	200
–分配股利	80
所有者权益净增加额	559

（二）会计政策变更的分析

1.会计政策与会计政策变更。会计政策，是指会计主体在会计核算过程中所采用的原则、基础和会计处理方法。公司在会计核算中所采用的会计政策，通常应在会计报表附注中加以披露，需要披露的项目包括：合并政策、外币折算方法、收入的确认原则、存货的计价方法、长期股权投资的核算方法、坏账损失的核算方法、借款费用的处理方法等。

会计政策变更是指在特定的情况下，企业可以对相同的交易或事项由原来采用的会计政策改用另一会计政策。在一般情况下，公司应在每期采用相同的会计政策，不应也不能随意变更会计政策。否则，势必削弱会计信息的可比性，使会计报表使用者在比较公司的经营业绩时发生困难。

但是，满足下列条件之一的，可以变更会计政策：

第一，法律、行政法规或者国家统一的会计制度等要求变更。比如，国家发布统一的关于增值税会计处理的核算办法后，企业应及时按照新的办法处理有关增值税事项。

第二，会计政策变更能够提供更可靠、更相关的会计信息。比如，企业原先一直采用直接转销法核算坏账，由于信用环境的改变，应收账款演变为坏账的可能性增大，继续使用直接转销法核算坏账将会虚增企业某一会计期间的资产和盈利，因此备抵法的会计政策则更能体现应收账款的账面价值。

2.会计政策变更在表中的列示与分析。会计政策变更能够提供更可靠、更相关的会计信息的，主要应当采用追溯调整法进行处理，将会计政策变更累积影响数调整列报前期最早期初留存收益。其中追溯调整法，是指对某项交易或事项变更会计政策，视同该项交易或事项初次发生时即采用变更后的会计政策，并以此对财务报表相关项目进行调整的方法。

会计政策变更的累积影响数，是指按照变更后的会计政策，对以前各期追溯计算的列报前期最早期初留存收益应有金额与现有金额之间的差额。会计政策变更的累积影响数需要在所有者权益变动表中单独列示。

对于会计政策变更的累积影响数的分析，主要目的在于合理区分属于会计政策变更和不属于会计政策变更的业务或事项。一般而言，不属于会计政策变更的业务或事项具体包括：

（1）当期发生的交易或事项与以前相比具有本质差别而采用新的会计政策。例如，某企业一直通过经营租赁方式租入设备，进行生产，但从本年度起，新租入的设备采用融资租赁方式，故企业本年度采用融资租赁的会计处理方法进行设备租入和使用的记录与报告。由于经营租赁与融资租赁具有本质区别，因而这种变化不属于会计政策变更。

（2）对初次发生的或不重要的交易或事项而采用新的会计政策。例如，企业第一次发生跨年度的劳务供应合同项目，对这种项目采取了完工百分比法于年末确认收入。对于企业来说，虽然采取了新的收入确认方法，但这种做法不属于会计政策变更。又比如，企业一直将购买办公用品而发生的费用直接记入“管理费用”账户，从本期开始，企业决定凡购买的办公用品都要先记入物料用品账户，然后在领用后转入有关费用账户。由于办公用品支出属于企业的零星开支，且这种改变对资产、费用和利润的影响很小，属于不重要的事项，因而这种变更不必作为会计政策变更的内容进行专门披露。

3.影响会计方法选择的深层原因。无论财务报告中所陈述的会计方法选择或变更的理由看起来多么合理，无论审计给出的审计意见多么肯定，作为财务报告分析者，都不能仅仅停留于此，而应该关注公司会计方法选择或变更的深层次原因：

（1）出于税收支出的考虑

财务会计准则与税法规定之间存在一定程度的关联性与制约性，会计方法的选择或变更极有可能出于税收筹划的考虑。

（2）数据收集成本的影响

不同的会计政策下的会计方法所导致的数据收集成本可能也是不尽相同的。例如，历史成本计量较公允价值计量的数据收集成本为低；用直线法计提固定资产折旧较用其他方法的数据收集成本为低等。

（3）经营成本的影响

会计方法的选择可能间接影响公司的经营成本。例如，对固定资产采取加速折旧方法，在固定资产使用的前期与后期，由此而负担的公司经营费用就会有所不同。

（4）出于融资成本的考虑

融资成本的变化将影响会计方法的选择或变更。例如，某企业在向银行借款时所签订的借款协议中，规定了资产负债率的上限为65%，但没有对企业会计方法的选择或变更加以限制。在这种情况下，如果企业管理层预见某年年末企业的资产负债率很可能突破65%，那么企业管理层就可能通过变更会计方法，设法增大资产的账面价值或减少负债的账面价值，以使资产负债率指标不超过65%，从而避免违背借款协议条款。否则，一旦违约行为发生，银行所将采取的行动，诸如通过重新谈判调高利率或强行收回贷款等，都会导致企业融资成本的直接或间接上升。

（5）出于对利益相关者之间财富再分配的考虑

财务报告数据常常是各种不同的利益群体进行财富分配（如经理报酬、薪酬计划等）的基本依据，因此，企业选择和变更会计方法的可能原因之一，是改变这种利益分配的依据。国内外研究表明，企业管理层往往会通过采取一定的技术处理（包括有意识地选择或变更会计方法）操控利润，以增加自己所得的报酬等。

（三）前期差错更正的分析

1.前期差错与前期差错更正。前期差错，是指由于没有运用或错误运用以下两种信息，而对前期财务报表造成遗漏或误报：第一，编报前期财务报表时能够合理预计取得并应当加以考虑的可靠信息；第二，前期财务报表批准报出时能够取得的可靠信息。前期差错通常包括计算错误、应用会计政策错误、疏忽或曲解事实以及舞弊产生的影响，以及存货、固定资产盘盈等。

前期差错更正，是指企业应当在重要的前期差错发现后的财务报表中，调整前期相关数据。前期差错更正主要采用追溯重述法，它是指在发现前期差错时，视同该项前期差错从未发生过，从而对财务报表相关项目进行更正的方法。

2.前期差错更正在表中的列示与分析。本期发现与以前期间相关的重大会计差错，如果影响损益，应按其对损益的影响数调整发现当期的期初留存收益，会计报表其他相关项目的期初数也应一并调整；如不影响损益，应调整会计报表相关项目的期初数。

对于前期差错更正累积影响数的分析，主要目的在于及时发现与更正前期差错，合理判断和区分相关业务是属于会计政策变更还是属于会计差错更正类别，以确保信息的准确。

会计差错发生的原因可归纳为三类：①会计政策使用方面的差错。例如，按照国家统一的会计制度规定，为购建固定资产而发生的借款费用，在固定资产达到预定可使用状态后，其发生额应计入当期损益，若继续予以资本化，则属于采用了法律或会计准则等行政法规、规章所不允许的会计政策。②会计估计方面的差错。会计估计是指企业对其结果不确定的交易或事项以最近可利用的信息为基础所作的判断。常见的需要进行会计估计的项目包括：坏账；存货遭受毁损、全部或部分陈旧过时；固定资产的耐用年限与净残值；无形资产的受益期；收入确认中的估计等。由于经济业务中不确定因素的影响，企业在会计估计过程中出现了差错。例如，国家规定企业可以根据应收账款期末余额的一定比例计提坏账准备，企业有可能在期末多计提或少计提坏账准备，从而影响损益的结果。③其他差错。在会计核算中，企业有可能发生除以上两种差错以外的其他差错。例如，错记借贷方向、错记账户、漏记交易或事项、对事实的忽视和滥用等。

会计差错只要发生就会使报出的信息失真，按其影响程度的不同，会计差错可分为重大会计差错和非重大会计差错。重大会计差错是指影响会计报表可靠性的会计差错，其特点是差错的金额比较大，足以影响会计报表的使用者对企业的财务状况和经营成果做出正确判断。按照重要性原则，如果某项差错占有关交易或事项金额的10%以上，则可以被认为是重大会计差错。非重大会计差错是指不足以影响会计报表使用者对企业财务状况和经营成果做出正确判断的会计差错。

案例分析5-2

无论是不是重大会计差错，都应在发现前期差错的当期进行前期差错更正，在所有者权益变动表中适时披露。

第三节　所有者权益变动影响因素分析

一、股利决策对所有者权益的影响

目前，我国上市公司主要采用派现和送股这两种形式发放股利，股利决策对公司财务状况的影响是不同的：派现使公司的资产和所有者权益同时减少，股东手中的现金增加；送股使流通在外的股份数增加，公司账面的未分配利润减少，股本增加，影响每股账面价值和每股收益。

（一）派现

1.派现的含义。派现即派发现金股利，是指公司以现金向股东支付股利的形式，是公司最常见的、最易被投资者接受的股利支付方式。这种形式能够满足大多数投资者希望得到稳定投资回报的要求。公司是否支付现金股利，既取决于公司是否有足额的可供分配的利润，也取决于公司的投资需要、现金流量和股东意愿等因素。

2.派现对所有者权益的影响。派现会导致公司的现金流出，减少公司的资产和所有者权益规模，降低公司内部筹资的总量，既影响所有者权益内部结构，也影响整体资本结构。

【例5-2】某公司有流通在外的股票100万股，每股股价5元，公司的市场价值总额是500万元。表5-5呈现出了简化的上年末的资产负债表。

表5-5 **资产负债表（现金股利支付前）** 单位：元

资产		负债及所有者权益	
现金	1 500 000	负债	0
其他资产	3 500 000	所有者权益	5 000 000
总计	5 000 000	总计	5 000 000

假设该公司管理层本年末决定每股发放1元的现金股利，支付股利后的公司资产负债表见表5-6。

表5-6 **资产负债表（现金股利支付后）** 单位：元

资产		负债及所有者权益	
现金	500 000	负债	0
其他资产	3 500 000	所有者权益	4 000 000
总计	4 000 000	总计	4 000 000

由表5-6可知，如果该公司决定每股发放1元的额外现金股利，则需支付现金100万元，由此使公司资产的市场价值和所有者权益均下降到400万元，每股市值下降到4元。

派现将减少公司的资产和留存收益规模，降低公司的财务弹性，并影响公司整体的投资与筹资决策。所以，管理层在决定派现时，应当权衡各方面的因素。一般而言，公司派现决策的动机如下：

第一，消除不确定性动机。投资者对股利和资本利得有不同的偏好，大多数投资者认为，现金股利是在本期收到的实惠，而未来的资本利得则具有很大的不确定性，公司通过派现将消除投资者期望收益的不确定性，树立良好的市场形象。

第二，传递优势信息动机。根据股利传播信息论，在非完善资本市场中，派现常常被管理者用作传递公司未来前景的信息。当管理者对公司未来发展前景看好时，就会通过一定的派现向市场传递公司的绩优信息，从而提高公司的股票价格。

知识拓展5-3

第三，减少代理成本动机。将剩余的现金流量以股利的形式发放给股东，可以降低经营者控制企业资源的能力，从而降低因所有者和经营者之间的冲突而产生的代理成本。

第四，返还现金动机。每家公司都会走向成熟期，在这个阶段，公司很难找到投资收益率超过投资者要求的必要收益率的项目，这时就应该考虑向投资者派现，以稳定投资者的心态。

（二）送股

1.送股的含义。送股即送股票股利，是指公司以股票形式向投资者发放股利的方式。其具体做法是：在公司注册资本尚未足额时，以股东认购的股票作为股利支付，也可以发行新股支付股利。在实际操作过程中，有的公司增发新股时，预先扣除当年应分配股利，减价配售给老股东；也有的公司发行新股时进行无偿增资配股，即股东无须缴纳任何现金和实物即可取得公司发行的股票。

公司选择送股的动因如下：①送股固然不会增加股票的内在价值，但是对于股东来说将收益作为本金留存公司是一种再投资行为。只要公司经营长线看好，股票红利就很诱人。②从市场评价来看，送股相当吸引人。大量送股后每股收益被稀释，填补每股盈利的缺口给公司经营提出了更高的要求。根据信息理论，大量送股给市场这样一个信号——公司对盈利增长有信心。③公司送股决策最直接的动因还是为了更多地筹资。比如，承销商会建议某些小盘股，先送红股将盘子做大，然后配股，这样配股价不致太高，还可以多筹资。④送股还有避税、降低交易成本等优点。

2.送股对所有者权益的影响。送股是一种比较特殊的股利形式，它不直接增加股东的财富，不会导致企业资产的流出或负债的增加，不影响公司的资产、负债及所有者权益总额的变化，所影响的只是所有者权益内部有关各项目及其结构的变化，即将未分配利润转为股本（面值）或资本公积（超面值溢价）。

3.送股对每股收益和每股市价的影响。送股后，如果盈利总额不变，普通股股数的增加会引起每股收益和每股市价的下降，但由于股东所持股份的比例不变，每位股东所持股票的市场价值总额仍保持不变。

发放股票股利对每股收益和每股市价的影响，可以通过对原每股收益、每股市价的调整直接算出。其计算公式如下：

发放股票股利后的每股收益$=E_0/(1+D_S)$

式中：E_0——发放股票股利前的每股收益；

D_S——股票股利发放率。

发放股票股利后的每股市价$=M/(1+D_S)$

式中：M——除权日的每股市价。

思政知识5-1

【例5-3】假定X公司本年净利润为25 000万元，股利分配时的股票市价为20元/股，发行在外的流通股股数为20 000万股，股利分配政策为10股送0.5股，则每股收益和每股市价的影响计算如下：

送股后的每股收益=25 000÷［20 000×（1+5%）］=1.19（元）

送股后的每股市价=20÷（1+5%）=19.05（元）

4.转增股本与送股。转增股本是指公司将资本公积转化为股本，转增股本并没有改变股东的权益，但却增加了股本的规模，因而客观结果与送股相似。

二、股票分割对所有者权益的影响

（一）股票分割的含义

股票分割是在保持原有股本总额的前提下，将每股股份分割为若干股，使股票面值降低而增加股票数量的行为。

股票分割对中小投资者购买股票更具吸引力，具体说来可归纳为：

1.股票分割可降低公司股票的市场价格，从而易于在市场上流通。这有利于吸引投资者买卖公司股票。

2.股票分割实际上是向投资者传递公司发展前景良好的信息。因为股票分割意味着公司想以较低的发行价吸引投资者购买公司的新股票，公司的股票价格有上升趋势。

3.如果股票分割后的每股现金股利比股票分割前高，股东可获得较多的利益，从而对公司的发展充满信心，并且不会随便出售手中持有的股票。这无疑有利于稳定公司的股票价格。

当然，公司如果认为流通中的股票价格过低，可通过反分割的方法将每股价格提高。在国际资本市场实践中，股票的分割和反分割都会受到相关法律的限制。

（二）股票分割对公司所有者权益的影响

股票分割不属于股利分配，但与股票股利在效果上有一些相似之处，即股票分割也不直接增加股东的财富，不影响公司的资产、负债及所有者权益的金额变化。与送股的不同之处在于，股票股利使所有者权益有关各项目的结构发生变化，而股票分割则不会改变公司的所有者权益结构。

（三）股票分割对每股收益和每股市价的影响

虽然股票分割不属于某种股利，但和股票股利一样，它会对公司的每股收益、每股市价等产生影响。在其他条件不变的情况下，进行股票分割会使公司的每股收益和每股市价下降。

三、库存股对所有者权益的影响

（一）库存股的概念

库存股亦称库藏股，是指公司购回而没有注销并由该公司持有的已发行的股票。库存股在回购后并不一定注销，由公司持有并决策，在适当的时机可以再向市场出售或用于对员工的激励。库存股是发行总股本的减项，可以被理解为将股利一次性支付给股东，属于间接股利分配形式。

股票回购的原因一般包括：①实施基于股票的管理层激励，管理层可以以低于市价的价格购买公司的股票，从而使管理层和股东的利益一致。②提高每股收益，减少发行在外的股票数量，会使每个股东享有的利润增加。③改变股票结构以满足法律法规的相关规定，以及股权结构优化等。

库存股同时具备以下四个特点：①库存股是本公司的股票；②库存股是已发行的股票；③库存股是收回后尚未注销的股票；④库存股是可以再次出售的股票。根据定义，我们也可以作如下理解：凡是属于公司未发行的股票、公司持有的其他公司的股票或者是公司已收回并注销的股票都不能被视为库存股。

回购股份时，借：库存股，贷：银行存款；注销回购股份时，借：股本（注销股票的面值总额）、资本公积（差额先冲股本溢价）、盈余公积（股本溢价不足，冲减盈余公积）、利润分配——未分配利润（股本溢价和盈余公积不足部分），贷：库存股。

除了股票回购外，本公司股东或债务人以股票抵偿公司的债务、股东捐赠本公司的股票等行为都会形成库存股。

（二）库存股对公司所有者权益的影响

1.库存股不是公司的一项资产，而是所有者权益的减项，发生时不影响总股本变化，注销时库存股对所有者权益总额有影响。具体由例5-4可见：

【例5-4】 某公司2022年股票为100 000 000股，面值1元，资本公积（股本溢价）为30 000 000元，盈余公积为40 000 000元，经过股东大会批准，以银行存款回购本公司股票20 000 000股并注销。假定按每股2元回购，其账务处理为：

（1）回购股票时：

借：库存股	40 000 000	
贷：银行存款		40 000 000

（2）注销库存股时：

借：股本	20 000 000	
资本公积——股本溢价	20 000 000	
贷：库存股		40 000 000

2.库存股的变动不影响损益，只影响权益。由于库存股不是公司的一项资产，因此再次发行库存股时，其所产生的收入与取得时的账面价值之间的差额不会引起公司损益的变化，而是引起公司所有者权益的增加或减少。比如，公司以低价买入库存股，以高价卖出库存股，则成本和卖价间的差异会记录为资本公积的增加。

3.库存股的权利受限。由于库存股没有具体股东，因此，库存股的权利会受到一定的限制。比如，它不具有股利分派权、表决权、优先认购权、分派剩余财产权等。

（三）对库存股分析应该注意的问题

从实质影响看，股票回购可以被认为是将股利一次性支付给股东，属于间接股利分配，但股票回购比高股利政策更有财务影响：①合理增加库存股能进一步提高股票价格，吸引投资者。公司通过增加库存股可以减少发行在外的流通股，从而达到提高每股净收益和每股股利的目的，以保持或提高股价。②合理增加库存股可减少股东人数，化解外部控制或减少施加重要影响的公司和企业，以避免公司自身被收购或者恶意运作。③公司通过对库存股的合理运用，可以调整自身的资本结构，保证股东和债权人的利益。

库存股会影响到公司的股价、资本结构、公司形象等，因此在报表分析中应该注意以下几项：

1.法律、法规、章程等对发行在外的股票数量及金额的限制。

2.法律、法规、章程等因持有库存股而对其股利分配的限制。

3.依法回收股票的原因、库存股的增减变动状况。

4.法律、法规、章程对库存股所享有的股东权利的限制。

5.若子公司于母公司财务报表期间持有母公司股票，母公司利润表应揭示相关资料，并在财务报表附注中揭示子公司购入的股数及账面价值、再出售股数及售价、期末持有数及市价。

6.有无利用股票回购内幕操纵股价、粉饰财务数据、误导投资者、满足公司管理层短期行为的动机等。

四、可转债、债转股以及股份支付对所有者权益的影响

（一）可转换公司债券的发行与行权

根据《上市公司证券发行管理办法》，可转换债券是指发行公司依法发行，在一定期

间内依据约定的条件可以转换成股份的公司债券。可转换公司债券赋予投资者在一定的期间内根据约定的条件将债券转换成发行公司普通股票的自由选择权，而不承担必须进行转换的义务，并且在转股前一直享有债权人的权益。换言之，可转换公司债券持有人可以选择持有该债券至到期，要求公司还本付息，也可以在约定的时间内将其转换成股票，享受股利分配或资本增值。

可转换公司债券发行时，应将其包含的负债成分和权益成分进行拆分，将负债成分确认为应付债券，权益成分确认为其他权益工具，故而可转换公司债券的发行会使所有者权益中的其他权益工具增加。具体由例5-5可见：

【例5-5】 某公司经批准于2022年1月1日以50 000万元的价格（不考虑相关税费）发行面值为50 000万元的可转换公司债券。该可转换公司债券的期限为5年，每年1月1日付息，票面年利率为4%，实际年利率为6%，（P/A，6%，5）=4.2124，（P/F，6%，5）=0.7473。

可计算出该可转换公司债券负债成分的公允价值=50 000×0.7473+50 000×4%×4.2124=45 789.8（万元），权益成分公允价值=50 000−45 789.8=4 210.2（万元）。故而该可转换公司债券的发行会使所有者权益中的其他权益工具增加4 210.2万元。

可转换公司债券持有人行使转换权利时，其持有的债券就会转化为股票，其转换时的账务处理为：按可转换公司债券的余额，借：应付债券——可转换公司债券（面值、利息调整），按其权益成分的金额，借：其他权益工具，按股票面值和转换的股数计算股票面值总额，贷：股本，按其差额，贷：资本公积——股本溢价。可见，可转换公司债券行权时，股本会增加，其他权益工具会减少，资本公积——其他资本公积也会变化，具体由例5-6可见：

【例5-6】 某公司2021年1月1日发行1 000万份可转换公司债券，每份面值为100元，每份发行价格为100.5元，可转换公司债券发行2年后，每份可转换公司债券可转换4股甲公司普通股（每股面值1元）。发行日，该可转换公司债券负债部分初始计量金额为100 150万元。2022年12月31日，与该可转换公司债券相关的负债的账面价值为100 050万元。2023年1月2日，该可转换公司债券全部转换为甲公司股份。其账务处理为：

借：应付债券——可转换公司债券（面值）	100 000	
应付债券——可转换公司债券（利息调整）	50	
其他权益工具	350	
贷：股本		4 000
资本公积——股本溢价		96 400

（二）债务重组债务转为资本

债务重组是指在不改变交易对手方的情况下，经债权人和债务人协定或法院裁定，就清偿债务的时间、金额或方式等重新达成协议的交易。

债务重组主要有以下几种方式：①以资产清偿债务；②将债务转为资本；③除第一项和第二项以外，采用调整债务本金、改变债务利息、变更还款期限等方式修改债权和债务的其他条款，形成重组债权和重组债务。其中会涉及所有者权益变动的重组方式为将债务转为资本，其债务人账务处理为：企业将重组债务转为资本的，应按重组债务的账面余额，借记“应付账款”等科目，按债权人因放弃债权而享有本企业股份的面值总额，贷记“实收资本”或“股本”科目，按股份的公允价值总额与相应的实收资本或股本的差额，贷记或借记“资本公积——资本溢价”或“资本公积——股本溢价”科目，按其差额，贷记“营业外收入——债务重组利得”科目。具体由例5-7可见：

【例5-7】2021年12月18日，甲公司销售一批材料给乙公司（乙公司为股份有限公司），价款为150 000元，增值税为19 500元，付款期为2个月。由于乙公司发生财务困难，无法按期支付货款，2022年5月10日，双方经过协商达成一项债务重组协议，甲公司同意乙公司以其部分股权抵偿该账款。假设债务转为资本后乙公司注册资本为6 000 000元，净资产的公允价值为7 200 000元，抵债股份占乙公司注册资本的2%。相关手续已办理完毕。假定甲公司对该应收账款计提了1%的坏账准备。不考虑其他相关税费。

分析：

甲公司取得乙公司股份的公允价值=7 200 000×2%=144 000（元）

甲公司占乙公司注册资本的份额=6 000 000×2%=120 000（元）

甲公司取得乙公司股份的资本溢价=144 000−120 000=24 000（元）

甲公司应确认的债务重组利得=169 500−144 000=25 500（元）

2022年5月10日，债务人乙公司的账务处理为：

借：应付账款——甲公司	169 500	
贷：实收资本		120 000
资本公积——资本溢价		24 000
营业外收入——债务重组利得		25 500

该债务重组使得债务人乙公司短期负债减少169 500元，同时实收资本增加120 000元，资本公积增加24 000元。

（三）以权益结算的股份支付

股份支付，是“以股份为基础的支付”的简称，是指企业为获取职工和其他方提供服务而授予权益工具或者承担以权益工具为基础确定的负债的交易。

股份支付具有以下几个特征：①股份支付是指企业为获取职工和其他方提供服务而授予权益工具或者承担以权益工具为基础确定的负债的交易；②股份支付是以获取职工或其他方服务为目的的交易；③股份支付交易的对价或其定价与企业自身权益工具未来的价值密切相关。

股份支付主要分为以权益结算的股份支付和以现金结算的股份支付两大类，其中以权益结算的股份支付会对所有者权益有影响，具体由例5-8可见：

【例5-8】A公司为一上市公司。2021年1月1日，公司向其200名管理人员每人授予100股股票期权，这些职员从2021年1月1日起在该公司连续服务3年，即可以5元每股购买100股A公司股票，从而获益。公司估计该期权在授予日的公允价值为18元。

第一年有20名职员离开A公司，A公司估计3年中离开的职员的比例将达到20%；第二年又有10名职员离开公司，公司将估计的职员离开比例修正为15%；第三年又有15名职员离开。

1.费用和资本公积计算过程见表5-7。

表5-7　**以权益结算的股份支付当期费用计算表**　单位：元

年份	计算	当期费用	累计费用
2021	200×100×（1-20%）×18×1/3	96 000	96 000
2022	200×100×（1-15%）×18×2/3-96 000	108 000	204 000
2023	155×100×18-204 000	75 000	279 000

2.账务处理如下：

（1）2021年1月1日：授予日不做账务处理。

（2）2021年12月31日：

借：管理费用　96 000

　贷：资本公积——其他资本公积　96 000

（3）2022年12月31日：

借：管理费用　108 000

　贷：资本公积——其他资本公积　108 000

（4）2023年12月31日：

借：管理费用　75 000

　贷：资本公积——其他资本公积　75 000

（5）假设155名职员都在2021年12月31日行权，A公司股份面值为1元：

借：银行存款　77 500

　　资本公积——其他资本公积　279 000

　贷：股本　15 500

　　　资本公积——股本溢价　341 000

通过上例可知，A公司以权益结算的股份支付在员工服务期间逐年确认管理费用和资本公积，使得资本公积项目逐年增加，在行权日，服务期间确认的资本公积转销，同时确认股本和股本溢价，使得所有者权益发生变动。

□ 本章小结

所有者权益是指企业资产扣除负债后由股东享有的“剩余权益”，也称净资产，是股东投资资本与经营过程中形成的留存收益的集合，是股东投资和公司发展实力的资本体现。

所有者权益变动表反映了本期（年度或中期）截至期末所有者权益的变动情况。所有者权益变动表根据所有者权益变动的性质分别按照综合收益、股东投入资本和减少资本、利润分配、所有者权益内部结转、专项储备等项目分析填列。

所有者权益变动表的综合分析包括：水平分析、构成分析、趋势分析和主要项目分析。水平分析是将所有者权益各个项目的本期数与基准（可以是上期数等）进行对比，揭示公司当期所有者权益各个项目的水平及其变动情况，解释公司净资产的变动原因，从而为决策服务的过程。所有者权益变动表的构成分析，是对所有者权益各个子项目的变动占所有者权益变动的比重予以计算，并进行分析评价，揭示公司当期所有者权益各个项目的比重及其变动情况，解释公司净资产构成的变动原因，从而进行相关决策的过程。所有者权益变动表的趋势分析，是通过所有者权益变动表重要项目的变动趋势，深入理解和掌握所有者权益项目增减变动的原因与规律，为财务预测、财务决策、编制财务预算和估算企业价值提供依据。根据分析目的，所有者权益变动表的趋势分析可以包括公司内部变动趋势和行业变动趋势等内容。所有者权益变动表的主要项目分析，是对组成所有者权益的主要项目进行具体剖析对比，分析其变动成因、合理合法性、是否有人为操控的迹象等的过程。

所有者权益变动的影响因素分析，主要根据影响所有者权益变化的重要财务决策行为进行其财务结果分析，这些行为具体包括：派现和送股、股票分割、股票回购、可转债、债转股以及以权益结算的股份支付等对所有者权益的影响。

□ 数智能力训练

人工智能大模型能够为我们进行财务分析提供很多有益的帮助。结合本章学习的内容，我们可运用人工智能大模型对所有者权益变动表相关问题进行进一步的分析，以提升同学们运用数智模型进行财务分析的能力。

本章的数智能力训练题主要有：

1. 人工智能和大数据技术的发展，对会计报表的阅读、理解与分析有什么影响？利用人工智能和大数据技术，获得会计报表分析的更有用信息包括哪些方面？如何利用人工智能和大数据，进行公司及其行业的股东权益及其各个项目的分析？

2. 在对汽车制造业（零售业、交通运输业、食品加工行业、钢铁行业……）进行所有者权益及其变动分析时，哪些政策变化必须要加以考虑？这些政策对此行业的所有者权益具体会产生哪些影响？

3. 举例展示与说明：我国会计准则和上市公司信息披露与监管，在过去12个月以内，有哪些变化，这些变化对一家公司所有者权益变动表的具体内容有什么影响？这些影响是仅限于所有者权益变动表吗？其他报表的相关影响包括哪些方面？

4. 在财务报表分析中，应用人工智能和大数据的技术需要注意哪些问题？这些问题应该如何应对？

目前可以采用的人工智能大模型主要有阿里“通义千问”、百度“文心一言”和科大讯飞“星火”等模型，当然也可以采用最新推出的其他模型。同学们可以多尝试一下不同的提问方式，或者不同的人工智能模型，看看答案会有怎样的差别？看看你能否找到与人工智能建立有效沟通的渠道！

□ 互动练习

第六章　利润表分析

□ 学习目标

本章学习目标是使学生掌握利润表分析的基本内容与方法。其具体目标包括：

◇ 知识目标

明确利润表分析的目的与作用；理解利润表的内涵与所提供的信息；掌握利润表综合分析、分部分析以及分项分析的基本方法、评价思路与原理。

◇ 技能目标

重点掌握利润表综合分析的基本方法，包括利润表水平分析表与垂直分析表的编制方法与评价思路；一般掌握营业利润分析、企业分部报告分析、产品销售利润因素分析、利润表分项分析的内容与方法。

◇ 能力目标

能够运用利润表分析方法对企业利润的形成进行总体分析评价；能够运用利润表分析方法对各项利润完成情况进行分析评价；能够通过分析分部报告信息，更好地理解企业各经营分部和报告分部的经营业绩，从而把握企业整体的经营状况；能够运用财务分析基本方法对影响利润形成的主要项目进行分析评价。

◇思政目标

能够在掌握利润表分析目的、方法和内容的基础上，提升专业素养和职业道德，明确财富的来源，牢记“德本财末”，辨别利润表及分析中的虚假信息，提升学生法治素质。

【引例】

根据中汽协数据，2023年上半年新能源汽车增长持续亮眼，再创历史新高，产销量分别是378.8万辆和374.7万辆，同比分别增长42.4%和44.1%，市场渗透率稳步提升至28.3%，较去年全年提升2.7个百分点。而比亚迪新能源汽车市占率进一步扩大至33.5%，较2022年增长6.5%，不仅巩固了中国新能源汽车行业龙头地位，同时蝉联全球销量第一宝座。

如此亮眼的成绩，也体现在比亚迪的利润上。比亚迪公布的2023年半年度报告显示，比亚迪增长势头依然强劲。2023年上半年，实现营业收入2 601.24亿元，同比增长72.72%；营业利润137.31亿元，同比增长197.08%；净利润114.40亿元，同比增长190.85。营业利润率达到5.28%，相比上一报告期的3.07%上涨2.21%。

但同时，比亚迪营业成本为2 124.51亿元，同比增长64.90%；期间费用中，销售费用为108.38亿元，同比增长129.49%；管理费用为68.19亿元，同比增长85.77%；研发费用为138.34亿元，同比增长155.05%。成本费用对企业经营成果具有十分重要的影响，降低成本费用是增加企业经营成果的重要途径。比亚迪强劲的利润增长伴随着成本的同步增加，是否说明比亚迪的成本费用管理有效性较差？

那么，如何通过利润表分析评价企业的经营成果？企业利润高就是盈利质量高吗？企业盈利或亏损的原因是什么？通过本章学习，可以掌握利润表分析的内容，了解利润的来源，进而判断利润表的信息质量，结合现金流量表资料还可以进一步分析企业盈利的质量，为决策者提供相关有用的信息。

资料来源：根据东方财富网数据和比亚迪公司2022年年度报告整理。

第一节 利润表分析的目的与内容

一、利润表分析的目的

利润，通常是指企业在一定会计期间收入减去费用后的净额以及直接计入当期损益的利得和损失，也称为企业一定时期的经营成果，具体包括营业利润、利润总额和净利润等。在市场经济条件下，企业追求的根本目标是价值最大化或股东权益最大化，其基础都是利润。利润已成为现代企业经营与发展的直接目标，是企业和社会积累与扩大再生产的重要源泉，是反映企业经营业绩和经营成果最综合的数据，是企业进行投资与经营决策的重要依据。企业生产经营过程中的各项工作成果，最终都聚焦在所创造利润多少这一结果上。因此，利润不仅是企业经营管理中的核心，也是企业外部投资者、债权人尤为关心的焦点。

利润表分析的目的主要体现在以下三个方面：

第一，通过利润表分析可以正确评价企业的经营业绩。由于利润受企业生产经营过程中各环节的影响，因此，通过利润形成的不同环节进行分析，可以准确评价各环节的经营业绩。如通过产品销售利润分析，不仅可以明确产品销售利润受哪些因素影响以及各因素的影响程度，还可以分析造成影响的是主观因素还是客观因素，是有利影响还是不利影响等，能够满足评价企业各部门和利润形成各环节业绩的要求。

第二，通过利润表分析可以及时准确地发现企业经营管理中存在的问题。通过利润表分析，评价企业利润表项目增减变动的原因，以及利润的来源和质量，可以一目了然地发现企业在各环节存在的问题或缺陷，为企业进一步改进经营管理指明可行的方向。通过行业对比分析，还可以判断是企业的自身问题，还是行业共性问题，从而有利于抓住问题的核心和关键，促使企业利润持续增长。

第三，利润表分析可以为投资者、债权人进行投资与信贷决策提供可靠信息。由于企业经营权自主化及管理体制的改变，人们愈发关心企业的利润。企业经营者关心利润，投资者、债权人也是如此。他们通过利润表分析，预测判断企业的经营潜力及发展前景，进一步做出切合实际的投资决策与信贷决策。

二、利润表分析的内容

在明确利润表分析作用之后，进一步进行利润表分析时，应凭借利润表及相关信息展开。利润表分析主要由以下内容构成：

（一）利润表综合分析

通过利润表综合分析，主要对利润表主表各项利润额增减变动、利润结构变动情况进行分析。

（1）利润额增减变动分析。利用水平分析法，结合利润形成过程中相关的影响因素，分析利润表各项目的变动情况和原因，评价企业在利润形成过程中的管理业绩并挖掘存在的问题。

（2）利润结构变动分析。利用垂直分析法，将利润表中各项目分别与营业收入进行对比，反映利润表各项目所占的比重，同时将不同时期的结构进行对比，揭示经营成果的结构及其变动的合理性。

（二）利润表分部分析

利润表分部分析主要是由分部报告分析和产品销售利润分析两部分构成。

（1）分部报告分析。通过分析分部报告，评价企业各经营分部的财务状况和经营成果，有助于改善企业内部组织结构，满足管理要求，优化产业结构，加强企业内部报告制度，也为企业分部战略调整指明方向。

（2）产品销售利润分析。采用因素分析方法，在明确影响产品销售利润因素的基础上，通过实际案例分析，掌握产品销售利润因素分析的方法和分析过程，进一步揭示各因素变动对产品销售利润的影响，从而分清企业生产经营中的绩效与不足。

（三）利润表分项分析

利润表分项分析主要是在利润表综合分析的基础上，挖掘利润表中的重要项目，并结合利润表附注所提供的详细信息，根据各重要项目的特点进行深入分析，充分揭示利润形成的主观及客观原因。根据本教材案例特点，利润表分项分析主要包括以下内容：

（1）企业收入分析。收入是影响利润的重要因素。企业收入分析的具体内容包括企业收入的构成分析；企业收入趋势分析；企业收入预测分析等。

（2）成本费用分析。成本费用分析主要包括营业成本分析和期间费用分析两部分。营业成本分析包括营业成本趋势分析、营业成本构成分析、全部营业成本完成情况分析和主要产品单位生产成本分析；期间费用分析包括期间费用水平分析、期间费用垂直分析和研发费用分析。

（3）资产减值损失分析。资产减值损失分析主要包括资产减值损失规模变动分析。

（4）其他收益分析。其他收益分析包括其他收益的规模变动分析和结构变动分析。

此外，还可以根据不同企业利润表的资料，以及案例分析对象的具体情况和特点，对一些重要项目进行灵活选择和深入分析，如信用减值损失、管理费用、投资收益、公允价值变动损益、资产处置收益和营业外收入等。

第二节　利润表综合分析

一、利润额增减变动分析

（一）分析资料与方法选择

利润额增减变动分析，是指对利润表中各项目的增减变动情况、变动差异进行分析。采用水平分析法，将利润表中各项目的报告期数与基期数进行比较，编制利润表水平分析表，其分析目的在于揭示净利润增减变动的原因。

（二）编制利润表水平分析表

在利润表水平分析表中，可以采用增减变动额和增减变动百分比两种方式。根据BQC公司2022年合并利润表资料，编制利润表水平分析表，见表6-1。

表6-1　**BQC公司2022年合并利润表水平分析表**[①]　金额单位：万元

项目	2022年	2021年	变动额	变动率[②]（%）
一、营业总收入	42 406 063.50	21 614 239.50	20 791 824.00	96.20
其中：营业收入	42 406 063.50	21 614 239.50	20 791 824.00	96.20
二、营业总成本	40 118 733.20	21 260 233.90	18 858 499.30	88.70
其中：营业成本	35 181 568.00	18 799 768.90	16 381 799.10	87.14
税金及附加	726 711.00	303 487.80	423 223.20	139.45
销售费用	1 506 067.60	608 167.80	897 899.80	147.64
管理费用	1 000 737.00	571 019.30	429 717.70	75.25
研发费用	1 865 445.30	799 097.40	1 066 347.90	133.44
财务费用	-161 795.70	178 692.70	-340 488.40	-190.54
加：其他收益	172 113.60	227 019.60	-54 906.00	-24.19
投资收益	-79 190.30	-5 713.40	-73 476.90	-1 286.05
公允价值变动收益	12 609.80	4 735.60	7 874.20	166.28
信用减值损失	-98 952.10	-38 807.40	-60 144.70	-154.98
资产减值损失	-138 645.80	-85 747.50	-52 898.30	-61.69

续表

项目	2022年	2021年	变动额	变动率②（%）
资产处置收益	−1 083.60	7 706.70	−8 790.30	−114.06
三、营业利润	2 154 181.90	463 199.20	1 690 982.70	365.07
加：营业外收入	52 697.40	33 765.40	18 932.00	56.07
减：营业外支出	98 906.40	45 164.30	53 742.10	118.99
四、利润总额	2 107 972.90	451 800.30	1 656 172.60	366.57
减：所得税费用	336 662.50	55 073.70	281 588.80	511.29
五、净利润	1 771 310.40	396 726.60	1 374 583.80	346.48
1.归属于母公司所有者的净利润	1 662 244.80	304 518.80	1 357 726.00	445.86
2.少数股东损益	109 065.60	92 207.80	16 857.80	18.28
六、其他综合收益的税后净额	54 623.00	42 776.60	11 846.40	27.69
七、综合收益总额	1 825 933.40	439 503.20	1 386 430.20	315.45
（一）归属于母公司所有者的综合收益总额	1 717 483.50	347 719.90	1 369 763.60	393.93
（二）归属于少数股东的综合收益总额	108 449.90	91 783.30	16 666.60	18.16
八、每股收益：				
（一）基本每股收益	5.71	1.06	4.65	438.68
（二）稀释每股收益	5.71	1.06	4.65	438.68

①本章所有数据尾数存在差异皆因四舍五入导致，特此说明。

②变动率的计算以经济实质为准，通常与变动额变动方向一致，如变动额为负值，则变动率也是负值。

（三）利润表增减变动分析评价

企业的利润取决于收入和费用、直接计入当期利润的利得和损失金额的计量。BQC公司2022年较上年净利润、利润总额、营业利润均大幅增加。利润表增减变动分析应抓住几个关键利润指标的变动情况，分析其变动原因。

（1）净利润分析。净利润是指企业所有者最终取得的财务成果，或可供企业所有者分配或使用的财务成果。本例中，BQC公司2022年实现1 771 310.40万元净利润，本期增加1 374 583.80万元，增幅为346.48%。净利润增加的主要原因是利润总额增加1 656 172.60万元，增幅达366.57%。尽管所得税费用比上年增加281 588.80万元，增幅高达511.29%，但其绝对值相比利润总额仍然较小，二者综合作用导致净利润增加。

案例分析6-1

（2）利润总额分析。利润总额反映企业全部的税前财务成果，不仅反映营业利润，还可以反映企业的营业外收支情况。本例中，BQC公司2022年利润总额为2 107 972.90万元，比上年增加1 656 172.60万元，增幅为366.57%，究其原因是公司营业利润本期增加1 690 982.70万元，增幅为365.07%。同时，营业外收入增加了18 932.00万元，增幅为

56.07%，是影响利润总额的有利因素；营业外支出本期增加53 742.10万元，增幅为118.99%，是影响利润总额的不利因素。可见，营业利润增加是利润总额增加的主要原因。

（3）营业利润分析。营业利润是企业计算利润的第一步，通常也是一定时期内企业盈利最主要、最稳定的来源。它既包括企业在销售商品、提供劳务等日常活动中所产生的营业毛利，又包括企业资产公允价值变动净收益、对外投资的净收益、其他收益和资产处置净收益等，营业利润大致反映了企业自身生产经营业务的财务成果。本例中，BQC公司2022年营业利润较上年增加，主要是营业收入本期增加20 791 824.00万元，增幅为96.20%；财务费用减少340 488.40万元，减幅为190.54%；公允价值变动收益增加7 874.20万元，增幅为166.28%，以上各项目都是影响营业利润的有利因素。BQC公司本期营业总成本增加18 858 499.30万元，增幅为88.70%；其中，营业成本增加16 381 799.10万元，增幅为87.14%；税金及附加增加423 223.20万元，增幅为139.45%；销售费用增加897 899.80万元，增幅为147.64%；管理费用增加429 717.70万元，增幅为75.25%；研发费用增加1 066 347.90万元，增幅为133.44%；其他收益减少54 906.00万元，减幅为24.19%；投资收益减少73 476.90万元，减幅为1 286.05%；信用减值损失增加60 144.70万元，增幅为154.98%；资产减值损失增加52 898.30万元，增幅为61.69%，资产处置收益减少8 790.30万元，减幅为114.06%，上述各项目都是影响营业利润的不利因素。各因素相抵后使营业利润增加1 690 982.70万元，增幅为365.07%。

（4）毛利分析。毛利是指企业营业收入与营业成本之间的差额。本例中，BQC公司2022年和2021年毛利分别是7 224 495.50万元和2 814 470.60万元。2022年毛利比上年增加4 410 024.90万元，增幅为156.69%，其中，营业收入、营业成本分别增加20 791 824.00万元和16 381 799.10万元，增幅分别为96.20%和87.14%。营业收入增幅大于营业成本增幅，是毛利增加的主要原因。

除上述利润表关键指标分析以外，“其他综合收益的税后净额”项目反映根据其他会计准则规定未在损益中确认的各项利得和损失扣除所得税影响后的净额。本例中，BQC公司2022年其他综合收益的税后净额为54 623.00万元，增幅为27.69%，导致本期综合收益总额与净利润金额不一致，为1 825 933.40万元，较上期增加1 386 430.20万元，增幅为315.45%，94.06%为归属于母公司所有者的综合收益总额；基本每股收益和稀释每股收益相比上年均大幅增加，其中基本每股收益比上年增加4.65元，增幅为438.68%；稀释每股收益比上年增加4.65元，增幅为438.68%。

仅此一年的利润额增减变动分析可能会存在一定的偶然性，因此还可以针对利润表主要项目，如净利润、利润总额、营业利润和毛利等进一步做趋势分析。由于BQC公司净利润增加的主要原因是本期营业利润的增加，因此进一步分析BQC公司营业利润的变动原因。

（四）BQC公司营业利润变动原因分析

根据BQC公司2018年年度报告信息，对其营业利润及变动情况进行趋势分析，如图6-1所示，可知，BQC公司的营业利润呈现波浪式上升之势，2018—2019年的营业利润逐年减少，减幅分别为21.60%和45.49%，2019年营业利润达到近五年来的最低值，为231 228.80万元；2020年营业利润大幅增加，增幅为206.44%，而2021年营业利润减少，减幅为-34.63%，2022年营业利润又大幅增加，为365.07%。而营业利润变动的原因，还应针对影响营业利润的相关项目进一步做深入的项目分析。

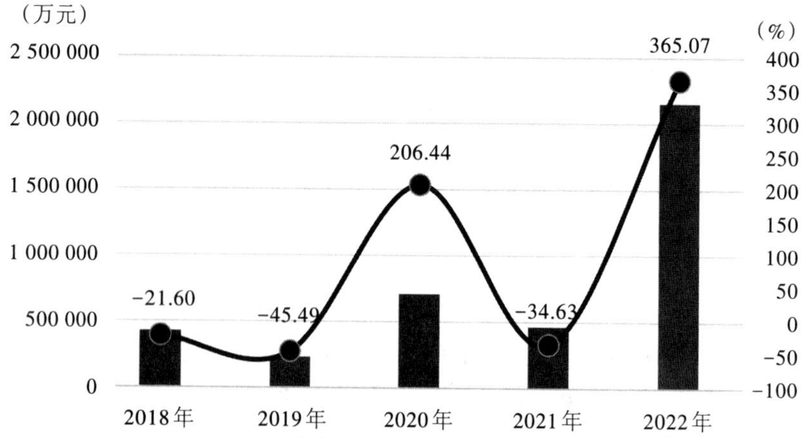

图6-1　BQC公司2018—2022年营业利润及变动率趋势图

（五）营业利润变动率行业对比分析

不同规模的企业，相对数更具备可比性。

2018—2022年五家汽车企业营业利润变动率对比，如图6-2所示，可知，在五家企业中，CAQC公司的营业利润最不稳定，在2018—2020年都有较大幅度波动，其中2018年和2019年营业利润变动率均为负值，减幅分别为102.82%和946.03%，2020年增幅为224.54%。BQC公司其次，在2020年和2022年都有较大幅度波动，增幅分别为206.44%和365.07%。CCQC公司的营业利润变动率在2018—2022年呈先降后升之势。SQJT公司和GQJT公司在2018—2021年的营业利润变动率趋势基本一致，但2022年GQJT公司营业利润增加，SQJT公司营业利润减少。2018—2019年，五家企业中除CCQC公司在2018年营业利润增加6.46个百分点以外，其他四家企业营业利润变动率均为负值，营业利润普遍下滑，在一定程度上体现出行业共性。2022年，除SQJT公司营业利润减少37.22个百分点以外，其余四家企业营业利润变动率均为正值。其中，BQC公司的营业利润变动率最大，达到峰值365.07%，说明BQC公司2022年营业利润增幅突出且具有一定的行业因素。

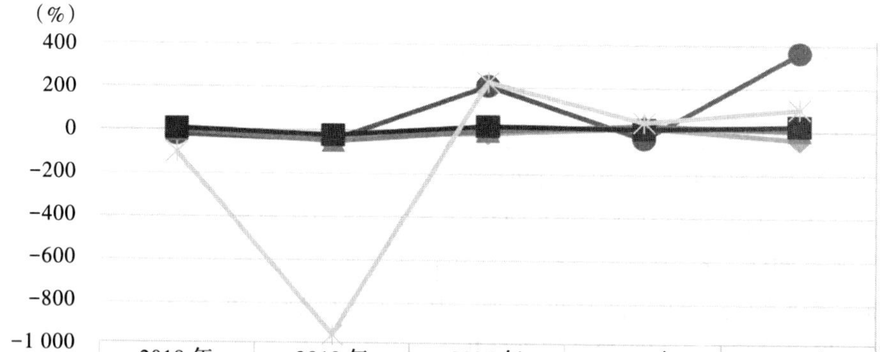

	2018年	2019年	2020年	2021年	2022年
BQC	-21.60	-45.49	206.44	-34.63	365.07
SQJT	-0.81	-24.83	-11.74	16.40	-37.22
GQJT	-1.37	-51.21	-0.77	26.74	4.34
CCQC	6.46	-23.35	20.41	10.73	25.09
CAQC	-102.82	-946.03	224.54	42.16	104.63

图6-2　五家汽车企业2018—2022年营业利润变动率对比图

二、利润结构变动分析

（一）分析资料与方法选择

利润结构变动对比分析，是指对利润表中各项目占营业收入的比重及其变动情况进行分析。采用垂直分析法，将利润表中各项目的报告期数据与基期数据进行比较，分析利润表各项目的构成情况，及其结构变动的合理性。

知识拓展6-1

（二）利润表垂直分析

根据BQC公司2018—2022年合并利润表资料，编制其利润表垂直分析表，见表6-2；利润表主要项目结构变动趋势，如图6-3所示。

表6-2 BQC公司2018—2022年利润表垂直分析表（%）

项目	2018年	2019年	2020年	2021年	2022年	2018—2019结构变动	2019—2020结构变动	2020—2021结构变动	2021—2022结构变动
一、营业总收入	100	100	100	100	100	0	0	0	0
其中：营业收入	100	100	100	100	100	0	0	0	0
二、营业总成本	97.64	98.34	95.15	98.36	94.61	0.70	−3.18	3.21	−3.76
其中：营业成本	83.60	83.71	80.62	86.98	82.96	0.11	−3.08	6.36	−4.02
税金及附加	1.65	1.22	1.38	1.40	1.71	−0.43	0.15	0.03	0.31
销售费用	3.64	3.40	3.23	2.81	3.55	−0.23	−0.17	−0.41	0.74
管理费用	2.89	3.24	2.76	2.64	2.36	0.35	−0.48	−0.12	−0.28
研发费用	3.84	4.41	4.77	3.70	4.40	0.57	0.36	−1.07	0.70
财务费用	2.03	2.36	2.40	0.83	−0.38	0.33	0.04	−1.58	−1.21
加：其他收益	1.79	1.35	1.08	1.05	0.41	−0.44	−0.27	−0.03	−0.64
投资收益	−0.09	−0.63	−0.17	−0.03	−0.19	−0.55	0.46	0.15	−0.16
公允价值变动收益	0.00	0.01	−0.03	0.02	0.03	0.01	−0.04	0.05	0.01
信用减值损失	−0.26	−0.37	−0.61	−0.18	−0.23	−0.12	−0.23	0.43	−0.05
资产减值损失	0.53	−0.12	−0.58	−0.40	−0.33	−0.65	−0.45	0.18	0.07
资产处置收益	−0.01	−0.08	−0.01	0.04	0.00	−0.06	0.07	0.04	−0.04
三、营业利润	3.26	1.81	4.52	2.14	5.08	−1.45	2.71	−2.38	2.94
加：营业外收入	0.18	0.18	0.18	0.16	0.12	0.00	0.00	−0.02	−0.03
减：营业外支出	0.07	0.08	0.31	0.21	0.23	0.02	0.23	−0.10	0.02
四、利润总额	3.37	1.90	4.40	2.09	4.97	−1.47	2.49	−2.30	2.88
减：所得税费用	0.64	0.24	0.55	0.25	0.79	−0.39	0.31	−0.30	0.54

续表

项目	2018年	2019年	2020年	2021年	2022年	2018—2019结构变动	2019—2020结构变动	2020—2021结构变动	2021—2022结构变动
五、净利润	2.73	1.66	3.84	1.84	4.18	-1.08	2.18	-2.00	2.34
1.归属于母公司所有者的净利润	2.14	1.26	2.70	1.41	3.92	-0.87	1.44	-1.30	2.51
2.少数股东损益	0.60	0.39	1.14	0.43	0.26	-0.20	0.74	-0.71	-0.17
六、其他综合收益的税后净额	-1.20	0.19	-0.32	0.20	0.13	1.40	-0.52	0.52	-0.07
七、综合收益总额	1.53	1.85	3.52	2.03	4.31	0.32	1.66	-1.48	2.27
归属于母公司所有者的综合收益总额	0.94	1.45	2.38	1.61	4.05	0.52	0.92	-0.77	2.44
归属于少数股东的综合收益总额	0.59	0.40	1.14	0.42	0.26	-0.20	0.74	-0.71	-0.17

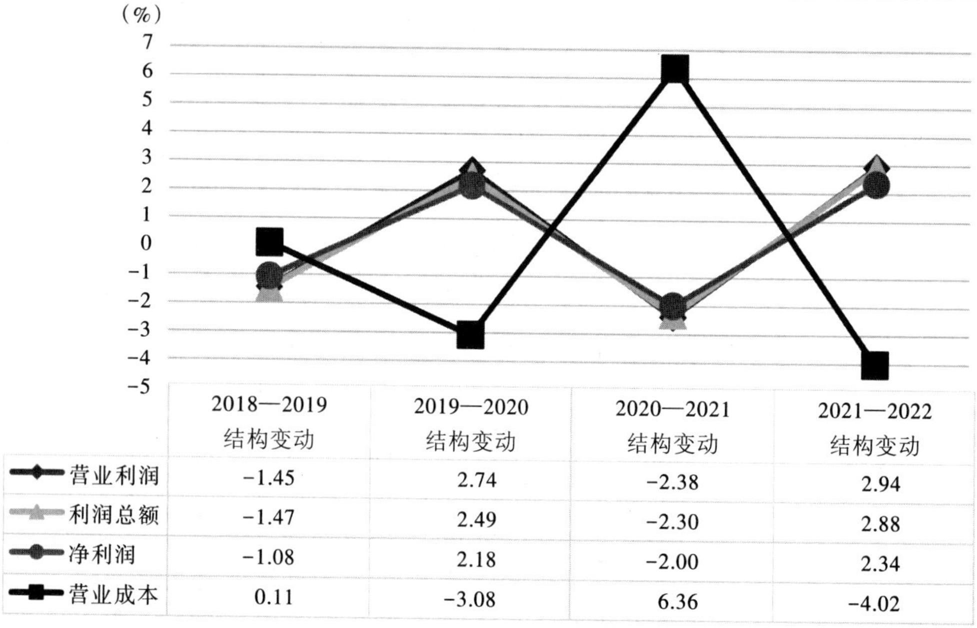

图6-3　BQC公司2018—2022年利润表主要项目结构变动趋势图

由表6-2和图6-3可知，2018—2022年BQC公司营业成本始终占营业收入的80%以上，且营业成本与营业利润、利润总额和净利润的变动趋势完全相反，说明企业各利润项目受营业成本影响较大。营业利润、利润总额和净利润占营业收入比重的变化趋势基本一致，说明企业受非经常性损益影响较小。

以2022年为例，从表6-2可知，BQC公司本年度各项财务成果的构成情况。其中，2022年营业利润占营业总收入的比重为5.08%，比上年度的2.14%增加2.94%；2022年利润总额占营业总收入的比重为4.97%，比上年度的2.09%增加2.88%；2022年净利润占营业总收入的比重为4.18%，比上年度的1.84%增加2.34%。可见，从利润的构成情况上看，BQC公司各利润项目占比同比均有所提高。进一步分析BQC公司各项财务成果结构变化的原因，从营业利润结构看，虽然税金及附加占比增加，其他收益、投资收益占比减少，对营业利润占比产生了一定的不利影响，但营业成本、管理费用、财务费用占比减少，尤其是营业成本占比减少明显，是导致营业利润占比增加的主要原因，进而给利润总额和净利润结构都带来一定的有利影响。

此外，对利润结构变动分析，还可以针对综合收益总额进行垂直分析，分别考察净利润和其他综合收益的构成及变动，归属于母公司所有者的综合收益和归属于少数股东的综合收益的构成及变动，进一步分析综合收益总额的构成、变动及原因。

【思政案例】　同济堂通过虚构销售及管理费用虚增收入成本及利润①

2022年4月，依据《中华人民共和国证券法》（2019年修订，以下简称《证券法》）的有关规定，证监会对同济堂信息披露的违法违规行为进行了立案调查、审理。经查明，当事人存在以下违法事实：

第一，同济堂2016年、2017年、2018年年度报告中存在虚假记载，虚增营业收入、营业成本、销售及管理费用，导致2016年至2018年虚增利润总额分别为6.8亿元、9.2亿元、8.3亿元。其中：2016年虚增营业收入64.42亿元，虚增营业成本56.05亿元，虚增费用1.57亿元，相应虚增利润总额6.8亿元，占当期披露利润总额的90.43%；2017年虚增营业收入72.32亿元，虚增营业成本61.36亿元，虚增费用1.76亿元，相应虚增利润总额9.2亿元，虚增净利润7.01亿元，占当期披露净利润的120.65%；2018年虚增营业收入70.61亿元，虚增营业成本61.1亿元，虚增费用1.21亿元，相应虚增利润总额8.3亿元，虚增净利润6.08亿元，占当期披露净利润的107.61%。

第二，同济堂2019年年度报告中存在虚假记载，虚增其他业务收入3.86亿元，虚增利润总额3.86亿元。2019年同济堂通过虚构业务的方式虚增营业收入-其他业务收入3.86亿元，虚增利润总额3.86亿元，虚增净利润2.99亿元，占2019年年度报告中披露净利润的226.52%，上述情况导致同济堂披露的《2019年年度报告》存在虚假记载。

同时，同济堂还存在未及时披露及未在2016—2019年年度报告中披露控股股东及其关联方非经营性占用资金的关联方交易、未如实披露公司募集资金存放及实际使用情况，未及时披露且未在2018年、2019年年度报告中按规定披露为控股股东及其关联方提供担保及重大诉讼的有关事项等违规行为。因此，中国证监会发布“中国证监会行政处罚决定书（同济堂、张美华、李青、魏军桥）〔2022〕17号”，针对同济堂和相关当事人及其责任人予以行政处罚。

企业追求利润最大化的这个前提，看似科学，俗话说“一打眼儿也容易让人相信”，因为大家都会这样想：如果没有足够的利润，钱从哪里来？怎样给员工发工资？员工怎样养家糊口？谁起早贪黑不是为了“老婆孩子热炕头”？企业不赚钱，还要企业干什么？企业是要赚钱，可是企业有企业之道，不守企业之道而单单谋求利润最大化就会导致唯利是图、伤害社会的结果。《论语》说：“富于贵，不以其道得之，不处也。”“利润最大化”这个理念，归根结底，是犯了“舍本逐末”的错误。中国传统的企业经营之道和这个理念截然不同，是“德本财末”，是通过事业积德而顺取财富，而且绝不会“最大化”，是守中道，适可而止，见好就收，留一份福德给子孙，所以我们才能历五千年而不衰。追求最大

① 根据中国证监会行政处罚决定书（同济堂、张美华、李青、魏军桥）〔2022〕17号整理.

化将难逃“过犹不及”的结果，盛极而衰，有道者不为也。①

第三节 利润表分部分析

一、分部报告分析

（一）报告分部界定

企业应当以内部组织结构、管理要求、内部报告制度为依据确定经营分部，以经营分部为基础确定报告分部。企业提供报告分部信息，能够帮助会计信息使用者更好地理解企业报告分部的产品和劳务的类型，以及增减变动情况及原因。因此，分部报告分析是利润表分析的主要内容之一。分部报告分析包括报告分部水平分析和报告分部结构分析，针对重要分部还可以进一步深入分析，以及分部间对比分析。

（二）BQC公司报告分部情况

根据BQC公司2022年年报，出于管理目的，集团根据产品和服务划分业务单元。电动汽车业务的增长，与二次充电、电池主要业务等的关联度增加，管理层决定本年将二次充电、电池及光伏分部与汽车、汽车相关产品及其他产品分部合并列示，上年同期的报告分部信息按本期口径进行重述。本集团目前有两个报告分部，即：

（1）手机部件、组装及其他产品分部，包括制造和销售外壳等手机及电子产品部件并提供整机组装服务。

（2）汽车、汽车相关产品及其他产品分部，包括制造和销售汽车、汽车相关的模具及零部件、汽车租赁和汽车的售后服务、汽车动力电池、锂离子电池、光伏产品以及铁电池产品、轨道交通及其相关业务。

（三）BQC公司报告分部分析

分部报告分析包括报告分部增减变动分析和报告分部结构变动分析。

1.报告分部增减变动分析

以BQC公司汽车、汽车相关产品及其他产品分部和手机部件、组装及其他产品分部作为分析对象。编制2022年报告分部水平分析表，见表6-3。

根据表6-3进行分析评价如下：

（1）手机部件、组装及其他产品分部2022年实现的净利润为1 805 936.00万元，比上年度增加149 845.00万元，增幅为9.00%。从水平分析表看，本年分部利润总额增加50 047.00万元，增幅为2.72%，所得税费用减少99 798.00万元，减幅为53.32%，可见所得税费用的大幅减少是本年分部净利润增加的主要原因。

（2）汽车、汽车相关产品及其他产品分部2022年实现的净利润为15 445 427.00万元，比上年度增加12 639 394.00万元，增长率为450.00%。从水平分析表看，本年分部利润总额增加15 505 710.00万元，增长率为494.37%，所得税费用增加2 866 316.00万元，增长率为867.42%，二者相抵，利润总额增加是本年分部净利润增加的主要原因。

① 钟永圣. 中国传统经济学智慧［M］. 北京：世界知识出版社，2015：19-20.

表6-3 **BQC公司2022年度报告分部水平分析表** 金额单位：万元

项 目	手机部件、组装及其他产品				汽车、汽车相关产品及其他产品			
	2022年	2021年	变动额	变动率（%）	2022年	2021年	变动额	变动率（%）
对外交易收入	98 815 054.00	86 454 452.00	12 360 602.00	14.30	324 691 175.00	128 960 450.00	195 730 725.00	151.78
分部间交易收入	8 765 310.00	3 362 461.00	5 402 849.00	160.68	3 971 744.00	3 186 296.00	785 448.00	24.65
合计	107 580 364.00	89 816 913.00	17 763 451.00	19.78	328 662 919.00	132 146 746.00	196 516 173.00	148.71
对合营和联营企业的投资损失					685 885.00	145 295.00	540 590.00	372.06
折旧和摊销	2 832 736.00	2 884 899.00	−52 163.00	−1.81	17 537 269.00	11 223 483.00	6 313 786.00	56.26
利润/（亏损）总额	1 893 303.00	1 843 256.00	50 047.00	2.72	18 642 184.00	3 136 474.00	15 505 710.00	494.37
所得税费用	87 367.00	187 165.00	−99 798.00	−53.32	3 196 757.00	330 441.00	2 866 316.00	867.42
净利润	1 805 936.00	1 656 091.00	149 845.00	9.00	15 445 427.00	2 806 033.00	12 639 394.00	450.00
资本性支出资本性支出	5 210 486.00	5 413 421.00	−202 935.00	−3.75	125 075 440.00	45 940 493.00	79 134 947.00	172.26
资产总额	54 625 520.00	43 371 219.00	11 254 301.00	25.95	419 691 469.00	238 336 286.00	181 355 183.00	76.09
负债总额	22 020 698.00	18 884 526.00	3 136 172.00	16.61	326 023 534.00	134 684 981.00	191 338 553.00	142.06
其他披露：对合营和联营企业的长期股权投资					15 485 402.00	7 905 001.00	7 580 401.00	95.89

（3）从资产、负债的规模来看，2022年BQC公司手机部件、组装及其他产品分部的资产、负债规模均有所增加，其中，资产总额增幅为25.95%，负债总额增幅为16.61%。汽车、汽车相关产品及其他产品分部2022年资产总额和负债总额增幅分别为76.09%和142.06%，可见负债总额增幅较大。

为探讨BQC公司报告分部变动的原因，分别对手机部件、组装及其他产品分部和汽车、汽车相关产品及其他产品分部进一步深入分析。

2.报告分部结构变动分析

报告分部结构变动分析，采用垂直分析法。以BQC公司的手机部件、组装及其他产品分部和汽车、汽车相关产品及其他产品分部两个报告分部作为分析对象，编制报告分部垂直分析表，见表6-4。

表6-4 BQC公司2022年度报告分部垂直分析表（%）

项 目	手机部件、组装及其他产品			汽车、汽车相关产品及其他产品		
	2022年	2021年	变动情况	2022年	2021年	变动情况
分部收入	100	100		100	100	
对外交易收入	91.85	96.26	-4.40	98.79	97.59	1.20
分部间交易收入	8.15	3.74	4.40	1.21	2.41	-1.20
对合营和联营企业的投资损失				0.21	0.11	0.10
折旧和摊销	2.63	3.21	-0.58	5.34	8.49	-3.16
利润/（亏损）总额	1.76	2.05	-0.29	5.67	2.37	3.30
所得税费用	0.08	0.21	-0.13	0.97	0.25	0.72
净利润	1.68	1.84	-0.17	4.70	2.12	2.58
资产总额	100	100		100	100	
负债总额	41	44	-3	78	57	21

从表6-4可知，手机部件、组装及其他产品分部本年的净利润占分部收入的比重为1.68%，同比下降了0.17%；汽车、汽车相关产品及其他产品分部本年的净利润占分部收入的比重为4.70%，同比增加了2.58%。可见，汽车、汽车相关产品及其他产品分部的净利润占比增加的幅度，比手机部件、组装及其他产品分部高，但变化的原因各不相同，需要进一步深入分析。

从资产负债率来看，汽车、汽车相关产品及其他产品分部本年度的资产负债率同比变动较大，同比增加21%。手机部件、组装及其他产品分部本年度的资产负债率同比下降了3%。

通过报告分部结构变动分析发现，汽车、汽车相关产品及其他产品分部本年各利润项目比重均有所提高，至于分部中哪一个项目对本年分部利润的提高起主导作用，还需要进一步深入分析。另外，无论是本年度还是上年度，汽车、汽车相关产品及其他产品分部各利润项目占分部收入的比重都比手机部件、组装及其他产品分部高，结合报告分部利润增减变动分析，汽车、汽车相关产品及其他产品分部的规模比手机部件、组装及其他产品分部大得多，是BQC公司最重要的经营分部。

需要说明的是，本部分我们主要介绍分部报告的分析方法，至于分部报告形式上的变化，可以继续关注BQC公司以后年度的财务报告信息。

案例分析6-2

二、产品销售利润分析

通常，在企业中，产品销售利润的高低是影响营业利润最重要的因素，而产品销售利润的增长变化可能受销售量、品种构成、价格、质量、成本等诸多因素影响。因此，还应针对产品销售利润做进一步分析。这是企业内部财务分析的重要内容。

（一）影响产品销售利润的因素

产品销售利润，亦称主营业务利润，是综合反映企业主营业务最终财务成果的指标。产品销售利润的高低，直接反映了企业生产经营状况和经济效益状况。企业盈利状况最终还取决于主营业务利润的高低。因此，对产品销售利润进行因素分析十分必要。

进行产品销售利润因素分析，首先，确定影响产品销售利润的因素；其次，确定各因素变动对产品销售利润的影响程度；最后，对产品销售利润完成情况进行分析评价。由于利润是反映企业经营状况的综合指标，因此，从不同角度看，影响产品销售利润的因素和影响程度各不相同。如从人的因素看，受职工人数和人均创利影响；从资金的因素看，受资金占用额和资金利润率的影响等。但是，影响产品销售利润最基本的因素，可从它的计算公式中找出，即：

$$\text{产品销售利润}=\sum[\text{产品销售量}\times(\text{产品单价}-\text{单位销售成本})]$$

从上式可看出，影响产品销售利润的基本因素是销售量、单价和单位销售成本。在生产多种产品的企业中，它还受产品销售品种构成的影响；在生产等级品的企业中，由于优质优价，它又受产品等级影响。

（二）产品销售利润因素分析方法

1.销售量变动对利润的影响分析

产品销售量是影响利润的一个重要因素。在产品单位利润一定的情况下，销售量的增减变化，直接决定着利润的增减变化。销售量变动对利润的影响，可用下式计算：

$$\text{销售量变动对利润的影响}=\text{产品销售利润基期数}\times(\text{产品销售量完成率}-1)$$

其中，产品销售量完成率的计算公式是：

$$\text{产品销售量完成率}=\frac{\sum[\text{产品本期销售量}\times\text{基期单价(或单位成本)}]}{\sum[\text{产品基期销售量}\times\text{基期单价(或单位成本)}]}\times 100\%$$

产品销售量完成率主要考察销售量的完成情况，因此，企业在生产一种产品时，可直接用实物量进行计算，但在生产多种产品时，实物量不能直接相加，通常可以价格或成本为参数，以便于汇总。计算产品销售量完成率所用的单价或单位成本，都应使用基期数。至于用单价还是单位成本，理论与实践中有不同的做法，一般按单价计算较多，但在各种产品比价不合理时，用单位成本计算可能更好。

2. 销售品种构成变动对利润的影响分析

企业在生产多种产品时，必然存在着产品品种构成问题。产品品种构成，是指某种产品的产量或销售量在全部产品的产量或销售量中所占的比重。研究品种构成变动对利润的影响，是利润分析评价中的一个难点问题。为什么品种构成变动会引起利润额变动呢？主要是因为各种产品的利润率高低不同。企业多生产利润率水平高的产品，少生产利润率水平低的产品，必然引起综合利润率或企业平均利润率的提高，使企业利润额增加；反之，则会使利润额下降。确定品种构成变动对利润额影响的方法较多，且各有利弊。下面对几种主要方法进行介绍，其计算公式是：

$$\frac{\text{品种构成变动}}{\text{对利润的影响}}=\sum\left(\frac{\text{产品本期}}{\text{销售量}}\times\frac{\text{产品基期}}{\text{单位利润}}\right)-\frac{\text{基期产品}}{\text{销售利润}}\times\frac{\text{产品销售量}}{\text{完成率}}\qquad\text{公式6-1}$$

$$\frac{\text{品种构成变动}}{\text{对利润的影响}}=\sum\left[\sum\left(\frac{\text{产品本期}}{\text{销售量}}\times\frac{\text{产品基期}}{\text{单价}}\right)\times\left(\frac{\text{本期品种}}{\text{构成}}-\frac{\text{基期品种}}{\text{构成}}\right)\times\frac{\text{基期销售}}{\text{利润率}}\right]\qquad\text{公式6-2}$$

$$\frac{\text{品种构成变动}}{\text{对利润的影响}}=\sum\left[\sum\left(\frac{\text{产品本期}}{\text{销售量}}\times\frac{\text{产品基期}}{\text{单价}}\right)\times\left(\frac{\text{本期品种}}{\text{构成}}-\frac{\text{基期品种}}{\text{构成}}\right)\times\left(\frac{\text{基期销售}}{\text{利润率}}-\frac{\text{基期综合}}{\text{销售利润率}}\right)\right]\qquad\text{公式6-3}$$

上述三个公式计算的品种构成变动对利润的影响程度应当是一致的。公式6-1可计算出品种构成变动对利润影响的总额，但不能说明各产品的影响情况。公式6-2与公式6-3则既能说明总影响额，又能说明各产品的影响额。但公式6-1相对于公式6-2和公式6-3在计算上要简单。公式6-2和公式6-3虽然都试图说明各产品品种构成变动对利润的影响，但二者有明显的区别。按公式6-2计算，某产品销售比重变化与利润变动同方向。而按公式6-3计算，如果某产品销售利润率高于综合销售利润率，则该产品销售比重变化与利润成正比；如果某产品销售利润率低于综合销售利润率，则该产品销售比重变化与利润成反比。应当说，公式6-3比公式6-2更能准确反映品种构成变动对利润的影响程度，但它的计算要比公式6-2复杂。因此，实践中应根据分析的目的和条件，选择相应的分析方法。

3. 单位销售价格变动对利润的影响分析

价格与销售利润成正比，即在其他条件不变的情况下，价格越高，利润越高。随着价格体制改革，国家定价范围逐渐缩小，市场调节价范围不断扩大。价格成为影响企业产品销售利润的重要因素。价格变动对利润的影响一般可用下式计算：

$$\text{单位价格变动对销售利润的影响}=\sum[\text{产品本期销售量}\times(\text{本期销售单价}-\text{基期销售单价})]$$

实践中，价格变动的原因是多种多样的，如国家调整价格、地区差价、批零差价、质量差价等。因此，分析价格变动对利润的影响，可分不同情况加以计算与评价。但是，概括地说，价格变动无非质量差价和供求差价或政策差价两种情况。对于质量差价对利润的影响，我们将在质量变动对利润的影响中分析，非质量差价通常可按上式计算。但是，如果属于等级品的价格变动，则应按下式计算：

$$\text{等级品的价格变动对销售利润的影响}=\sum\left[\frac{\text{产品本期}}{\text{销售量}}\times\left(\frac{\text{本期等级}}{\text{本期平均单价}}-\frac{\text{本期等级}}{\text{基期平均单价}}\right)\right]$$

其中：

$$\text{本期等级本期平均单价}=\frac{\sum(\text{各等级本期销售量}\times\text{该等级本期单价})}{\text{各等级本期销售量之和}}$$

$$本期等级基期平均单价=\frac{\sum(各等级本期销售量\times 该等级基期单价)}{各等级本期销售量之和}$$

4.等级构成变动对利润的影响分析

产品等级构成是指在等级产品总产销量中，各等级品产销量所占的比重，它是反映等级品质量的重要指标。由于不同等级的产品的价格不同，因此，等级构成变动必然引起等级品平均价格的变动，从而引起产品销售利润的变动。确定等级品构成变动对利润的影响，可用下式计算：

$$\begin{matrix}等级品构成变动对\\销售利润的影响\end{matrix}=\sum\left[\begin{matrix}等级产品本期\\销售量\end{matrix}\times\left(\begin{matrix}本期等级基期\\平均单价\end{matrix}-\begin{matrix}基期等级基期\\平均单价\end{matrix}\right)\right]$$

其中：

$$基期等级基期平均单价=\frac{\sum(各等级基期销售量\times 该等级基期单价)}{各等级基期销售量之和}$$

上式只适用于等级品构成变动对利润的影响分析。对于一般产品优质优价变动对利润的影响，只要能计算出构成变动对单价的影响，套用前面的公式就可计算出构成变动对利润的影响。

5.单位销售成本变动对利润的影响分析

销售成本变动对利润具有直接影响，在其他因素不变的情况下，销售成本降低多少，利润就会增加多少，即销售成本与利润成反比。计算销售成本变动对利润的影响的公式是：

$$单位成本变动对利润的影响=\sum[产品本期销售量\times(单位产品基期成本-单位产品本期成本)]$$

需要说明的是，在现行税收体制下，企业缴纳的税金主要有增值税、消费税等。由于产品销售价格中不含产品销项税额，产品成本中也不含进项税额，因此，增值税对产品销售利润没有直接影响。因此，上述利润影响因素分析都没有考虑税率的变化问题。应当注意，由于企业缴纳的城市维护建设税及教育费附加等的计税（算）依据与增值税有关，因此，增值税变动可通过城市维护建设税及教育费附加间接影响销售利润。但是，因为其金额较小，且与销售量关系复杂，分析时通常将其作为期间成本处理，将其增减变动额单独作为对分析对象的影响额。

如果企业生产并销售烟、酒、高档化妆品、贵重首饰及珠宝玉石、鞭炮、焰火、成品油、摩托车、小汽车等应缴纳消费税的产品，消费税税率或单位税金变动将影响产品销售利润。消费税税率变动对产品销售利润的影响的计算公式是：

$$消费税税率变动对利润的影响=\sum[产品本期销售收入\times(基期消费税税率-本期消费税税率)]$$

这一公式主要适用于企业实行从价定率法计算消费税的情况。如果企业实行从量定额法计算消费税税额，则单位消费税税额变动对利润的影响的计算公式是：

$$\begin{matrix}消费税税额变动\\对利润的影响\end{matrix}=\sum\left[\begin{matrix}产品本期\\销售量\end{matrix}\times\left(\begin{matrix}单位产品基期\\消费税税额\end{matrix}-\begin{matrix}单位产品本期\\消费税税额\end{matrix}\right)\right]$$

在实行从价定率计税时，前述价格和构成变动对利润影响的计算公式后都应乘以“1-基期消费税税率”。

（三）产品销售利润因素分析案例

以A公司2022年和2021年产品销售利润明细资料为例进行分析，见表6-5和表6-6。

表6-5 **A公司2022年产品销售利润明细表** 金额单位：万元

产品名称	销售量（吨）	单位产品销售价格（元/吨）	单位产品销售成本（元/吨）	单位产品销售利润（元/吨）	产品销售利润
焊接钢管	60 326.25	4 821.17	4 797.32	23.85	143.88
棒材	3 639 038.59	4 555.12	4 244.68	310.44	112 969.73
线材	477 121.34	4 689.85	4 361.81	328.04	15 651.65
中宽热带	1 210 595.20	4 671.47	4 169.20	502.27	60 804.97
合计					189 570.23

表6-6 **A公司2021年产品销售利润明细表** 金额单位：万元

产品名称	销售量（吨）	单位产品销售价格（元/吨）	单位产品销售成本（元/吨）	单位产品销售利润（元/吨）	产品销售利润
焊接钢管	97 353.39	3 654.36	3 526.72	127.64	1 242.64
棒材	3 912 162.92	3 320.21	3 117.79	202.42	79 190.26
线材	551 254.71	3 360.31	3 087.17	273.14	15 056.70
中宽热带	1 181 138.72	3 312.94	3 038.01	274.93	32 473.07
合计					127 962.67

根据表6-5和表6-6的资料对产品销售利润进行因素分析。

首先，确定分析对象：

189 570.23−127 962.67=61 607.56（万元）

因素分析：

1.销售量变动对利润的影响

$$\text{产品销售量完成率}=\frac{60\,326.25\times3\,654.36+3\,639\,038.59\times3\,320.21+477\,121.34\times3\,360.31+1\,210\,595.20\times3\,312.94}{97\,353.39\times3\,654.36+3\,912\,162.92\times3\,320.21+551\,254.71\times3\,360.31+1\,181\,138.72\times3\,312.94}\times100\%$$

$$=\frac{17\,916\,731\,023.76}{19\,110\,395\,208.49}\times100\%$$

$$=93.75\%$$

销售量变动对利润的影响=127 962.67×93.75%−127 962.67

=119 965.00−127 962.67

=−7 997.67（万元）

2.销售品种构成变动对利润的影响

（60 326.25×127.64+3 639 038.59×202.42+477 121.34×273.14+1 210 595.20×274.93）÷10 000−127 962.67×93.75%

=120 746.41−119 965.00

=+781.41（万元）

3.单位价格变动对利润的影响

60 326.25×（4 821.17−3 654.36）+3 639 038.59×（4 555.12−3 320.21）+477 121.34×（4 689.85−3 360.31）+1 210 595.20×（4 671.47−3 312.94）

=70 389 271.76+4 493 885 145.18+634 351 906.38+1 644 629 897.06

=+6 843 256 220.38（元）

=+684 325.62（万元）

4.销售成本变动对利润的影响

60 326.25×（3 526.72−4 797.32）+3 639 038.59×（3 117.79−4 244.68）+477 121.34×（3 087.17−4 361.81）+1 210 595.20×（3 038.01−4 169.20）

=（−76 650 533.25）+（−4 100 796 196.69）+（−608 157 944.82）+（−1 369 413 184.29）

=−6 155 017 859.05（元）

=−615 501.79（万元）

可见，A公司2022年产品销售利润比上年增加61 607.56万元，是各因素共同作用的结果，销售品种构成和单位价格变动给产品销售利润带来了有利影响，销售量变动、销售成本变动给产品销售利润带来了不利影响。其中，单位价格的提高和销售成本的增加对产品销售利润的影响较大，前者使利润增加684 325.62万元，后者使利润减少615 501.79万元，销售品种构成变动对利润的影响最小。总之，A公司利润增加主要受到主观因素的影响。

应当注意的是，假如企业存在等级产品，还应确定等级品构成变动对利润的影响。

（四）产品销售利润完成情况评价

产品销售利润分析评价，应在确定各因素对利润影响程度的基础上，从以下几方面进行：

第一，分清影响产品销售利润的有利因素与不利因素。一般来说，凡是使利润增加的因素都被看作有利因素，使利润减少的因素都被看作不利因素。

第二，分清影响产品销售利润的主观因素与客观因素。通常，把销售量、成本、质量因素等看作主观因素。如果企业自行安排产品品种生产，那么，品种构成因素也属于主观因素。价格因素要具体分析，除国家政策调价等客观原因外，在市场经济条件下，价格因素也可看作主观因素，税率因素属于客观因素。当然，对具体情况要具体分析。评价中，应排除客观因素，抓住主观因素。

第三，分清生产经营中的成绩与问题。一般地说，企业的成绩与问题都应从主观因素来看。凡是经过主观努力产生的对利润的有利影响，都属于企业的成绩；凡是主观不努力产生的对利润的不利影响，都属于企业的问题。A公司销售品种结构变动、单位价格提高等使利润增加，应看作企业的成绩。对于品种构成，要结合具体情况具体分析：一要考虑国家计划与合同的完成情况；二要将品种构成与其相应的资产投入结合起来分析。因为在一些情况下，品种构成变动使销售利润增加，但可能使总资产报酬率下降。

第四节　利润表分项分析

一、企业收入分析

（一）销售数量与销售价格分析

企业营业收入的多少主要受销售数量和销售价格影响。因此，营业收入分析，应在分析收入总量变动的基础上，进一步确认销售量和价格对其影响的程度。分析的步骤如下：

知识拓展6-2

第一，计算营业收入变动额和变动率。

营业收入变动额=本期实际营业收入-基期营业收入

$$营业收入变动率=\frac{营业收入变动额}{基期营业收入}\times 100\%$$

第二，计算销售量变动对营业收入的影响。

销售量变动对营业收入的影响=基期营业收入×销售量变动率

$$销售量变动率=(\frac{\sum(产品实际销售量\times 基期单价)}{\sum(产品基期销售量\times 基期单价)}-1)\times 100\%$$

第三，计算价格变动对营业收入的影响。

价格变动对营业收入的影响=营业收入变动额-销售量变动对营业收入的影响

通过销售量与价格对营业收入的影响分析，不仅可明确企业销售量及价格对营业收入的影响程度，而且可以了解企业的战略选择及其效果。

（二）企业收入构成分析

企业收入分析不仅要研究规模总量及变动，还要分析结构及变动情况，以了解企业的经营方向和收入的主要来源。收入构成分析可主要从主营业务收入与其他业务收入、现销收入与赊销收入的结构进行。

1.主营业务收入与其他业务收入分析

企业收入包括主营业务收入和其他业务收入。通过对主营业务收入与其他业务收入的构成情况分析，可以了解与判断企业的经营方针、方向及效果，进而可分析、预测企业的持续发展能力。如果一家企业的主营业务收入结构较低或不断下降，其发展潜力和前景就值得怀疑。BQC公司2021—2022年营业收入构成分析，见表6-7。由表可知，BQC公司主营业务收入占比均在96%以上，说明BQC公司主业突出。2022年BQC公司主营业务收入占比增加了1.45%，说明其主营业务收入处于增长态势。

表6-7　**BQC公司2021—2022年营业收入构成分析表**　金额单位：万元

项　目	2022年		2021年	
	金　额	比重（%）	金　额	比重（%）
主营业务收入	41 478 124.00	97.81	20 828 502.90	96.36
其他业务收入	927 939.50	2.19	785 736.60	3.64
营业收入	42 406 063.50	100	21 614 239.50	100

2.现销收入与赊销收入分析

企业收入中的现销收入与赊销收入构成受企业的产品适销程度、企业竞争战略、会计政策选择等多个因素影响。通过对二者结构及其变动情况分析，可了解与掌握企业产品销售情况及其战略选择，分析判断其合理性。当然，在市场经济条件下，赊销作为商业秘密并不要求企业披露，所以，这种分析方法更适用于企业内部分析。

（1）销售收现能力分析。用销售商品、提供劳务收到的现金占营业收入比重，衡量企业的销售收现能力。

BQC公司2018—2022年销售商品、提供劳务反映的销售收现能力，如图6-4所示。

可知，近五年BQC公司销售收现能力逐年升高，且在2022年达到峰值97.44%，说明其销售收现能力越来越强。至于BQC公司销售收现能力持续走强的原因，应结合现金流量表进一步分析。

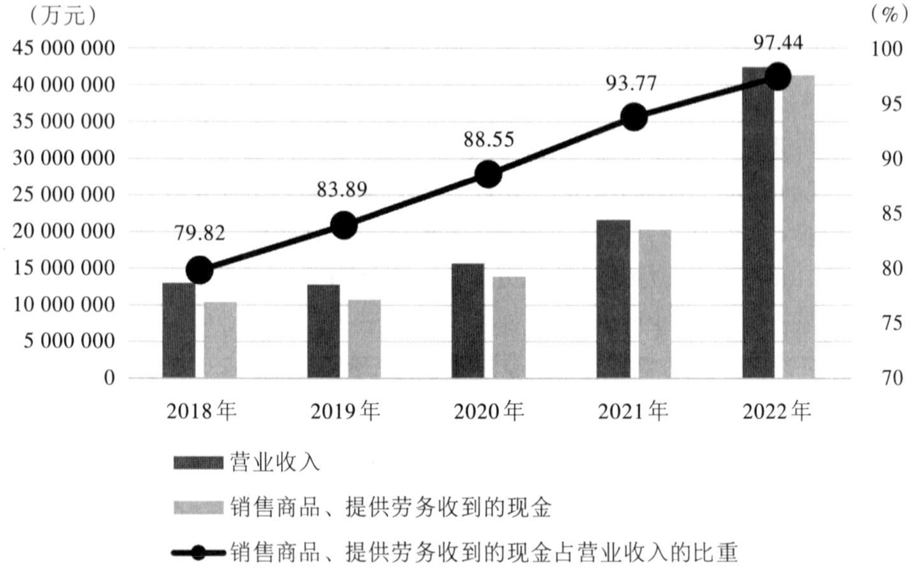

图6-4　BQC公司2018—2022年营业收入现金比趋势图

（2）应收账款与营业收入关系分析。BQC公司2018—2022年应收账款占营业收入的比重，如图6-5所示。近五年BQC公司应收账款占营业收入比重逐年减小，由2018年的37.89%缩减至2022年的9.16%，说明BQC公司营业收入质量逐年提高。

图6-5　BQC公司2018—2022年应收账款占营业收入比重图

企业销售产品赊销部分除了体现在应收账款上，还可能体现在应收票据上，且2019年实行新修订的金融工具准则后，要求企业对部分或者全部应收票据进行重分类，因此还可能体现在应收款项融资上。因此，如果企业应收票据和应收款项融资金额较大，可以分析应收账款、应收票据和应收款项融资这三个项目与营业收入之间的关系。

（三）营业收入行业趋势对比分析

2018—2022年五家汽车企业的营业收入变动率对比，如图6-6所示。可知，BQC公司与GQJT公司营业收入变动趋势基本一致，2019年两家企业营业收入变动率均是负值，分别为-1.81%和-20.73%，其余各年营业收入均为增加，只是GQJT公司的营业收入变动率各年均低于BQC公司；SQJT公司营业收入变动率呈波浪式变化，在五家企业中位于较低水平，营业收入变动率有三年是负值；CCQC公司营业收入变动率呈先升后降之势。2018年，除CCQC公司和CAQC公司以外，其余三家公司营业收入变动率均有所上升。2019年，除CAQC公司营业收入增长6.48%外，其余四家公司营业收入变动率均为负值，降幅在-1.81%～-20.73%之间。2020年，除SQJT以外的四家公司营业收入变动率均为正值，增幅在5.55%～19.79%之间。2021年，五家公司营业收入均有所增加，增幅在4.85%～32.04%之间，其中CCQC公司营业收入增幅最大为32.04%；SQJT公司营业收入增幅最小为4.85%。2022年，除SQJT以外的四家公司营业收入变动率均为正值，其中SQJT公司营业收入降幅为5.40%，CCQC公司营业收入增幅最少为0.69%；而BQC公司和GQJT公司营业收入增幅明显，分别为49.03%和31.30%。整体而言，五家公司营业收入变动率仅在2021年有共性，2022年两家公司增长，三家公司下滑，BQC公司的营业收入变动率在2022年表现最为突出。行业因素只是导致各公司营业收入变动的原因之一，五家公司营业收入变动率变化的其他原因，还应结合各自企业营业收入的结构分析和分产品单价及销量分析等。

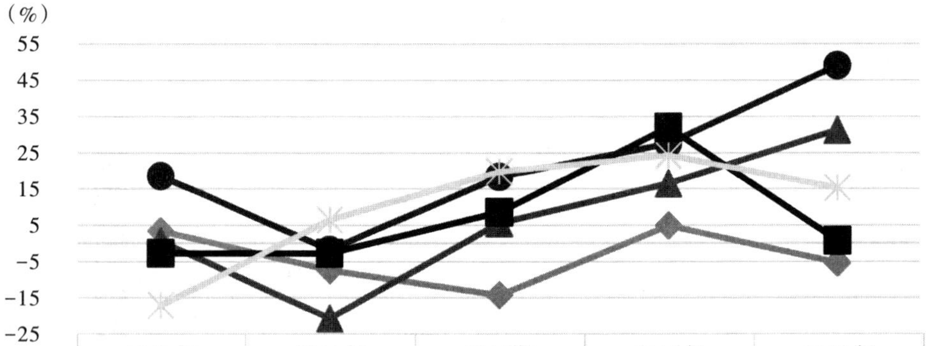

	2018年	2019年	2020年	2021年	2022年
BQC	18.56	-1.81	18.43	27.55	49.03
SQJT	3.34	-7.39	-14.31	4.85	-5.40
GQJT	0.52	-20.73	5.55	16.50	31.30
CCQC	-2.68	-2.75	8.62	32.04	0.69
CAQC	-17.14	6.48	19.79	24.33	15.32

图6-6　五家汽车企业2018—2022年营业收入变动率对比图

（四）上市公司操纵收入确认的手法

稳定增长的营业收入是上市公司经营良好的象征，也是股价攀升的有力依托，许多上市公司在粉饰财务报表时，几乎都进行收入操纵，以此获得投资者的青睐。收入操纵可以分为虚构收入、夸大收入、提前确认收入、隐瞒收入、缩小收入、推迟确认收入及混淆收入七种手法。现举例如下：

（1）寅吃卯粮，透支未来收入。属于提前确认收入，提前确认收入是把本应该属于以后年度确认的收入通过各种手段提前予以确认。它操纵的只是收入确认的时间，而没有改变收入的总量。这一收入操纵手法固然可以在短期内使销售收入大幅提升，但其实质是透支未来会计期间的收入，很容易产生两个负效应：以牺牲销售毛利为代价，不顾上市公司的持续发展。

尽管收入确认的会计规范日臻完善，但上市公司对收入的操纵仍然屡禁不止。为此，我们选取一些典型的案例进行剖析。

【案例6-1】　起步股份虚增营业收入、营业成本及利润总额①

2023年11月，依据2019年修订的《中华人民共和国证券法》（以下简称《证券法》）的有关规定，证监会对起步股份有限公司（以下简称起步股份）信息披露违法违规、欺诈发行行为进行了立案调查、审理。经查明，当事人存在以下违法事实：起步股份2018年、2019年年度报告及2020年半年度报告存在虚假记载、重大遗漏。其中，起步股份2018年、2019年及2020年上半年度虚增营业收入、营业成本及利润总额。起步股份收入及成本的财务核算基础数据采自道讯系统，起步股份通过道讯系统以虚构采购、销售业务等方式虚增营业收入、营业成本、利润总额。2018年年度报告中，起步股份虚增营业收入6 947.84万元，占当年营业收入的4.97%；虚增营业成本4 633.25万元；虚增利润总额2 314.59万元，占当年利润总额的10.39%。2019年年度报告中，起步股份虚增营业收入18 190.52万元，占当年营业收入的11.94%；虚增营业成本11 599.19万元；虚增利润总额6 591.33万元，占当年利润总额37.42%。2020年半年度报告中，起步股份虚增营业收入10 948.61万元，占当期营业收入的19.54%；虚增营业成本6 911.29万元；虚增利润总额4 037.32万元，占当期利润总额的50.30%。起步股份还存在股份代持未披露等行为。因此，中国证监会发布"中国证监会行政处罚决定书（起步股份、周建永、章利民、陈章旺、吴剑军）〔2023〕80号"，针对起步股份和相关当事人及其责任人予以行政处罚。

（2）以丰补歉，储备当期收入。属于推迟确认收入，这一操纵手法与寅吃卯粮的手法完全相反。这种手法往往以稳健主义为幌子，通过递延收入或指使被收购企业在收购日之前推迟确认收入等手法，将本应在当期确认的收入推迟至以后期间确认，并将当期储备的收入在经营陷入困境的年份予以释放，达到以丰补歉、平滑收入和利润的目的。

【案例6-2】　微软公司利用递延收入平滑收益②

软件巨头微软公司是美国家喻户晓的绩优股公司。2005年年末，其股票市值高达2 363亿美元，仅次于埃克森美孚公司和通用电气公司，连续多年在股票市值排行榜上位居第二或第三。证券市场之所以对微软公司厚爱有加，除了因为其软件以质量和品牌享誉

① 根据中国证监会行政处罚决定书（起步股份、周建永、章利民、陈章旺、吴剑军）〔2023〕80号整理.
② 黄世忠. 收入操纵的九大陷阱及其防范对策（上）[J]. 中国注册会计师，2004（1）：28-33；3.

世界，还因为其对外报告的销售收入稳步增长，几乎不受宏观经济周期波动的影响。例如，在1999—2003会计年度（7月1日至次年的6月30日），微软公司的销售收入分别是197亿美元、30亿美元、253亿美元、284亿美元和322亿美元。美国的信息技术行业从1999年年底开始步入漫漫的衰退期，对软件的需求日益萎缩。面对如此险恶的经营环境，微软公司为何能够逆市而上呢？

微软公司1995—2003年度财务报告（www.microsoft.com）显示，在1999会计年度之前，递延收入和经济活动现金净流量的增长幅度普遍明显高于销售收入的增长幅度，但这一趋势在2000会计年度发生扭转，表明微软公司从2000年度开始将以前年度计提的递延收入释放出来，转作当期的销售收入。可见，微软公司之所以在1999年下半年信息技术陷入萧条时销售收入依然保持稳定增长，在一定程度上得益于该公司在1999年度之前计提的递延收入。不仅如此，为了应对行业不景气的影响，加之SOP97-2开始生效（1997年10月，美国会计师协会（AICPA）就颁布了SOP97-2“软件收入确认”），微软公司在1999年年末改变了递延收入的确认政策，将Windows桌面操纵系统的递延收入比例由20%~35%降至15%~25%，将桌面应用软件的递延收入比例从20%降至10%~20%，以达到加速收入确认、维持持续增长趋势的目的。

（3）鱼目混珠，伪装收入性质。属于虚构收入，投资收益、其他收益、资产处置收益和营业外收入等收益项目虽然也与主营业务收入一样能够增加上市公司的利润，但由于这些项目属于非经营性收益，且难以预测，在评价上市公司的经营业绩时，一般将它们剔除。尽管这种收入操纵手法并不会改变收入与利润总额，但它歪曲了收入与利润的结构，夸大了企业创造营业收入和经营性现金流量的能力，容易误导投资者对上市公司盈利质量和现金流量的判断。

【案例6-3】　　宁波东力财务造假案[①]

2021年，证监会查处了一起上市公司财务造假案。深圳市年富供应链有限公司（以下简称年富供应链）（002164）作为宁波东力股份有限公司（以下简称宁波东力）的重大资产重组标的，通过虚构出口代理服务费方式，于2014年虚增营业收入3 627万元，相应虚增营业利润3 627万元，占年富供应链当期披露营业利润的84.50%，并于2015年及2016年1月至9月继续虚增营业收入及营业利润。年富供应链在重大资产重组阶段，向宁波东力提供了含有上述虚假信息的财务报表，导致宁波东力于过往披露的资产重组信息中存在虚假记载。年富供应链、宁波东力在重大资产重组中信息披露违法情况如下：2014年7月至2018年3月，年富供应链存在虚增营业收入、利润，虚增应收款项，隐瞒关联方关系及关联方交易等行为。年富供应链向宁波东力提供了含有上述虚假信息的财务报表，导致宁波东力2016年12月13日披露的《深圳市年富供应链有限公司审计报告及财务报表（2014年1月1日至2016年9月30日）》和《交易报告书（草案）》、2017年7月15日披露的《交易报告书（修订稿）》、2018年4月26日披露的2017年年度报告和2018年第一季度报告存在虚假记载，2017年年度报告存在重大遗漏。

---

① 根据中国证监会发布的“中国证监会行政处罚决定书（深圳市年富供应链有限公司、宁波东力股份有限公司、李文国等11名责任人员）〔2021〕2号”整理.

重大资产重组阶段，年富供应链各期财务报表虚增利润均达到当期披露营业利润的70%以上，涉案数额巨大，手段恶劣，情节特别严重。因此，中国证监会发布“中国证监会行政处罚决定书（深圳市年富供应链有限公司、宁波东力股份有限公司、李文国等11名责任人员）〔2021〕2号”，针对年富供应链和宁波东力两家当事人及其有关责任人予以行政处罚。

目前，我国上市公司虚构收入或提前确认收入最主要的方法仍然是对开发票、虚开发票、持货开票及发货确认销售等方式，在虚构收入或提前确认收入的同时会导致一项或多项资产虚增，分析时还需结合资产负债表和现金流量表项目一并进行。

思政知识6-1

二、成本费用分析

成本费用是营业成本和期间费用的统称。成本费用在利润表中举足轻重，对企业经营成果具有十分重要的影响，降低成本费用是增加企业经营成果的关键或重要途径。因此，分析成本费用，挖掘影响成本费用升降的原因，可以为降低成本费用、提升经营成果指明方向。成本费用分析主要包括营业成本分析和期间费用分析。

（一）营业成本分析

营业成本分析包括营业成本趋势分析、营业成本构成分析、全部营业成本完成情况分析和单位生产成本分析。

1.营业成本趋势分析

2018—2022年五家汽车企业营业成本变动率对比，如图6-7所示。可知，BQC公司与GQJT公司营业成本变动趋势基本一致，2019年两家公司营业成本变动率均是负值，其余各年营业成本变动率均为正值；SQJT公司营业成本变动率相对稳定，2018—2020年营业成本呈波浪式下降，在2020年达到营业成本变动率最低值-9.41%，2021—2022年营业成本先增加后减少；CCQC公司营业成本在2018—2019年减少，在2020—2021年增加，2021年营业成本变动率达到峰值33.72%，2022年营业成本减少；CAQC公司营业成本先减少后增加，2021年营业成本变动率达到峰值21.56%。2018年，除CCQC公司和CAQC公司外，其余三家公司营业成本均有所上升。2019年，除CAQC公司营业成本增加6.45%外，四家公司营业成本均有所下降。2020年，除SQJT公司营业成本下降9.41%外，其余四家公司的营业成本均有所增加。2021年，五家公司营业成本均有所增加，增幅在4.41%～48.91%之间。其中BQC公司营业成本增幅最大，为48.91%；SQJT公司营业成本增幅最小，为4.41%。2022年，仅SQJT公司和CCQC公司两家公司营业成本有所减少，其余三家公司营业成本均有所增加。其中BQC公司营业成本变动最为明显，增幅达到87.14%；其次是GQJT公司，营业成本变动率达到47.03%。结合图6-6（营业收入变动率对比图），各家公司营业成本变动和营业收入变动总体趋势基本一致，说明五家公司营业成本占营业收入的比重都比较大。总体来看，BQC公司的营业成本变动和行业趋势基本一致。行业因素是导致BQC公司的营业成本变动的原因之一。进一步探究营业成本增减变动的其他原因，还应分析营业成本的结构。

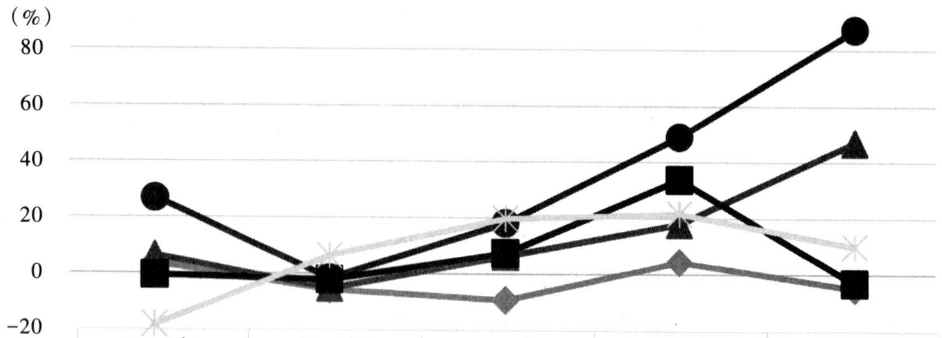

	2018年	2019年	2020年	2021年	2022年
BQC	26.76	-1.66	18.07	48.91	87.14
SQJT	3.72	-5.70	-9.41	4.41	-5.10
GQJT	6.32	-5.31	6.37	17.91	47.03
CCQC	-0.59	-2.21	7.34	33.72	-3.17
CAQC	-18.42	6.45	19.70	21.56	9.99

图6-7　五家汽车企业2018—2022年营业成本变动率对比图

2.营业成本构成分析

与收入分析相对应，企业营业成本分析不仅要研究规模总量及变动，而且要分析结构及变动情况，以了解企业的经营方向和会计政策选择。营业成本构成分析可主要从主营业务成本与其他业务成本的结构对比进行。了解与判断企业的经营方针、方向及效果，进而可分析、预测企业已销售产品的成本构成及变动情况。BQC公司2021年和2022年营业成本构成分析，见表6-8。

表6-8　**BQC公司2021—2022年营业成本构成分析表**　金额单位：万元

项　目	2022年		2021年	
	金额	比重（%）	金额	比重（%）
主营业务成本	34 484 031.00	98.02	18 315 375.70	97.42
其他业务成本	697 537.00	1.98	484 393.20	2.58
营业成本	35 181 568.00	100	18 799 768.90	100

由表6-8可知，BQC公司近两年营业成本构成中，超过97%的部分来自主营业务成本，其他业务成本占比不足3%。说明BQC公司主业突出，营业成本主要来源于主营业务；营业成本处于增长态势，主要原因是主营业务成本增加所致。此外，还应深入分析主营业务成本增加的具体原因，做好成本管控，提升企业利润空间。

3.全部营业成本完成情况分析

全部营业成本分析，是根据产品生产、销售成本表的资料，对企业全部已销售产品营业成本的本年实际完成情况与上年度实际情况进行对比分析，从产品类别角度找出各类产品或各主要产品营业成本升降的幅度，以及对全部营业成本的影响程度。全部营业成本分析的一般步骤是：

第一，将本年度全部产品营业总成本与按本年实际销售量计算的上年实际营业总成本进行对比，求出营业成本的变动额和变动率。其计算公式是：

全部营业成本变动额=本年实际营业总成本-按本年实际销售量计算的上年实际营业总成本

$$全部营业成本变动率=\frac{全部营业成本变动额}{按本年实际销售量计算的上年实际营业总成本}\times100\%$$

第二，计算主要产品和非主要产品的营业成本变动额和变动率，以及对全部营业成本变动率的影响。主要产品和非主要产品营业成本变动额和变动率的计算可依据上式进行，只是产品的范围不同。主要产品和非主要产品对全部营业成本变动率的影响的计算公式是：

$$\begin{array}{l}主要产品营业成本变动对\\全部营业成本变动率的影响\end{array}=\frac{主要产品营业成本变动额}{按本年实际销售量计算的上年实际营业总成本}\times100\%$$

$$\begin{array}{l}非主要产品营业成本变动对\\全部营业成本变动率的影响\end{array}=\frac{非主要产品营业成本变动额}{按本年实际销售量计算的上年实际营业总成本}\times100\%$$

第三，计算各主要产品营业成本变动额和变动率，以及它们对全部产品营业总成本变动率的影响。计算方法可采用上述全部营业成本变动额和变动率的计算公式，以及主要产品变动对全部营业成本变动率影响的公式，只是产品的口径和范围不同。

通过以上三个步骤，不仅分析了全部营业成本的完成情况，而且从产品类别上找出了营业总成本增减变动的原因，为加强成本管理指明了方向。

根据A公司2022年和2021年成本分析表的资料，分产品梳理全部营业成本完成情况分析所需的资料，见表6-9。

表6-9　**A公司2021年和2022年分产品全部营业成本资料表**　金额单位：万元

产品名称	销售量（吨）		实际单位生产成本（元/吨）		实际营业总成本	
	2021年	2022年	2021年	2022年	2021年	2022年
焊接钢管	97 353.39	60 326.25	3 526.72	4 797.32	21 275.38	28 940.46
棒材	3 912 162.92	3 639 038.59	3 117.79	4 244.68	1 134 575.81	1 544 656.90
线材	551 254.71	477 121.34	3 087.17	4 361.81	147 295.47	208 111.23
中宽热带	1 181 138.72	1 210 595.20	3 038.01	4 169.20	367 780.03	504 721.17
合计					1 670 926.69	2 286 429.76

根据表6-9的数据，按照全部产品营业成本完成情况分析的步骤，对A公司全部营业成本分析如下：

第一步，计算全部营业成本变动额和变动率：

全部营业成本变动额=2 286 429.76-1 670 926.69 = +615 503.07（万元）

全部营业成本变动率=+615 503.07÷1 670 926.69×100%= +36.84%

可见，A公司全部营业成本比上年增加615 503.07万元，增幅为36.84%。

第二步，分析各产品营业成本完成情况及对全部营业成本的影响：

焊接钢管营业成本变动额=28 940.46-21 275.38=+7 665.08（万元）

焊接钢管营业成本变动率=+7 665.08÷21 275.38×100%=+36.03%

对全部营业成本变动率的影响=+7 665.08÷1 670 926.69×100%=+0.46%

棒材营业成本变动额=1 544 656.90-1 134 575.81= +410 081.09（万元）

棒材营业成本变动率=+410 081.09÷1 134 575.81×100%=+36.14%

对全部营业成本变动率的影响=+410 081.09÷1 670 926.69×100%=+24.54%

线材营业成本变动额=208 111.23−147 295.47= +60 815.76（万元）

线材营业成本变动率=+60 815.76÷147 295.47×100%=+41.29%

对全部营业成本变动率的影响=+60 815.76÷1 670 926.69×100%=+3.64%

中宽热带营业成本变动额=504 721.17−367 780.03= +136 941.14（万元）

中宽热带营业成本变动率=+136 941.14÷367 780.03×100%=+37.23%

对全部营业成本变动率的影响=+136 941.14÷1 670 926.69×100%=+8.20%

可见，A公司全部营业成本比上年增加是由四种产品营业成本增加所引起的。其中，棒材和中宽热带的营业成本增加较为明显，对全部营业成本增长率的影响较大，线材的营业成本对全部营业成本变动率的影响相对较小，应针对棒材和中宽热带，对成本变动情况作进一步分析。

案例分析6-3

4.主要产品单位生产成本分析

从上述全部营业成本完成情况分析中可以看出，单位生产成本是全部营业成本分析的重要影响因素。因此，深入分析单位生产成本十分必要。单位生产成本和产品营业总成本的计算公式分别是：

某产品单位生产成本=该产品本期生产总成本÷该产品当期生产量

某产品营业总成本=$\sum$某产品单位生产成本 × 该产品销售量

假设某公司的甲产品期初无库存，且当期生产的产品当期全部销售，其产品单位成本简表，见表6-10。

表6-10　**甲产品单位成本简表**　金额单位：万元

成本项目	上年度实际		本年度实际	
直接材料	51.60		59.40	
直接人工	12		16.20	
制造费用	19.40		8.40	
产品单位成本	83		84	
补充明细项目	单位用量（千克）	金额	单位用量（千克）	金额
直接材料：A	72	21.60	66	26.40
B	60	30	60	33
直接人工工时（小时）	120		108	
产品产销量（件）	80		100	

根据表6-10的资料，运用水平分析法对甲产品单位成本完成情况进行分析，见表6-11。

表6-11　**甲产品单位成本分析表**　金额单位：万元

成本项目	上年度实际成本	本年度实际成本	增减变动情况		项目变动对单位成本的影响（%）
			变动额	变动率（%）	
直接材料	51.60	59.40	7.80	15.12	9.40
直接人工	12	16.20	4.20	35.00	5.06
制造费用	19.40	8.40	-11	-56.70	-13.25
合计	83	84	1	1.20	1.20

从表6-11可见，企业甲产品单位生产成本比上年增加的主要原因是直接人工成本和直接材料成本上升，二者共同使单位成本增加12万元，但制造费用的下降，使单位成本减少11万元。因此，综合来看，单位成本增加1万元，增幅为1.20%。至于直接材料和人工成本增加，以及制造费用下降的原因，还应进一步结合企业的各项消耗和价格的变动进行分析，最终挖掘单位成本增减的最根本原因。

（二）各项费用完成情况的分析

期间费用包括销售费用、管理费用和财务费用。按照企业会计准则的规定，研发费用于2018年开始从管理费用中剥离，在利润表中单独列报，因此也可以将研发费用纳入期间费用一并分析。对期间费用进行分析可采用水平分析法和垂直分析法，并可针对重点项目深入分析。

1.期间费用水平分析

运用水平分析法可将期间费用各项目的实际数与上期数或预算数进行对比，以揭示期间费用的变动及原因。BQC公司2018—2022年的期间费用及变动率，如图6-8所示。可知，近五年BQC公司期间费用整体呈W型变动，虽然各年期间费用变动率均为正值，但2019年和2021年增幅较小，仅为6.30%和4.68%；而其余三年期间费用变动率较大，其中2022年期间费用增幅达95.20%。

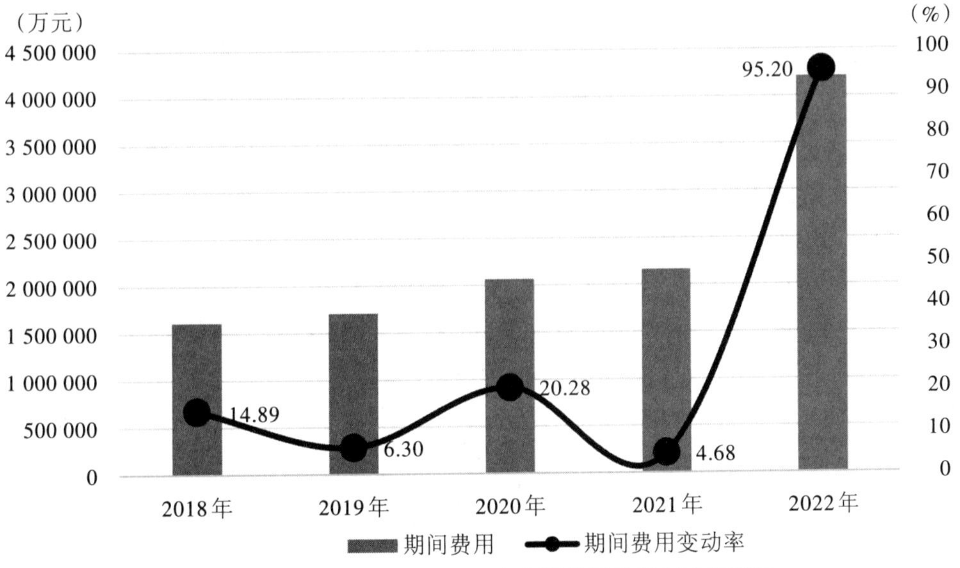

图6-8　BQC公司2018—2022年期间费用及其变动率情况

2.期间费用垂直分析

运用垂直分析法则可揭示期间费用的构成，进而揭示期间费用构成变动的特点和原因。

（1）BQC公司期间费用占营业收入比重分析

BQC公司2018—2022年期间费用占营业收入比重，如图6-9所示。可知，整体而言BQC公司期间费用总额与营业收入总额的趋势基本一致，但2022年营业收入的增幅远大于期间费用的增幅，导致近五年期间费用占比呈先升后降之势，从2021年的峰值13.77%下降到2022年的9.93%。

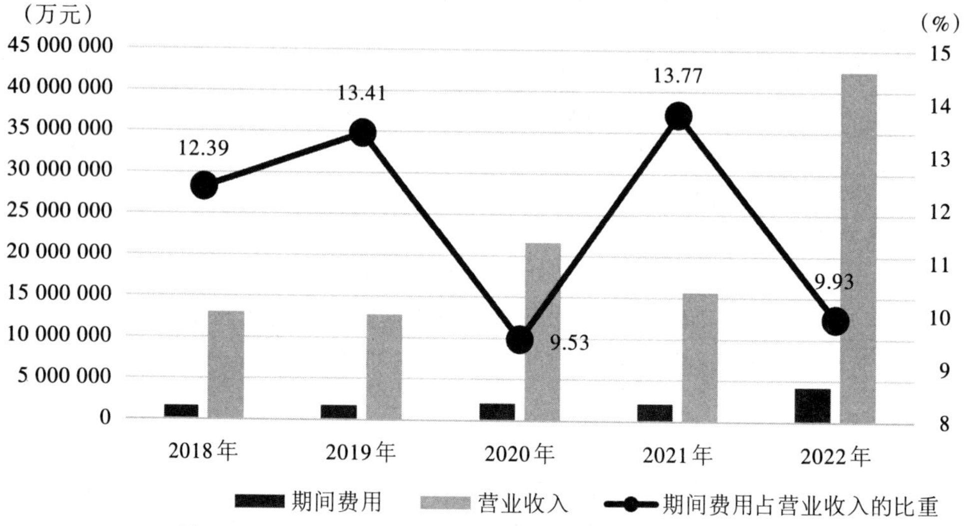

图6-9 BQC公司2018—2022年期间费用占营业收入比重图

（2）期间费用占营业收入比重行业对比分析

2018—2022年五家汽车企业期间费用占营业收入比重，如图6-10所示。可知，除CCQC公司外，其他四家公司2022年相比于2018年期间费用占比均有所下降。其中，波动幅度最大的是GQJT公司，占比在9.02%～14.78%之间，其次是BQC公司，占比在9.53%～13.77%之间，之后是CAQC公司，占比在10.35%～14.47%之间。波动最小的是SQJT公司，占比在8.26%～11.12%之间。CCQC公司期间费用占比呈上升态势，从2018年的7.56%增至2022年的10.73%。各家企业期间费用占比之间差异的原因，还应进一步分析其期间费用的结构以及和营业收入之间的关系。

（3）BQC公司期间费用结构分析

BQC公司2018—2022年期间费用构成，如图6-11所示。可知，在期间费用中研发费用始终占比最高，且逐年增加，2022年研发费用占比高达44.31%；销售费用占比位居第二，呈现先降后升之势，除了2022年达到峰值为35.77%以外，其他各年均在24%以上；管理费用相对稳定，各年均在20%~27%之间波动；财务费用占比2018—2020年在18%上下波动，2021—2022年连续降低，2022年降为负值，说明利息收入高于相关费用支出。总之，BQC公司2022年研发费用和销售费用占比增加与营业收入大幅增加密切相关。综上所述，BQC公司期间费用中研发费用占比最高，是期间费用分析的重点。

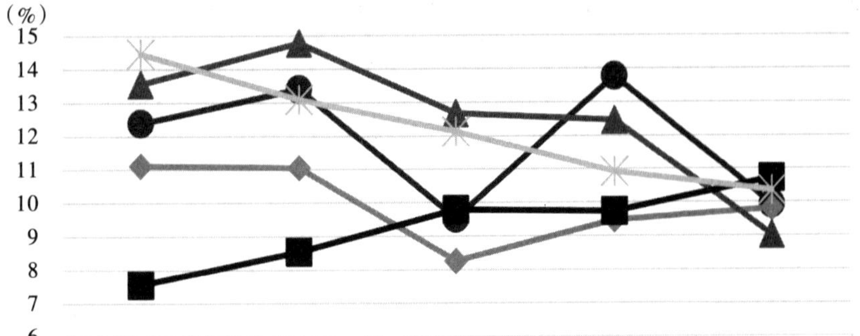

	2018年	2019年	2020年	2021年	2022年
BQC	12.39	13.41	9.53	13.77	9.93
SQJT	11.12	11.05	8.26	9.47	9.82
GQJT	13.56	14.78	12.67	12.46	9.02
CCQC	7.56	8.54	9.80	9.73	10.73
CAQC	14.47	13.09	12.12	10.91	10.35

图6-10　五家汽车企业2018—2022年期间费用占营业收入比重对比图

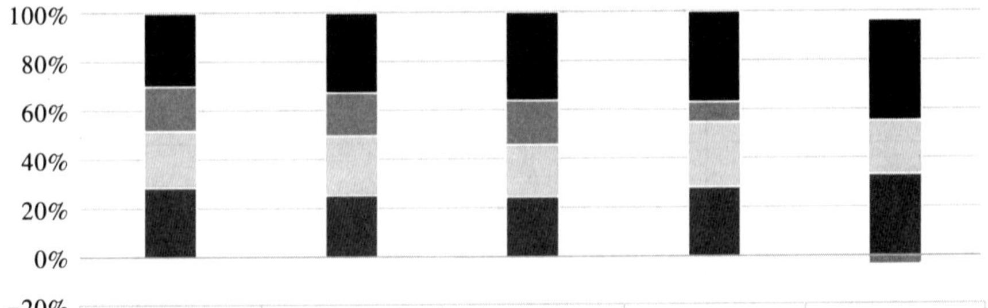

	2018年	2019年	2020年	2021年	2022年
研发费用	30.28	32.86	36.23	37.05	44.31
财务费用	18.19	17.59	18.26	8.28	-3.84
管理费用	22.82	24.17	20.97	26.47	23.77
销售费用	28.70	25.37	24.54	28.20	35.77

图6-11　BQC公司2018—2022年期间费用结构图

3.研发费用分析

（1）BQC公司2022年研发费用水平分析

BQC公司2022年研发费用水平分析资料，见表6-12。可知，BQC公司研发费用同比增加1 066 347.90万元，增幅为133.44%。其中，影响较大的因素分别为：职工薪酬增加670 323.70万元，增幅为180.51%；物料消耗增加255 890.90万元，增幅为96.98%；折旧与摊销增加23 143.60万元，增幅为38.42%；股份支付增幅最高为437.95%，增加18 176.50万元；其他增加93 971.70万元，增幅为121.21%。总之，2022年研发费用的所有构成项目均有所增加，共同导致了研发费用增幅明显。

（2）BQC公司研发费用垂直分析

为了深入说明研发费用变动情况及其合理性，进一步从结构方面进行分析。BQC公司2021年和2022年研发费用垂直分析资料，见表6-13。

表6-12　**BQC公司2022年研发费用水平分析表**　金额单位：万元

项　目	2022年	2021年	变动额	变动率（%）
1.职工薪酬	1 041 682.90	371 359.20	670 323.70	180.51
2.物料消耗	519 759.20	263 868.30	255 890.90	96.98
3折旧与摊销	83 384.50	60 240.90	23 143.60	38.42
4.检测费	26 793.40	21 951.90	4 841.50	22.06
5.股份支付	22 326.90	4 150.40	18 176.50	437.95
6.其他	171 498.40	77 526.70	93 971.70	121.21
合计	1 865 445.30	799 097.40	1 066 347.90	133.44

表6-13　**BQC公司2021年和2022年研发费用垂直分析表**

项　目	研发费用构成（%）		
	2022年	2021年	差异
1.职工薪酬	55.84	46.47	9.37
2.物料消耗	27.86	33.02	-5.16
3折旧与摊销	4.47	7.54	-3.07
4.检测费	1.44	2.75	-1.31
5.股份支付	1.20	0.52	0.68
6.其他	9.19	9.70	-0.51
合计	100	100	0

从表6-13可以看出，2022年研发费用结构中职工薪酬占比最高，为55.84%。另外，物料消耗位于其次，占比为27.86%，其他占比位于第三，为9.19%。从动态上看，本年度职工薪酬占比增加最大，为9.37%，物料消耗占比降低5.16%。至于各项研发费用占比变动的具体原因，应结合实际进一步分析。

（3）研发费用占营业收入比重行业对比分析

2018—2022年五家汽车企业研发费用占营业收入比重对比，如图6-12所示。可知，BQC公司的研发费用占比始终处于行业较高水平，2018—2019年低于CAQC公司位于第二位，2020—2021年位于第一位，2022年低于CCQC公司位于第二位。SQJT公司研发费用占比在行业中处于中下水平，呈波浪式变动，2019年占比在五家企业中最低，为1.59%。GQJT公司研发费用占营业收入比重除2019年高于SQJT公司0.09%外，始终处于行业最低水平。CCQC公司研发费用占比始终高于SQJT公司和GQJT公司，在2018—2022年呈上升之势，2018—2021年位于第三位，并在2022年超过CAQC公司和BQC公司，居于五家企业首位。

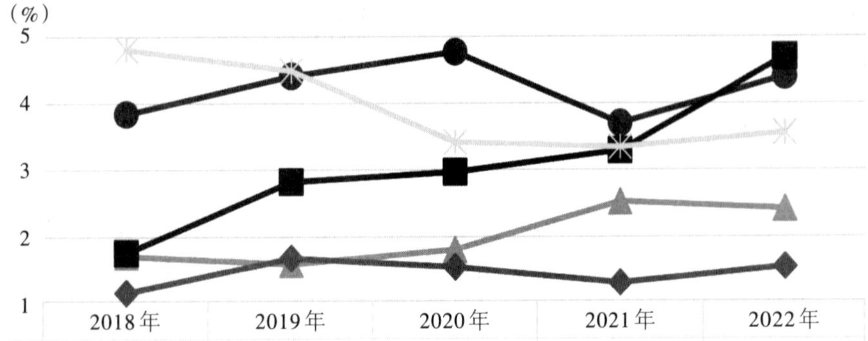

	2018年	2019年	2020年	2021年	2022年
BQC	3.84	4.41	4.77	3.70	4.40
SQJT	1.71	1.59	1.81	2.53	2.42
GQJT	1.16	1.68	1.54	1.31	1.55
CCQC	1.76	2.82	2.97	3.29	4.69
CAQC	4.80	4.49	3.41	3.34	3.56

图6-12　五家同行业企业2018—2022年研发费用占营业收入比重对比图

期间费用中的其他项目，可以根据案例分析对象的特点针对重点项目进行分析，如对管理费用、销售费用、财务费用进行分析均可采用相同的分析思路和方法。

三、资产减值损失分析

利润表中资产减值损失项目金额，通常在财务报表附注中披露。目前，除了金融类资产减值损失改为信用减值损失以外，几乎所有的其他资产都涉及资产减值损失，具体包括存货跌价准备及合同履约成本减值损失、投资性房地产减值损失、固定资产减值损失、长期股权投资减值损失、在建工程减值损失、工程物资减值损失、无形资产减值损失、开发支出减值损失、商誉减值损失等。

根据BQC公司2022年会计报表附注中有关资产减值损失的资料，编制资产减值损失水平分析表，见表6-14。可知，BQC公司2022年资产减值损失同比增加52 898.30万元，增幅为61.69%。主要原因是除了固定资产减值损失减少100%以外，其他项目都有所增加。其中，开发支出减值损失增加22 897.30万元；合同资产减值损失增加8 232.80万元；存货跌价准备增加12 630.60万元；无形资产减值损失增加9 158.80万元。几项综合作用，导致资产减值损失明显增加。

表6-14　**BQC公司资产减值损失水平分析表**　金额单位：万元

项　目	2022年	2021年	变动额	变动率（%）
存货跌价准备	83 400.90	70 770.30	12 630.60	17.85
开发支出减值损失	32 205.40	9 308.10	22 897.30	245.99
无形资产减值损失	9 158.80	0	9 158.80	—
固定资产减值损失	0	21.20	-21.20	-100
合同资产减值损失	13 880.70	5 647.90	8 232.80	145.77
合计	138 645.80	85 747.50	52 898.30	61.69

此外，还可以根据信用减值损失对利润的影响程度，有选择地分析案例分析对象的信用减值损失。

四、其他收益分析

利润表中的其他收益，是指与企业日常活动相关，但又不宜确认收入或冲减成本费用的政府补助，以及安排残疾人就业的奖励、直接减免的增值税等其他与日常活动相关且计入其他收益的项目。它是企业营业利润的组成部分。其他收益分析包括其他收益规模变动分析和其他收益结构变动分析。

1. 其他收益规模变动分析

其他收益规模变动分析，主要是指对利润表附注中其他收益各明细项目增减变动情况的分析。其分析目的在于认清其他收益增减变动的原因。

根据BQC公司会计报表附注中有关其他收益的资料，编制其他收益水平分析表，见表6-15。可知，BQC公司其他收益同比减少54 906万元，降幅为24.19%。其主要原因是与收益相关的政府补助减少。2022年，与收益相关的政府补助减少91 629.30万元，降幅为48.55%，其中产业扶持资金项目减少最多，达90 830.50万元，降幅为95.28%；部分项目同比有所增加，其中其他项目增加3 736.90万元，增幅为454.33%；研发相关补贴项目增加894.20万元，增幅为11.48%；员工相关补贴项目增加10 091.80万元，增幅为115.38%。各项目综合作用导致BQC公司2022年其他收益总体减少，对各阶段利润的形成有一定的不利影响。

表6-15 **BQC公司其他收益水平分析表** 金额单位：万元

项　目	2022年	2021年	变动额	变动率（%）
产业扶持资金	4 497.60	95 328.10	−90 830.50	−95.28
研发相关补贴	8 680.50	7 786.30	894.20	11.48
员工相关补贴	18 838.40	8 746.60	10 091.80	115.38
其他	65 074.40	76 859.20	−11 784.80	−15.33
合计：与收益相关的政府补助	97 090.900	188 720.20	−91 629.30	−48.55
与资产相关的政府补助本年摊销	70 463.30	37 476.90	32 986.40	88.02
合计：与日常活动相关的政府补助	167 554.20	226 197.10	−58 642.90	−25.93
其他	4 559.4	822.50	3 736.90	454.33
合计	172 113.60	227 019.60	−54 906.00	−24.19

2. 其他收益结构变动分析

根据利润表中附表的资料，通过垂直分析法，计算各因素在其他收益中所占的比重，分析其他收益的结构及其变动的合理程度。

BQC公司2021年和2022年其他收益结构及变动情况，见表6-16。可以看出，在2022年其他收益中，以与日常活动相关的政府补助为主，占比为97.35%，同比减少2.29%。其中，与收益相关的政府补助占比为56.41%，同比减少26.72%；与资产相关的政府补助本年摊销占比为40.94%，同比增加24.43%。在与收益相关的政府补助中，其他项目获得的资金支持占比最大，为37.81%，同比增加3.95%；产业扶持资金占比大幅下跌，同比减少39.38%，与国家新能源汽车补贴取消有关。

案例分析6-4

表6-16　BQC公司2021年和2022年其他收益结构及变动表（%）

项　目	2022年	2021年	差异
产业扶持资金	2.61	41.99	-39.38
研发相关补贴	5.04	3.43	1.61
员工相关补贴	10.95	3.85	7.10
其他	37.81	33.86	3.95
合计：与收益相关的政府补助	56.41	83.13	-26.72
与资产相关的政府补助本年摊销	40.94	16.51	24.43
合计：与日常活动相关的政府补助	97.35	99.64	-2.29
其他	2.65	0.36	2.29
合计	100	100	0

□ 本章小结

企业利润，通常是指企业在一定会计期间收入减去费用后的净额以及直接计入当期的利得和损失等，亦称为财务成果或经营成果。在商品经济条件下，企业追求的根本目标是企业价值最大化或股东权益最大化。而无论是企业价值最大化，还是股东权益最大化，其基础都是企业利润。利润已成为现代企业经营与发展的直接目标。企业的各项工作最终都与利润的多少相关。利润分析可正确评价企业各方面的经营业绩，及时、准确地发现企业经营管理中存在的问题，为投资者、债权人的投资与信贷决策提供正确信息。利润表分析主要包括利润表综合分析、利润表分部分析以及利润表分项分析。

利润表综合分析包括利润额增减变动分析和利润总额分析。通过对利润表的水平分析，从利润的形成角度，反映利润额的变动情况，揭示企业在利润形成过程中的管理业绩及存在的问题。利润结构变动分析，主要是在对利润表进行垂直分析的基础上，揭示各项利润及成本费用与收入的关系，以反映企业的各环节的利润构成、利润及成本费用水平。

利润表分部分析包括分部报告分析和产品销售利润分析。通过对分部报告的分析，反映企业各经营分部的财务状况和经营成果，为加强企业内部组织结构、管理要求，优化产业结构，完善内部报告制度，进行战略调整指明方向。产品销售利润分析包括产品销售利润因素分析方法，并通过案例分析进一步揭示各因素变动对产品销售利润的影响，从而分清生产经营中的成绩与问题。

利润表分项分析包括企业收入分析、成本费用分析、资产减值损失分析、其他收益分析等内容。收入是影响利润的重要因素，企业收入分析的内容具体包括收入的确认与计量分析；影响收入的价格因素与销售量因素分析；企业收入的构成分析等。成本费用分析包括产品销售成本分析和期间费用分析两部分，产品营业成本分析包括营业总成本分析和单位营业成本分析，期间费用分析包括研发费用分析、销售费用分析、财务费用分析和管理费用分析。资产减值损失分析包括资产减值损失的构成分析以及资产减值损失变动原因分析。其他收益分析包括其他收益的构成分析以及其他收益变动原因分析。此外，还可以根据不同企业利润表的资料，对一些重要项目进行深入分析，如投资收益、公允价值变动损益、资产处置收益与营业外收入等的变动情况进行分析。

□ 数智能力训练

人工智能大模型能够为我们进行财务分析提供很多有益的帮助。结合本章学习的内容，我们可运用人工智能大模型对利润表分析中的相关问题进行进一步的分析，以提升同学们运用数智模型进行财务分析的能力。

本章的数智能力训练题主要有：

1.不同行业的净利润分别是多少？哪些行业的净利润高一些？哪些行业的净利润低一些？是什么原因导致的？

2.人工智能和大数据对企业的影响，主要体现在哪些利润表项目上？如何对这些利润表项目进行分析？

3.我国会计准则和上市公司信息披露中与利润表相关的部分，在过去5年内，有哪些变化？这些变化对利润表分析有什么影响？

4.人工智能和大数据，对上市公司的营业总成本会有哪些影响？哪个行业受到的影响大？哪个行业受到的影响小？人工智能和大数据，对不同的成本费用项目（如营业成本、管理费用、销售费用和研发费用）的影响会有哪些差异？

5.在人工智能和大数据的环境下，可以借助哪些信息对企业利润的质量进行分析？以汽车制造业（零售业、交通运输业、食品加工行业、钢铁行业等）为例，说明利润质量分析中如何利用人工智能和大数据的最新技术。不同行业的利润质量，在人工智能和大数据的环境下，是否会出现不同的变化趋势？

目前可以采用的人工智能大模型主要有阿里“通义千问”、百度“文心一言”和科大讯飞“星火”等模型，当然也可以采用最新推出的其他模型。同学们可以多尝试一下不同的提问方式，或者不同的人工智能模型，看看答案会有怎样的差别？看看你能否找到与人工智能建立有效沟通的渠道！

□ 互动练习

第七章　现金流量表分析

□ 学习目标

本章学习目标是使学生掌握现金流量表会计分析的基本方法和基本内容。其具体目标包括：

◇ 知识目标

掌握财务流量表分析步骤和各步骤包括的主要分析内容；明确现金流量表的结构与内容；理解现金流量表与资产负债表和利润表的关系；明确现金流量表分析的目的；掌握现金流量与利润关系分析；了解经营活动净现金流量的阶段性分析。

◇ 技能目标

掌握现金流量表的总体分析、水平分析与垂直分析等分析方法。掌握现金流量表附注资料的分析方法。

◇ 能力目标

能够运用财务分析基本程序与方法对现金流量表进行分析；将现金流量表信息与利润表和资产负债表信息相结合对企业的财务状况进行评价与分析。

◇思政目标

树立造福社会价值观，为投资者提供更有价值的目标，理解与掌握经营活动现金流量的内涵并对之合理分析与评价，树立用科学、公开、透明的估值理念评价企业的价值创造结果，强化财务分析的社会责任意识。

【引例】

国内电动车龙头比亚迪（002594）2024年1月29日晚间发布的业绩预告显示，2023年实现归属于上市公司股东的净利润为290亿~310亿元，较上年同期盈利166.22亿元上升74%~86%，如果取中值就是300亿元净利润，增长80%左右。2023年，面对车市价格战和国补退坡的双重打击，比亚迪却依旧稳居第一。“上半场是电动化，下半场是智能化。”这句话充分说明了新能源汽车的发展趋势，也是比亚迪践行的标准。

净利润与现金流量，特别是经营活动现金流量净额，从来都是衡量企业绩效的重量级指标。经营活动产生的现金流量净额被视为现金版的净利润，成为公司是否值得投资的重要标杆。我们再次通过比亚迪现金流量与净利润数据来诠释优质企业的制胜秘籍，见表7-1。

表7-1 **比亚迪现金流量与净利润信息表** 单位：亿元

项　目	2017年	2018年	2019年	2020年	2021年	2022年
经营活动产生的现金流量净额	63.68	125.23	147.41	453.93	654.67	1 408.38
投资活动产生的现金流量净额	（159.64）	（142.31）	（208.81）	（144.44）	（454.04）	（1 205.96）
筹资活动产生的现金流量净额	111.68	39.17	66.10	（289.07）	160.63	（194.89）
现金及现金等价物净增加额	15.77	22.15	5.23	20.64	360.81	13.63
归属净利润	49.17	166.2	30.45	42.34	16.14	27.80

根据表7-1提供的信息可以看出，比亚迪从2021年至2022年连续稳步盈利，经营活动现金流量净额表现异常优秀，远超净利润。2021年至2022年已经是归属净利润的40倍和50倍，净利润的含金量毋庸置疑。

如果经营活动现金流量净额长期明显低于净利润，甚至为负数，这种亚健康的状态是十分危险的信号。

现金被喻为企业的血液。只有现金循环周转顺畅，企业才能焕发勃勃生机。而经营活动产生现金流量的能力是企业自身的造血功能，如果企业无法持续产生充足的经营现金流量，就需要不断地筹资来填补资金缺口，必然会遭遇资金链断裂的厄运。因此，现金流量表分析的作用不容忽视。

（资料来源：根据中工汽车网和野火财经信息整理编写）

第一节　现金流量表分析的目的与内容

一、现金与现金流量表

现金流量表是以收付实现制为基础编制的，反映企业一定会计期间内现金及现金等价物流入和流出信息的动态报表。现金流量表中的现金是一个广义的概念，它包括现金和现金等价物。现金，是指企业库存现金以及可以随时用于支取的存款。不能随时用于支取的存款不属于现金。现金等价物，是指企业持有的期限短、流动性强、易于转换为已知金额现金、价值变动风险很小的投资。期限短，一般是指从购买日起三个月内到期。现金等价物通常包括三个月内到期的短期债券投资。权益性投资变现的金额通常不确定，因而不属于现金等价物。企业可以根据具体情况，确定现金等价物的范围，一经确定不得随意变更。除了三个月内到期的债券投资，在实务当中被企业认定为现金等价物的常见资产主要有：三个月内到期的票据保证金、结构性存款、定期存放同业款项等。

现金流量，包括现金流入量和现金流出量，用来表示企业现金和现金等价物的增减变动情况。现金及现金等价物的增加被称为现金流入量，现金及现金等价物的减少被称为现金流出量。企业从银行提取现金、用现金购买短期的国库券等现金和现金等价物之间的转换不产生现金流量。

现金流量根据企业经济活动的性质，通常可分为经营活动现金流量、投资活动现金流量和筹资活动现金流量。现金流量根据现金的流程，又可分为现金流入量、现金流出量和现金流量净额。我国会计准则规定现金流量表主表的编制格式为按经济活动的性质分别归集经营活动、投资活动和筹资活动产生的现金流入量、现金流出量和现金流量净额，最后得出企业净现金流量。现金流量表补充资料的编制格式为以净利润为基础调整相关项目，得出经营活动净现金流量。

二、现金流量表与资产负债表、利润表的关系

现金流量表与资产负债表和利润表并不是相互脱离、彼此独立的，它们之间有着内在的钩稽关系。可以根据资产负债表的平衡式分析发现影响现金及现金等价物（现金资产）变动的因素：

资产=负债+所有者权益

现金资产+非现金资产=负债+所有者权益

现金资产=负债+所有者权益-非现金资产

其中：

所有者权益=实收资本（或股本）+资本公积+盈余公积+留存收益

留存收益=净利润+其他综合收益的税后净额+年初未分配利润-提取的公积金-利润（股利）分配

以上分析表明，影响公司现金资产变化的因素与资产负债表和利润表都有关，非现金资产类项目的变化与现金资产的变化呈反方向变化关系；负债与所有者权益类项目的变化与现金资产的变化呈同方向变化关系。在其他因素不变的条件下，所有者权益的变化主要与留存收益的变化有关，而后者主要取决于公司经营活动创造的净利润以及公司的股利政策。

现金流量表和资产负债表的关系如图7-1所示，公司在一定时期创造的现金及现金等价物净增加额是经营活动、投资活动和筹资活动各自产生的现金流量净额的代数和，其还可以表示为：

$$\begin{matrix}\text{现金及现金等价物}\\\text{净增加额}\end{matrix}=\begin{matrix}\text{现金的}\\\text{期末余额}\end{matrix}-\begin{matrix}\text{现金的}\\\text{期初余额}\end{matrix}+\begin{matrix}\text{现金等价物}\\\text{的期末余额}\end{matrix}-\begin{matrix}\text{现金等价物}\\\text{的期初余额}\end{matrix}$$

其中：“现金的期末余额”等于资产负债表中“货币资金”项目的期末余额，“现金的期初余额”等于资产负债表中“货币资金”项目的年初余额。但是，如果“货币资金”项目中包括了流动性被限制的部分，应予以扣除。

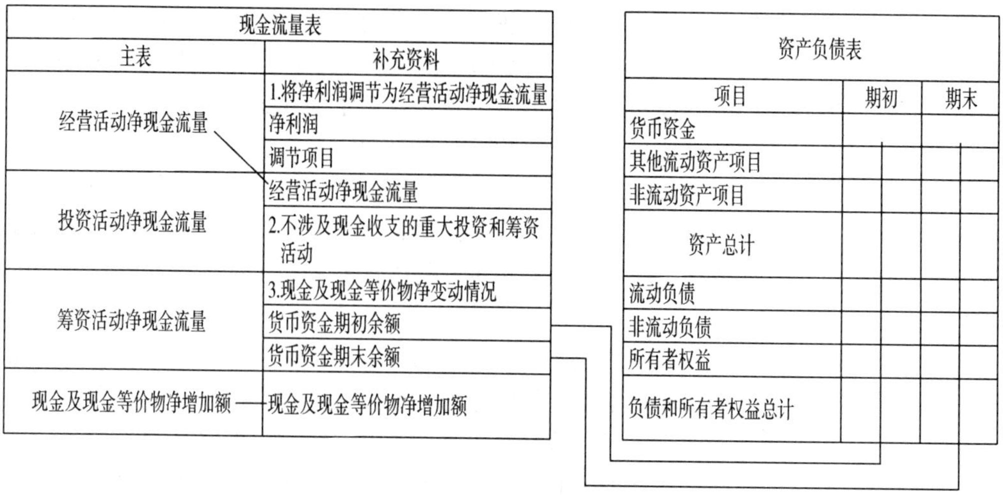

图7-1　现金流量表与资产负债表的关系

BQC公司2022年年末资产负债表“货币资金”项目余额为5 147 126.30万元，但是现金流量表“期末现金及现金等价物余额”为5 118 245.70万元，差额部分为受限制货币资金，主要是用作借款、信用证及承兑汇票的保证金、存出证券投资款、子公司收到受限注资款以及子公司按照规定存放在中央银行的法定存款准备金。

图7-2描述了现金流量表与利润表的关系，以及从净利润到经营活动净现金流量的调节过程。在净利润的基础上，加上或减去调节项目，即加上非经营活动损益（筹资和投资活动的损益），如处置固定资产、无形资产、其他长期资产损失、固定资产报废损失、财务费用、投资损失（减收益）等；加上不支付现金的费用，如计提减值准备、计提固定资产折旧、无形资产摊销等；加上存货减少（减增加）；加上经营性应付项目增加（减减少）。

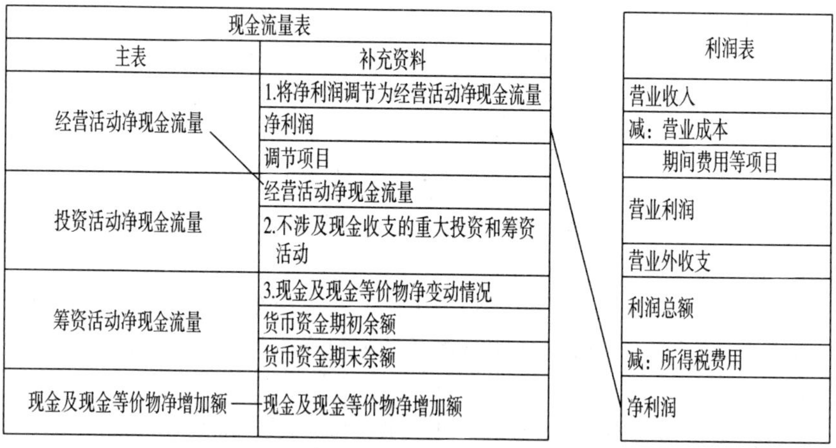

图7-2　现金流量表与利润表的关系

三、现金流量表分析的目的

现金流量表反映了企业在一定时期内创造的现金数额，揭示了在一定时期内现金流动的状况，通过现金流量表分析，可以达到以下目的：

1.从动态上了解企业现金变动情况和变动原因

资产负债表中货币资金项目反映了企业一定时期现金变动的结果，是静态上的现金存量，企业从哪里取得现金，又将现金用于哪些方面。只有通过现金流量表的分析，才能从动态上说明现金的变动情况，并揭示现金变动的原因。

2.判断企业获取现金的能力

企业获取现金的能力是价值评估的基础，恰当地预测经营活动现金流量是采用净现值法进行股票定价的前提。通过对现金流量表进行现金流量分析，能够对企业获取现金的能力做出判断。

知识拓展7-1

3.评价企业盈利的质量

利润是按权责发生制计算的，用于反映当期的经营成果，利润不代表真正实现的现金回笼，账面上的利润满足不了企业的资金需要，因此，盈利企业仍然有可能发生财务危机，引发“黑字破产”。高质量盈利必须有相应的经营活动现金流量净额做保证，这就是分析师更重视现金流量的原因之一。

四、现金流量表分析的内容

现金流量表分析包括下列内容：

（1）现金流量表综合分析：主要包括现金流量表总体分析、现金流量表水平分析、现金流量表结构分析、现金流量趋势分析、现金流量组合分析和自由现金流量分析。

（2）现金流量表分项分析：主要包括经营活动现金流量项目分析、投资活动现金流量项目分析、筹资活动现金流量项目分析、汇率变动对现金及现金等价物的影响分析和现金及现金等价物分析 。

（3）现金流量与利润关系分析：主要包括经营活动现金流量净额与净利润关系分析和现金流量表附表主要项目分析。

第二节　现金流量表综合分析

一、现金流量表总体分析

进行现金流量表的总体分析，就是要根据现金流量表的数据，对公司现金流量主要情况进行总体分析与评价。这时，现金流量表本身就可作为一张分析表，根据表中资料可分析说明企业现金流量情况，对公司现金变动情况进行总体把握，了解公司现金增减变动的主要原因。下面以BQC公司现金流量表的资料为基础，对该公司2022年现金流量表进行总体分析。

第一，该公司资产负债表货币资金项目年末比年初增加101 416.60万元。本年现金流量表现金及现金等价物净增加额为136 259.70万元。其中，经营活动产生的现金流量净额为14 083 765.70万元；投资活动产生的现金流量净额为-12 059 599.70万元；筹资活动产生的现金流量净额为-1 948 868.30万元。

第二，该公司本年经营活动产生的现金流量净额为14 083 765.70万元，即经营活动现金流入量大于经营活动现金流出量。通过初步对比可以发现，经营活动现金流入主要项目

“销售商品、提供劳务收到的现金”项目比上年大幅增加，“收到的税费返还”“收到其他与经营活动有关的现金”项目也有所增加。而经营活动现金流出主要项目“购买商品、接受劳务支付的现金”“支付其他与经营活动有关的现金”“支付给职工以及为职工支付的现金”都有所增加。

第三，该公司投资活动产生的现金流量净额为-12 059 599.70万元。公司当年最主要的投资活动是购建固定资产、无形资产等长期资产，导致现金流出9 745 686.20万元。同时，对外投资活动也较为活跃，“投资支付的现金”项目为1 057 290.80万元，“支付其他与投资活动有关的现金”项目为2 587 687万元；投资活动现金流入量为1 331 064.30万元；投资活动现金流出量远大于流入量。

第四，该公司筹资活动产生的现金流量净额为 -1 948 868.30万元。公司主要的筹资方式是借款筹资。公司当期取得借款收到现金2 763 594.80万元，通过吸收投资筹得资金50 762.50万元，发行债券未筹得资金，收到其他与筹资活动有关的现金为303 147.30万元。筹资活动的现金流出主要是偿还债务支付现金4 404 889.40万元，分配股利、利润或偿付利息支付现金163 285.20万元，支付其他与筹资活动有关的现金498 198.30万元；筹资活动现金流出量远大于流入量。

二、现金流量表水平分析

现金流量表总体分析只说明了企业当期现金流量产生的主要原因，没能揭示本期现金流量与前期或预计现金流量的差异。为了解决这个问题，可采用水平分析法对现金流量表进行分析。BQC公司的现金流量表水平分析表，见表7-2。

表7-2 **BQC公司现金流量表水平分析表** 金额单位：万元

项　目	2022年	2021年	变动额	变动率（%）
一、经营活动产生的现金流量：				
销售商品、提供劳务收到的现金	41 320 922.60	20 266 645.50	21 054 277.10	103.89
客户存款和同业存放款项净增加额				
收取利息、手续费及佣金的现金				
收到的税费返还	762 816.20	485 542.10	277 274.10	57.11
收到其他与经营活动有关的现金	2 054 259.90	589 693.20	1 464 566.70	248.36
经营活动现金流入小计	44 137 998.70	21 341 880.80	22 796 117.90	106.81
购买商品、接受劳务支付的现金	22 084 250.40	10 439 912.10	11 644 338.30	111.54
客户贷款及垫款净增加额				
存放中央银行和同业款项净增加额				
支付利息、手续费及佣金的现金				
支付给职工以及为职工支付的现金	5 351 972.80	2 875 975.10	2 475 997.70	86.09
支付的各项税费	1 853 718.80	780 515.20	1 073 203.60	137.50
支付其他与经营活动有关的现金	764 291.00	698 810.20	65 480.80	9.37
经营活动现金流出小计	30 054 233.00	14 795 212.60	15 259 020.40	103.13

续表

项　目	2022年	2021年	变动额	变动率（%）
经营活动产生的现金流量净额	14 083 765.70	6 546 668.20	7 537 097.50	115.13
二、投资活动产生的现金流量：				
收回投资收到的现金	1 377.90		1 377.90	
取得投资收益收到的现金	12 933.30	20 388.60	−7 455.30	−36.57
处置固定资产、无形资产和其他长期资产收回的现金净额	26 823.70	82 638.90	−55 815.20	−67.54
处置子公司及其他营业单位收到的现金净额	9 580.00	22 232.90	−12 652.90	−56.91
收到其他与投资活动有关的现金	1 280 349.40	1 146 942.20	133 407.20	11.63
投资活动现金流入小计	1 331 064.30	1 272 202.60	58 861.70	4.63
购建固定资产、无形资产和其他长期资产支付的现金	9 745 686.20	3 734 360.90	6 011 325.30	160.97
投资支付的现金	1 057 290.80	352 682.80	704 608.00	199.79
支付其他与投资活动有关的现金	2 587 687.00	1 725 558.10	862 128.90	49.96
投资活动现金流出小计	13 390 664.00	5 812 601.80	7 578 062.20	130.37
投资活动产生的现金流量净额	−12 059 599.70	−4 540 399.20	−7 519 200.50	−165.61
三、筹资活动产生的现金流量：				
吸收投资收到的现金	50 762.50	3 731 371.90	−3 680 609.40	−98.64
其中：子公司吸收少数股东投资收到的现金				
发行债券收到的现金				
取得借款收到的现金	2 763 594.80	3 287 237.90	−523 643.10	−15.93
收到其他与筹资活动有关的现金	303 147.30		303 147.30	
筹资活动现金流入小计	3 117 504.60	7 018 609.80	−3 901 105.20	−55.58
偿还债务支付的现金	4 404 889.40	4 987 880.50	−582 991.10	−11.69
分配股利、利润或偿付利息支付的现金	163 285.20	261 930.30	−98 645.10	−37.66
其中：子公司支付给少数股东的股利、利润	7 946.40	18 593.10	−10 646.70	−57.26
支付的其他权益工具利息		6 160.00	6 160.00	
支付其他与筹资活动有关的现金	498 198.30	52 547.30	445 651.00	848.09
其他权益工具持有者赎回的现金		110 000.00	110 000.00	
筹资活动现金流出小计	5 066 372.90	5 412 358.10	−345 985.20	−6.39
筹资活动产生的现金流量净额	−1 948 868.30	1 606 251.70	−3 555 120.00	−221.33
四、汇率变动对现金及现金等价物的影响	60 962.00	−4 384.50	65 346.50	1490.40
五、现金及现金等价物净增加额	136 259.70	3 608 136.20	−3 471 876.50	−96.22
加：期初现金及现金等价物余额	4 981 986.00	1 373 849.80	3 608 136.20	262.63
六、期末现金及现金等价物余额	5 118 245.70	4 981 986.00	136 259.70	2.74

从表7-2可以看出，BQC公司2022年“现金及现金等价物净增加额”比2021年减少了3 471 876.50万元。经营活动、投资活动和筹资活动产生的净现金流量较上年的变动额分别是7 537 097.50万元，-7 519 200.50万元，-3 555 120.00万元。

经营活动现金流量净额比上年增加7 537 097.50万元。经营活动现金流入量比上年增加22 796 117.90万元，增长率是106.81%，经营活动流出量比上年增长15 259 020.40万元，增长率为103.13%。经营活动现金流入量增加，流出量同步增加，流入量增加幅度大于流出量，所以经营活动现金流量净额平稳增长。经营活动现金流量项目变化较为显著的包括：“收到其他与经营活动有关的现金”项目增加1 464 566.70万元，增长率为248.36%，“支付的各项税费”项目增加1 073 203.60万元，增长率为137.50%。

投资活动现金流量净额比上年减少了7 519 200.50万元，投资活动现金流入量增加58 861.70万元，增长率为4.63%，投资活动现金流出量增加7 578 062.20万元，增长率为130.37% 。投资活动现金流量项目中变化较为显著的包括：“投资支付的现金”项目增加704 608.00万元，增长率为199.79%，“购建固定资产、无形资产和其他长期资产支付的现金”项目增加6 011 325.30万元，增长率为160.97%，“处置固定资产、无形资产和其他长期资产收回的现金净额”项目减少55 815.20万元，降低率为67.54%。可以看出，BQC公司2022年在增加了对内长期资产投资提升品牌力、产品线、占有市场增强产能的同时，积极进行对外战略投资，BQC公司营收来源并不只是汽车，根据2023年上半年财报，汽车及相关产品（电池等）营收占比超过八成；另有手机部件及组装，占比大约两成。

筹资活动现金流量净额本年比上年减少3 555 120.00万元，筹资活动现金流入量减少3 901 105.20万元，降低率为55.58%，筹资活动现金流出量减少345 985.20万元，降低率为6.39%，可见筹资活动现金流量净额减少的主要原因是筹资活动现金流入量减少。变化比较显著的筹资活动现金流量项目包括：“吸收投资收到的现金”项目减少3 680 609.40万元，降低率为98.64%。“支付其他与筹资活动有关的现金”项目增加445 651.00万元，增长率为848.09%，“分配股利、利润或偿付利息支付的现金”项目减少98 645.10万元，降低率为37.66%。从筹资活动现金流量的变动情况可以看出，BQC公司2021年主要依赖大规模的股权筹资和债务筹资，2022年主要依赖债务筹资，由于筹资规模的不断扩大，筹资成本支出也不断增加，2021—2022年偿还债务支付的现金是筹资活动现金流出量的主要因素。

三、现金流量表结构分析

现金流量表结构分析的目的在于揭示现金流入量和现金流出量的结构情况，从而抓住企业现金流量管理的重点。现金流量表结构分析的资料通常使用直接法编制的现金流量表，分析方法为垂直分析法。以下以BQC公司现金流量表的资料为基础，经过数智化，可得出现金流量表结构分析表，见表7-3。

表7-3 **BQC公司现金流量表垂直分析表** 金额单位：百万元

项目	2022年	2021年	流入结构（%）			流出结构（%）			内部结构（%）		
			2022年	2021年	变动情况	2022年	2021年	变动情况	2022年	2021年	变动情况
一、经营活动产生的现金流量：											
销售商品、提供劳务收到的现金	41 320 922.60	20 266 645.50	85.04	68.39	16.65				93.62	94.96	-1.34
客户存款和同业存放款项净增加额	0	0	0.00	0.00	0.00				0.00	0.00	0.00
收取利息、手续费及佣金的现金	0	0	0.00	0.00	0.00				0.00	0.00	0.00
收到的税费返还	762 816.20	485 542.10	1.57	1.64	-0.07				1.73	2.28	-0.55
收到其他与经营活动有关的现金	2 054 259.90	589 693.20	4.23	1.99	2.24				4.65	2.76	1.89
经营活动现金流入小计	44 137 998.70	21 341 880.80	90.84	72.02	18.82				100.00	100.00	0
购买商品、接受劳务支付的现金	22 084 250.40	10 439 912.10				45.52	40.12	5.40	73.48	70.56	2.92
客户贷款及垫款净增加额	0	0				0.00	0.00	0.00	0.00	0.00	0.00
存放中央银行和同业款项净增加额	0	0				0.00	0.00	0.00	0.00	0.00	0.00
支付利息、手续费及佣金的现金	0	0				0.00	0.00	0.00	0.00	0.00	0.00
支付给职工以及为职工支付的现金	5 351 972.80	2 875 975.10				11.03	11.05	-0.02	17.81	19.44	-1.63
支付的各项税费	1 853 718.80	780 515.20				3.82	3.00	0.82	6.17	5.28	0.89
支付其他与经营活动有关的现金	764 291.00	698 810.20				1.58	2.69	-1.11	2.54	4.72	-2.18
经营活动现金流出小计	30 054 233.00	14 795 212.60				61.95	56.86	5.09	100.00	100.00	0.00
经营活动产生的现金流量净额	14 083 765.70	6 546 668.20									

续表

项　目	2022年	2021年	流入结构（%）			流出结构（%）			内部结构（%）		
			2022年	2021年	变动情况	2022年	2021年	变动情况	2022年	2021年	变动情况
二、投资活动产生的现金流量：											
收回投资收到的现金	1 377.90	0	0.00	0.00	0.00				0.10	0.00	0.10
取得投资收益收到的现金	12 933.30	20 388.60	0.02	0.07	−0.05				0.97	1.60	−0.63
处置固定资产、无形资产和其他长期资产收回的现金净额	26 823.70	82 638.90	0.05	0.28	−0.23				2.02	6.50	−4.48
处置子公司及其他营业单位收到的现金净额	9 580.00	22 232.90	0.02	0.07	−0.05				0.72	1.75	−1.03
收到其他与投资活动有关的现金	1 280 349.40	1 146 942.20	2.63	3.87	−1.24				96.19	90.15	6.04
投资活动现金流入小计	1 331 064.30	1 272 202.60	2.74	4.29	−1.55				100.00	100.00	0.00
购建固定资产、无形资产和其他长期资产支付的现金	9 745 686.20	3 734 360.90				20.09	14.35	5.74	72.78	64.25	8.53
投资支付的现金	1 057 290.80	352 682.80				2.18	1.36	0.82	7.90	6.07	1.83
支付其他与投资活动有关的现金	2 587 687.00	1 725 558.10				5.33	6.63	−1.30	19.32	29.68	−10.36
投资活动现金流出小计	13 390 664.00	5 812 601.80				27.60	22.34	5.26	100.00	100.00	0.00
投资活动产生的现金流量净额	−12 059 599.70	−4 540 399.20									
三、筹资活动产生的现金流量：											
吸收投资收到的现金	50 762.50	3 731 371.90	0.11	12.59	−12.48				1.63	53.16	−51.53
其中：子公司吸收少数股东投资收到的现金	0	0	0.00	0.00	0.00				0.00	0.00	0.00
发行债券收到的现金	0	0	0.00	0.00	0.00				0.00	0.00	0.00

续表

项　目	2022年	2021年	流入结构（%）			流出结构（%）			内部结构（%）		
			2022年	2021年	变动情况	2022年	2021年	变动情况	2022年	2021年	变动情况
取得借款收到的现金	2 763 594.80	3 287 237.90	5.69	11.10	-5.41				88.65	46.84	41.81
收到其他与筹资活动有关的现金	303 147.30	0.00	0.62	0.00	0.62				9.72	0.00	9.72
筹资活动现金流入小计	3 117 504.60	7 018 609.80	6.42	23.69	-17.27				100.00	100.00	0.00
偿还债务支付的现金	4 404 889.40	4 987 880.50				9.08	19.17	-10.09	86.94	92.16	-5.22
分配股利、利润或偿付利息支付的现金	163 285.20	261 930.30				0.34	1.01	-0.67	3.22	4.84	-1.62
其中：子公司支付给少数股东的股利、利润	7 946.40	18 593.10				0.02	0.07	-0.05	0.16	0.34	-0.18
支付的其他权益工具利息	0	6 160.00				0.00	0.02	-0.02	0.00	0.11	-0.11
支付其他与筹资活动有关的现金	498 198.30	52 547.30				1.03	0.20	0.83	9.84	0.97	8.87
其他权益工具持有者赎回的现金	0	110 000.00				0.00	0.42	-0.42	0.00	2.03	-2.03
筹资活动现金流出小计	5 066 372.90	5 412 358.10				10.45	20.80	-10.35	100.00	100.00	0.00
筹资活动产生的现金流量净额	-1 948 868.30	1 606 251.70									
现金流入总额	48 586 567.60	29 632 693.20	100.00	100.00	0.00						
现金流出总额	48 511 269.90	26 020 172.50				100.00	100.00	0.00			
四、汇率变动对现金及现金等价物的影响	60 962.00	-4 384.50									
五、现金及现金等价物净增加额	136 259.70	3 608 136.20									
加：期初现金及现金等价物余额	4 981 986.00	1 373 849.80									
六、期末现金及现金等价物余额	5 118 245.70	4 981 986.00									

（一）现金流入结构分析

现金流入结构分为总流入结构和内部流入结构。总流入结构是反映企业经营活动的现金流入量、投资活动的现金流入量和筹资活动的现金流入量分别占现金总流入量的比重。内部流入结构反映的是经营活动、投资活动和筹资活动等各项业务活动现金流入中具体项目的构成情况。现金流入结构分析可以明确企业的现金究竟来自何方，增加现金流入应在哪些方面采取措施等。

BQC公司2022年现金流入总量为48 586 567.60万元，其中经营活动现金流入量、投资活动现金流入量和筹资活动现金流入量所占比重分别为90.84%、2.74%和6.42%。可见企业的现金流入量主要是由经营活动产生的。“销售商品、提供劳务收到的现金”项目占现金流入总量的比重为85.04%，是最主要的现金流入项目，与上年相比有所提高。除此之外，现金流入总量当中比重较大的项目有，“取得借款收到的现金”项目占比5.69%，“收到其他与经营活动有关的现金”项目占比4.23%，“收到其他与投资活动有关的现金”项目占比2.63%。

经营活动现金流入量中“销售商品、提供劳务收到的现金”项目比重降低，“收到其他与经营活动有关的现金”项目比重增加。投资活动现金流入量中“处置固定资产、无形资产和其他长期资产收回的现金净额”项目比重降低，“收回投资收到的现金”项目比重提高。筹资活动现金流入量中，“取得借款收到的现金”项目比重显著提高，“吸收投资收到的现金”项目比重显著降低。

总体来说，企业的现金流入量中，经营活动的现金流入量占有较高比例，特别是其销售商品、提供劳务收到的现金明显高于其他业务活动流入的现金。但是对于不同性质的企业，这个比例也可能有较大的差异。例如，一家单一经营、专心于某一特定经营业务、较少进行对外投资、筹资政策保守、较少举债经营的企业，该比例可能尤其高。

（二）现金流出结构分析

现金流出结构分为总流出结构和内部流出结构。现金总流出结构是反映企业经营活动的现金流出量、投资活动的现金流出量和筹资活动的现金流出量分别在全部现金流出量中所占的比重。内部现金流出结构反映的是经营活动、投资活动和筹资活动等各项业务活动现金流出中具体项目的构成情况。现金流出结构可以表明企业的现金究竟流向何方，要节约开支应从哪些方面入手等。

BQC公司2022年现金流出总量为48 511 269.90万元，其中经营活动现金流出量、投资活动现金流出量和筹资活动现金流出量所占比重分别为61.95%、27.60%和10.45%。现金流出总量中占比较大的项目有：“购买商品、接受劳务支付的现金”项目占比45.52%，“购建固定资产、无形资产和其他长期资产支付的现金”项目占比20.09%，“支付给职工以及为职工支付的现金”项目占比11.03%。可见，当期主要的现金流出是用于生产经营活动，以及购建长期资产扩大产能，强化核心竞争力。

案例分析7-1

在经营活动现金流出量当中，“购买商品、接受劳务支付的现金”项目占比73.48%，比重最大，“支付给职工以及为职工支付的现金”项目占比是17.81%，体现出了汽车行业属于资本密集型行业的特点。

投资活动的现金流出量主要用于购建长期资产以及对外投资活动，所占比例分别是72.78%和7.90%，上年二者的比例分别是64.25%和6.07%，可见公司的投资基本属于自主经营为主，对外投资为辅的战略。

筹资活动的现金流出量主要用于支付股利和利息，以及偿还债务，二者所占比例分别是3.22%和86.94%。

四、现金流量趋势分析

现金流量趋势分析就是根据企业连续几期的现金流量数据的对比，发现现金流量发展变化的特征，以及由此所体现出来的企业经营活动、投资活动和筹资活动的特点。

如图7-3所示，BQC公司的现金流量总体呈现出先增后降的趋势，峰值出现在2021年，2022年出现急剧翻转。经营活动现金流量是公司主要并稳定的现金来源，2018—2022年持续稳定增长。投资活动现金流量净额多数年份为负，说明公司保持着活跃的投资活动，既有对外投资也有对内长期资产投资。筹资活动现金流量净额时正时负，主要受到当期资金需要量以及公司筹资策略的影响。

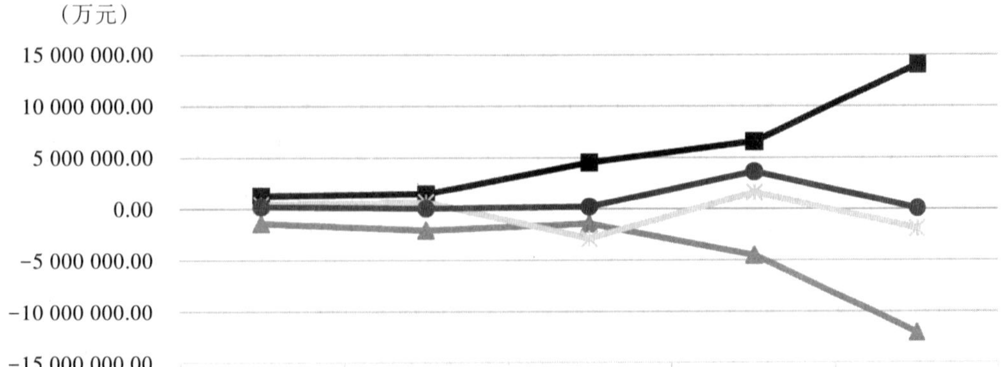

	2018年	2019年	2020年	2021年	2022年
经营活动	1 252 290.90	1 474 100.70	4 539 266.80	6 546 668.20	14 083 765.70
投资活动	−1 423 076.00	−2 088 144.60	−1 444 424.80	−4 540 399.20	−12 059 599.70
筹资活动	391 651.10	661 034.50	−2 890 741.80	1 606 251.70	−1 948 868.30
净增加额	22 866.00	46 990.60	204 100.20	3 612 520.70	75 297.70

图7-3　BQC公司现金流量趋势分析图

五、现金流量组合分析

对企业经营活动、投资活动和筹资活动的现金流量净额的正负组合进行分析，可以发现企业当前的经营状况特征。各种组合情况见表7-4。

表7-4　现金流量组合分析表

序号	经营活动现金流量	投资活动现金流量	筹资活动现金流量
1	+	+	+
2	+	+	−
3	+	−	+
4	+	−	−

续表

序号	经营活动现金流量	投资活动现金流量	筹资活动现金流量
5	–	+	+
6	–	+	–
7	–	–	+
8	–	–	–

1.同时存在大量的经营活动、投资活动和筹资活动现金净流入量。这种组合体现出公司拥有充沛的现金流入量。在经营活动和投资活动都为企业带来现金净流入量的同时，企业还在积极地开展筹资活动，可能在为大笔支出做准备。企业的现金存量增加，如果没有很好的投资计划，可能会出现资金闲置的情况。

2.经营活动和投资活动产生现金净流入量，筹资活动导致现金净流出。这种组合往往意味着企业的经营和投资状况良好，已进入债务偿还期或者为股东分配股利。

3.经营活动和筹资活动产生现金净流入量，投资活动导致现金净流出。这种组合反映公司利用经营活动产生的现金流量以及筹资获得的资金进行了投资活动。企业实施积极的扩张政策，可能有助于企业未来持续稳定的利润增长，还要视投资活动效果而定。

4.经营活动产生现金净流入量，投资活动和筹资活动导致现金净流出。这种组合意味着企业依赖经营活动的现金流入量进行投资活动并偿还债务或分配股利，体现经营活动强大的现金产生能力，也要提防现金消耗量过大导致现金不足。

5.经营活动产生现金净流出，投资活动和筹资活动带来现金净流入。在这种情况下，经营收现收入无法弥补经营付现成本，出现现金短缺；正在通过筹资活动以及投资变现或投资收益来补充经营活动现金缺口。如果企业无法采取有效措施扭转经营活动的困境，长此以往将可能导致企业资金链断裂。

6.经营活动和筹资活动导致现金净流出，投资活动带来现金净流入。这样的企业形成了由投资活动现金流量独自苦苦支撑的局面。投资活动产生的现金流量既要填补经营活动现金缺口，又要偿还债务或支付股利。此时要分析投资活动现金流量的产生来源。如果是来自子公司或联营、合营企业的可持续的投资收益，尚可维持局面。如果是来自出售投资性资产，只怕会有坐吃山空的一天。

7.经营活动和投资活动带来现金净流出量，筹资活动产生现金净流入量。企业一方面经营陷入困境，一方面扩大投资，此时严重依赖外部融资，希望能通过高质量的投资挽救困局。

8.经营活动、投资活动和筹资活动现金流量全部净流出。此时的企业内部经营活动在流失现金，外部的筹资活动也在抽取现金，只能通过消耗存量资金进行对外投资，投资活动的效果决定了企业未来的命运。

BQC公司2022年现金流量组合属于三项活动现金流量净额“+--”模式，见现金流量组合分析表第4种模式。现金流量被喻为企业的血液，我们借用这个比喻来看BQC公司，可谓经营活动“造血功能”相当强大，投资活动“用血”不断放大，经营活动现金流量净额足以对外投资，同时筹资活动的偿债能力积极强化。

现金流量组合分析只是针对一般性情况的初步分析，在此基础上应结合具体的现金流量信息进一步深入。如有特殊情况发生，影响了分析结论应及时纠正。

六、自由现金流量分析

自由现金流量是指企业在满足了目前的经营活动和扩大再生产经营活动的现金需求量之后，剩余可支配的现金量。这部分现金流量是在不影响公司持续发展的前提下，可供分配给企业资本提供者的最大现金量。当企业经营活动净现金流量大于零时，说明经营活动的收现收入能够弥补付现成本，企业目前的生产经营规模可以持续进行。如果扩大生产经营规模，可能还需要追加营运资本，进行固定资产投资，所以自由现金流量可通过如下公式计算获得：

$$\text{企业自由现金流量}=\text{经营活动现金净流量}-\text{营运资本追加额}-\text{资本性支出}$$

在企业自由现金流量的基础上，减去支付偿还债务本息所支出的现金，加上债务筹资带来的现金流入量，可得到股权自由现金流量，即企业可以以股利的形式分配给股东的现金流量，或者选择留在企业以备未来进一步发展和获取更多的现金流量的需要。股权自由现金流量的计算公式如下所示：

$$\text{股权自由现金流量}=\text{企业自由现金流量}-\text{债权人现金流量}$$

其中：

$$\text{债权人现金流量}=\text{新增债务筹资额}-\text{偿还债务本息额}$$

所以：

$$\text{股权自由现金流量}=\text{经营活动现金净流量}-\text{营运资本追加额}-\text{资本性支出}+\text{偿还债务本息额}-\text{新增债务筹资额}$$

自由现金流量不仅可以为企业决策提供信息，还可以作为企业价值评估的基础。基于自由现金流量的企业价值评估方法越来越被市场所接受。

第三节　现金流量表分项分析

一、经营活动现金流量项目分析

（一）销售商品、提供劳务收到的现金

该项目反映企业本期销售商品、提供劳务收到的现金，以及前期销售商品、提供劳务本期收到的现金（包括销售收入和应向购货方收取的增值税销项税额）和本期预收的款项，减去本期销售本期退回的商品和前期销售本期退回的商品支付的现金。

此项目是企业现金流入的主要来源，通常具有数额大、所占比例高的特点。其与利润表中的营业收入项目相对比，可以判断企业销售收现情况。计算销售收现率指标时需要注意，销售商品、提供劳务收到的现金项目中包含了向购买者收取的增值税销项税额，而营

业收入项目中却不包含销项税额，所以建议参考报表附注中所披露的税率进行调整。较高的收现率表明企业产品定位正确，适销对路，并已形成卖方市场的良好经营环境。但应注意也有例外的情况，如某上市公司曾将证券买卖收益的现金流入量包装成销售商品、提供劳务收到的现金，美化现金流量表，给投资者的决策带来误导。BQC公司2022年销售商品、提供劳务收到的现金额与按增值税税率调整营业收入后的金额对比，计算出来的销售收现率为99.47%，企业的营业收入有充足的现金保障。

“营业收入”与“销售商品、提供劳务收到的现金”的差额，将会导致“应收账款”、“应收票据”和“预收账款”等项目的变化。所以可以根据这些项目之间的关联性来判断营业收入确认的合理性。但由于上述增值税影响的确切金额超出企业对外披露信息范围，所以外部分析者往往无法观测到“营业收入”与“销售商品、提供劳务收到的现金”的差额与“应收账款”、“应收票据”和“预收账款”等项目的变动额之间的金额上的绝对相等关系。另外，如果二者之间差异悬殊，则需要从视同销售、非货币性交易和会计处理差错等方面寻找原因，如对下面将要讲到的票据贴现业务处理不当。

以应收票据为基础的出售和融资事项的会计处理应遵循“实质重于形式”的原则，即关注与应收票据相关的风险和报酬是否已实质转移。对于风险和报酬已实质转移，因而在资产负债表上未作为短期质押借款处理的应收票据贴现业务，于发生时，在现金流量表上直接将所收到的贴现款项作为“销售商品、提供劳务收到的现金”处理。由于票据的付款期限和贴现期限一般较短，因此从重要性出发，对带息票据所计提的应收利息，以及贴现时银行所扣的贴现息和手续费等均可不单独反映。

对于附有追索权的应收票据贴现是一种筹资行为，但是贴现时所收到的款项又是来自经营活动中销售商品、提供劳务所形成的应收款项。因此，贴现时所收到的现金兼有筹资活动和经营活动的性质。贴现时所收到的现金应当作为筹资活动中“取得借款收到的现金”处理。在所贴现的应收票据到期时，如果票据承兑人按照有关条款履行了付款义务，则贴现申请人在当期不会有现金流入或流出，但在现金流量表上要同时反映两笔业务：一方面，将该笔应收票据的账面余额（包含贴现前已计提的利息在内）在现金流量表上反映为“销售商品、提供劳务收到的现金”，同时在间接法部分中反映为“经营性应收项目的减少”；另一方面，将该笔应收票据的账面余额记入筹资活动中“偿还债务支付的现金”（这里假定应收票据的期限较短，利息金额不重大，故作简化处理。如果利息金额较大，应考虑单列反映）。如果票据到期时，因票据承兑人无力或者拒绝支付票据款，因而申请贴现的企业遭到追索的，则按以下办法处理：如果原先将贴现所收到的现金直接作为“销售商品、提供劳务收到的现金”，则此时支付的票据款可作为“支付其他与经营活动有关的现金”处理；如果原先将贴现所收到的现金作为“取得借款收到的现金”，则此时支付的票据款应作为“偿还债务支付的现金”处理。其后行使再追索权，从原票据承兑人处收回全部或者部分票据款时，在上述两种情形下，可分别作为“收到其他与经营活动有关的现金”和“销售商品、提供劳务收到的现金”处理。

（二）收到其他与经营活动有关的现金

该项目反映企业收到的银行存款利息收入、捐赠收入、罚款收入、流动资产损失中由个人赔偿的现金收入等其他与经营活动有关的现金流入金额，金额较大的应当单独列示。该项目可结合利润表的“营业外收入”“其他业务收入”“财务费用”“其他应收款”等项目的附注披露信息进行分析。此项目具有不稳定性，数额不应过多。BQC公司2022年“收到其他与经营活动有关的现金”项目为2 054 259.90万元。

（三）购买商品、接受劳务支付的现金

该项目反映企业本期购买商品、接受劳务实际支付的现金（包括增值税进项税额），以及本期支付前期购买商品、接受劳务的未付款项和本期预付款项。本期发生的购货退回收到的现金应从本项目内扣除。

此项目一般是企业现金流出的主要方向，通常具有数额大、所占比重高的特点。将其与资产负债表的“应付账款”、“应付票据”和“预付账款”等项目变化情况相比较，可以判断企业购买商品付现率的情况，借此可以了解企业资金的紧张程度或企业的商业信用情况，从而可以更加清楚地认识到企业目前所面临的财务状况如何。BQC公司2022年“购买商品、接受劳务支付的现金”项目为22 084 250.40万元，占现金流出总量的比重为45.52%。

（四）支付给职工以及为职工支付的现金

该项目反映企业本期实际支付给职工的工资、奖金、各种津贴和补贴等职工薪酬，但是应由在建工程、无形资产负担的职工薪酬以及支付给离退休人员的职工薪酬除外。二者分别在“购建固定资产、无形资产和其他长期资产支付的现金”和“支付其他与经营活动有关的现金”项目中反映。此项目能够反映出企业的人力成本水平。BQC公司2022年“支付给职工以及为职工支付的现金”项目为5 351 972.80万元，占现金流出总量的比重为11.03%。

（五）支付其他与经营活动有关的现金

该项目反映企业支付的罚款支出，差旅费、业务招待费、保险费等其他与经营活动有关的项目的现金流出，金额较大的应当单独列示。该项目主要与利润表的“销售费用”以及“管理费用”项目相对应，可结合相关信息进行分析。BQC公司2022年“支付其他与经营活动有关的现金”项目为764 291.00万元，占现金流出总量的比重为1.58%。根据利润表信息，当年销售费用和管理费用两个项目的合计金额为2 506 804.60万元，与该项目存在差异的原因除了支付时间存在差异之外，有可能是支付给职工以及为职工支付的现金还有折旧费用未含在支付其他与经营活动有关的现金当中。

（六）经营活动现金流量净额

在三类业务活动引起的现金流量中，经营活动现金流量的稳定性和再生性较好，一般情况下应占较大比例。如果经营活动现金流入量小于现金流出量，即经营活动现金流量净额小于零，说明经营活动的现金流量自我适应能力较差，经营活动现金流入量不仅不能支持投资或偿债的资金需要，而且经营活动还在“蚕食”企业的现金存量。如果这种状况一直持续，企业将要借助于收回投资或举借新债取得现金才能维持正常的经营。形成这种情况的主要原因可能是销货款的回笼不及时，或存货大量积压无法变现。当然，也可能是企业处于初创期或季节性销售等原因导致的。如果经营活动的现金流入量大于现金流出量，即经营活动的现金流量净额大于零，反映通过经营活动收取的现金不仅能够弥补经营的付现成本，还可弥补一部分非付现成本。如果经营活动现金流量净额大于非付现成本，反映企业经营活动的现金流量自我适应能力较强，通过经营活动收取的现金，不仅能够弥补经营的付现成本和非付现成本，经营现金流量净额大于零的部分还可以用于再投资或偿债。

在对经营活动净现金流量进行评价时，还应考虑企业所处的生命周期阶段的影响。从企业的成长过程来分析，在企业从事经营活动的萌芽期，由于其生产阶段的各个环节都处于“磨合”状态，设备、人力资源的利用率相对较低，材料的消耗量相对较高，导致企业的成本消耗较高。同时，为了开拓市场，企业有可能投入大量资金，采用各种手段将自己的产品推向市场（包括采用渗透法定价、加大广告支出、放宽收账期等），从而有可能使企业在这一时期的经营活动现金流量表现为“入不敷出”的状态。如果是上述原因导致经营活动产生的现金流量净额小于零，则应该认为这是企业在发展过程中不可避免的正常状态。如果企业在成长期和成熟期仍然出现这种状态，应当具体分析形成这种状态的具体原因，如果是企业的季节性生产或一些特殊原因（如正赶上原材料低价销售而大量用现金购入原材料）而出现的暂时或短期的经营活动产生的现金流入小于流出的状态，则仍然不能草率地得出经营活动产生的现金流量质量不高的结论。如果处在成长期和成熟期的企业长期持续呈现这种状态，应该认为企业经营活动回笼现金的能力较弱。处于衰退期的企业，经营活动产生的现金流量往往呈现流入长期持续小于流出的状态，这是企业经营活动严重萎缩和萧条的预警。

经营活动现金净流量阶段性分析及其评价结果，可以参照表7-5。

表7-5 经营活动现金净流量阶段性分析评价表

<table>
<tr><th>经营周期
现金流量</th><th>萌芽期</th><th>成长期</th><th>成熟期</th><th>衰退期</th></tr>
<tr><td>经营活动产生的现金流量小于零</td><td>正　常</td><td colspan="2">长期持续状态
说明回笼现金的能力很差</td><td>很　差</td></tr>
<tr><td>经营活动产生的现金流量等于零</td><td>中　等</td><td colspan="2">长期持续状态
说明回笼现金的能力很差</td><td>一　般</td></tr>
<tr><td>经营活动产生的现金流量大于零但不足以补偿当期的非现金消耗性成本</td><td>较　好</td><td colspan="2">长期持续状态
仍然不能给予较高评价</td><td>较　好</td></tr>
<tr><td>经营活动产生的现金流量大于零并恰能补偿当期的非现金消耗性成本</td><td>好</td><td>较　好</td><td>好</td><td>好</td></tr>
<tr><td>经营活动产生的现金流量大于零并在补偿当期的非现金消耗性成本后仍有剩余</td><td>很　好</td><td>很　好</td><td>很　好</td><td>很　好</td></tr>
</table>

二、投资活动现金流量项目分析

案例分析7-2

（1）收回投资收到的现金。该项目反映企业出售、转让或到期收回除现金等价物以外的交易性金融资产、长期股权投资而收到的现金，以及收回长期债权投资本金而收到的现金，但长期债权投资收回的利息除外。该项目可结合资产负债表各对外投资项目的减少额，以及利润表的“投资收益”项目分析。如果因盈利出售投资性资产而导致现金流入量，说明前期投资活动取得了收益。如果企业在大量出售投资，缩小投资规模，可能意味着企业在规避投资风险、投资战略改变或企业存在资金紧张的问题。BQC公司2022年“收回投资收到的现金”项目为1 377.90万元，占现金流入总量的比重为0.003%。

（2）取得投资收益收到的现金。该项目反映企业因股权性投资而分得的现金股利，从子公司、联营企业或合营企业分回利润而收到的现金，以及因债权性投资而取得的现金利息收入，但股票股利除外。此项目存在发生额，说明企业进入投资回收期。该项目金额同利润表当中的“投资收益”项目进行对比分析，可以考察投资收益的收现状况，同资产负债表当中的投资资产金额进行对比分析，可以考察投资资产的现金回报情况。BQC公司2022年“取得投资收益收到的现金”项目为12 933.30万元，占现金流入总量的比重为0.02%。BQC公司2022年投资收益金额为-79 190.30万元。

（3）处置固定资产、无形资产和其他长期资产收回的现金净额。该项目反映企业出售、报废固定资产、无形资产和其他长期资产所取得的现金（包括因资产毁损而收到的保险赔偿收入），减去为处置这些资产而支付的有关费用后的净额，但现金净额为负数的除外。该项目可与资产负债表中的“固定资产”、“在建工程”和“无形资产”等项目的减少额进行比较分析。此项目如果数额较大，表明企业产业、产品结构将有所调整，或者表明企业未来的生产能力将受到严重的影响、已经陷入深度的债务危机之中，靠出售设备来维持经营。BQC公司2022年“处置固定资产、无形资产和其他长期资产收回的现金净额”项目为26 823.70万元，占现金流入总量的比重为0.05%。

（4）处置子公司及其他营业单位收到的现金净额。该项目反映企业处置子公司及其他营业单位所取得的现金减去相关处置费用后的净额。处置子公司及其他营业单位属于公司的重大影响事项，公司一般会单独发布公告或者在年度报告中详细予以说明，可结合相关信息判断该事项会对企业未来经营发展产生何种影响。

（5）购建固定资产、无形资产和其他长期资产支付的现金。该项目反映企业购买、建造固定资产、无形资产和其他长期资产所支付的现金及增值税税款，支付的应由在建工程和无形资产负担的职工薪酬现金支出，但为购建固定资产而发生的借款利息资本化部分、融资租入固定资产所支付的租赁费除外。该项目可与资产负债表中的“固定资产”、“在建工程”和“无形资产”等项目的增加额相比较分析。此项目能够表明企业扩大再生产能力的强弱，可以了解企业未来的经营方向和获利能力，揭示企业未来经营方式和经营战略的发展变化。BQC公司2022年“购建固定资产、无形资产和其他长期资产支付的现金”项目为9 745 686.20万元，占现金流出总量的比重为20.09%。可见，BQC公司生产规模将进一步扩大，生产能力增强。

（6）投资支付的现金。该项目反映企业取得的除现金等价物以外的权益性投资和债权性投资所支付的现金以及支付的佣金、手续费等附加费用。该项目可结合资产负债表的对外投资各项目的增加额分析。此项目可以表明企业参与资本市场运作、实施股权及债权投资能力的强弱，分析投资方向与企业的战略目标是否一致。BQC公司2022年“投资支付的现金”项目为1 057 290.80万元，占现金流出总量的比重为2.18%，比上年有所增加。

（7）取得子公司及其他营业单位支付的现金净额。该项目反映企业购买子公司及其他营业单位出价中以现金支付的部分，减去子公司或其他营业单位持有的现金和现金等价物后的净额。购买子公司及其他营业单位属于公司的重大影响事项，公司一般会单独发布公告或者在年度报告中详细予以说明，可结合相关信息判断该事项会对企业未来经营发展产生何种影响。

三、筹资活动现金流量项目分析

（1）吸收投资收到的现金和发行债券收到的现金。这两个项目分别反映企业以发行股票和债券等方式筹集资金实际收到的款项，减去直接支付给金融企业的佣金、手续费、宣传费、咨询费、印刷费等发行费用后的净额。这两个项目可以表明企业通过资本市场筹资能力的强弱。这两个项目如有发生额，数额一般较大，可结合资产负债表中的“股本”和“应付债券”等项目的增加额进行分析。BQC公司2022年“吸收投资收到的现金”项目为50 762.50万元，占现金流入总量的比重为0.11%。

（2）取得借款收到的现金。该项目反映企业举借各种短期、长期借款而收到的现金。该项目可结合资产负债表中的“短期借款”和“长期借款”等项目分析。此项目数额的大小，表明企业通过银行筹集资金能力的强弱，在一定程度上代表了企业信用水平的高低。BQC公司2022年“取得借款收到的现金”项目为2 763 594.80万元，占筹资活动现金流入量的88.65%，借款是公司当年所采取的主要筹资方式。

（3）偿还债务支付的现金。该项目反映企业以现金偿还债务的本金，可结合资产负债表中的“短期借款”、“长期借款”和“应付债券”项目的减少额分析。此项目有助于分析企业资金周转是否已经达到良性循环状态。BQC公司2022年“偿还债务支付的现金”项目为4 404 889.40万元，占现金流出总量的比重为9.08%。

（4）分配股利、利润或偿付利息支付的现金。该项目反映企业实际支付的现金股利、支付给其他投资单位的利润或用现金支付的借款利息、债券利息。该项目可结合利润表的“财务费用”项目和所有者权益变动表的“利润分配”项目分析，还需要考虑利息资本化的影响。利润的分配情况可以反映企业现金的充裕程度。BQC公司2022年该项目的现金流出额为163 285.20万元，占现金流出总量的比重为0.34%。

四、汇率变动对现金及现金等价物的影响分析

汇率变动对现金及现金等价物的影响反映于下列项目的差额中：

（1）企业外币现金流量及境外子公司的现金流量折算为记账本位币时，所采用的现金流量发生日的即期汇率或按照系统合理的方法确定的、与现金流量发生日即期汇率近似的汇率折算的金额。

（2）“现金及现金等价物净增加额”项目当中外币现金净增加额是按期末汇率折算的金额。

此项目如果数额较大，需要借助会计报表附注的相关内容分析其原因及其合理性。BQC公司2022年“汇率变动对现金及现金等价物的影响”项目金额为60 962.00万元。

五、现金及现金等价物分析

（1）“现金及现金等价物净增加额”项目金额等于“经营活动产生的现金流量净额”、“投资活动产生的现金流量净额”和“筹资活动产生的现金流量净额”三者的代数和，再调整外币现金资产汇率变动影响金额。BQC公司2022年“现金及现金等价物净增加额”项目为136 259.70万元。

（2）“期初现金及现金等价物余额”项目可结合资产负债表“货币资金”项目期初余额分析。BQC公司2022年年末资产负债表“货币资金”年初余额为5 045 709.70万元，货币资金项目年末比年初增加101 416.60万元。2022年现金流量表“期初现金及现金等价物余额”项目为4 981 986.00万元，“现金及现金等价物净增加额”为136 259.70万元。二者的差异主要是资产负债表的货币资金与现金流量表的现金及现金等价物界定有所差异。

第四节　现金流量与利润关系分析

一、经营活动现金流量净额与净利润关系分析

利润表按照权责发生制来归集企业的收入和支出，而现金流量表按照收付实现制来归集企业的收入和支出。它们所反映的经济活动内容是相同的，只是反映的角度不同。但是在某个会计期间内，净利润和经营活动产生的现金流量净额却往往不一致。用公式表示经营活动现金流量净额与净利润之间的关系如下：

$$\begin{matrix}\text{经营活动}\\\text{现金流量净额}\end{matrix}=\text{净利润}-\begin{matrix}\text{非付现}\\\text{经营性收入}\end{matrix}+\begin{matrix}\text{非付现}\\\text{经营性费用}\end{matrix}-\begin{matrix}\text{非经营}\\\text{性收入}\end{matrix}+\begin{matrix}\text{非经营}\\\text{性费用}\end{matrix}-\begin{matrix}\text{非现金流动}\\\text{资产净变化额}\end{matrix}+\begin{matrix}\text{非现金流动}\\\text{负债净变化额}\end{matrix}$$

通过对这一关系式的分析，我们可以揭示出从净利润到经营活动现金流量净额的变化过程，反映经营活动现金流量净额与净利润的区别与联系。财务报表附注中根据此原理编制的现金流量表补充资料，披露了将净利润调节为经营活动现金流量的资料，具体见表7-6。

表7-6　**现金流量表补充资料**　单位：万元

项　目	2022年	2021年
净利润	1 771 310.40	396 726.60
加：资产减值准备	138 645.80	85 747.50
信用损失准备	—	—
固定资产折旧、油气资产折耗、生产性生物资产折旧	1 460 246.60	1 087 735.20
无形资产摊销	509 923.10	292 824.40
长期待摊费用摊销	8 158.60	2 728.30
处置固定资产、无形资产和其他长期资产的损失	87 612.30	11 280.20
固定资产报废损失	—	—
公允价值变动损失	-12 609.80	-4 735.60
财务费用	61 627.30	190 764.20

续表

项　目	2022年	2021年
投资损失	76 918.40	−3 163.10
递延所得税资产减少	−177 358.90	−14 434.10
递延所得税负债增加	120 496.30	14 254.90
存货的减少	−3 656 450.40	−1 289 277.00
经营性应收项目的减少	−1 754 658.60	138 266.00
经营性应付项目的增加	15 252 879.90	5 559 518.00
其他	39 400.40	12 075.00
经营活动产生的现金流量净额	14 083 765.70	6 546 668.20

案例分析7-3

BQC公司2022年的净利润为1 771 310.40万元，2022年经营活动现金流量净额为14 083 765.70万元，经营活动现金流量净额高于净利润近7倍，净利润有足够的经营活动现金流量净额保证。结合现金流量表附注原因可见：①净利润中包含非经营性收益，如投资收益−76 918.40万元；②非现金流动资产增加，如存货增加3 656 450.40万元，经营性应收项目增加1 754 658.60万元；③非付现经营性费用和经营性应付项目的增加等原因使上述差距缩小，如固定资产折旧1 460 246.60万元，无形资产摊销509 923.10万元，经营性应付项目增加15 252 879.90万元。

正如本章开篇所及，通过对净利润与经营活动产生的现金流量净额的对比，可以说明某会计期间内，以权责发生制反映的净利润和以收付实现制反映的经营活动现金流量的契合程度，业内人士将公司经营活动现金流量净额与同期净利润对比命名为利润透明度，运用利润透明度可以反映公司的净利润的现金保证程度，连续会计期间内该指标越高，说明利润质量（现金保证程度）则越高。BQC公司利润透明度指标的行业对比，如图7-4所示。

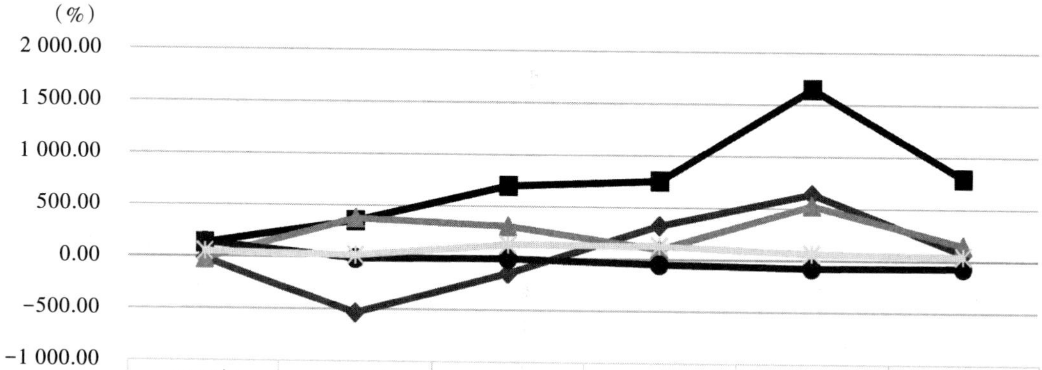

	2017年	2018年	2019年	2020年	2021年	2022年
BQC	129.51	352.14	685.71	754.79	1 650.17	795.10
CAQC	−19.00	−537.42	−146.53	324.65	637.36	73.16
CCQC	−21.35	375.37	308.39	96.62	525.14	149.18
GQJT	139.51	−11.58	−5.67	−47.71	−75.62	−66.88
SQJT	51.58	18.54	131.12	128.54	63.68	41.61

图7-4　利润透明度指标的行业对比分析图

【思政案例】　格力电器现金流充裕，要给市场稳定预期[①]

思政知识7-1

1.案例分析资料

财联社记者从格力电器采访获悉，格力电器对未来三年股东回报有明确规划，公司要建立科学、持续、稳定的公司回报机制，给市场稳定的预期，同时公司现金流充裕，具备分红能力，秉承一直以来的重视股东回报的初心。2022年1月24日，格力电器公告披露，2022—2024年公司每年进行两次利润分配，每年累计分红总额不低于当年净利润的50%。

近年来，国家出台一系列的政策促进我国家电行业的发展，共建"一带一路"倡议推动了家电行业产品走出国门，开辟海外市场。此外，我国产品消费升级的趋势日益明显，政府关注民生，对于高能效家电的关注程度越来越高，在供给侧结构性改革政策的要求下，家电企业进一步进行产品升级，清除积压加速周转，以确保稳增长、调结构、抗风险、重民生的发展方略。格力电器连续三年经营活动现金流量及其与利润的关系见表7-7。

表7-7　**格力电器经营活动现金流量及其与利润关系表**　金额单位：亿元

项　目	2019年	2020年	2021年
营业成本	987.09	760.08	845.76
平均存货	91.46	118.24	120.50
存货周转率	10.79	6.43	7.02
经营活动净现金流量	277.88	163.59	57.57
净利润	228.32	198.37	29.95
核心利润（营业收入-营业成本-期间费用）	220.29	226.00	251.07
经营活动净现金流量/核心利润	1.26	0.72	0.23

格力电器2019—2021年存货周转率都远高于2次，说明格力电器将存货推向市场的能力较强。其经营活动净现金流量与核心利润之比在2019年达到1.26，可见在2019年格力的核心利润以及净利润有较强的经营活动净现金流量支撑，即有利润更有现金净流量，说明其2019年的利润质量较高。2020—2021年受疫情影响，格力电器经营活动净现金流量的回笼速度减缓。

根据经济增长理论，经济增长的动力在于资本的积累、劳动力的增加和生产效率的提高。在科技水平一定的条件下，资本的扩张也好，劳动力的增加也好，都不可能是一个无限的过程，假以时日总会遇到"天花板"。唯有以科技创新带来生产效率的提升，才是一个可以在知识累积基础上不断进行创造的无限过程，能够为经济增长提供取之不尽、用之不竭的动力。对于格力电器而言，空调一直是其核心业务。但是，目前空调行业的竞争异常激烈，市场过度饱和，并且受到经济下行、消费趋势低迷等外部环境的影响。格力电器正以科技创新推动高质量发展，采取相关多元化和非相关多元化并举的措施。前者是指进

① 任超宇．格力电器：公司现金流充裕 要给市场稳定预期［EB/OL］．［2022-01-24］．https：//baijiahao.baidu.com/s? id=1722847007609969549&wfr=spider&for=pc.根据格力电器2019—2021年年报数据加工整理。

入与主营业务相关的小家电与冰箱领域，后者则是指涉足与主营业务不相关的智能手机、机器人、新能源汽车等领域。未来格力电器在科技创新、高质量发展的战略驱动下，利润与经营活动现金流将进一步向好，以实现近三年的市场稳定和股东回报预期。

2.案例分析提示

（1）通过案例学习，明确现金流量表分析在企业价值创造评价中的意义与作用，树立用科学、公开、透明的估值理念评价企业的价值创造结果，夯实上市公司与投资者的沟通桥梁，强化财务分析的社会责任意识。

（2）通过案例学习，使学生基于公司管理者视角，进一步增强传递公司价值信息动力和严谨性，合理诠释利润与经营活动现金流的差异，提升自身业务素质和法治观念，准确分析判断公司的利润质量，防控信息披露中的舞弊行为。

（3）通过案例学习，使学生认识到经济社会发展要以推动高质量发展为主题，通过格力电器战略转型下的现金流量表现、市场稳定和股东回报预期等，理解科技创新、绿色发展在企业价值创造中的引领作用。

二、现金流量表附表主要项目分析

补充资料是采用间接法报告经营活动产生的现金流量，在企业当期净利润的基础上进行某些项目的调整，从而得到经营活动产生的现金流量净额。

（1）资产减值准备。该项目反映企业本期计提的各项资产减值损失，如坏账准备、存货跌价准备、长期股权投资减值准备、固定资产减值准备等。本期计提资产减值准备时，减值损失已计入本期利润表中的相关损益项目，但并未引起实际的经营活动现金流出。因此，在净利润的基础上进行调整计算时，应将其加回到净利润中。该项目可结合利润表的“资产减值损失”项目，以及发生减值的资产项目分析。

（2）固定资产折旧、油气资产折耗、生产性生物资产折旧。该项目分别反映企业本期计提的固定资产折旧、油气资产折耗、生产性生物资产折旧。由于资产折旧、折耗并不影响经营活动现金流量，因此在净利润的基础上调整计算时，应将其全部加回到净利润中。该项目可结合资产负债表“固定资产”、“油气资产”和“生产性生物资产”等项目分析。

（3）无形资产摊销、长期待摊费用摊销。这两个项目分别反映企业本期计提的无形资产摊销、长期待摊费用摊销。无形资产、长期待摊费用的摊销，增加了成本费用，并在计算净利润时从中扣除，由于没有发生现金流出，所以在将净利润调节为经营活动现金流量时应加回。该项目可结合资产负债表“无形资产”和“长期待摊费用”等项目分析。

以上3个项目都是未涉及现金的经营性成本费用项目，在计量过程中需要运用的会计职业判断比较多，会计灵活性也比较大。所以对于金额较大、变化显著的项目应结合会计报表附注中的相关项目及相关会计政策进行详细分析，以发现操纵会计利润的行为。

（4）处置固定资产、无形资产和其他长期资产的损失和固定资产报废损失。这两个项目属于投资活动产生的损益，所以在将净利润调节为经营活动现金流量时需要予以调节。

（5）公允价值变动损失。该项目反映持有的金融资产、金融负债以及采用公允价值模式计量的投资性房地产的公允价值变动损益，属于投资活动损益，应予调整。

（6）财务费用。企业发生的财务费用可以分别归属于经营活动、投资活动和筹资活动。对于属于经营活动产生的财务费用，若既影响净利润又影响经营活动现金流量，如到期支付应付票据的利息，则不需要调整；对于属于投资活动和筹资活动产生的财务费用，如长期借款利息，则只影响净利润，不影响经营活动现金流量，应在净利润的基础上进行调整。

（7）投资损益。投资损益是由投资活动引起的，与经营活动无关。因此无论是否有现金流量，该项目都应全额调节净利润。

（8）递延所得税资产减少和递延所得税负债增加。它们分别反映企业资产负债表“递延所得税资产”和“递延所得税负债”项目的期初余额与期末余额的差额。递延所得税在计提和缴纳时间上的不一致导致了其对利润和现金流量影响时间上的不一致。因此，应在净利润的基础上进行调整。

（9）存货的减少、经营性应收项目的减少和经营性应付项目的增加。它们分别反映了企业资产负债表“存货”项目、企业本期经营性应收项目（包括应收票据、应收账款、预付账款、长期应收款和其他应收款中与经营活动有关的部分及应收的增值税销项税额等）和企业本期经营性应付项目（包括应付票据、应付账款、预收账款、应付职工薪酬、应交税费、应付利息、应付股利、长期应付款、其他应付款中与经营活动有关的部分及应付的增值税进项税额等）的期初余额与期末余额的差额。

存货增加，说明现金减少或经营性应付项目增加；存货减少，说明非付现销售成本增加。所以在调节净利润时，应减去存货的净增加数，或加上存货的净减少数。至于赊购增加的存货，通过同时调整经营性应付项目的增减变动而进行自动抵销。若存货的增减变动不属于经营活动，则不作调整，如接受投资者投入的存货应作扣除。

经营性应收项目增加，说明企业未收到现金的收入增加，即利润增加但现金流量未增加。经营性应收项目减少，说明应收款项收回，现金增加，但不影响利润。所以要对由此引起的净利润与现金流量的差异进行调整。经营性应付项目的情况与此相反。BQC公司2022年经营性应收项目增加1 754 658.60万元，是增加占用资金较多的项目，相应的资产负债表项目发生的变化有，“应收账款”项目增加257 721.40万元，“预付款项”项目增加618 699.00万元，“其他应收款”项目增加49 925.80万元[①]。经营性应收项目的增长，是销售增长导致的，结合利润表的分析可以看到，公司当年营业收入增长额为20 791 824.00万元，高于经营性应收项目的增长，体现了BQC公司较强的市场竞争力及回款能力。同时应收减少、预收及应付增加的公司，本期的经营活动现金流量净额一定良好。

知识拓展7-2

□ 本章小结

现金流量表是以收付实现制为基础编制的，是反映企业一定会计期间内现金及现金等价物流入和流出信息的一张动态报表。

现金流量表反映了企业在一定时期内创造的现金数额，揭示了在一定时期内现金流动的状况，通过现金流量表分析，可以达到以下目的：（1）从动态上了解企业现金变动情况

① 现金流量表补充资料中“经营性应付项目的增加（减少以“－”号填列）”的发生额与资产负债表“应收票据”“应收账款”“预付款项”“其他应收款”“其他流动资产”等项目的变化额不相等，可能是由于坏账准备计提的影响或者后三个项目中包含非经营性内容。

和变动原因。(2) 判断企业获取现金的能力。(3) 评价企业盈利的质量。

现金流量表综合分析包括现金流量表总体分析、现金流量表水平分析、现金流量表结构分析、现金流量表趋势分析、现金流量组合分析和自由现金流量分析。

进行现金流量表的总体分析，是根据现金流量表的数据，对企业现金流量总体情况进行分析与评价。

现金流量表水平分析可以揭示本期现金流量与前期或预计现金流量的差异。

现金流量表结构分析的目的在于揭示现金流入量和现金流出量的结构情况，从而抓住企业现金流量管理的重点。

现金流入结构分为总流入结构和内部流入结构。总流入结构是反映企业经营活动的现金流入量、投资活动的现金流入量和筹资活动的现金流入量分别占现金总流入量的比重。内部流入结构反映的是经营活动、投资活动和筹资活动等各项业务活动现金流入中具体项目的构成情况。现金流入结构分析可以明确企业的现金究竟来自何方，增加现金流入应在哪些方面采取措施等。

现金流量表趋势分析及其行业比较可以揭示现金流量表重要项目的长期发展变化特征。

现金流量组合分析可以发现企业当前的经营状况特征。自由现金流量等于经营活动现金流量减去营运资本追加额和资本性支出。股权自由现金流量等于企业自由现金流量减去债权人现金流量。

现金流量表分项分析包括经营活动现金流量项目分析、投资活动现金流量项目分析、筹资活动现金流量项目分析和汇率变动对现金及现金等价物的影响分析。

现金流量与利润关系分析包括经营活动现金流量净额与净利润关系分析和现金流量表补充资料主要项目分析。

利润表按照权责发生制来归集企业的收入和支出，而现金流量表按照收付实现制来归集企业的现金流入量、流出量及净流量。两表反映的经济活动内容是相同的，只是反映会计计量经济活动的角度不同。在较长时间窗口内，二者反映的累计结果应该趋于一致。但是在某个会计期间内，净利润和经营活动产生的现金流量净额却往往不一致。

□ 数智能力训练

人工智能大模型能够为我们进行财务分析提供很多有益的帮助。结合本章学习的内容，我们可运用人工智能大模型对现金流量表中的相关问题进行进一步的分析，以提升同学们运用数智模型进行财务分析的能力。

本章的数智能力训练题主要有：

1. 人工智能和大数据技术的发展，对现金流量表的阅读、理解与分析有什么影响？利用人工智能和大数据技术，获得现金流量表分析的更有用信息包括哪些方面？如何利用人工智能和大数据，进行公司及其行业的经营、投资、筹资活动现金流量及其各个项目的分析？

2. 不同行业的经营活动现金流量的表现有哪些特点？哪些行业的经营活动现金流量净额与同期核心利润或者净利润较为契合？原因是什么？

3. 在对汽车制造业（零售业、交通运输业、食品加工行业、钢铁行业……）进行现金流量表分析时，哪些宏观或者行业政策变化必须加以考虑？这些政策具体会对此行业现金流量产生哪些影响？

4.在人工智能或大数据环境下，如何更有效地获得现金流量表与资产负债表、利润表的项目联动或者逻辑关系？如何更有效地获得某上市公司净利润与经营活动现金流量净额的差异解释力。

目前可以采用的人工智能大模型主要有阿里“通义千问”、百度“文心一言”和科大讯飞“星火”等模型，当然也可以采用最新推出的其他模型。同学们可以多尝试一下不同的提问方式，或者不同的人工智能模型，看看答案会有怎样的差别？看看您能否找到与人工智能建立有效沟通的渠道！

□ 互动练习

第三篇　财务效率分析

第八章　企业盈利能力分析

□ 学习目标

◇ 本章学习的主要目标是让学生掌握盈利能力分析的目的与内容，以及资本经营盈利能力、资产经营盈利能力、商品经营盈利能力、上市公司盈利能力的具体分析指标与方法。

◇ 知识目标

了解盈利能力分析的目的；掌握资本经营、资产经营和商品经营的内涵及相互关系；掌握资本经营、资产经营和商品经营盈利能力的内涵及指标，掌握同行业公司数据的搜集方法。

◇ 技能目标

掌握净资产收益率的计算与分析；掌握总资产报酬率的计算与分析；掌握各种收入利润率、成本利润率的计算与分析；掌握上市公司与股权、股价相关的盈利能力指标的计算与分析。

◇ 能力目标

通过盈利能力分析方法的学习，能够具体运用资本经营盈利能力、资产经营盈利能力、商品经营盈利能力分析方法分析上市公司的盈利能力，并能够做出一定的同行业比较。

◇ 思政目标

能够在掌握盈利能力分析目的、方法和内容的基础上，明确一切财富的本质是伦理道德，修德者即修财富；树立社会主义核心价值观。

【引例】

2023年8月28日，比亚迪公司发布2023年半年度报告。报告显示，比亚迪公司上半年实现营业收入2 601.24亿元，同比增长72.72%，实现净利润109.54亿元，同比增长204.68%，业绩保持高速增长态势。2023年上半年，尽管面对汽车行业竞争加剧、新能源汽车补贴取消的挑战，比亚迪公司凭借不断提升的品牌力、持续扩大的规模优势和强大的产业链成本控制能力，叠加上游原材料价格回落，基本每股收益和稀释每股收益均为3.77元/股，同比增长204.03%，加权平均净资产收益率为9.36%，同比增长149.60%。

比亚迪公司作为全球新能源汽车行业的先行者和领导者，凭借精准的战略布局、领先的技术实力、深刻的市场洞察力，在行业竞争日趋激烈的大背景下，实现业务的长足发展，稳步推进品牌力提升及出海战略布局。根据中汽协数据，2023年上半年比亚迪公司新能源汽车市场占有率进一步扩大至33.5%，同比增长6.5个百分点，持续巩固中国新能源汽车行业龙头地位，同时蝉联全球销量第一的宝座，品牌影响力继续扩大。在新能源乘用车领域，依托核心技术的持续应用以及精准的市场策略，销量强势领跑，同比增长近一倍，持续创历史新高，稳居中国车企乘用车销量第一。汽车、汽车相关产品及其他产品毛利率为20.67%，同比增加4.36个百分点。新能源乘用车业务继续保持良好的盈利能力。

那么，什么是盈利能力？如何对企业盈利能力进行全面、深入、综合的分析？分析盈利能力有哪些指标？上市公司和非上市公司在衡量盈利能力方面有什么不同？同行业企业之间对比对盈利能力分析有什么作用？通过本章学习可以了解并掌握盈利能力分析的技术和方法。

资料来源：根据比亚迪公司2023年半年度报告整理。

第一节　盈利能力分析的目的与内容

一、盈利能力分析的目的

盈利能力通常是指企业在一定时期内赚取利润的能力。通常表现为在一定时期内企业盈利与资源投入或收入相比较而计算的反映各种利润率的财务指标。盈利能力分析围绕各种利润率展开，是财务效率分析的重中之重。由于利润额不能准确地反映企业的盈利能力，同时受企业规模的影响，不便于企业之间进行比较，因此，必须对各种利润率指标进行分析。一般来说，利润率越高，企业盈利能力越强；利润率越低，企业盈利能力越弱。企业经营业绩的好坏最终都可以通过盈利能力反映出来。无论是企业自身还是企业的各利益相关者，都非常关心企业的盈利能力，并存在盈利能力分析与预测的需求。

第一，从企业角度来看。企业从事各种经营活动，直接目的是赚取利润并维持企业持续稳定地经营和发展。企业只有在不断地获取利润的基础上，才可能发展；因此，盈利能力较强的企业具有更大的活力和更好的发展前景。通过盈利能力分析，还可以发现企业在经营管理过程中存在的重大问题，进而采取措施解决问题，从而提高企业的经营和管理水平。

第二，从股东（投资人）角度来看。在社会主义市场经济下，股东往往会认为企业的盈利能力比财务状况、营运能力更重要，因此，投资人更倾向于将资金投向盈利能力较强的企业。股东关心企业赚取利润的多少并重视对利润率进行分析，是因为他们获取股息多少与企业的盈利能力紧密相关。此外，企业盈利能力增加还会使股票价格上升，从而使股东获得资本收益。

第三，从债权人角度来看。利润是企业偿债的重要来源，特别是对长期债务而言。盈利能力的强弱直接影响企业的偿债能力。当企业举债时，债权人势必审查企业的偿债能力，而偿债能力的强弱最终取决于企业的盈利能力。因此，对债权人而言，分析企业盈利能力仅次于偿债能力。

知识拓展8-1

【思政知识】

生财的大道就是做人的大道，经济的学问就是做人的学问。洁身自好就是经济，而且是确定的经济。摒除邪念就是投资，而且是稳赚的投资。经济中的最大的不确定性是自己的秉性；投资中的最大的风险是自己在道德行为上的铤而走险。修身就是经营，断恶就是“风险控制”，为善就是稳赚不赔的“稳健投资”，道德提高就是事业发展，福德积聚就是财富积累。表面上看，企业经营有赚有赔，实质是道德人伦笃行程度的经济反映。不是经营的成与败，而是德行的成与败。一切财富、境遇、机会、运气与德行相应，没有例外。一切赔赚，全部是自己决定的。祸因恶积，福源善庆。得道者多助，失道者寡助；最高的求财境界，是“不思而得”，其次是“仁智而得”，再次是“机巧而得”，最次是“争抢而得”。[①]

二、盈利能力分析基础

从不同角度或从不同分析目的看，利润率指标有多种形式。不同层次、不同性质的企业，其经营方式不同，反映企业盈利能力的指标形式也会有所不同。经营方式是盈利能力分析的基础。按照经营方式划分，可以将经营分为资本经营、资产经营和商品经营三种类型。

（一）资本经营及其盈利能力

资本经营是与资本经营型的企业经营方式紧密联系的。资本经营型企业的特点是围绕资本保值增值进行经营管理，把资本收益作为管理的核心，资产经营、商品经营和产品经营都服从于资本经营目标。资本经营型企业的管理目标是资本保值与增值或追求资本盈利能力最大化。因此，资本经营的内涵是企业以资本为基础，通过优化配置来提高资本经营效益的经营活动，其活动领域包括资本流动、收购、重组、参股和控股等能实现资本增值的领域，其活动目的是使企业以一定的资本投入，取得尽可能多的资本收益。

（二）资产经营及其盈利能力

资产经营是与资产经营型的企业经营方式紧密相连的。资产经营型企业的基本特点是把资产作为企业资源投入，并围绕资产的配置、重组、使用等进行管理。在资产经营情况下，产品经营或商品经营要以资产经营为基础，即围绕资产经营进行商品经营和产品经营。资产经营型企业的管理目标是追求资产的增值和资产盈利能力的最大化。因此，资产经营的基本内涵是合理配置与使用资产，以一定的资产投入，取得尽可能多的收益。

（三）商品经营及其盈利能力

商品经营是与生产经营型的企业经营方式紧密相连的。生产经营型企业的基本特点是围绕产品生产进行经营管理，包括供应、生产和销售各环节的管理及相应的筹资与投资管理。生产经营型企业管理的目标是追求供产销的衔接及商品的盈利性。因此，商品经营的

---

① 钟永圣．中国经典经济学［M］．2版．北京：中国财政经济出版社，2023：43.

基本内涵是企业以市场为导向，组织供产销等经营活动，以一定的人力、物力消耗，生产与销售尽可能多的社会需要的商品。

提到商品经营的概念，通常会与另外一个概念进行区分，就是产品经营。两者既相互联系，又有所区别。主要体现在：第一，产品经营是商品经营的一个环节，且是一个最基本的环节；商品经营是产品经营的扩展。第二，产品经营主要侧重于产品实物经营，而不强调投入品与产出品的价格；商品经营不仅重视产品实物经营，而且强调价值经营，即考虑投入品与产出品的价格。第三，商品经营目标比产品经营目标更综合。因此，要实现商品经营目标，既要搞好产品经营，提高生产技术效率，又要重视供产销的衔接及价值管理，提高商品的经济效益。

（四）资本经营、资产经营与商品经营之间的联系

1.资本经营与资产经营

人们在使用“资本经营”与“资产经营”概念时往往会产生一定程度的混淆。这种混淆从表面看主要源于对“资本”和“资产”概念的不同认识。因此，要搞清资本经营与资产经营之间的关系，首先应搞清资本与资产的内涵。从经济学角度来看，资本的内涵与我们通常所说的资产的内涵基本相同，但是它侧重于揭示企业所拥有的经济资源，而不考虑这些资源的来源和特征。从这个角度来看，资本经营实际上等同于上述的资产经营。从会计学角度看，狭义的资本通常是指企业所有者投入的资本（自有资本或所有者权益），它与资产是不同的。广义的资本是由狭义的资本（自有资本或所有者权益）和负债（他人资本）构成的。会计学的资本实质上揭示了企业经济资源的来源及特征。从这个角度看，资本经营与资产经营不同。研究资产经营与资本经营的关系，正应从这个角度并且在这个前提下进行。两者之间的区别主要表现在：第一，经营的内容不同，资产经营主要强调资产的配置、重组及有效使用；资本经营主要强调资本流动、收购、重组、参股和控股等。第二，经营的出发点不同，资产经营从整个企业出发，强调全部资源的运营，而不考虑资源的产权问题；资本经营则在产权清晰的基础上从企业所有者出发，强调资本（主要指自有资本或所有者权益）的运营，把资产经营看作资本经营的环节或组成部分。两者之间的联系主要表现在：第一，资本与资产的关系决定了二者之间相互依存、相互作用，资本经营要以资产经营为依托，资本经营不能离开资产经营而孤立存在；第二，资本经营是企业经营的最高层次，资本经营是资产经营的进步。

2.资产经营与商品经营

资产经营与商品经营既相互联系，又相互区别，主要体现在：第一，资产经营不能离开商品经营而独立存在，没有有效的商品经营就不能取得好的资产经营效果。第二，资产经营是商品经营的进一步发展，它不仅考虑了商品本身的消耗与收益，而且考虑了资产的投入与产出及周转速度，并以此作为经营的核心。第三，资产经营目标比商品经营目标更综合。实现商品经营目标是实现资产经营目标的基础，但不是全部。要实现资产经营目标，应在商品经营的基础上，进一步搞好资产的重组与有效使用，从而加快资产周转速度。

三、盈利能力分析的内容

对企业盈利能力分析将从资本经营、资产经营与商品经营的角度，针对利润率进行分析。同时，上市公司因为股权流通、股票价格公开等因素，有一些特殊的分析指标，因此，还应对上市公司特有的盈利能力指标进行分析。

（一）资本经营盈利能力分析

资本经营盈利能力分析主要对净资产收益率指标进行分析与评价。进一步探讨对净资产收益率产生影响的指标，主要有总资产报酬率、负债利息率、企业资本结构和所得税税率等。

（二）资产经营盈利能力分析

资产经营盈利能力分析主要对总资产报酬率指标进行分析和评价。进一步探讨对总资产报酬率产生影响的指标，主要有总资产周转率和销售息税前利润率。

（三）商品经营盈利能力分析

商品经营盈利能力分析，即利用利润表资料进行利润率分析，包括收入利润率分析和成本利润率分析两方面内容。

（四）上市公司盈利能力分析

上市公司盈利能力分析主要是对每股收益指标、普通股权益报酬率指标、股利支付率指标、价格与收益比率指标以及每股经营现金流量等进行分析。

知识拓展8-2

第二节　资本经营盈利能力分析

一、资本经营盈利能力的内涵与指标

资本经营盈利能力，是指企业所有者投入的资本通过经营取得利润的能力。反映资本经营盈利能力的基本指标是净资产收益率，即企业本期净利润与净资产平均余额的比率，其计算公式是：

$$净资产收益率=\frac{净利润}{净资产平均余额}\times 100\%$$

上式中：净资产平均余额，一般取期初与期末的平均值。

净资产收益率是反映盈利能力的核心指标。因为企业的根本目标是所有者权益或股东价值最大化，而净资产收益率既可直接反映资本的增值能力，又影响着企业股东价值的大小。该指标越高，反映企业盈利能力越好。评价标准通常包括社会平均利润率、行业平均利润率或资本成本等。

二、影响资本经营盈利能力的因素

影响净资产收益率的因素主要有总资产报酬率、负债利息率、资本结构和所得税税率。

1.总资产报酬率

净资产是企业全部资产的一部分，因此，净资产收益率必然受企业总资产报酬率的影响。在负债利息率和资本构成等其他条件不变的情况下，总资产报酬率越高，净资产收益率就越高。

2.负债利息率

负债利息率之所以影响净资产收益率，是因为在资本结构一定的情况下，如果总资产报酬率高于负债利息率，负债利息率越低，投资人（股东）获得的杠杆利益越大；反之，杠杆利益越小。如果总资产报酬率低于负债利息率，负债利息率越高，投资人（股东）的

杠杆损失越大；反之，杠杆损失越小。

3.资本结构或负债与所有者权益之比

当总资产报酬率高于负债利息率时，提高负债与所有者权益之比，净资产收益率也会随之提高；反之，降低负债与所有者权益之比，净资产收益率随之降低。

4.所得税税率

因为净资产收益率的分子是净利润，即税后利润，因此，所得税税率的变动必然引起净资产收益率的变动。在通常情况下，所得税税率提高，净资产收益率下降；反之，净资产收益率上升。

下式可反映出净资产收益率与各影响因素之间的关系：

$$\text{净资产收益率}=\left[\text{总资产报酬率}+(\text{总资产报酬率}-\text{负债利息率})\times\frac{\text{负债平均余额}}{\text{净资产平均余额}}\right]\times(1-\text{所得税税率})$$

三、资本经营盈利能力案例分析

（一）资本经营盈利能力因素分析

运用连环替代法对BQC公司资本经营盈利能力进行因素分析的相关信息，见表8-1。

表8-1 **BQC公司2022年资本经营盈利能力因素分析表** 金额单位：万元

项　目	2022年	2021年	差　异
总资产平均余额	39 482 039.65	24 839 873.40	—
净资产平均余额	11 281 702.30	8 434 906.05	—
负债平均余额	28 200 337.35	16 404 967.35	—
负债平均余额÷净资产平均余额	2.50	1.94	0.56
利息支出*	131 635.00	191 535.70	—
负债利息率**（%）	0.47	1.17	-0.70
利润总额	2 107 972.90	451 800.30	—
息税前利润	2 239 607.90	643 336.00	—
净利润	1 771 310.40	396 726.60	—
所得税税率***（%）	15.97	12.19	3.78
总资产报酬率（%）	5.67	2.59	3.08
净资产收益率（%）	15.70	4.70	11.00

注：*利息支出按照财务费用中的利息费用计算。

**负债利息率按利息支出÷负债平均余额推算。

***所得税税率分别根据2021年和2022年分解后的净资产收益率公式倒推得出。正常所得税税率在15%~25%较合理，但由于其中可能涉及境外子公司以及亏损的子公司等因素影响，因此，所得税税率不能确保为法定税率25%、20%、15%。本部分内容以掌握方法为目的，故税率采用倒推数值。[①]

根据表8-1的资料对BQC公司的资本经营盈利能力进行分析如下：

分析对象=15.70%-4.70%=11.00%

① 所得税税率还可以根据所得税费用÷利润总额计算而得，不仅数据容易获取，而且计算出来的所得税税率是企业实际承担的，考虑税收优惠、前后期差异调整、境外子公司以及亏损子公司等综合因素后的税收负担，而非企业法定所得税税率。

连环替代分析如下。

2021年：

［2.59%+（2.59%-1.17%）×1.94］×（1-12.19%）=4.69%

第一次替代（总资产报酬率）：

［5.67%+（5.67%-1.17%）×1.94］×（1-12.19%）=12.64%

第二次替代（负债利息率）：

［5.67%+（5.67%-0.47%）×1.94］×（1-12.19%）=13.84%

第三次替代（杠杆比率）：

［5.67%+（5.67%-0.47%）×2.50］×（1-12.19%）=16.39%

2022年：

［5.67%+（5.67%-0.47%）×2.50］×（1-15.97%）=15.69%

总资产报酬率变动的影响=12.64%-4.69%=7.95%

负债利息率变动的影响=13.84%-12.64%=1.20%

资本结构变动的影响=16.39%-13.84%=2.55%

税率变动的影响=15.69%-16.39%=-0.70%

可见，BQC公司2022年净资产收益率比2021年上升11.00%，主要是由于总资产报酬率上升3.08%，导致净资产收益率上升7.95%；企业负债利息率下降0.70%，导致净资产收益率上升1.20%；负债与净资产比率上升0.56%，增加的财务杠杆作用，使净资产收益率上升2.55%；所得税税率上升3.78%，导致净资产收益率下降0.70%。总之，在四个因素中，总资产报酬率是影响净资产收益率的主要因素，说明BQC公司资产经营盈利能力提升，助力资本经营盈利能力上升。

（二）资本经营盈利能力趋势分析

2014—2022年BQC公司净资产收益率及其变动率，如图8-1所示。可知，BQC公司的净资产收益率在2%～16%之间变动。2014年最低为2.75%，2022年达到峰值为15.70%。2015和2022年净资产收益率变动率最高都在230%以上。但净资产收益率不稳定，在9年间变动率有5年为负值，4年为正值。这种变化是企业个性还是行业共性？我们继续进行行业对比分析。

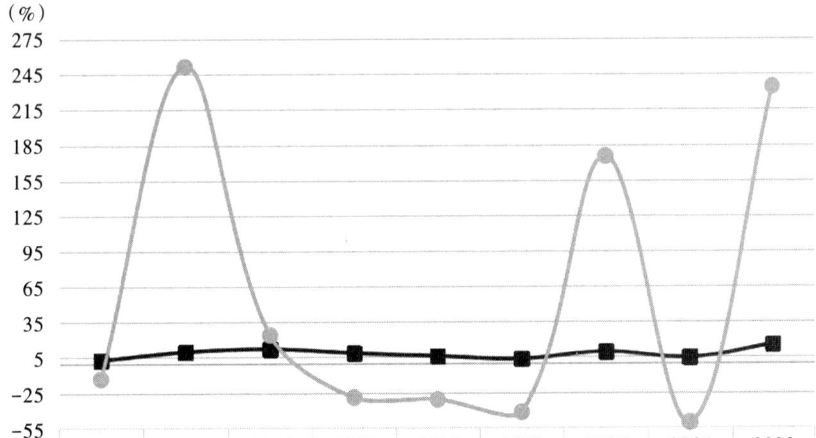

	2014	2015	2016	2017	2018	2019	2020	2021	2022
净资产收益率	2.75	9.67	11.99	8.52	5.89	3.44	9.47	4.70	15.70
变动率	-13.25	251.64	23.99	-28.94	-30.87	-41.60	175.29	-50.37	234.04

图8-1　BQC公司2014—2022年净资产收益率及变动率趋势图

（三）资本经营盈利能力行业对比分析

2014—2022年5家汽车企业净资产收益率对比，如图8-2所示。可知，5家企业的净资产收益率在2018年和2019年均出现不同程度的下降，说明是行业共性。CAQC公司净资产收益率呈先降后升之势，2014—2019年净资产收益率持续下滑，由2014年的34.10%下降至2019年的-5.88%；从2020年开始上升，2022年达到13.04%，说明该公司资本经营盈利能力从低谷开始反弹。CCQC公司的净资产收益率在2014—2016年一直保持在22%以上，从2017年开始大幅下降，此后维持在8%～13%之间，表明该公司净资产收益率相对稳定。SQJT公司的净资产收益率除2021年以外均在下降，说明该公司资本经营盈利能力持续下降。GQJT公司的净资产收益率在2014—2019年呈先升后降之势，其中2017年达到峰值18.78%。GQJT公司2019—2022年在7%～9%之间变动，相对其他企业波动较小，相对稳定。总之，同行业5家企业的净资产收益率趋势并不一致。BQC公司2022年的净资产收益率大幅提高，达到峰值15.70%，在5家企业中最高；但之前有5年处于5家企业中最低水平，说明BQC公司之前资本经营盈利能力处于相对较低的水平。

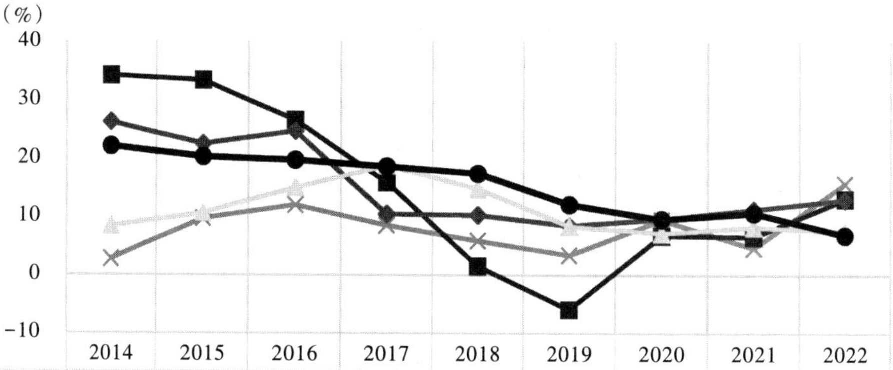

	2014	2015	2016	2017	2018	2019	2020	2021	2022
BQC	2.75	9.67	11.99	8.52	5.89	3.44	9.47	4.70	15.70
CAQC	34.10	33.28	26.51	15.87	1.55	-5.88	6.75	6.59	13.04
CCQC	26.14	22.42	24.62	10.44	10.29	8.46	9.60	11.26	12.96
GQJT	8.34	10.61	14.94	18.78	14.76	8.37	7.16	8.25	7.45
SQJT	22.06	20.24	19.71	18.58	17.39	12.05	9.56	10.63	6.87

图8-2　5家汽车企业2014—2022年净资产收益率对比图

此外，图8-2以及后续的趋势图，还可以通过可视化平台和手段，将其转变成可视化的、动态的、可以随时更新的信息，更有利于财务分析信息使用者理解和使用。

第三节　资产经营盈利能力分析

一、资产经营盈利能力的内涵与指标

资产经营盈利能力，是指企业运营资产而产生利润的能力。反映资产经营盈利能力的指标是总资产报酬率，即息税前利润与资产平均余额之间的比率。其计算公式是：

$$总资产报酬率=\frac{利润总额+利息支出}{总资产平均余额}\times 100\%$$

总资产平均余额=（期初资产总额+期末资产总额）÷2

总资产报酬率高，一方面说明企业商品经营盈利能力强，另一方面也说明资产的运用效率好。所以，这个比率越高越好。但是在评价总资产报酬率时，企业还需要与自身前期的比率、同行业其他企业的这一比率等进行比较，进一步找出影响该指标的不利因素，以利于企业加强经营管理。

二、影响资产经营盈利能力的因素

根据总资产报酬率指标的经济内容，可将其做如下分解：

$$总资产报酬率=\frac{营业收入}{总资产平均余额}\times\frac{利润总额+利息支出}{营业收入}\times 100\%$$

$$=总资产周转率\times销售息税前利润率\times 100\%$$

可见，影响总资产报酬率的因素有两个：一个是总资产周转率，另一个是销售息税前利润率。总资产周转率表示企业的每一单位资产能够带来的营业收入，是反映企业资产运营能力的指标，是企业资产经营效果的直接体现。销售息税前利润率表示企业每增加1元的营业收入所能带来的利润额，该指标反映企业商品经营盈利能力，商品经营盈利能力越强，销售息税前利润率越高。可见，资产经营盈利能力受商品经营盈利能力和资产运营效率两方面的影响。

三、资产经营盈利能力案例分析

（一）资产经营盈利能力因素分析

运用连环替代法或差额计算法，对BQC公司2022年资产经营盈利能力进行因素分析相关信息，见表8-2。

表8-2　BQC公司2022年资产经营盈利能力因素分析表　金额单位：万元

项　目	2022年	2021年	差　异
营业收入	42 406 063.50	21 614 239.50	—
利润总额	2 107 972.90	451 800.30	—
利息支出	131 635.00	191 535.70	—
息税前利润	2 239 607.90	643 336.00	—
总资产平均余额	39 482 039.65	24 839 873.40	—
总资产周转率	1.07	0.87	0.20
销售息税前利润率（%）	5.28	2.98	2.30
总资产报酬率（%）	5.67	2.59	3.08

分析对象=5.67%−2.59%=3.08%

因素分析连环替代法分析过程如下：

（1）基期指标体系：0.87×2.98%= 2.59%

（2）替代第一因素总资产周转率：1.07×2.98%= 3.19%

（3）替代第二因素销售息税前利润率：1.07×5.28%= 5.67%[①]

各因素影响程度：

（1）总资产周转率的影响：3.19%-2.59%=0.60%

（2）销售息税前利润率的影响：5.67%-3.19%=2.48%

最后检验分析结果：0.60%+2.48%=3.08%

分析结果表明，BQC公司2022年总资产报酬率比上年上升3.08%，是总资产周转率和销售息税前利润率同时上升的结果。其中：总资产周转率上升0.20次，使总资产报酬率上升0.60%；销售息税前利润率上升2.30%，使总资产报酬率上升2.48%。可见，提高总资产报酬率，增强资产经营盈利能力，要从提高企业资产运营效率，即提高总资产周转率和提升商品经营盈利能力，即提升销售息税前利润率两方面努力。

（二）资产经营盈利能力趋势分析

BQC公司2014—2022年总资产报酬率及变动率，如图8-3所示。可知，BQC公司的总资产报酬率在1%～6%之间波动。其中，2014—2016年BQC公司的总资产报酬率不断上升，由2014年的1.03%上升至2016年的5.04%，2022年为峰值5.67%。BQC公司的总资产报酬率变动率在9年间有4年为负值，5年为正值，其中2015年和2022年的总资产报酬率变动率均超过了110%。说明BQC公司资产经营盈利能力不太稳定，与净资产收益率变动趋势基本一致，验证了企业资产经营与资本经营的关系。那么同行业其他企业如何呢？

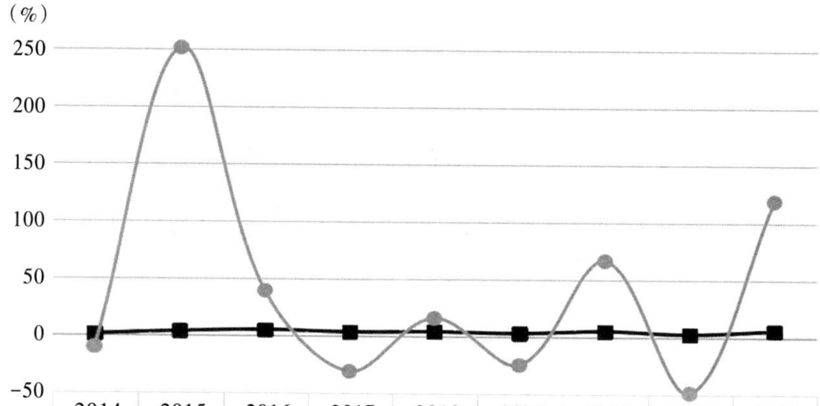

	2014	2015	2016	2017	2018	2019	2020	2021	2022
总资产报酬率	1.03	3.62	5.04	3.48	4.03	3.03	5.05	2.59	5.67
变动率	-10.43	251.46	39.23	-30.95	15.80	-24.81	66.67	-48.71	118.92

图8-3　BQC公司2014—2022年总资产报酬率及变动率趋势图

（三）资产经营盈利能力行业对比分析

2014—2022年5家汽车企业总资产报酬率对比如图8-4所示。可知，SQJT公司的总资产报酬率远远高于另外4家公司，说明SQJT公司资产经营盈利能力最强，在同行业中处于领先水平，但其总体呈明显下降趋势值得关注。CAQC公司的总资产报酬率呈先降后升之势，其中2019年总资产报酬率最低为-2.39%。CCQC公司的总资产报酬率在2014—2016年保持在15%左右，从2017年开始大幅下降，此后一直低于7%。BQC公司的总资产

① 按照1.07×5.28%的计算结果应为5.65%，并不等于5.67%，这是四舍五入导致的计算差异。

报酬率除2020年和2022年以外，其他年份始终低于GQJT公司和CCQC公司，并有5年在5家企业中最低。总之，BQC公司的总资产报酬率，除了2022年在5家企业中位于第二，其他年份始终处于相对稳定的低水平。

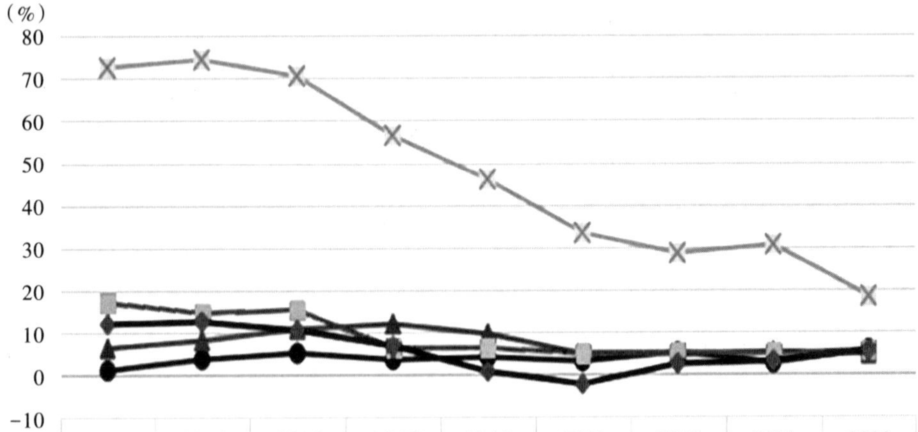

	2014	2015	2016	2017	2018	2019	2020	2021	2022
BQC	1.03	3.62	5.04	3.48	4.03	3.03	5.05	2.59	5.67
GQJT	6.26	8.03	10.69	11.89	9.52	4.76	4.37	5.18	4.53
SQJT	72.58	74.38	70.50	56.46	46.01	33.32	28.50	30.50	18.30
CCQC	16.94	14.55	15.22	6.22	6.16	4.82	4.86	4.83	5.28
CAQC	11.94	12.44	10.44	6.71	0.65	−2.39	2.33	2.95	5.44

图8-4　5家汽车企业2014—2022年总资产报酬率对比图

第四节　商品经营盈利能力分析

案例分析8-1

一、商品经营盈利能力的内涵与指标

商品经营是相对于资产经营和资本经营而言的。商品经营盈利能力不考虑企业的筹资或投资问题，只研究利润与收入或成本之间的比率关系。因此，反映商品经营盈利能力的指标可分为两类：一类是各种利润额与收入之间的比率，统称收入利润率；另一类是各种利润额与成本之间的比率，统称成本利润率。

知识拓展8-3

二、收入利润率分析

（一）收入利润率分析指标

不同的收入利润率，其内涵不同，揭示的收入与利润关系不同，在分析评价中的作用也不同。反映收入利润率的指标主要有：

（1）营业收入利润率，是指营业利润与营业收入之间的比率。

（2）毛利率，是指毛利额（即营业收入与营业成本的差额）与营业收入之间的比率。

（3）总收入利润率，是指利润总额与总收入之间的比率，企业总收入包括营业收入、其他收益、投资净收益、公允价值变动净收益、资产处置净收益和营业外收支净额。

（4）销售净利润率，是指净利润与营业收入之间的比率。

（5）销售息税前利润率，是指息税前利润额与营业收入之间的比率，息税前利润额是指利润总额与利息支出之和。

收入利润率指标是正指标，指标值越高越好。分析时应根据分析目的与要求，确定适当的标准值，如可用行业平均值、全国平均值、企业目标值等。

（二）收入利润率指标案例分析

案例分析8-2

BQC公司2014—2022年五项收入利润率指标对比，如图8-5所示。可知，各项收入利润率指标趋势基本一致，除了毛利率较高以外，其他各指标差距越来越小。自2017年开始，营业收入利润率和总收入利润率基本重合，说明BQC公司受非经常性事项影响较小；在五项指标中，毛利率最高，各年均在13%以上，其他指标近多数在7%以下。结合BQC公司的利润表分析可以发现，企业营业成本占比较高，毛利率在收入利润率指标中具有代表性，由此对毛利率做进一步分析。

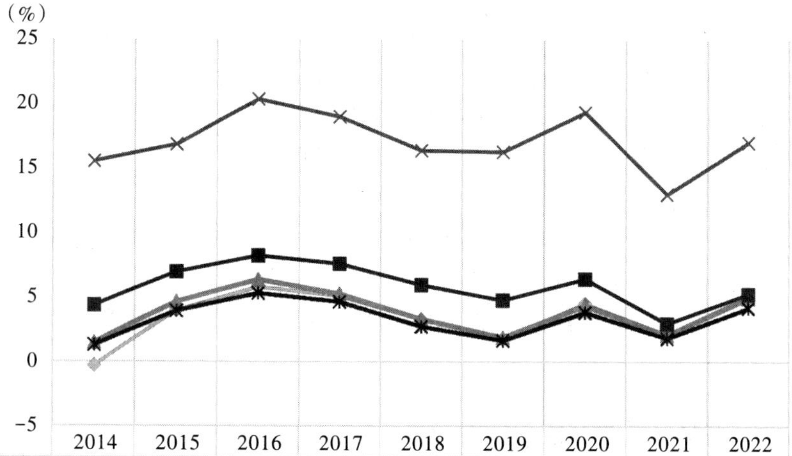

	2014	2015	2016	2017	2018	2019	2020	2021	2022
毛利率	15.55	16.87	20.36	19.01	16.40	16.29	19.38	13.02	17.04
营业收入利润率	−0.31	3.97	5.79	5.11	3.26	1.81	4.52	2.14	5.08
总收入利润率	1.47	4.64	6.36	5.25	3.30	1.89	4.36	2.07	4.96
销售净利润率	1.27	3.92	5.30	4.64	2.73	1.66	3.84	1.84	4.18
销售息税前利润率	4.36	6.95	8.21	7.60	5.95	4.78	6.42	2.98	5.28

图8-5　BQC公司2014—2022年五项收入利润率指标对比图

（三）以毛利率为代表的收入利润率指标案例分析

案例分析8-3

1.BQC公司毛利率分析

BQC公司2014—2022年毛利率及变动率，如图8-6所示。可知，BQC公司的毛利率始终在13%~21%之间变动，其中2021年的毛利率最低为13.02%，2016年的毛利率最高为20.36%；毛利率变动率在2017—2019年和2021年为负值，其余各年均为正值，2021年和2022年毛利率变动率绝对值较高。2021年毛利率同比减少6.36个百分点，减幅为32.81%；2022年毛利率同比增加4.02个百分点，增幅为30.83%。这种趋势是企业自身现象，还是行业整体趋势呢？

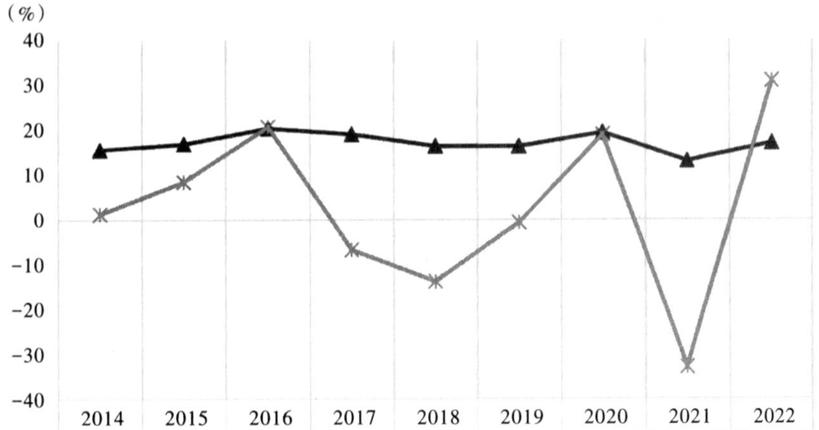

	2014	2015	2016	2017	2018	2019	2020	2021	2022
毛利率	15.55	16.87	20.36	19.01	16.40	16.29	19.38	13.02	17.04
毛利率变动率	1.29	8.44	20.72	-6.62	-13.75	-0.65	18.93	-32.81	30.83

图8-6　BQC公司2014—2022年毛利率及变动率趋势图

2.5家同行业企业毛利率对比分析

2014—2022年5家汽车企业的毛利率对比，如图8-7所示。可知，CCQC公司的毛利率除了2021年和2022年外其余年份均高于CAQC公司，在2017年以前居行业首位；而CAQC公司的毛利率除了2017年外其余年份均高于SQJT公司，尤其是最近两年毛利率优势明显，处于同行业第一位。GQJT公司的毛利率在2014—2020年呈先升后降之势，其中2017年和2018年居行业首位，在2019年毛利率降至6.90%后，在6%～8%之间波动，且近4年毛利率在同行业企业中最低。SQJT公司的毛利率整体处于行业较低水平。2017—2019年BQC公司和CCQC公司的毛利率基本一致，2020年BQC公司的毛利率居行业首位，之后被CAQC公司和CCQC公司反超。总之，BQC公司的毛利率在同行业企业中处于中等偏上的水平，高于资本经营盈利能力和资产经营盈利能力。

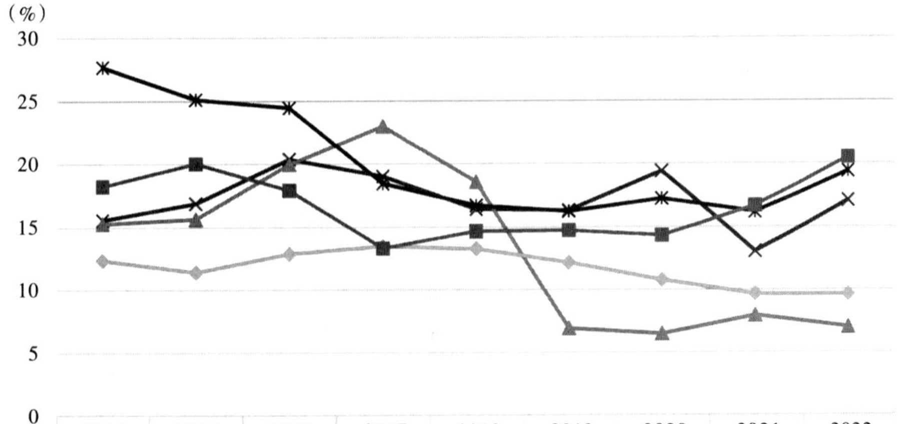

	2014	2015	2016	2017	2018	2019	2020	2021	2022
BQC	15.55	16.87	20.36	19.01	16.40	16.29	19.38	13.02	17.04
GQJT	15.27	15.64	19.95	23.00	18.56	6.90	6.47	7.92	6.99
SQJT	12.36	11.42	12.87	13.47	13.25	12.15	10.76	9.63	9.61
CCQC	27.70	25.13	24.46	18.43	16.69	16.22	17.21	16.16	19.37
CAQC	18.23	20.02	17.89	13.31	14.65	14.68	14.30	16.64	20.49

图8-7　5家汽车企业2014—2022年毛利率对比图

3.BQC公司毛利率影响因素分析

毛利率受营业收入和营业成本的影响，2014—2022年BQC公司营业收入变动率、营业成本变动率和毛利率变动率，如图8-8所示。可知，当营业收入变动率与营业成本变动率越接近，毛利率变动率越小；相反，当营业收入变动率与营业成本变动率差距越大，则毛利率变动率越大。在2017—2019年和2021年中，由于营业成本变动率高于营业收入变动率，导致毛利率变动率为负值。当其余年份的营业收入变动率高于营业成本变动率时，毛利率变动率为正值。总之，BQC公司营业收入和营业成本基本同步变动，受两者变动影响，毛利率变动率持续变化。

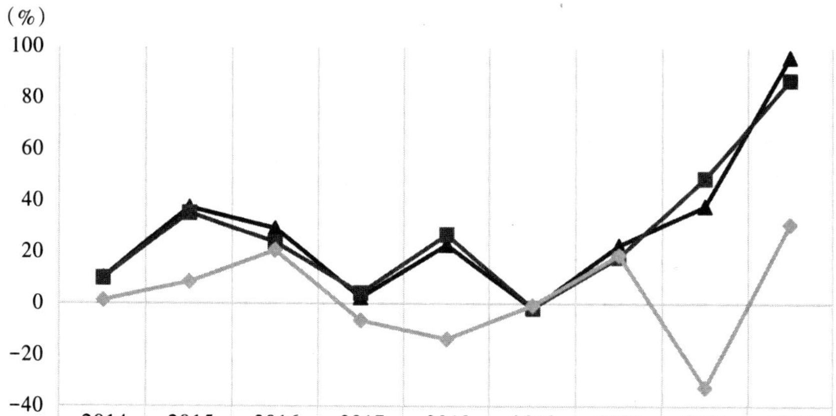

	2014	2015	2016	2017	2018	2019	2020	2021	2022
营业收入变动率	10.09	37.48	29.32	2.36	22.79	-1.78	22.59	38.02	96.20
营业成本变动率	9.83	35.34	23.89	4.10	25.76	-1.66	18.08	48.91	87.14
毛利率变动率	1.29	8.44	20.72	-6.62	-13.75	-0.65	18.93	-32.81	30.83

图8-8　BQC公司2014—2022年毛利率及其影响因素变动率趋势图

4.BQC公司分地区毛利率分析

BQC公司国内外毛利率分析。2014—2022年BQC公司国内外毛利率对比，如图8-9所示。可知，BQC公司各年的国内毛利率均高于国外毛利率。从整体上看，BQC公司的国外毛利率波动幅度较大，呈先升后降之势，2017年达到峰值为16.47%，之后逐年下降，2022年降至4.02%。国内毛利率除2020年达到峰值为25.14%以外，其余各年均在15%~21%之间波动。2020年和2022年为何国外毛利率下降，而国内毛利率上升呢？

5.BQC公司国内外销量及变动率分析

毛利率不仅受营业收入和营业成本的影响，而且受销量的影响。BQC公司2019—2022年国内、国外销量及其变动率对比，如图8-10所示。可知，BQC公司国内及国外销量变化趋势大致相同，但国内销量远远高于国外销量，除2020年国内和国外销量同时下降变动率为负值以外，其余各年的销量均大幅上升，销量变动率均为正值，且国外销量变动率均超过国内销量变动率。2022年国内销量达到峰值为1 823 293辆，销量变动率高达151.57%；国外销量也达到峰值为45 250辆，销量变动率高达194.54%。近两年，BQC公司的国内销量一直在快速上升，而毛利率在2021年却有所下降，说明销量不是影响毛利率下降的原因。

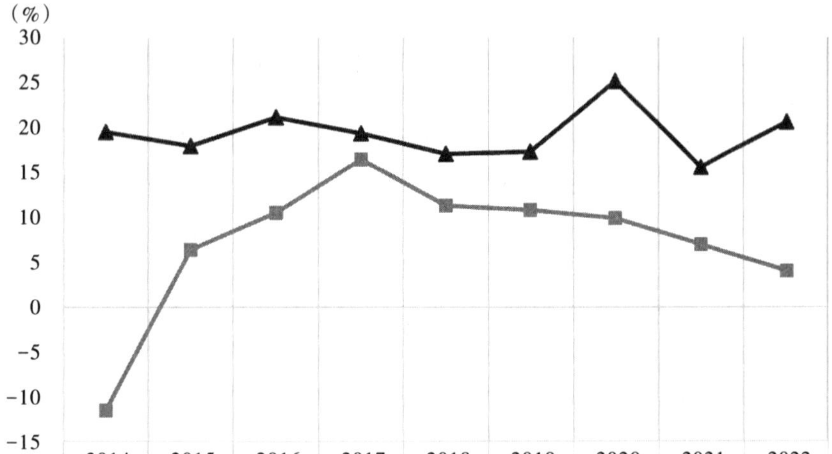

	2014	2015	2016	2017	2018	2019	2020	2021	2022
国内毛利率	19.53	17.97	21.15	19.38	17.08	17.29	25.14	15.56	20.62
国外毛利率	-11.50	6.40	10.51	16.47	11.29	10.78	9.88	6.97	4.02

图8-9　BQC公司2014—2022年国内、国外毛利率对比图

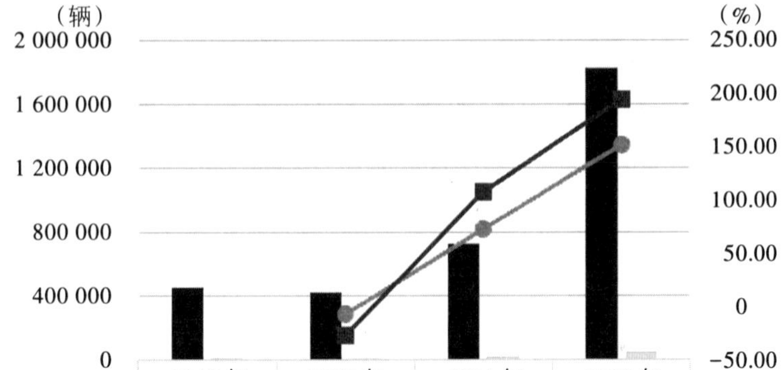

	2019年	2020年	2021年	2022年
国内销量(辆)	451 280.00	419 577.00	724 768.00	1 823 293.00
国外销量(辆)	10 119.00	7 395.00	15 363.00	45 250.00
国内销量变动率(%)		-7.03	72.74	151.57
国外销量变动率(%)		-26.92	107.75	194.54

图8-10　BQC公司2019—2022年国内、国外销量及变动率对比图

由于除销量影响毛利率以外，单价和单位成本，以及品种结构也是影响毛利率的主要因素。但由于BQC公司发布的产销快报数据均未经过审计，无法保证数据的准确性。因此，受数据的局限，本部分无法进行深入分析。

思政案例 8-1

三、成本利润率分析

（一）成本利润率分析指标

反映成本利润率的指标主要有：

（1）营业成本利润率，是指营业利润与营业成本之间的比率。

（2）营业费用利润率，是指营业利润与营业费用总额的比率。营业费用总额包括营业成本、税金及附加、期间费用、资产减值损失和信用减值损失。期间费用包括销售费用、管理费用、财务费用、研发费用等。

（3）全部成本费用利润率。该指标可分为全部成本费用总利润率和全部成本费用净利润率两种形式。全部成本费用总利润率是指利润总额和全部成本费用（全部成本费用包括营业费用总额和营业外支出）的比率；全部成本费用净利润率是指净利润和全部成本费用（全部成本费用包括营业费用总额和营业外支出以及所得税费用）的比率。

以上各种利润率指标反映企业投入产出水平，即所得与所费的比率，体现了增加利润是以降低成本及费用为基础。这些指标的数值越高，表明生产和销售产品的每1元成本及费用取得的利润越多，劳动耗费的效益越高；反之，则说明每耗费1元成本及费用实现的利润越少，劳动耗费的效益越低。因此，成本利润率是综合反映企业成本效益的重要指标。研究者进行分析评价时，可将各指标实际值与标准值进行对比。标准值可根据分析的目的与管理要求确定，如可用行业平均值、企业目标值等。

（二）成本利润率指标案例分析

1.BQC公司成本利润率指标对比分析

案例分析8-4

2014—2022年BQC公司各成本利润率指标对比，如图8-11所示。可知，BQC公司各年的成本利润率指标呈波浪式变动，趋势大体一致。在2016年、2020年和2022年都是成本利润率指标较高的点，在2014年各项成本利润率指标均最低。BQC公司各年的成本利润率指标多数在2%～7%之间波动；各指标在2016年达到峰值，均在6%以上，之后下滑，到2022年各成本利润率指标呈W型，波动较大。说明BQC公司以成本利润率为核心的商品经营盈利能力并不稳定，这是个例还是行业的共性呢？

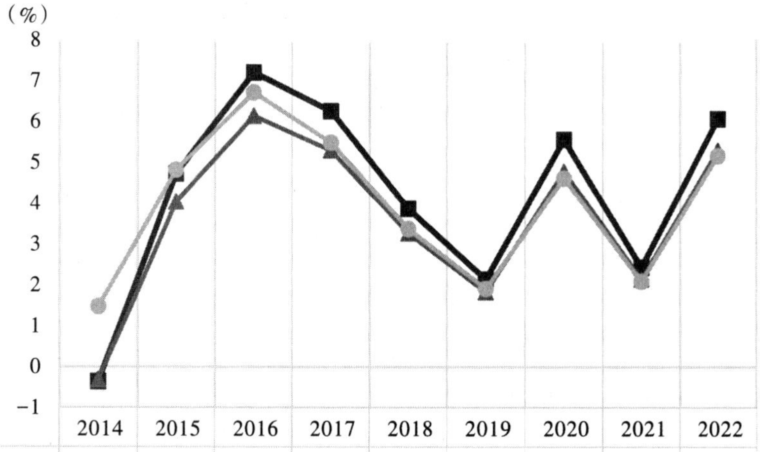

	2014	2015	2016	2017	2018	2019	2020	2021	2022
营业成本利润率	-0.36	4.77	7.26	6.31	3.90	2.16	5.61	2.46	6.12
营业费用利润率	-0.31	4.07	6.19	5.34	3.30	1.85	4.82	2.17	5.34
全部成本费用总利润率	1.49	4.86	6.77	5.54	3.41	1.94	4.66	2.11	5.21

图8-11　BQC公司2014—2022年各成本利润率指标对比图

2.同行业企业营业成本利润率分析

在上述成本利润率指标中，选取营业成本利润率，针对5家汽车企业2014—2022年的数据进行对比，如图8-12所示。可知，GQJT公司在2016—2020年营业成本利润率始终位于行业领先地位，但在2022年略低于CAQC公司。CAQC公司虽有3年超过GQJT公司，但其营业成本利润率先降后升变化较大，由2015年的峰值17.95%下降至2019年的最低值

-3.50%，之后开始上升，2022年上升至7.92%，居行业第一。SQJT公司营业成本利润率指标在同行业中最稳定，除2022年下降到3.99%，其他年份始终在5%～8%之间波动。CCQC公司的营业成本利润率在行业企业中处于中等偏上水平。BQC公司的营业成本利润率在同行业中较低，说明每增加1元营业成本所产生的利润较低。

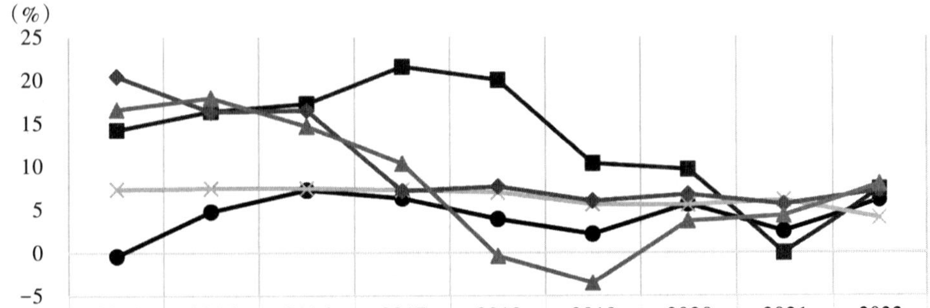

	2014	2015	2016	2017	2018	2019	2020	2021	2022
BQC	-0.36	4.77	7.26	6.31	3.90	2.16	5.61	2.46	6.12
GQJT	14.22	16.38	17.27	21.55	19.99	10.30	9.61	0	7.33
SQJT	7.34	7.44	7.45	7.29	6.97	5.56	5.52	6.04	3.99
CCQC	20.43	16.32	16.51	7.14	7.65	5.99	6.72	5.57	7.19
CAQC	16.59	17.95	14.67	10.31	-0.36	-3.50	3.62	4.26	7.92

图8-12　5家汽车企业2014—2022年营业成本利润率对比图

第五节　上市公司盈利能力分析

随着我国社会主义市场经济体制的建立、发展和完善，股份制企业的增多和资本市场的完善，上市公司也越来越多。截至2022年12月31日，北沪深合计共有5 079家公司完成上市，其中北交所162家，沪交所2 174家，深交所2 743家。由上市公司自身特点所决定，其盈利能力除了可以通过一般企业盈利能力的指标分析，还可以进行一些特殊指标的分析，特别是一些与企业股票价格或市场价值相关的指标分析。

一、每股收益分析

（一）每股收益的内涵与计算

每股收益是指每股发行在外的普通股所能分摊的净收益额。该指标与普通股股东的利益关系极大，是其进行投资决策的依据。每股收益又分为基本每股收益与稀释每股收益。

1.基本每股收益

基本每股收益是指归属于普通股股东的当期净利润与发行在外的普通股加权平均数之间的比率。其计算公式是：

$$基本每股收益=\frac{净利润-优先股股利}{发行在外的普通股加权平均数(流通股数)}$$

计算基本每股收益，关键是要确定归属于普通股股东的当期净利润和当期发行在外普通股的加权平均数。由于优先股股东对股利的受领权优于普通股股东，因此，在计算普通股股东所能享有的收益额时，应将优先股股利扣除。

分母采用加权平均数，是因为本会计期内新发行的普通股只能在增加以后的这一段时期内产生权益，本会计期减少的普通股股数在减少以前的期间内仍产生收益，所以必须采用加权平均数，以正确反映本期内发行在外的股份数额。发行在外的普通股加权平均数按下列公式计算：

$$\text{发行在外的普通股加权平均数}=\text{期初发行在外的普通股股数}+\text{当期新发行的普通股股数}\times\frac{\text{已发行时间}}{\text{报告期时间}}-\text{当期回购普通股股数}\times\frac{\text{已回购时间}}{\text{报告期时间}}$$

已发行时间、报告期时间和已回购时间一般按照天数计算；在不影响计算结果合理性的前提下，也可以采用简化的计算方法。

为了保持分子、分母计算口径的一致性，基于合并报表计算的每股收益，由于分母是归属于母公司发行在外的普通股加权平均数，分子就应该是归属于母公司股东的利润，即合并报表中的净利润扣除少数股东损益后的金额。

例如，某上市公司2022年初发行在外的普通股股数为20万股，该年7月1日又增发了6万股，并且该年内未发行其他股票，亦无退股事项，采用简化的计算方法不会影响计算结果的合理性，则该年度普通股流通在外的平均数应为23万股（20+（6×6÷12））。

2. 稀释每股收益

稀释每股收益是指当企业存在稀释性潜在普通股时，应当分别调整归属于普通股股东的当期净利润和发行在外的普通股加权平均数，并据此计算稀释每股收益。

稀释性潜在普通股，是指假设当期转换为普通股会减少每股收益的潜在普通股，例如，可转换公司债券、认股权证和股份期权。

（1）计算稀释每股收益时，应当根据下列事项对归属于普通股股东的当期净利润进行调整：当期已确认为费用的稀释性潜在普通股的利息；稀释性潜在普通股转换时将产生的收益或费用。同时应当考虑相关的所得税影响。

（2）计算稀释每股收益时，应当对当期发行在外普通股的加权平均数进行调整。调整后的股数应当为计算基本每股收益时普通股的加权平均数与假定稀释性潜在普通股转换为已发行普通股而增加的普通股股数的加权平均数之和。计算稀释性潜在普通股转换为已发行普通股而增加的普通股股数的加权平均数时，以前期间发行的稀释性潜在普通股，应当假设在当期期初转换；当期发行的稀释性潜在普通股，应当假设在发行日转换。

计算时，应假定已行使该期权，因此，发行的普通股股数包括两部分：（1）按当期平均市场价格发行的普通股，不具有稀释性，计算稀释的每股收益时不必考虑；（2）未取得对价而发行的普通股，具有稀释性，计算稀释的每股收益时应当加到普通股股数中。调整增加的普通股股数用公式表示如下：

$$\text{调整增加的普通股股数}=\text{拟行权时转换的普通股股数}-\text{行权价格}\times\text{拟行权时转换的普通股股数}\div\text{平均市场价格}$$

基本每股收益和稀释每股收益的计算，可以参见以下两例。

【例8-1】假设L公司2022年1月1日发行100万份认股权证，行权价格为3.50元/股，2022年度净利润为200万元，发行在外普通股加权平均数为500万股，普通股平均市场价格为4元/股，则：

基本每股收益=200÷500=0.40（元/股）

调整增加的普通股股数=100−100×3.50÷4=12.50（万股）

稀释每股收益=200÷（500+12.50）=0.39（元/股）

【例 8-2】 假设X公司2022年1月1日发行利率为4%的可转换债券，面值800万元，每100元债券可转换为1元面值普通股90股。2022年净利润为4 500万元，2022年发行在外的普通股加权平均数为4 000万股，所得税税率为25%，则：

基本每股收益=4 500÷4 000=1.125（元/股）

净利润的增加=800×4%×（1−25%）=24（万元）

普通股股数的增加=800÷100×90=720（万股）

稀释每股收益=（4 500+24）÷（4 000+720）=0.96（元/股）

（二）每股收益因素分析

为了分析企业每股收益变动的原因，应确定影响每股收益的主要因素，并对各个因素进行分析，测算各个因素的变动对每股收益的影响程度。为简化起见，以基本每股收益为例进行因素分析。

依据每股收益的影响因素，对每股收益指标作如下分解：

$$每股收益=\frac{净利润-优先股股息}{发行在外的普通股加权平均数(流通股数)}$$

$$=\frac{普通股权益平均余额}{发行在外的普通股加权平均数(流通股数)}\times\frac{净利润-优先股股息}{普通股权益平均余额}$$

=每股账面价值×普通股权益报酬率

从公式可知，每股收益主要取决于每股账面价值和普通股权益报酬率两个因素。

每股账面价值，又称每股净资产，是指股东权益总额减去优先股权益总额后的余额与发行在外的普通股加权平均数的比值。该指标反映了发行在外的每股普通股所代表的企业股东权益的价值。在投资人看来，该指标与每股市价的差额是企业的一种潜力，有助于投资者进行投资分析，进而做出投资决策。股票市价高于账面价值越多，说明投资者对企业认可度越高；否则，说明市场不看好该企业。该指标越高，每股收益就越高，反之亦然。

普通股权益报酬率是影响每股收益的另一个重要因素，其变动会使每股收益发生相同方向的变化。

需要注意的是，在运用每股收益判断企业盈利能力强弱时，有个前提条件，即在每股净资产相同的情况下进行对比；同时还应将几家不同企业或者同一企业不同时期的每股收益进行比较，才能得出正确的分析。

（三）每股收益案例分析

1.BQC公司每股收益水平分析

BQC公司2022年每股收益水平分析，见表8-3。可知，BQC公司2022年基本每股收益和稀释每股收益分别比2021年增加4.65元，增幅为438.68%，表明BQC公司2022年每股创造的税后利润远远高于上年。至于每股收益的变动原因，还应进行因素分析和趋势分析。

表8-3 **BQC公司2022年每股收益水平分析表** 金额单位：元/股

项 目	2022年	2021年	差异	差异率（%）
基本每股收益	5.71	1.06	4.65	438.68
稀释每股收益	5.71	1.06	4.65	438.68

2.BQC公司基本每股收益及变动率趋势分析

BQC公司2014—2022年基本每股收益及变动率，如图8-13所示。可知，BQC公司的每股收益，最低值在2014年仅为0.18元/股，2022年达到峰值为5.71元/股，9年间每股收益变动率有4年是负值，2022年有较明显的增长，增幅为438.68%。由于BQC公司发行在外的普通股加权平均数一直较稳定，因此其基本每股收益受归属于母公司股东的净利润影响较大。

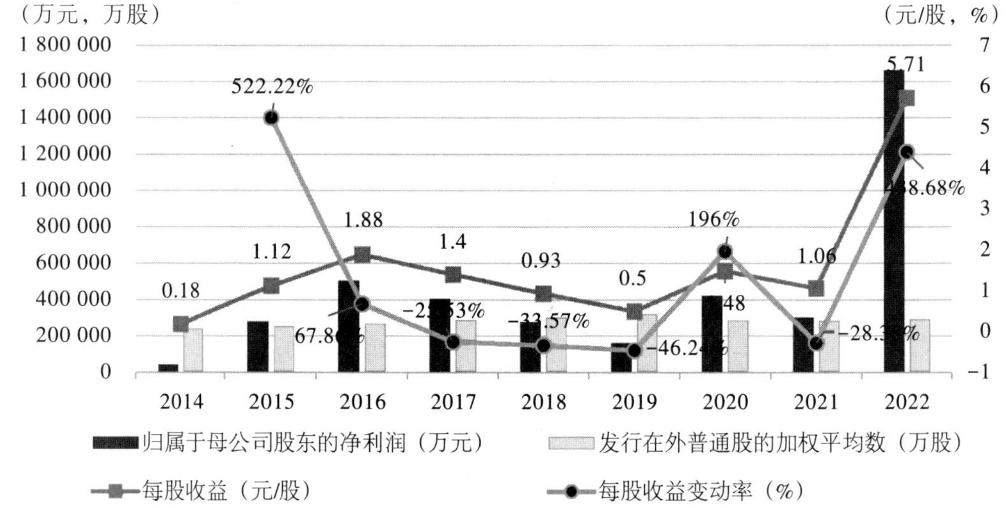

图8-13　2014—2022年BQC公司每股收益及变动率趋势图

3.同行业企业基本每股收益对比分析

2014—2022年5家汽车企业基本每股收益对比，如图8-14所示。可知，在5家汽车企业的基本每股收益对比中，SQJT公司整体上具有优势，除2014年和2022年以外，其余各年均居行业首位。CCQC公司的每股收益在2015—2022年较稳定，2014年基本每股收益最高为2.64元/股，大多数年份基本每股收益均低于1元/股。CAQC公司的每股收益在2014—2017年较高，均在1.40元/股以上，之后开始下降，2019年为最低值，为-0.55元/股，说明企业当年亏损；从2020年开始上升，但2020—2022年各年的每股收益均没有超过0.8元/股。BQC公司基本每股收益在2022年以前处于行业中等水平，2014年最低为0.18元/股，在2022年以前基本每股收益均在1.90元/股以下，但在2022年基本每股收益大幅上升，达到峰值为5.71元/股，主要受净利润大幅上升的影响，远远高于其他4家企业，说明BQC公司基本每股收益在同行业公司中异军突起。

二、普通股权益报酬率分析

普通股权益报酬率是指净利润扣除应发放的优先股股利后的余额与普通股权益平均余额之比。其计算公式是：

$$普通股权益报酬率=\frac{净利润-优先股股利}{普通股权益平均余额}\times 100\%$$

普通股权益报酬率从普通股股东的角度反映企业的盈利能力，该指标值越高，说明企业的盈利能力越强，普通股股东可得收益越多。

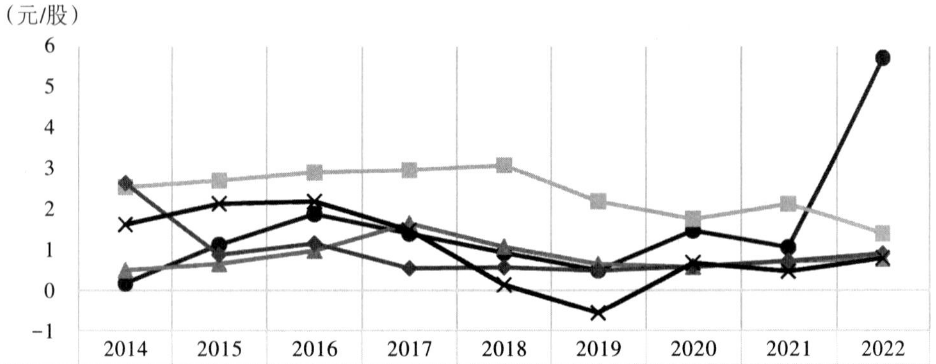

	2014	2015	2016	2017	2018	2019	2020	2021	2022
BQC	0.18	0.12	1.88	1.40	0.93	0.50	1.47	1.06	5.71
GQJT	0.50	0.66	0.98	1.65	1.07	0.65	0.58	0.72	0.78
SQJT	2.54	2.70	2.90	2.96	3.08	2.19	1.75	2.12	1.40
CCQC	2.64	0.88	1.16	0.55	0.57	0.49	0.59	0.73	0.91
CAQC	1.62	2.13	2.19	1.49	0.14	−0.55	0.68	0.47	0.80

图8-14　5家汽车企业2014—2022年基本每股收益对比图

普通股权益报酬率主要受净利润、优先股股利和普通股权益平均余额三个因素影响。在一般情况下，优先股股利比较固定，因此，应着重分析其他两个因素。

由于BQC公司没有优先股股利，因此普通股权益报酬率仅受净利润和普通股权益平均余额的影响。根据表8-4的资料计算如下：

表8-4　**BQC公司2022年普通股权益报酬率水平分析表**

项　目	2022年	2021年	差　异
归属于上市公司股东的净利润（万元）	1 662 244.80	304 518.80	—
优先股股息（元/股）	0	0	—
普通股权益平均余额（万元）	10 304 948.50	7 597 197.25	—
普通股权益报酬率（%）	16.13	4.01	12.12

可见，2022年BQC公司普通股权益报酬率比2021年增加12.12%。说明BQC公司的盈利能力大幅提升，普通股股东能够获得的收益大幅提升。

三、股利支付率分析

（一）股利支付率的内涵与计算

股利支付率是普通股每股股利与每股收益的比值，反映普通股股东从每股收益中分得股利的多少，体现了公司的股利分配政策和股利支付能力。其计算公式是：

$$股利支付率=\frac{每股股利}{每股收益}\times100\%$$

在公式中，每股股利是指企业实际发放给普通股股东的股利总额与流通在外的普通股股数的比值。每股股利是反映企业每一普通股获得股利多少的指标，该指标值越大表明企业获利能力越强。影响每股股利的因素主要是企业的股利发放政策与利润分配政策。如果企业为扩大再生产、增强企业后劲而多留利润，每股股利就少，反之则多。为了进一步分析股利支付率变动的原因，可按下式进行分解：

$$\text{股利支付率}=\frac{\text{每股股利}}{\text{每股收益}}\times100\%$$

$$=\frac{\text{每股市价}}{\text{每股收益}}\times\frac{\text{每股股利}}{\text{每股市价}}\times100\%$$

$$=\text{价格与收益比率}\times\text{股利报偿率}$$

可见，股利支付率主要取决于价格与收益比率和股利报偿率。一般来说，长期投资者比较注重价格与收益比率，而短期投资者则比较注重股利报偿率。

股利报偿率，亦称股利与市价比率，是企业发放每股股利与股票市场价格之比。在价格与收益比率一定的情况下，股利报偿率越高，则股利支付率也越高，反之亦然。

（二）股利支付率案例分析

案例分析 8-5

1.BQC股利支付率及其变动率分析

2014—2022年BQC股利支付率及股利支付率变动率，如图8-15所示。可知，BQC公司的股利支付率呈先升后降再升之势，2018年股利支付率最高为20.02%，2014—2015年公司未发放现金股利。2022年股利支付率较上年几乎增加一倍为20%。股利支付率变动率随着股利支付率而变动，分别在2018年和2022年出现两个高点分别为111.63%和99.20%。综合来看，BQC的股利支付率始终在0~21%之间变动，同行业其他企业的股利支付率情况如何呢？

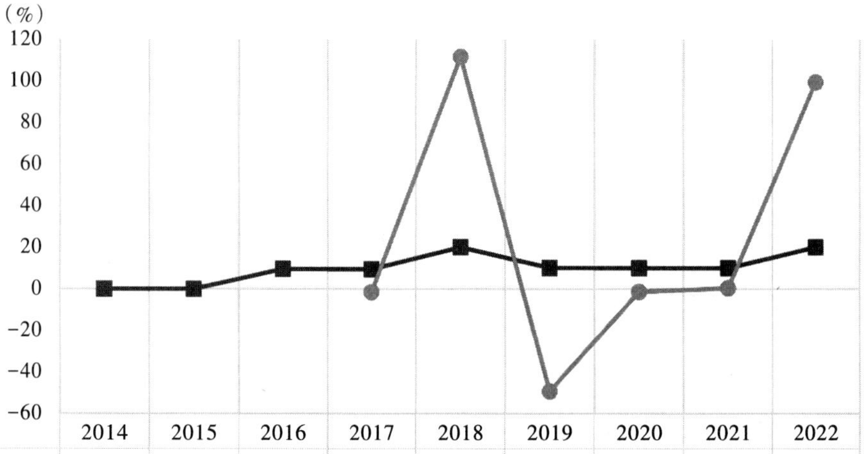

	2014	2015	2016	2017	2018	2019	2020	2021	2022
股利支付率	0	0	9.61	9.46	20.02	10.14	10.00	10.04	20.00
股利支付率变动率				-1.56	111.63	-49.35	-1.38	0.40	99.20

图8-15 BQC公司2014—2022年股利支付率及股利支付率变动率图

2.同行业企业股利支付率对比分析

2014—2022年5家汽车行业企业股利支付率对比，如图8-16所示。可知，BQC公司的股利支付率除2018年和2019年以外，其余年份的数据均在5家企业中最低，且在9年中有两年未发放现金股利。GQJT公司的股利支付率在同行业中处于中等水平，且最稳定，各年均在30%以上，总体在30%~36%之间变动。SQJT公司的股利支付率2014—2017年在同行业中最高，均在50%以上，之后逐年下降，2022年的股利支付率为24.04%，仅高于BQC公司。CCQC公司的股利支付率2014—2017年在21%~31%之间变动，2018—2022年在45%~51%之间变动，实施高股利政策。CAQC公司的股利支付率最不稳定，在0~51%之间变动。总之，5家企业的股利支付率不仅与盈利能力有关，而且受现金流量以及股利政策的影响，因此，还需要结合各自的利润表、现金流量表，以及企业的股利政策进一步分析企业股利支付率变动的原因。

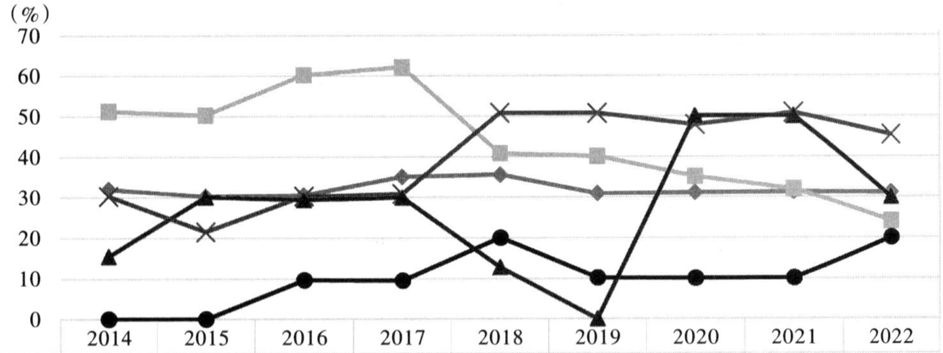

	2014	2015	2016	2017	2018	2019	2020	2021	2022
BQC	0	0	9.61	9.46	20.02	10.14	10.00	10.04	20.00
GQJT	32.00	30.30	30.61	35.11	35.66	30.94	31.17	31.31	31.19
SQJT	51.24	50.33	60.23	62.13	40.88	40.16	35.13	31.99	24.04
CCQC	30.27	21.52	30.28	30.86	50.83	50.74	47.91	50.81	45.35
CAQC	15.42	30.05	29.32	29.93	12.7	0	50.07	50.06	30.03

图8-16　5家汽车企业2014—2022年股利支付率对比图

四、价格与收益比率分析

（一）市盈率的内涵和计算

价格与收益比率，又称市盈率，是反映普通股的市场价格与当期每股收益之间的比率，可用来判断企业股票与其他企业股票相比较所具有的潜在价值。其计算公式是：

$$价格与收益比率=\frac{每股市价}{每股收益}$$

价格与收益比率可在一定程度上反映企业管理部门的经营能力、盈利能力及潜在的成长能力。同时，该指标还可以反映股票市价是否具有吸引力。在一般情况下，发展前景较好的企业通常价格与收益比率较高；发展前景不佳的企业，该指标较低。但是必须注意，当企业盈利很低或发生亏损时，每股收益可能为零或负值，此时该指标可能很高或者为负值。在这种特殊的情况下，该指标就失去了原有的意义，如果仅利用该指标分析企业的盈利能力，就无法正常甚至可能错误地估计企业的发展前景。因此，此时把价格与收益比率作为基于盈利能力的估值指标更合适，同时还必须结合其他指标，进行综合分析。此外，还可以进行同行业企业的对比分析，并结合企业所属行业的经营前景，作为投资决策的参考。

（二）BQC公司市盈率因素分析

根据表8-5的资料，用差额分析法对BQC公司的价格与收益比率进行因素分析：

表8-5 **BQC公司2022年价格与收益比率水平分析表**

项　目	2022年	2021年	差　异
每股收益（元/股）	5.71	1.06	4.65
每股市价（元/股）	256.97	268.12	-11.15
价格与收益比率	45	252.94	-207.94

分析对象：45-252.94=-207.94

（1）每股市价的变动对价格与收益比率的影响：

（256.97-268.12）÷1.06=-10.52

（2）每股收益的变动对价格与收益比率的影响：

256.97÷5.71-256.97÷1.06=45-242.42=-197.42

可见，每股市价的变动使价格与收益比率减少10.52，但每股收益的变动使价格与收益比率减少197.42，每股收益是影响价格与收益比率的主要因素，两因素共同作用的结果使价格与收益比率同比减少207.94。说明企业投资风险降低，投资价值增加。由于该指标受资本市场影响较大，因此，还需要结合其他因素，并根据具体情况进行判断。

（三）BQC公司市盈率及影响因素分析

2014—2022年BQC公司每股市价①、每股收益及市盈率对比，如图8-17所示。由图8-17可知，除了2014年和2022年BQC公司的每股市价和市盈率截然相反以外，其他各年两个指标趋势基本一致，市盈率整体在26～253之间波动。2014年BQC公司的股价处于低位，但由于每股收益仅为0.18元/股，导致当年的市盈率在200以上。2020年和2021年BQC公司的股价处于高位，但每股收益却没有超过1.50元/股，导致这两年的市盈率一直在130以上，2021年高达252.94。2022年由于每股收益大幅上升，因此当年的市盈率较2021年明显下降，处于相对较低水平。

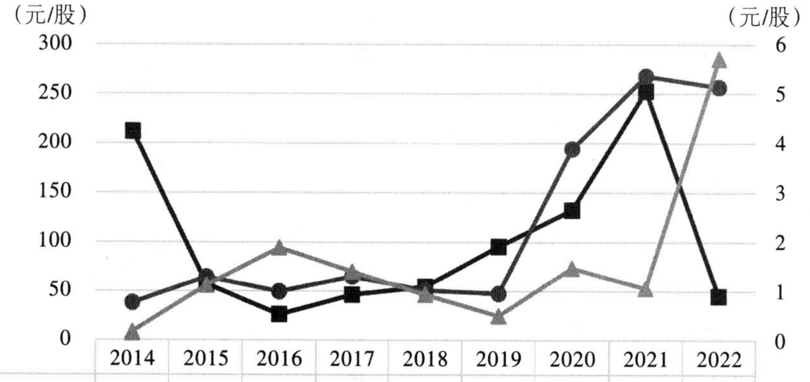

	2014	2015	2016	2017	2018	2019	2020	2021	2022
市盈率	211.94	57.50	26.43	46.46	54.84	95.34	132.18	252.94	45.00
每股市价（元/股）	38.15	64.40	49.68	65.05	51.00	47.67	194.30	268.12	256.97
每股收益（元/股）	0.18	1.12	1.88	1.40	0.93	0.50	1.47	1.06	5.71

图8-17　BQC公司2014—2022年市盈率和每股市价、每股收益对比图

① 本节每股市价均取年末收盘价。

（四）同行业企业市盈率对比分析

2014—2022年5家汽车企业市盈率对比，如图8-18所示。由图8-18可知，相对于其他4家公司而言，BQC公司的市盈率最高且波动最大，呈先降后升再降之势，2016年市盈率最低为26.43，2021年市盈率最高为252.94，各年的市盈率始终居5家公司之首。其他4家公司的市盈率基本在6~67之间。其中，SQJT公司的市盈率处于较低且相对平稳的水平，始终在7~14之间；CAQC公司在2019年发生亏损，每股收益为负值，故没有计算市盈率，数据显示为0。另外，除SQJT公司以外的其他4家企业的每股收益在2022年都有所增加，因此这4家公司的市盈率在当年均有不同程度下降，具有行业特征；除BQC公司和CCQC公司以外，其他3家企业的2022年的市盈率都在10~16之间，说明2022年的股价相对于每股收益的盈利能力较低，投资回收期较短，投资风险较低，股价在未来上升的可能性较大；而BQC公司作为新能源汽车企业的龙头，股价相对于每股收益的盈利能力较高，说明投资人对企业发展前景看好。当然，如果企业市盈率过高，则股价被高估的可能性就比较大。

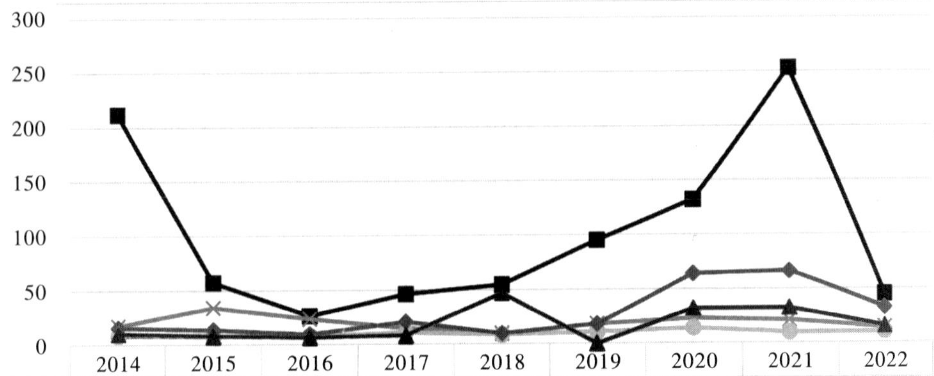

	2014	2015	2016	2017	2018	2019	2020	2021	2022
BQC	211.94	57.50	26.43	46.46	54.84	95.34	132.18	252.94	45.00
GQJT	17.36	34.20	23.64	14.95	9.62	17.98	22.91	21.10	14.14
SQJT	8.46	7.85	8.08	10.83	8.65	10.89	13.95	9.73	10.29
CCQC	15.72	13.68	9.53	20.89	9.82	18.06	64.08	66.49	32.55
CAQC	10.14	7.97	6.82	8.46	47.07	0	32.18	32.32	15.46

图8-18　5家汽车企业2014—2022年市盈率对比图

五、每股经营现金流量指标分析

知识拓展8-4

每股经营现金流量是指经营活动净现金流量与发行在外的普通股股数之间的比率，反映每股发行在外的普通股所平均占有的经营净现金流量，指标越高说明企业进行资本支出和支付股利的能力越强。其计算公式为：

每股经营现金流量=经营活动现金流量净额÷发行在外的普通股加权平均数

2022年5家汽车企业每股经营现金流量指标对比，见表8-6。可知，2022年BQC公司的每股经营现金流量在5家企业中最高，说明其盈利能力相对较强，优势明显。由于GQJT公司2022年经营活动净现金流量为负值，导致仅此一家每股经营现金流量为负值，说明其经营活动现金流量入不敷出，如果仅依赖公司当年的经营活动现金流量，无法满足企业经营活动自身的资金需求，更谈不上满足资本性支出、偿付债务以及股利支付等其他方面的资金需求，其经营活动现金流量值得关注，应结合现金流量表进一步分析深层次的原因。

表8-6 2022年5家企业每股经营现金流量指标比较表

公司名称	BQC	CAQC	CCQC	GQJT	SQJT
每股经营现金流量（元/股）	48.43	0.58	1.36	-0.52	0.83

案例分析8-6

此外，针对上市公司盈利能力分析的特殊指标，还可以分析其市净率、每股净资产等指标。

□ 本章小结

盈利能力通常是指企业在一定时期内赚取利润的能力。通常表现为一定时期内企业盈利与资源投入或收入相比较而计算的反映各种利润率的财务指标。盈利能力分析围绕各种利润率展开，是财务效率分析的重中之重。无论是企业自身，还是股东和债权人，都非常关心企业的盈利能力。

盈利能力根据资源投入及经营特点可以分为：资本经营盈利能力分析、资产经营盈利能力分析和商品经营盈利能力分析。同时，由于上市公司因为股权流通、股票价格公开等因素，具有一些特殊的指标，因而还应对上市公司的盈利能力指标进行分析。

资本经营盈利能力分析。资本经营的内涵是指企业以资本为基础，通过优化配置来提高资本经营效益的经营活动，其活动领域包括资本流动、收购、重组、参股和控股等能实现资本增值的领域，从而使企业以一定的资本投入，取得尽可能多的资本收益。资本经营盈利能力分析主要对净资产收益率指标进行分析与评价。对净资产收益率产生影响的指标主要有总资产报酬率、负债利息率、企业资本结构和所得税税率等。

资产经营盈利能力分析。资产经营的基本内涵是合理配置与使用资产，以一定的资产投入，取得尽可能多的收益。资产经营盈利能力分析主要是对总资产报酬率指标进行分析和评价。对总资产报酬率产生影响的指标主要有总资产周转率和销售息税前利润率。

商品经营盈利能力分析。商品经营的基本内涵是企业以市场为导向，组织供产销活动，以一定的人力、物力消耗，生产与销售尽可能多的社会需要的商品。商品经营盈利能力分析，即利用利润表资料进行利润率分析，包括收入利润率分析和成本利润率分析两方面内容。

上市公司盈利能力分析主要是对每股收益指标、普通股权益报酬率指标、股利支付率指标，以及价格与收益比率指标等进行分析。对不同的指标还应结合因素分析法进行具体因素的分解，同时要参照历史标准和行业标准做出合理判断。

□ 数智能力训练

人工智能大模型能够为我们进行财务分析提供很多有益的帮助。结合本章学习的内容，我们可运用人工智能大模型对企业盈利能力分析中的相关问题进行深入分析，以提升同学们运用数智模型进行财务分析的能力。

本章的数智能力训练题主要有：

1.不同行业的净资产收益率分别是多少？哪些行业的净资产收益率高一些？哪些行业的净资产收益率低一些？都是什么原因导致的？

2.人工智能和大数据对于企业的影响，主要体现在哪些盈利能力指标上？如何对这些指标进行分析？

3.在过去5年内，我国会计准则和上市公司信息披露有哪些重要变化？这些变化对于企业盈利能力分析有什么影响？

4.人工智能和大数据，对于上市公司的市盈率是否有影响？如果有，哪个行业受到的影响大？哪个行业受到的影响小？

5.在人工智能和大数据的环境下，可以借助哪些非财务信息对企业的盈利能力进行分析？以汽车制造业（零售业、交通运输业、食品加工行业、钢铁行业等）为例，说明在盈利能力分析过程中如何利用人工智能和大数据的最新技术进行全方位的立体分析。

目前可以采用的人工智能大模型主要有阿里“通义千问”、百度“文心一言”和科大讯飞“星火”等模型，当然也可以采用最新推出的其他模型。同学们可以多尝试一下不同的提问方式，或者不同的人工智能模型，看看答案会有怎样的差别？看看你能否找到与人工智能建立有效沟通的渠道？

□ 互动练习

第九章　企业营运能力分析

□ 学习目标

本章学习目标是使学生掌握企业营运能力分析的基本方法与基本内容。其具体目标包括：

◇ 知识目标

了解企业营运能力分析的目的；把握企业营运能力指标的内涵；明确企业营运能力指标之间的相互关系。

◇ 技能目标

掌握企业营运能力指标的计算方法；明确企业营运能力指标的影响因素；熟练地运用因素分析法对企业营运能力指标进行因素分析。

◇ 能力目标

能够在总资产营运能力指标对比分析和因素分析的基础上，对总资产营运能力做出综合评价；能够在流动资产营运能力指标对比分析和因素分析的基础上，对流动资产利用效率做出综合评价；能够在固定资产营运能力指标对比分析和因素分析的基础上，对固定资产利用效果做出综合评价；在以上分析的基础上，能够结合盈利能力分析对企业的整体营运能力做出全面评价。

◇思政目标

理解习近平总书记在二十大报告中关于“加快构建新发展格局，着力推动高质量发展”的论述，将本章所讲授的资产利用效率理论与分析方法应用于加快建设现代化经济体系、着力提高全要素生产率的经济活动实践当中。

【引例】

比亚迪（A股代码002594），成立于1995年，总部位于广东省深圳市，业务横跨汽车、轨道交通、新能源和电子四大产业，在香港和深圳两地上市，营业收入和市值均超千亿元。截至2022年，比亚迪国内流通股共11.64亿股，总股本达到18.13亿股。

在过去的几年中，比亚迪通过项目开发和资产收购不断扩大经营规模，保持盈利稳定增长。在电池领域，比亚迪具备100%自主研发、设计和生产能力，凭借20多年的不断创新，产品已经覆盖消费类3C电池、动力电池（磷酸铁锂电池和三元锂电池）、太阳能电池，以及储能电池等领域，并形成了完整的电池产业链。目前，比亚迪是全球产能最大的磷酸铁锂电池厂商。除新能源车和轨道交通外，比亚迪的电池产品广泛用于太阳能电站、储能电站等多种新能源解决方案。比亚迪是全球领先的太阳能和储能解决方案供应商，产品已经出口至美国等多个国家和地区。

该公司2022年营业收入42 406 063.50万元，净利润1 771 310.40万元，净利润增长率为346.48%，净资产收益率15.70%，行业平均值9.76%，总资产49 386 064.60万元，总资产收益率4.49%，每股收益5.71元/股。无论是从企业规模，还是从营业收入持续增长、净利润增长及企业竞争力等方面来看，该公司一直保持行业领先水平。

任何一个企业的经营状况和经济效益，从根本上讲，都取决于其对营运资产的利用情况及其能力。比亚迪之所以在行业中处于领先地位，通过分析其资产利用效率可以给出答案。该公司应收账款周转率为11.30次，而行业均值仅为2.49次；该公司存货周转率为5.75次，而行业均值仅为3.86次。比亚迪的这些指标都远远高于行业的平均水平，表明该公司具有较高的资产利用效率。

通过哪些指标反映企业的营运能力，如何对企业的营运能力进行分析并做出评价，是本章将要阐述的内容。

第一节　企业营运能力分析的目的与内容

一、企业营运能力分析的目的

营运能力是指企业在经营过程当中使用资产获取回报的效率。企业的营运资产，主体是流动资产和固定资产，虽然无形资产也属于企业资产的重要组成部分，并随着工业经济时代向知识经济时代转化，无形资产在企业资产中所占比例越来越高，而且在提高企业经济效益方面发挥了巨大的作用，但无形资产的作用在多数情况下必须通过或依附于有形资产才能发挥出来。从这个意义上说，流动资产和固定资产构成了企业营运资产的主体，其营运状况将从根本上决定企业的经营状况和经济效益。

进行企业营运能力分析的主要目的有：

（1）评价企业资产的营运效率。生产企业的经营活动从采购原材料、购买固定资产开始，此时货币资金转化为实物资产。原材料被领用后投入生产，原材料存货转化为在产品存货。生产过程结束之后，在产品存货转化为产成品存货。产品被销售之后，如果是信用销售，便进入了应收账款阶段。最后应收账款被收回，实物资产又重新回到货币资金状态，也就实现了资金周转。资产在各种形态之间的转化速度越快，资产营运的效率也就越高。

（2）评价企业资产的营运效益。公司制企业经营的根本目的是获取收益。通过开展经营活动以较少的投入获取较多的产出，从而实现收益最大化。在企业周转使用资产进行经营活动的过程当中，如果在周转获利的情况下，那么周转速度越快，一定时期内的周转次数越多，获利越多。当把前序周转过程中的获利投入到后序周转当中，企业便扩大了经营规模，每次周转的获利水平得到提高。由此便可实现资产营运效益的增长。

（3）挖掘企业资产利用的潜力。企业总体资产营运能力的高低，取决于各类资产营运能力的高低，也受到企业内外多种因素的影响。通过企业营运能力分析，可以了解企业资产利用方面存在哪些问题，尚有多大的潜力，进而采取有效措施，提高企业资产营运能力。

二、企业营运能力分析的内容

企业营运能力分析的主要内容包括：

1.总资产营运能力分析

通过对总资产产值率、总资产收入率和总资产周转率等指标的分析，揭示总资产周转速度和利用效率状况及其变动情况和变动原因，评价总资产的营运能力。

2.流动资产营运能力分析

通过对流动资产周转率、流动资产垫支周转率、存货周转率和应收账款周转率等指标的分析，揭示流动资产周转速度状况及其变动情况和变动原因，评价流动资产的营运能力。

3.固定资产营运能力分析

通过对固定资产产值率和固定资产收入率等指标的分析，揭示固定资产利用效率状况及其变动情况和变动原因，评价固定资产的营运能力。

知识拓展9-1

第二节　总资产营运能力分析

一、营运能力指标的一般计算

企业营运能力通常使用资产周转速度指标来衡量。资产周转速度指标包括资产周转率（次数）和资产周转期（天数）。资产周转率指标是一定时期资产周转额与资产平均余额的比率，是用资产的占用量与运用资产所完成的工作量之间的关系来表示营运效率的指标。资产周转期指标是用资产周转额的计算期天数除以计算期内资产周转率（次数），表示资产周转使用一次所经历的时间。

资产周转速度的计算公式是：

$$\text{资产周转率}=\frac{\text{资产周转额}}{\text{资产平均余额}}$$

$$\text{资产周转期}=\frac{\text{计算期天数}}{\text{资产周转率(次数)}}$$

$$=\frac{\text{资产平均余额}\times\text{计算期天数}}{\text{资产周转额}}$$

其中：

（1）计算期天数，从理论上说应为使用计算期间的实际天数，但为了计算方便，全年按360天计算，季度按90天计算，月度按30天计算。

（2）资产平均余额，又称资产平均占用额或平均运用额。资产平均余额是反映企业一定时期资产占用的动态指标，从理论上说，应是计算期内每日资产余额的平均额，但为了计算方便，通常按期初和期末的算术平均数计算。具体计算公式是：

$$\text{某项资产平均余额}=\frac{\text{该项资产期初余额}+\text{该项资产期末余额}}{2}$$

（3）资产周转额，是指计算期内完成周转的资产金额。以存货为例，其周转额是指结束存货存在形式，销售转为营业成本的金额。不同资产周转率的计算所使用的周转额是不同的，对此，将在具体分析时予以说明。

资产周转次数和资产周转天数从两个不同的角度表示资产的周转速度。资产周转次数表示在一定时期内完成几个从资产投入到资产收回的循环，而周转天数则表示完成一个从资产投入到资产收回的循环需要多长时间。若资产周转次数和资产周转天数呈相反方向变动，在一定时期内，资产周转次数越多，资产周转天数越少，资产周转速度就越快，营运效率就越高；反之，则资产周转速度就越慢，营运效率越低。

虽然以上两种指标均可以表示资产周转速度，但在实务中更多地使用资产周转天数这一指标。这是因为，当企业通过提高生产技术水平、改善生产组织等手段使资产周转速度加快时，直观地表现为资产占用时间的缩短，用资产周转天数来表示，易于看出资产周转与生产技术和生产组织的依存关系，易于理解。此外，如果采用资产周转次数，不同时间长度的周转期内（如年度、季度和月度）的周转次数不能直接进行比较。采用资产周转天数则可以消除期限长短对资产周转速度的影响，可以使不同计算时间长度的资产周转天数直接进行比较。

二、总资产营运能力指标

企业总资产营运能力分析涉及的指标主要有：总资产产值率、总资产收入率和总资产周转率。总资产产值率和总资产收入率用于反映企业总资产的使用效益，即投入或使用总资产所取得的产出能力。总资产周转率用于反映企业总资产的使用效率，即总资产的周转速度。

（一）总资产产值率的计算与分析

总产值是指工业企业在一定时期内生产的工业产品或提供工业性劳务活动的总价值量。总资产产值率反映了企业总资产与总产值之间的对比关系。其计算公式是：

$$\text{总资产产值率}=\frac{\text{总产值}}{\text{平均总资产}}\times 100\%$$

该指标数值越高，表明企业资产的投入产出率越高，企业总资产运营状况越好。在利用该指标评价企业总资产利用效果时应该注意到，企业总产值在按不变价格计算时，可以把总产值理解为企业在一定时期内生产的按价值计算的全部产品总量，是企业利用全部资产为社会创造的物质产品。但由于在总产值中既包括完工产品，又包括在产品，因此总产值仅仅表示本期生产的价值，并不能表明其是否将得到市场的认可。企业生产的产品如果不能在市场上进行交易，则无法实现其价值，前期生产的投入也就无法收回。分析时，要将该指标与总资产收入率结合起来，才能做出正确的评价。

随着市场经济的发展，工业企业进行资产投资的形式也日趋多元化，因此，全部资产对应的产出也呈现出不同形态，总产值仅表征了一部分产出，并未将权益资本和金融资产投资的回报包含在内。在使用总资产产值率指标（其他总资产营运能力指标亦同）来评价全部资产使用效率时，不同企业间、同一企业不同会计期间之间要注意其可比性。当经营性资产投入规模占总资产规模比例基本一致时，采用总资产产值率进行横向和纵向比较才更有意义（这个问题将在本节第四部分详细说明）。企业产出与总资产之间的关系，还可以从另一角度来反映，即百元产值占用资金，该指标本质上是总资产产值率的倒数，反映每百元产值占用的资产。其计算公式是：

$$百元产值占用资金=\frac{平均总资产}{总产值}\times100\%$$

该指标越低，说明单位产出所占用的资产越少，表明企业的资产营运能力越强。对该指标具体变动原因的分析可依据以下分解式进行：

$$百元产值占用资金=\left(\frac{流动资产}{总产值}+\frac{固定资产}{总产值}+\frac{其他资产}{总产值}\right)\times100\%$$

从以上分解式中可以看出，百元产值占用资金受各类资产营运效率的影响，分析时可采用连环替代法，分别说明各类资产营运效率变动对百元产值占用资金的影响。

（二）总资产收入率的计算与分析

总资产收入率反映了企业总资产与总收入之间的对比关系。其计算公式是：

$$总资产收入率=\frac{营业收入}{平均总资产}\times100\%$$

该指标越高，说明企业总资产营运能力越强。如果说总资产产值率仅仅反映了企业在生产过程中资产的利用效果，总资产收入率则反映出企业在整个经营过程中资产的利用效果。收入的实现表明企业的产品得到了社会的承认，满足了社会的需求，是企业资产的真正有效利用。因而，该指标能比总资产产值率更全面地反映出企业总资产的营运能力。下面的分解式可以反映出这两个指标之间的关系：

$$\begin{aligned}总资产收入率&=（总产值\div平均总资产）\times（营业收入\div总产值）\times100\%\\&=总资产产值率\times产品销售率\end{aligned}$$

从以上分解式可以看出，提高总资产收入率取决于两大方面：一是要提高资产的生产效率，这是提高企业资产营运能力的基础，没有产品，就谈不上销售，更谈不上效益；二是要提高产品销售率，把生产出来的产品尽快、尽可能多地销售出去。

（三）总资产周转率的计算与分析

总资产收入率从资产周转角度看，又称总资产周转率（次数），尽管这两个指标的计算方法相同，但总资产周转率是从资产流动性方面反映总资产的利用效率。其计算公式是：

$$总资产周转率=\frac{总周转额(营业收入)}{平均总资产}$$

总资产周转速度也可以用总资产周转期（天数）来表示。其计算公式是：

$$总资产周转天数=\frac{总资产平均余额\times计算期天数}{营业收入}$$

从总资产周转率指标分子、分母的构成来看，在营业收入一定的情况下，一个会计期间内，企业运营占用资产规模越小，总资产周转率越高，企业资产的利用效率越高。若要减少资产的占用，则要从加快资金循环的角度入手。企业资金循环包括短期资金循环和长期资金循环，长期资金循环必须依赖短期资金循环，因此，流动资产周转速度的快慢是决定企业总资产周转速度的关键性因素，下面的分解式可以反映出这种关系，也为进行总资产周转率分析、提高总资产周转速度指明了方向。

$$总资产周转率=\frac{营业收入}{流动资产平均余额}\times\frac{流动资产平均余额}{总资产平均余额}$$

$$=流动资产周转率\times流动资产占总资产的比例$$

上面的分解式表明，总资产周转速度的快慢取决于两大因素：一是流动资产周转率。流动资产的周转速度要高于非流动资产的周转速度，加速流动资产周转，就会使总资产周转速度加快；反之，则会使总资产周转速度减慢。二是流动资产占总资产的比例。由于流动资产周转速度快于其他类资产周转速度，因此，企业流动资产所占比例越高，总资产周转速度越快；反之，则越慢。

根据BQC公司财务报表的相关资料，计算该公司总资产周转率有关指标，见表9-1。

表9-1　**总资产周转率指标计算分析表**　金额单位：百万元

项　目	2022年	2021年	差　异
营业收入	424 060.64	216 142.40	207 918.24
总资产平均余额	394 820.40	248 398.73	146 421.67
总资产周转率（次）	1.07	0.87	0.20
总资产周转期（天数）	335.18	413.73	-78.55
流动资产周转率（次）	2.08	1.56	0.52
流动资产占总资产比例（%）	48.76	56.16	-7.40

BQC公司2022年总资产周转率比上年提高了0.20次，其原因是：

流动资产周转率提高，使总资产周转率提高

（2.08-1.56）×56.16%=0.29（次）

流动资产占总资产比例降低，使总资产周转降速：

0.52×（48.76%-56.16%）=-0.04（次）

计算结果表明，BQC公司2022年总资产周转率提高，主要原因是流动资产周转率提高。流动资产周转率分析将在后面详细阐述。其次是资产结构变动，由于降低了流动资产在总资产中的比例，资产流动性降低，降低了总资产周转速度。

三、总资产营运能力综合对比分析

总资产营运能力综合对比分析，就是将反映总资产营运能力的指标与反映流动资产和固定资产营运能力的指标结合起来进行分析。依据各类指标之间的相互关系进行综合对比分析，其主要包括以下内容：

（一）综合对比分析反映资产占用与总产值之间的关系

反映二者之间关系的有三个指标，即固定资产产值率、流动资产产值率和总资产产值率。这些指标主要说明各类资产在企业生产过程中的利用效果。从静态上分析这三个指标，可分别反映固定资产、流动资产和总资产的利用效果。从动态上进行分析，可分别反映总产值增长与各类资产的关系。

（二）综合对比分析反映资产占用与收入之间的关系

反映二者之间关系的有三个指标，即固定资产收入率、流动资产周转率和总资产收入率，这些指标主要用于评价各类资产营运效益和周转速度。从静态上分析，可以反映在整个企业经营过程中资产的营运效率和营运效益。从动态上分析，可以反映销售收入增长与各类资产增长的关系。

（三）综合对比分析总资产营运能力与盈利能力之间的关系

提高资产营运能力最终要为盈利能力这个目标服务，通过综合对比分析总资产营运能力与盈利能力之间的关系，可以解释总资产盈利能力变动的原因，为提高总资产盈利能力指明方向。二者之间的关系可用下式反映：

$$总资产盈利能力=资产营运能力\times产品盈利能力$$

即：

$$\begin{aligned}总资产报酬率&=\frac{息税前利润}{平均总资产}\times100\%\\&=\frac{营业收入}{平均总资产}\times\frac{息税前利润}{营业收入}\times100\%\\&=总资产周转率\times销售息税前利润率\end{aligned}$$

四、投资性资产对总资产营运能力分析的影响

企业的资产根据使用方式的不同，可以分为自营资产和对外投资两大类。自营资产是指企业开展生产经营业务所使用和占用的资产，如存货、固定资产等。对外投资是指企业通过直接或间接的方式将资产投资于企业外部的其他主体，如交易性金融资产、长期股权投资等。这两类资产的回收及获利方式是不同的。自营资产的投入主要通过销售商品或提供服务取得营业收入予以回收并获利。对外投资主要是通过取得投资收益和买卖交易进行回收并获利。因此，投资性资产并不会直接增加企业的营业收入，在多数情况下也不对营业收入的取得发生直接作用。所以，企业存在较大规模的对外投资将会影响资产周转率的计算分析效果。下面，我们将以DLGF公司和SFKJ公司两个上市公司的数据为例，通过对比分析，来进一步说明这个问题。

DLGF公司和SFKJ公司是两家从事制冷设备、冷链装备制造业的上市公司。某年两家公司的总资产周转率计算过程见表9-2。

表9-2 **总资产周转率对比分析表** 金额单位：亿元

项　目	DLGF公司	SFKJ公司
平均总资产	53.02	16.78
营业收入	20.80	10.09
总资产周转率（次）	0.39	0.60

由表9-2可知，DLGF公司和SFKJ公司的总资产周转率分别是0.39次和0.60次，根据总资产周转率所显示出的总资产营运能力，DLGF公司显著低于SFKJ公司。但是DLGF公司和SFKJ公司的资产构成存在着很大的差异（见表9-3）。SFKJ公司全部为自营资产。而DLGF公司的总资产当中自营资产占61.60%，对外投资占38.40%。由于对外投资并不通过营业收入实现周转，因此会导致总资产周转率指标失实。如果将DLGF公司的对外投资从总资产中扣除，仅使用自营资产计算周转率，其结果是0.64次，略高于SFKJ公司。由此可见，DLGF公司的营运能力与SFKJ公司较为接近。

表9-3　**总资产构成分析**　金额单位：亿元

项　目	DLGF公司		SFKJ公司	
	金额	结构（%）	金额	结构（%）
平均自营资产	32.66	61.60	16.78	100
平均对外投资	20.36	38.40	0	0.00
平均总资产	53.02	100	16.78	100
自营资产周转率（次）	0.64		0.60	

因此，当使用总资产周转率进行总资产营运能力分析时，分析者应考虑对外投资对该指标计算的影响。如果企业的对外投资比例较为显著，则使用自营资产周转率对企业的实际营运能力予以评价更为客观准确。

思政知识 9-1

第三节　流动资产营运能力分析

一、全部流动资产营运能力分析

企业的营运过程，实质上是资产的转换过程，由于流动资产和固定资产的性质和特点不同，决定了它们在这一过程中的作用也不同。企业经营成果的取得，主要依靠流动资产的形态转换。尽管固定资产的整体实物形态都处在企业营运过程之中，但从价值形态上讲，相当于折旧的那部分资金需参与企业当期的营运，它的价值实现（或者说是价值回收）要依赖流动资产的价值实现。一旦流动资产的价值实现（或者说是形态转换）出现问题，不仅固定资产价值不能实现，而且企业所有的经营活动都会受到影响，因此，可以说流动资产营运能力分析是企业营运能力分析最重要的组成部分。

（一）流动资产营运能力指标的计算

流动资产完成从货币到商品，再到货币这一循环过程，表明流动资产周转了1次，以产品实现销售为标志。表示销售实现的指标有两个，即营业收入和营业成本。一般说来，使用营业成本这一指标作为周转额是用来说明垫支的流动资产周转速度，反映出流动资产的纯粹周转速度。如果使用营业收入这一指标，由于在营业收入中包括了垫支资金以外的部分，如税金和利润等，因此，计算出来的流动资产周转速度是一种扩大形式的周转速度，既反映了流动资产的纯粹周转速度，又反映了流动资产利用的效益。在实务中，当计算流动资产周转速度指标时，究竟是使用营业收入还是营业成本，应视分析的具体目的而定。流动资产周转速度指标的具体计算公式如下：

$$流动资产周转率=\frac{营业收入}{流动资产平均余额}$$

$$流动资产周转期=\frac{流动资产平均余额\times 计算期天数}{营业收入}$$

$$流动资产垫支周转率=\frac{营业成本}{流动资产平均余额}$$

$$流动资产垫支周转期=\frac{流动资产平均余额\times 计算期天数}{营业成本}$$

（二）流动资产周转率指标分析

为了分析流动资产周转速度变动的原因，找出加速流动资产周转的途径，根据流动资产周转速度指标的经济内容和内在联系，可将流动资产周转速度指标作如下分解：

$$流动资产周转率=\frac{营业收入}{流动资产平均余额}$$

$$=\frac{营业成本}{流动资产平均余额}\times\frac{营业收入}{营业成本}$$

$$=流动资产垫支周转率\times 成本收入率$$

以上分解式表明，影响流动资产周转率的因素：一是流动资产垫支周转率；二是成本收入率。流动资产垫支周转率反映了流动资产的真正周转速度，成本收入率说明了所费与所得之间的关系，反映出流动资产的利用效果。加速流动资产垫支周转速度是手段，提高流动资产利用效果才是目的，因此，加速流动资产垫支周转速度必须以提高成本收入率为前提。当成本收入率大于1时，流动资产垫支周转速度越快，流动资产获利能力越强；反之，当成本收入率小于1时，企业所得补偿不了所费，流动资产垫支周转速度越快，企业亏损越多。

根据上面的分解式，采用差额计算法，可以分别确定这两个因素变动对流动资产周转率的影响程度。分析公式是：

流动资产垫支周转率的影响=（报告期流动资产垫支周转率-基期流动资产垫支周转率）×基期成本收入率

成本收入率的影响=报告期流动资产垫支周转率×（报告期成本收入率-基期成本收入率）

BQC公司流动资产周转率分析信息见表9-4。

表9-4 **流动资产营运能力指标分析表** 金额单位：万元

项　目	2022年	2021年	差　异
营业收入	42 406 064	21 614 240	20 791 824
流动资产平均余额	20 345 685	13 885 765	6 459 920
其中：平均存货	6 123 099	3 737 557	2 385 542
营业成本	35 181 568	18 799 769	16 381 799
流动资产周转率（次）	2.08	1.56	0.52
流动资产垫支周转率（次）	1.73	1.35	0.38
成本收入率（%）	120.53	114.97	5.56
存货构成率（%）	30.10	26.92	3.18
存货周转率（次）	5.75	5.03	0.72

根据表9-4，对流动资产周转率作如下因素分析：

分析对象=2.08-1.56=0.52（次）

因素分析：

流动资产垫支周转率的影响=（1.73-1.35）×114.97%=0.44（次）

成本收入率的影响=1.73×（120.53%-114.97%）=0.10（次）

计算结果表明，本期流动资产周转率上升是流动资产垫支周转率和成本收入率同时上升影响的结果，流动资产垫支周转率上升是主要原因。

对流动资产周转率的分析，还可以根据流动资产周转期进行。其分解式如下：

$$流动资产周转期=\frac{流动资产平均余额\times 计算期天数}{营业收入}$$

$$=\frac{流动资产平均余额\times 计算期天数}{营业成本}\times\frac{营业成本}{营业收入}$$

$$=流动资产垫支周转期\times 收入成本率$$

（三）流动资产垫支周转率指标分析

在流动资产周转速度分析的基础上，进一步分析流动资产垫支周转速度，可将流动资产垫支周转率作如下分解：

$$流动资产垫支周转率=\frac{营业成本}{流动资产平均余额}$$

$$=\frac{营业成本}{平均存货}\times\frac{平均存货}{流动资产平均余额}$$

$$=存货周转率\times 存货构成率$$

根据表9-4所示信息，可对流动资产垫支周转率变动原因作如下因素分析：

分析对象=1.73-1.35=0.38（次）

存货周转率下降对流动资产垫支周转率的影响=（5.75-5.03）×26.92%= 0.19（次）

存货构成率下降对流动资产垫支周转率的影响=5.75×（30.10%-26.92%）=0.18（次）

计算结果表明，流动资产垫支周转率上升是存货周转率和存货构成率同时上升所致。流动资产垫支周转率的分析也可依据流动资产垫支周转期进行。

（四）流动资产加速周转效果分析

流动资产周转加速的效果既可以体现为取得一定的产出需要占用的流动资产减少，又可以体现为一定的流动资产占用取得更多的收入。

1.流动资产周转加速对流动资产的影响

加快流动资产周转，可以使企业在销售规模不变的条件下，运用更少的流动资产，形成流动资产节约额。其计算公式是：

$$流动资产节约额=报告期营业收入\times\left(\frac{1}{报告期流动资产周转次数}-\frac{1}{基期流动资产周转次数}\right)$$

当报告期流动资产周转次数大于基期流动资产周转次数时，说明流动资产周转速度加快，计算结果为负数，表示因周转加速而节约的流动资金数额；反之，则结果为正数，说明因流动资产周转速度缓慢而浪费的流动资金数额。

流动资产周转速度加快所形成的节约额，可以区分为绝对节约额和相对节约额两种形式。流动资产绝对节约额是指企业由于流动资产周转加速，可以减少流动资产占用额，因而可能退出一部分资金。流动资产相对节约额是指企业由于流动资产周转加速，在不增资或少增资的条件下扩大企业的生产规模。流动资产的绝对节约额和相对节约额的区别只在于运用情况的不同，前者是在生产规模不变的情况下减少资产占用额，后者是将其节约额用于自身的扩大再生产。

计算流动资产绝对节约额和相对节约额可分三种情况进行。

（1）加速周转所形成的节约额都是绝对节约额。如果企业流动资产周转加速而营业收入不变，这种情况下形成的节约额就是绝对节约额。

（2）加速周转所形成的节约额都是相对节约额。当企业流动资产周转加速，而流动资产实际存量大于或等于基期流动资产存量时，这种情况下形成的节约额就是相对节约额。

（3）加速周转所形成的节约额既包括绝对节约额，又包括相对节约额。当企业流动资产周转加速，同时营业收入增加，流动资产占用量减少，这种情况下形成的节约额既包括绝对节约额，又包括相对节约额。可以按下式将二者加以区分：

绝对节约额=报告期流动资产占用额–基期流动资产占用额

相对节约额=流动资产总节约额–流动资产绝对节约额

如果以上条件相反，则为浪费额。

根据表9–4可以计算流动资产周转加速的效果如下：

流动资产节约额=42 406 064×（1÷2.08–1÷1.56）=–6 795 843.59（万元）

计算结果表明，由于BQC公司2022年流动资产周转率上升，使得少占用流动资产6 795 843.59万元。

2.流动资产周转加速对收入的影响

流动资产周转加速，可以使企业在流动资产规模不变的条件下，增加企业的收入。其计算公式是：

营业收入增加额=基期流动资产平均余额×（报告期流动资产周转率–基期流动资产周转率）

当报告期流动资产周转率快于基期流动资产周转率时，计算结果为正数，是营业收入的增加数。

根据BQC公司有关资料可计算出：

营业收入增加额=13 885 765×（2.08–1.56）=7 220 597.80（万元）

加速流动资产周转形成的资产节约额或营业收入增加额是从两个不同侧面对流动资产周转加速的效果所作的分析，具有相同的经济意义。

二、存货营运能力分析

（一）存货周转率计算与分析

存货周转速度通常用存货平均余额与营业成本的比率来表示，以反映企业存货规模是否合适，周转速度如何。其表示方式有两种：

$$存货周转率=\frac{营业成本}{存货平均余额}$$

$$存货周转期=\frac{存货平均余额\times 计算期天数}{营业成本}$$

当存货周转速度下降或偏低时，可能由以下原因引起：

（1）存货管理方法落后；

（2）产品滞销，存货积压；

（3）预测存货将升值，囤积居奇；

（4）企业销售政策发生变化；

（5）会计核算范围或方法发生变化；

（6）存货账实不符，虚假挂账。

但存货周转速度偏高也不一定代表企业经营出色，当企业为了扩大销路而降价销售或大量赊销，则营业利润会受到影响或产生大量的应收账款。一个适度的存货周转率除参考企业的历史水平之外，还应参考同行业的平均水平。

（二）存货营运能力分项分析

存货按其性质可以分为材料存货、在产品存货和产成品存货。所以，存货周转期又可以分为材料周转期、在产品周转期和产成品周转期三项分指标。其计算公式分别为：

$$材料周转天数=\frac{库存材料平均余额\times 计算期天数}{当期材料费用}$$

$$在产品周转天数=\frac{在产品平均余额\times 计算期天数}{当期生产成本}$$

$$产成品周转天数=\frac{产成品平均余额\times 计算期天数}{营业成本}$$

企业存货的周转是从投入货币资金购入生产经营所需的材料物资开始，形成材料存货；然后投入到生产经营过程中进行加工，形成在产品存货；当加工结束之后则形成产成品存货，通过销售取得货币资金，表示存货的一个循环完成。当存货从一种形态转化为另一种形态的速度较快时，存货的周转速度就较快。此外，各类存货周转额占存货周转额的比例高低也会对存货周转率产生影响。各类存货周转期和各类存货周转额占存货周转额的比例之间的关系可表示为：

$$存货周转天数=\frac{(材料平均余额+在产品平均余额+产成品平均余额)\times 计算期天数}{营业成本}$$

$$=\left(\begin{matrix}材料\\周转天数\end{matrix}\times\frac{当期材料费用}{总产值生产费}\times\frac{总产值生产费}{当期生产成本}+\begin{matrix}在产品\\周转天数\end{matrix}\right)\times\frac{当期生产成本}{营业成本}+\begin{matrix}产成品\\周转天数\end{matrix}$$

上述分解式中的$\frac{总产值生产费}{当期生产成本}$和$\frac{当期生产成本}{营业成本}$分别代表企业生产均衡状态和产销平衡状态。上述分解式表明，存货周转率的快慢除受到三个阶段周转速度影响外，材料耗用额的比例、生产均衡状态和产销平衡状态也会对其产生影响。在企业生产均衡和产销平衡状态下，存货周转期与三个阶段周转期之间的关系可表示为：

$$存货周转天数=材料周转天数\times\frac{当期材料费用}{总产值生产费}+在产品周转天数+产成品周转天数$$

假设有关资料见表9-5。

根据表9-5的资料，计算有关指标见表9-6。

根据表9-6可知，本年存货周转天数比上年慢了11.85天（178.3-166.45），运用连环

表9-5　**存货周转率分析资料表**　单位：万元

项　目	上　年	本　年
存货平均余额	3 486 745	3 674 850
其中：材料存货平均余额	1 917 710	2 204 910
在产品存货平均余额	976 290	955 460
产成品存货平均余额	592 745	514 480
当期材料费用	4 072 194	4 150 412
总产值生产费	6 786 990	6 485 019
产品生产成本	6 786 990	6 826 356
营业成本	7 541 100	7 419 930

表9-6　**存货分析相关指标计算表**

项　目	上　年	本　年
材料周转天数（天）	169.5	191.3
在产品周转天数（天）	51.8	50.4
产成品周转天数（天）	28.3	25
材料费占总产值生产费比例（%）	60	64
总产值生产费占产品生产成本比例（%）	100	95
产品生产成本占营业成本比例（%）	90	92
存货周转天数（天）	166.45	178.3

替代法对其变动原因分析如下：

上年指标：

（169.5×60%×100%+51.8）×90%+28.3=166.45

第一次替代：

（191.3×60%×100%+51.8）×90%+28.3=178.22

第二次替代：

（191.3×64%×100%+51.8）×90%+28.3=185.1

第三次替代：

（191.3×64%×95%+51.8）×90%+28.3=179.6

第四次替代：

（191.3×64%×95%+50.4）×90%+28.3=178.34

第五次替代：

（191.3×64%×95%+50.4）×92%+28.3=181.67

本年指标：

（191.3×64%×95%+50.4）×92%+25=178.37

原材料周转天数的影响：

178.22−166.45=11.77（天）

材料费用占总产值生产费比例的影响：

185.1−178.22=6.88（天）

总产值生产费占产品生产成本比例的影响：

179.6−185.1=−5.5（天）

在产品周转天数的影响：

178.34−179.6=−1.26（天）

产品生产成本占营业成本比例的影响：

181.67−178.34=3.33（天）

产成品周转天数的影响：

178.37−181.67=−3.3（天）

各因素影响额合计：

11.77+6.88−5.5−1.26+3.33−3.3=11.92[①]（天）

案例分析 9-1

三、应收账款营运能力分析

（一）应收账款周转率计算与分析

应收账款周转率是指企业一定时期赊销收入净额与应收账款平均余额的比率，用以反映应收账款的收款速度，一般以周转次数来表示。其计算公式是：

$$应收账款周转率=\frac{赊销收入净额}{应收账款平均余额}$$

应收账款是指因商品购销关系所产生的债权资产，而不是单指会计核算上的应收账款科目，一般包括应收账款和应收票据。

应收账款周转率说明年度内应收账款转化为现金的平均次数，体现了应收账款的变现速度和企业的收账效率，一般认为周转率越高越有利，因为它可能表明：（1）收款迅速，可节约营运资金；（2）减少了坏账损失；（3）可减少收账费用；（4）资产流动性高。

反映应收账款周转率的另一个指标是应收账款周转期，又称作应收账款账龄或应收账款平均收账期。其计算公式是：

$$应收账款周转期=\frac{计算期天数}{应收账款周转率}$$

$$=\frac{应收账款平均余额\times计算期天数}{赊销收入净额}$$

$$=\frac{应收账款平均余额}{平均每日赊销净额}$$

分析时，通过以上指标本期数与前期数、计划数、同类企业先进水平进行比较，可以

① 由于计算过程中四舍五入的影响，部分指标计算结果前后出现差异。

了解应收账款周转率的变动情况、计划完成情况、与先进水平的差距等。

（二）应收账款周转率分析应注意的问题

1.外部分析以营业收入作为周转额

计算公式中所采用的周转额从理论上说应采用赊销净额，不包括现销收入，但赊销净额作为企业的商业秘密并不对外公布，外部分析者难以取得有关赊销收入的资料，因此，一般用营业收入代替，即：

$$应收账款周转率=\frac{营业收入}{应收账款平均余额}$$

$$应收账款周转期=\frac{应收账款平均余额\times 计算期天数}{营业收入}$$

2.经营季节性特征的影响

应收账款周转率计算公式的分母是应收账款期末余额和期初余额的算术平均数，这是基于企业应收账款在一个会计期间内呈线性增加或者减少的假设。但是有些企业的业务会呈现出明显的季节性特征，应收账款占用额会由于季节因素呈非线性波动。对于这类企业，应收账款周转率指标的分析效力会受到影响。假设A公司生产销售羽绒服，销售活动主要发生在冬季，其1月份和12月份的应收账款余额处于全年的高位。而B公司生产销售驱蚊产品，主要在夏季销售，其1月份和12月份的应收账款余额处于全年的低位。按照年度报告计算的应收账款的平均占用额，A公司会被高估，而B公司会被低估，因此，A公司应收账款周转率被低估，而B公司应收账款周转率被高估。

3.应收账款变化趋势问题

这又是一个计算应收账款余额算术平均数带来的问题。假设甲公司应收账款的期初余额是100万元，期末余额是200万元；而乙公司应收账款的期初余额是200万元，期末余额是100万元。如果两个公司的销售收入是一样的，那么计算所得的应收账款周转率将是相同的。无法显示出乙公司应收账款回收变化趋势好于甲公司的情况。

4.增值税的影响

增值税属于价外税，不包括在企业所确认的收入当中，也就不包括在应收账款周转率计算公式的分子中。但是计算公式的分母——应收账款，不仅包括销售货物的价款而且包括向购货方代收的增值税销项税额。由于增值税所导致的分子和分母口径不一致，会使应收账款周转率指标偏低。

四、营业周期计算与分析

营业周期是指企业从购入存货到生产、销售产品并最后收回现金所经历的时间。营业周期的计算公式为：

营业周期=存货周转期+应收账款周转期

营业周期反映了企业经营活动的效率，营业周期越短说明资产的使用效率越高。在其他条件不变的情况下，缩短营业周期将有助于提升企业的盈利能力。通常企业还可以通过计算自身的营业周期，来确定合理的信用采购还款期限。如果企业在采购时，能够从供应商处获得不短于自身营业周期的延迟付款期限（即信用期限），那么意味着企业不需要额外筹集资金用于采购业务。用营业周期减去应付账款周转期，即可得到企业的现金周转期。

第四节　固定资产营运能力分析

企业资产利用的直接成果可以用产品产量或销量来衡量，通过产量（产值）和销量（营业收入）与资产的对比，可以反映出企业资产的利用效率。本节将从这两个角度，分别使用固定资产产值率和固定资产收入率指标，评价固定资产营运能力。

一、固定资产产值率计算与分析

固定资产是企业主要的生产手段，固定资产的利用效率可以直接通过所生产的产品价值（产值）表现出来，将一定时期按不变价格计算的产值与固定资产平均余额进行对比，就可以计算出固定资产产值率。其计算公式是：

$$\text{固定资产产值率}=\frac{\text{总产值}}{\text{固定资产平均余额}}\times 100\%$$

公式中的分母既可以使用固定资产原值，又可以使用固定资产净值，究竟采用什么数值取决于分析的目的和要求。如果从固定资产规模和生产能力方面来分析，应使用原值指标，如果从固定资产资金占用方面分析，则以净值为宜。该指标意味着每1元的固定资产可以创造出多少元的产品。不同的行业，由于技术装备不同，每元固定资产创造的产值也存在很大差别，因此，该指标在不同行业中不具有可比性。

企业的固定资产在生产经营活动的不同环节，发挥着不同的功能和作用。既有生产用固定资产，又有非生产用固定资产。生产用固定资产直接为生产产品服务，其所占比例越高，周转速度越快，企业创造价值的效率和效果越好。因此，固定资产产值率可作如下分解：

$$\begin{aligned}\text{全部固定资产产值率}&=\frac{\text{总产值}}{\text{生产用固定资产平均余额}}\times\frac{\text{生产用固定资产平均余额}}{\text{固定资产平均余额}}\times 100\%\\&=\text{生产用固定资产产值率}\times\text{生产用固定资产占固定资产的比例}\end{aligned}$$

该因素分析表明，全部固定资产产值率受生产用固定资产产值率和生产用固定资产占固定资产的比例的影响。生产用固定资产当中的核心部分是生产设备，生产设备是生产价值的直接手段，所以生产用固定资产产值率可作如下分解：

$$\begin{aligned}\text{生产用固定资产产值率}&=\frac{\text{总产值}}{\text{生产设备平均余额}}\times\frac{\text{生产设备平均余额}}{\text{生产用固定资产平均余额}}\times 100\%\\&=\text{生产设备产值率}\times\text{生产设备占生产用固定资产的比例}\end{aligned}$$

该因素分析表明，生产用固定资产产值率受生产设备产值率和生产设备占生产用固定资产比例的影响。

综上可得：

$$\begin{aligned}\text{固定资产产值率}&=\frac{\text{总产值}}{\text{生产设备平均余额}}\times\frac{\text{生产设备平均余额}}{\text{生产用固定资产平均余额}}\times\frac{\text{生产用固定资产平均余额}}{\text{固定资产平均余额}}\times 100\%\\&=\text{生产设备产值率}\times\text{生产设备占生产用固定资产的比例}\times\text{生产用固定资产占固定资产的比例}\end{aligned}$$

从以上分解式可以看出，全部固定资产产值率的变动原因有两方面：生产设备的利用效率和固定资产结构状况。其中，固定资产结构通过生产设备占生产用固定资产的比例和生产用固定资产占固定资产的比例两个指标来表示。这说明在全部固定资产中，应首先提高生产用固定资产比例，降低非生产用固定资产比例。其次要注意在提高生产用固定资产比例时，重点放在增加生产设备方面。

假定有关资料见表9-7。

表9-7 **固定资产产值率分析资料表** 金额单位：元

项　目	上　年	本　年	差　异
总产值	14 536 253	14 751 595	
固定资产平均余额	4 236 700	4 842 650	
生产用固定资产平均余额	3 287 679	3 845 047	
生产设备平均余额	2 118 350	2 566 600	
固定资产产值率（%）	343.1	304.6	-38.5
生产用固定资产产值率（%）	442.1	383.7	-58.4
生产设备产值率（%）	686.2	574.8	-111.4
生产设备占生产用固定资产的比例（%）	64.4	66.8	2.4
生产用固定资产占全部固定资产的比例（%）	77.6	79.4	1.8

本例中的固定资产产值率本年比上年下降38.5%，具体原因分析如下：

由于设备利用效率下降，使固定资产产值率下降：

（574.8%-686.2%）×64.4%×77.6%=-55.7%

由于设备比例提高，使固定资产产值率上升：

574.8%×（66.8%-64.4%）×77.6%=10.7%

由于生产用固定资产比例提高，使固定资产产值率上升：

574.8%×66.8%×（79.4%-77.6%）=6.9%

二、固定资产周转率计算与分析

固定资产周转率是指一定时期实现的营业收入与固定资产平均余额的比率。其计算公式是：

$$固定资产周转率=\frac{营业收入}{固定资产平均余额}\times 100\%$$

该指标同固定资产产值率一样，其分母既可用原值表示，又可用净值表示。该指标意味着每1元的固定资产所产生的收入。由于营业收入反映产品的数量和质量已得到社会承认，避免了固定资产产值率在计算中存在的问题。

固定资产周转率变动原因的分析，可依据下面的分解式进行：

$$固定资产周转率=\frac{总产值}{固定资产平均余额}\times 100\%\times\frac{营业收入}{总产值}$$

$$=固定资产产值率\times 产品销售率$$

由此可见，要想提高固定资产周转率，在提高固定资产产值率的基础上，还要做到产销均衡。

假定有关资料见表9-8。

表9-8　**固定资产周转率分析资料表**　金额单位：元

项　目	上　年	本　年
营业收入	14 502 140	14 839 860
总产值	14 536 253	14 761 595
固定资产平均余额	4 236 700	4 842 650
固定资产周转率（%）	342.3	306.4
固定资产产值率（%）	343.1	304.8
产品销售率（%）	99.8	100.5

本例中的固定资产周转率下降35.9%（342.3%-306.4%），具体原因分析如下。

固定资产产值率下降使固定资产周转率下降：

（304.8%-343.1%）×99.8%=-38.2%

产品销售率上升使固定资产周转率上升：

304.8%×（100.5%-99.8%）=2.1%

分析表明，由于固定资产产值率下降38.3%（304.8%-343.1%），导致固定资产周转率下降38.2%；由于产品销售率上升0.7%（100.5%-99.8%），导致固定资产周转率上升2.1%。

【思政知识】　上市公司营运能力提升，供给侧结构性改革见成效

2015年11月10日，习近平总书记在中央财经领导小组会议上首次提出“供给侧结构性改革”，随后便成为贯穿整个经济工作的主线。我国供给侧的结构性矛盾，突出表现为部分行业产能严重过剩、部分地区房地产库存高、企业杠杆率偏高、实体经济成本过高、经济社会发展领域某些短板突出。抓好“三去一降一补”（去产能、去库存、去杠杆、降成本、补短板）是推进供给侧结构性改革的重要任务。长期以来，我国煤炭和钢铁产业发展注重产量，质量不高。粗放的增长方式已成为制约煤炭和钢铁产业发展的重要因素之一。根据中央精神，钢铁行业和煤炭行业是化解过剩产能的重点领域。去产能，即化解产能过剩，通过淘汰和退出落后产能，解决产品供过于求而引起产品恶性竞争的不利局面。去产能一方面会使公平竞争的市场环境得到完善，价格机制有效运行，由“恶性”竞争而导致的一直处于低位运行的产品价格回归正常。另一方面，去除了低效率供给，它们的市场份额将由高效率供给填充，先进生产能力得以更加充分地发挥作用。落后产能的“退”意味着先进产能的“进”。我国的上市公司集中了各行业的先进、优质生产力，它们在去产能政策的影响下，生产能力得以更加充分地发挥。如图9-1所示，2016年和2017年连续2年以“三去一降一补”五大任务为抓手，推动供给侧结构性改革取得了深远成效，钢铁行业和煤炭行业的固定资产周转率显著提升。

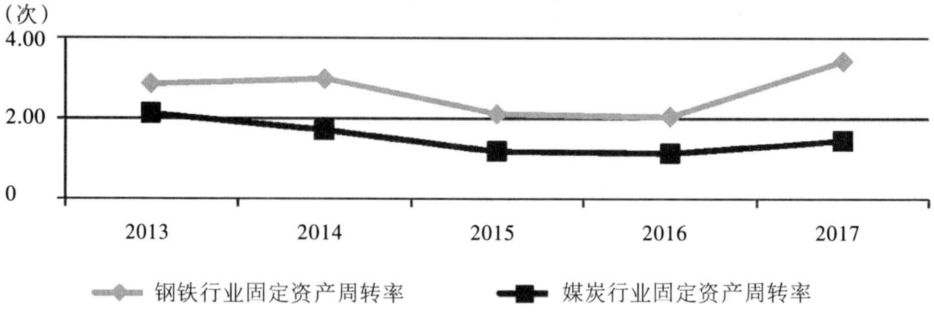

图9-1 钢铁行业和煤炭行业固定资产周转率趋势图

上市公司是我国国民经济的支柱，国家经济领域的各项方针政策的实施必将对上市公司产生影响。通过选用合理的财务分析方法，对上市公司的财务数据予以分析，能够检验政策实施效果，验证国家政策制定的有效性。读者学习课本知识的同时，还应积极关注经济领域的国家路线、方针、政策，将所学理论知识转化为服务于国家经济建设的工具。

三、资产营运能力的行业分析

如表9-9所示，BQC公司应收账款周转期为31.87天，存货周转期为62.66天，这两项主要的流动性经营资产的营运能力，应收账款周转率与行业先进的SQJT公司非常接近，低于或者远低于行业内其他4家可比企业；存货周转期与CCQC公司接近，高于或者远高于行业内其他4家可比公司。但是流动资产的周转期为163.43天，处于5家公司的最低水平。流动资产总体营运能力高的原因是货币资金占比较低。BQC公司货币资金占资产总额的比例为10.42%，远远低过同行业其他4家公司。持有大量货币资金会使企业资产的流动性增加，能够抵御更高的财务风险，但是货币资金并不参与创造价值的过程，从而降低了企业资产的使用效率和效益。

表9-9 **营运能力行业对比分析表**

公　司	应收账款周转期（天）	存货周转期（天）	流动资产周转期（天）	固定资产周转期（天）	总资产周转期（天）	货币资金占比	长期股权投资占比
GQJT	25.73	36.24	273.75	60.57	566.69	20.80%	19.89%
SQJT	27.56	40.10	279.94	39.34	476.10	15.67%	6.53%
BQC	31.87	62.66	163.43	81.97	335.18	10.42%	3.14%
CCQC	15.77	59.07	274.68	71.28	472.82	19.30%	5.55%
CAQC	7.04	23.67	292.02	60.38	417.82	36.65%	9.86%

企业主要的长期经营资产是固定资产，BQC公司固定资产周转期为81.97天，和CCQC公司固定资产周转期71.28天比较接近，二者处于5家同行业企业的高水平。但是对于总资产周转期，BQC公司又以335.18天成为5家企业中的最低值，除了前述现金持有量过低影响之外，还受到长期股权投资的影响，其长期股权投资占总资产的比例达到

3.14%，低于甚至显著低于行业其他企业。投资性资产并不直接通过营业收入予以回收，所以BQC较低的长期股权投资拉高了总资产周转率指标。

综上所述，BQC公司的主要经营性资产应收账款、存货和固定资产的营运能力在行业内处于较低水平。大量持有货币资金不利于提高企业资产的利用效率和效益。

□ 本章小结

企业营运能力主要指企业营运资产的使用效率与效益。营运能力分析的目的是评价企业资产的流动性，评价企业资产的利用效率，挖掘企业资产利用的潜力。

反映总资产营运能力的指标包括总资产产值率、总资产收入率和总资产周转率。总资产产值率反映了企业在生产过程中资产的利用效果，总资产收入率反映出企业在整个经营过程中资产的利用效率，总资产收入率受总资产产值率和产品销售率两个因素影响。总资产周转率是从周转速度角度反映总资产利用效率的指标，总资产周转率的快慢，取决于流动资产周转率的快慢和流动资产比例的高低。通过以上指标的分析，可以评价企业总资产的营运能力。

资产周转速度既可以用周转次数表示，又可以用周转天数表示。反映流动资产周转速度的主要指标是流动资产周转率、存货周转率和应收账款周转率。流动资产周转速度指标既可以按营业收入计算，又可以按营业成本计算，为了区别，按营业收入计算时，称为流动资产周转率；按营业成本计算时，称为流动资产垫支周转率。流动资产周转率受流动资产垫支周转率和成本收入率两个因素影响，流动资产垫支周转率则受存货周转率和存货构成率两个因素影响。材料费用的比例、生产均衡状态和产销均衡状态也会影响存货的周转速度。应收账款周转率反映出企业回收赊销货款的平均速度，应收账款周转率高，表明企业收款迅速，可以减少坏账损失，节约收账费用，提高资产流动性。流动资产加速周转可以节约流动资产的占用，也可以扩大营业收入规模。流动资产周转加速所形成的节约可以区分为绝对节约和相对节约。通过以上指标的分析，可以评价企业流动资产的营运效率。

固定资产的利用效果主要通过固定资产产值率和固定资产周转率来表现。影响固定资产产值率的核心因素是机器设备的利用效率，此外还有固定资产的内部结构。固定资产周转率的高低受固定资产产值率和产品销售率两个因素影响。通过对以上指标的分析，可以评价企业固定资产的利用效果。

处于不同行业的企业，因其经营模式、运营特征不同，其营运能力的相关指标也呈现明显的行业特征。当进行营运能力分析时，分析者要注意目标企业所在行业的特征。通过与本行业规模相近、业务范围相似的企业进行比较，可以对目标企业的营运能力水平进行初步评价。同时，针对企业的营运能力指标进行多年的趋势分析也十分有必要，可从趋势分析的结果中，发现企业营运能力的变化。

□ 数智能力训练

人工智能大模型能够为我们进行财务分析提供很多有益的帮助，结合本章学习的内容，我们可运用人工智能大模型对营运能力相关问题进行进一步的分析，以提升同学们运用数智模型进行财务分析的能力。

本章的数智能力训练题主要有：

1.总资产周转率是越高越好吗？在什么情况下，总资产周转率的提升会产生负面的作用？在人工智能和大数据的环境下，有哪些方法能够提升企业的总资产周转率？这些方法在提升资产周转率的同时会带来弊端吗？

2.在营运能力的分析过程中，人工智能能够提供哪些帮助？在固定资产营运能力分析和流动资产营运能力分析方面，人工智能技术产生的影响相同吗？能否举例说明一下？

3.企业的固定资产周转率和流动资产周转率，变化方向是一致的吗？在固定资产周转率和流动资产周转率上，不同行业之间会有哪些差异？

目前可以采用的人工智能大模型主要有阿里“通义千问”、百度“文心一言”和科大讯飞“星火”等模型，当然也可以采用最新推出的其他模型。同学们可以多尝试一下不同的提问方式，或者对比不同的人工智能模型的答案，看看答案会有怎样的差别？看看你能否找到与人工智能建立有效沟通的渠道？

□ 互动练习

第十章　企业偿债能力分析

□ 学习目标

本章学习的主要目标是使学生掌握偿债能力分析的基本内涵、基本目的和相关指标的计算与分析。

◇ 知识目标

掌握偿债能力的内涵，了解偿债能力分析的目的和内容；理解不同财务分析主体对企业偿债能力的要求；了解偿债能力分析与盈利能力分析之间的关系；熟悉影响短期偿债能力和长期偿债能力的主要因素；掌握反映短期偿债能力的指标体系和反映长期偿债能力的指标体系。

◇ 技能目标

掌握偿债能力分析的基本思路和方法，掌握反映短期偿债能力和长期偿债能力各具体指标的特点、计算方法和应注意的问题；理解资产负债表、利润表和现金流量表为偿债能力分析所提供的基础信息；了解偿债能力各指标之间的内在联系。

◇ 能力目标

熟练应用各短期偿债能力指标对企业偿债能力进行分析，主要包括流动比率、速动比率和现金比率的分析和具体应用；熟练应用长期偿债能力指标对企业偿债能力进行分析，特别是产权比率分析、资产负债率分析和已获利息倍数等指标的分析和具体应用；在熟练运用并灵活掌握反映偿债能力的各项指标的基础之上，准确分析企业的偿债能力，进而评价企业整体的财务状况。

◇ 思政目标

能够在掌握偿债能力分析目的、方法、思路和内容的基础上，认识企业诚信经营的重要意义，牢记诚实守信是为人之本，理解信义当先，按时履约还债，把控企业债务风险。

【引例】

新能源汽车企业在销量、营业收入快速增长、规模迅速扩张的同时，其企业自身的负债水平也水涨船高。比亚迪作为国内新能源汽车企业的领头羊，负债、营业收入的同步增长尤其明显。根据比亚迪公司2022年年度报告显示，净利润为1 771 310.40万元，同比增长346.48%，与此同时，其负债高达37 247 080.90万元，同比增长94.47%，资产负债率为75.42%，远超同行业其他企业。从比亚迪的负债结构来看，大部分年份的流动负债占比在80%以上，其中占比最高的是应付账款和其他应付款，这两项合计占流动负债总额近80%。可见，从负债结构上看，比亚迪公司的高速扩张，供应商占款功不可没。此外，比亚迪公司2022年合同负债为3 551 657.10万元，占流动负债的10.65%，排名第三。为什么比亚迪在高负债的条件下，仍然能实现利润的高速增长呢？可以说，比亚迪公司一边对上游供应商先收货再交钱，一边对下游合作方先收钱后交货，在存货管理方面具有上下游两头通吃的优势，充分利用了上下游企业的商业信用，尽管负债较多，但能够大量节约企业自身的资金，在上下游的关系管理上居于主动地位，从而大大降低了企业的资金成本和财务风险。

总之，偿债能力是企业的双刃剑，债务管理好可以为企业实现利润的高增长奠定基础，债务管理不到位会给企业带来财务风险，负债累累加上经营困境会使企业积累的风险瞬间爆发，最终陷入严重的财务危机。那么，企业的哪些利益相关者会关注企业的偿债能力？哪些指标可以衡量企业的偿债能力？如何分析企业的偿债能力？这些都是本章要介绍的重点内容。

资料来源：根据比亚迪公司2022年年度报告整理。

第一节　偿债能力分析的目的与内容

一、偿债能力分析的目的

负债是企业资金来源的重要组成部分，企业的负债按偿还期限的长短，可以分为流动负债和非流动负债两大类。其中，反映企业偿付流动负债能力的是短期偿债能力；反映企业偿付非流动负债能力的是长期偿债能力。

偿债能力是反映企业财务状况的重要内容，是企业经营者、投资人、债权人等利益相关者都十分关心的问题，具有非常重要的意义与作用，站在不同的角度，偿债能力分析的目的也有区别。

（1）企业偿债能力分析有利于投资者进行正确的投资决策。投资人非常重视企业的盈利能力，他们认为，良好的财务环境和较强的偿债能力更有助于提高企业的盈利能力。因此，他们同样会关注企业的偿债能力。对于投资人来说，投资目的在于资本的保值和增值，如果企业的偿债能力发生问题，就会使企业的经营者花费大量精力去筹措资金以应付还债。这不仅会增加筹资难度，增加临时性紧急筹资的成本，而且会使企业管理者难以全神贯注地对企业进行经营管理，从而使企业的盈利受到影响，最终影响投资人的预期利益甚至投资成本。

（2）企业偿债能力分析有利于债权人进行正确的借贷决策。债权人对企业偿债能力非常重视，因为及时收回本金并取得利息是债权人借贷需要考虑的最基本因素。债权人会从切身利益出发来研究企业的偿债能力，他们不愿意将资金借给偿债能力很差的企业。只有企业拥有较强的偿债能力，才能使债权人的债权被及时收回，并能按期向债权人支付利息。债权人可以通过对企业资金的主要来源和用途以及资本结构的分析，再加上对企业过去盈利能力的分析和对未来盈利能力的预测来判断企业的偿债能力。

商品和劳务供应商主要是指赊销商品或劳务给企业的单位和个人。商品和劳务供应商最关心的是能否尽快安全地收回资金。从这个角度来说，商品和劳务供应商必须判断企业能否及时支付商品和劳务的价款，对企业偿债能力的分析和债权人类似。

（3）企业偿债能力分析有利于经营者进行正确的经营决策。任何一家企业要想维持正常的生产经营活动，手中必须持有足够的现金或者能随时变现的流动资产，以支付各种到期的费用账单和其他债务。其分析目的在于：

第一，了解企业的财务状况。企业的财务状况可以从三个方面来定义，即偿债能力、企业发展的稳定性和企业近期业务增长状况。可见，企业偿债能力的强弱是反映企业财务状况的重要标志。对于小规模企业而言，投资者和经营者对企业的财务状况了如指掌，而银行和其他债权人则需要通过分析企业的财务资料，了解企业的偿债能力，进而判断企业的财务状况。大企业由于经营业务繁杂多样，就更加突出了偿债能力分析的重要性。

第二，揭示企业所承担的财务风险程度。企业所承担的财务风险与负债筹资直接相关，负债必须按期归还，而且要支付利息。企业只要通过举债筹集资金，就等于承担了契约性质的责任或义务，不管经营是盈是亏，其义务必须履行。当企业举债时，就可能出现债务到期不能按时偿付的情形，这就是财务风险的实质所在。而且，企业的负债程度越高，不能按时偿付的可能性就越大，企业所承担的财务风险也就越高。如果企业有足够的现金或有随时可以变现的资产，即企业偿债能力强，其财务风险相对较低；反之，则财务风险相对较高。

第三，预测企业的筹资前景。企业生产经营所需的资金通常需要从不同渠道以各种方式取得，当企业的偿债能力强时，说明企业的财务状况较好、信誉较高，债权人就愿意将资金借给企业。否则，债权人的债权得不到保障，债权人就不愿意将资金借给企业。因此，当企业偿债能力较弱时，企业的筹资前景就不容乐观，除非企业愿意付出较高的代价，才有可能举借到生产经营所需的资金，这样会使企业承担更高的财务风险。

第四，为企业进行各种理财活动提供重要参考。企业的理财活动集中表现在筹资、用资和资金分配三个方面，企业在什么时候取得资金、其数额是多少，取决于生产经营活动的需要，也取决于偿还债务的需要。如果企业的偿债能力不强，特别是近期内有需要偿付的债务时，就必须及早筹措资金，以便在债务到期时能够及时偿付，从而维护企业自身的信誉。如果企业的偿债能力较强，则可能表明企业有充裕的现金或其他能随时变现的资产，在这种情况下，企业就可以利用暂时闲置的资金进行其他投资活动，以提高资产的利用效果。

可见，企业偿债能力如何，不仅是企业本身所关心的问题，而且是各利益相关者都非常重视的问题。

二、偿债能力分析的内容

知识拓展10-1

偿债能力分析主要包括以下两方面内容：

（1）短期偿债能力是指企业通过流动资产的变现偿还到期短期债务的能力。短期偿债能力分析首先应明确影响短期偿债能力的因素，在此基础上，通过对反映短期偿债能力的主要指标和辅助指标的分析，了解企业短期偿债能力的高低和短期偿债能力的变化情况，揭示企业的财务状况和风险程度。

（2）长期偿债能力是指企业偿还非流动负债的能力。应结合非流动负债的特点，在明确影响长期偿债能力因素的基础上，通过对反映企业长期偿债能力指标进行分析，了解企业长期偿债能力的高低及其变动情况，从而揭示企业整体财务状况、债务负担及长期偿债能力的保障程度。

第二节　企业短期偿债能力分析

一、影响短期偿债能力的因素

短期偿债能力一般又称支付能力，主要是通过流动资产的变现来偿还到期的短期债务。短期偿债能力的高低对企业的生产经营活动和财务状况有重要影响，企业虽然拥有良好的营运能力和较强的盈利能力，但一旦短期偿债能力不强，就会因资金周转困难而影响正常的生产经营，降低企业的盈利能力，严重时还会出现财务危机，甚至导致企业因不能按期偿债而“黑字破产”。企业短期偿债能力不足对企业生产经营的影响还表现在：无法取得购货折扣；不能按期支付货款而使材料供应不能得到保证；影响职工工资的正常发放或不能按期加薪使企业在人才市场上失去竞争力。短期偿债能力不足对企业的其他影响，就是造成企业信誉下降，这是一种无法估计的损失。可见，企业必须十分重视短期偿债能力的分析和研究。而了解影响短期偿债能力的因素，对于分析企业短期偿债能力的变动情况、变动原因及促进企业短期偿债能力的提高十分必要。影响短期偿债能力的因素可以分为企业内部因素和企业外部因素。

（一）企业内部因素

影响企业短期偿债能力的内部因素主要是指企业自身的经营业绩、资金结构、资产结构、流动负债的规模与结构、融资能力、经营现金流量水平等。

1.流动资产的规模与结构

在企业的资产结构中，如果流动资产所占比例较高，则企业的短期偿债能力相对较强，因为流动负债一般要通过流动资产变现来偿还。如果流动资产所占比例较高，但其内部结构不合理，则其实际偿债能力也会受到影响。流动资产从变现能力角度看，通常可分为速动资产和存货资产两部分，速动资产包括货币资金、交易性金融资产、应收款项等。它们的特点是变现能力强，如货币资金通常可直接用于支付；交易性金融资产可以立即在证券市场出售，转化为现金；应收票据和应收账款通常也能在短期内变为现金。存货相对于其他流动资产而言流动性较差，变现时间长，而且有些存货由于品种、质量等原因变现能力可能很差，甚至无法变现。在流动资产中，如果存货占较高比例，而存货资产的变现速度通常又低于其他类流动资产，则其偿债能力就要打折扣。从这个意义上讲，流动资产中的应收账款、存货的周转速度也是反映企业短期偿债能力强弱的辅助性指标。

2.流动负债的规模与结构

短期负债的规模是影响企业短期偿债能力的重要因素。因为短期负债规模越大，短期内企业需要偿还的债务负担就越重。企业的流动负债有些必须以现金偿付，如短期借款、应交税费等；有些则要用商品或劳务来偿还，如合同负债等。需要用现金偿付的流动负债对资产的流动性要求更高，企业只有拥有足够的现金才能保证其偿债能力。此外，流动负债中的各种负债的偿还期限是否集中，也会对企业偿债能力产生影响。分析时，不仅要看各种反映偿债能力指标的数值，而且要根据各种因素考察其实际的偿债能力。

3.企业的融资能力

单凭各种偿债能力指标还不足以判断企业的实际偿债能力。有些企业各种偿债能力指标都比较好，但却不能按期偿付到期债务；而另一些企业因为有较强的融资能力，如与银行等金融机构保持良好的信用关系，随时能够筹集到大量的资金，即使企业的各种偿债能力指标不高，却总能按期偿付其债务并支付利息。可见，企业的融资能力也是影响偿债能力的一个重要因素。

4.企业的经营现金流量水平

企业的短期债务通常用现金偿还，因此，现金流量是决定企业短期偿债能力的重要因素。企业现金流量状况，主要受企业的经营状况和融资能力两方面影响。如果没有充足的现金流量，即使是盈利的企业也可能因无法及时偿还到期债务而导致产生信用危机甚至破产。海尔公司在内部确定了一个原则："没有现金流支持的利润就不算利润，没有利润支持的销售额就不算销售额。"很多企业不是赤字破产，而是黑字破产，就是因为现金流出了问题。

（二）企业外部因素

影响企业短期偿债能力的外部因素主要是指与企业所处经济环境相关的因素，如宏观经济形势、证券市场的发育与完善程度、银行的信贷政策等。

1.宏观经济形势

宏观经济形势是影响企业短期偿债能力的重要外部因素。当一个国家经济持续稳定增长时，社会的有效需求也会随之稳定增长，产品更加畅销。由于市场条件良好，企业的产品和存货可以较容易地通过销售转化为货币资金，从而提高企业短期偿债能力。如果国家经济进入迟滞阶段，国民购买力不足，就会使企业的产品积压，资金周转不灵，企业间货款相互拖欠，形成"三角债"，企业的短期偿债能力就会受到影响，反映短期偿债能力的指标也不真实。

2.证券市场的发育与完善程度

在企业的流动资产中，常常会包括一定比例的交易性金融资产，在分析企业短期偿债能力时，可以把交易性金融资产视为等量的现金。事实上，这样计算的短期偿债能力指标与企业的实际偿债能力有一定的区别。因为，对于以公允价值计量的交易性金融资产，其公允价值与转让价格之间必然有一定的差异，且企业在转让资产时要支付一定的转让费用。另外，如果证券市场发达，企业可随时将持有的交易性金融资产转换为现金；如果证券市场不发达，企业转让交易性金融资产就很困难，或者不得不以较低的价格出售。这些都会对企业的短期偿债能力产生影响，特别是当企业把投资交易性金融资产作为资金调度的手段时，证券市场的发育和完善程度对企业的短期偿债能力的影响就更大。

3.银行的信贷政策

国家为保证整个国民经济的健康发展，必然要通过宏观调控，利用金融、税收等宏观经济政策的制定，调整国家的产业结构和经济发展速度。企业生产的产品如果是国民经济急需的且发展方向是国家政策鼓励的，就会较容易地取得银行借款，其偿债能力也会提高。此外，当国家采取较宽松的信贷政策时，所有的企业都会在需要资金时较容易地取得银行信贷资金，其实际短期偿债能力就会提高。

除以上主要因素外，还有许多因素会影响企业的短期偿债能力，如企业的财务管理水平，母公司与子公司之间的资金调拨等。另外，还有些因素对企业偿债能力的影响往往难以通过指标的高低来判断，分析时必须结合各有关因素做出综合判断。

思政案例10-1

二、短期偿债能力指标计算与分析

短期偿债能力的高低通常以财务指标衡量。由于财务指标本身准确性的缺陷以及时空条件的变化，各种财务指标所反映的偿债能力也只是综合的、大致的、仅供参考的信息，并非百分之百准确，这是分析时应特别注意的问题。

企业短期偿债能力可以从两个方面进行分析评价：一是根据资产负债表进行静态分析评价；二是根据现金流量表和其他有关资料进行动态分析评价。

（一）短期偿债能力的静态分析

根据资产负债表，可以了解一个企业的流动资产规模和流动负债规模，但资产规模仅仅表现企业资产的流动性，而不能说明企业的偿债能力。流动负债规模也只能表明企业目前所承担的债务和资金的流动性，同样不能说明企业的偿债能力。最能反映企业短期偿债能力的指标，是建立在对企业流动资产和流动负债关系分析基础之上的，主要有流动比率、速动比率和现金比率。

1.流动比率的计算与分析

（1）流动比率的内涵和计算

流动比率是指流动资产与流动负债之间的比率，表示每1元的流动负债，有多少流动资产作为偿还保证。其计算公式是：

$$流动比率=\frac{流动资产}{流动负债}$$

流动比率是衡量企业短期偿债能力的重要指标，表明企业每一元流动负债有多少流动资产作为支付保障，反映了企业流动资产在短期债务到期时可变现用于偿还流动负债的能力。一般来说，从债权人立场上看，流动比率越高越好，因为流动比率越高，债权越有保障，借出的资金越安全。但从经营者和所有者角度看，并不一定流动比率越高越好，在偿债能力允许的范围内，根据经营需要，进行负债经营也是现代企业经营的策略之一。一般认为，该指标应达到2以上，但这样的经验值并不适用于所有的行业和企业。该指标越高，表示企业的偿付能力越强，企业所面临的短期流动风险越低，债权人的安全程度越高。由于流动资产减去流动负债后的余额就是企业的营运资本[①]，因此，该指标还可以反映出企业在目前及今后的生产经营中提供现金、偿还短期债务、维护正常经营活动的能力。

（2）流动比率的优缺点

流动比率能被普遍采用，作为衡量企业短期偿债能力高低的标准，主要是因为该指标有以下优点：

① 流动比率可以揭示企业用流动资产抵补流动负债的程度，流动比率越大，对流动负债的保证程度越高，就越能保证债权人的权益。

② 流动比率可以表明一个企业所拥有的营运资本与短期负债之间的关系，可以使指标的使用者了解企业的营运资本是否充足，也可据以判断企业抵抗在经营过程中发生意外风险的能力，判断企业一旦发生风险，其营运资本是否足以抵偿其损失，并保证按期偿还债务。

③ 流动比率超过1的部分，可以对流动负债的偿还提供一项特殊的保证，显示出债权人安全边际的大小。由于交易性金融资产和存货资产等在变现时可能会发生损失，因此，流动比率超过1的部分越多，债权人的安全边际越大，全额收回债权的可靠程度越高。

④ 流动比率的计算方法简单，资料来源比较可靠，即便是企业外部关系人也能很容易地计算出企业的流动比率，以对企业的偿债能力做出判断。

但该指标也不可避免地存在一些问题，主要有以下几个方面：

① 流动比率所反映的是企业某一时点上可以动用的流动资产存量与流动负债的比率关系，而这种静止状态的资产与未来的资金流量并没有必然联系。流动负债是企业今后短时期内要偿还的债务，而企业现存的流动资产能否在较短时期内变成现金却难以确定。因此，流动比率只反映企业短期内由流动资产和流动负债产生的现金流入量与流出量的可能途径，企业的经营、销售、利润的取得与分配又与现金流入和流出直接相关，这些因素在计算流动比率时未加以考虑。

② 企业应收账款规模的大小，受企业销售政策和信用条件的影响，信用条件越宽松，销量越大，应收账款规模就越大，发生坏账损失的可能性就越大。因此，企业不同的管理方法，会影响应收账款的规模和变现程度，使流动比率计算的客观性受到影响，从而容易导致计算结果产生误差。

③ 企业现金储备的目的在于防范出现现金流入量小于现金流出量的现象，而现金是不能带来收益的资产，因此，企业应尽可能减少现金持有量，至于存货也应尽可能降低到保证生产正常需要的最低水平。显然，增强企业的短期偿债能力与节约使用资金、减少流动资产上的资金占用的要求相矛盾。

④ 如果企业存货在流动资产中占比较高，且存货的计价方式又可以选择，不同的计价方式对存货的影响也不同，也会使流动比率的计算带有主观色彩。因此，还可能当企业出现存货积压或在管理方面存在问题时，反而表现出较高的流动比率。

⑤ 企业的短期债务并没有全部反映在资产负债表上，那么只以流动比率来判断企业

---

① 营运资本是指流动资产总额减流动负债总额后的剩余部分，也称净营运资本，表示企业的流动资产在偿还全部流动负债后还有多少剩余，它是一个绝对数指标。

的短期偿债能力显然不够全面。

尽管流动比率存在上述缺点，但在没有更好的指标取代之前，其仍是目前最重要的判断企业短期偿债能力的指标之一。

（3）流动比率分析评价时应注意的问题

运用流动比率指标分析评价企业的短期偿债能力，应注意以下几个问题：

① 企业短期偿债能力取决于流动负债与流动资产的相对关系，而与企业规模无关。如果仅以流动比率作为偿债能力的评价标准，企业规模大、流动资产多，并不表明企业短期偿债能力强；反之，企业规模小、流动资产少也不等于企业偿债能力弱。能从根本上决定企业短期偿债能力强弱的应该是流动资产与流动负债的相互关系，流动资产与流动负债的变动决定了流动比率的变动。

② 对企业偿债能力的判断必须结合所在行业的平均标准。不同行业因其资产、负债占用情况不同，流动比率会有较大差别，有些行业其流动比率达到1时就可能表示其有足够的偿债能力，而有些行业的流动比率达到或超过2时，也不一定表明其偿债能力很强。选取2022年某些行业流动比率，如汽车制造业为1.14，软件和信息技术服务业为2.09，酒、饮料和精制茶制造业以及铁路运输业都是2.74，保险业0.23，餐饮业0.69，互联网和相关服务业1.99，教育业0.67。总体来看，酒、饮料和精制茶制造业流动比率最高为2.74，保险业流动比率最低为0.23[①]。

③ 对企业偿债能力的判断必须结合流动资产和流动负债的结构分析。即使在同行业内，对于一些流动比率较低的企业，也不一定表明其偿债能力较弱，债权人的利益因此不能得到保障。如果企业有大量充裕的现金，或随时能变现的金融资产，或具有相当强的融资能力等，企业实际的短期偿债能力要比流动比率所表示的短期偿债能力强得多，债权人的利益也更有保障；反之，企业的流动比率即使超过3，但如果流动资产中变现较慢的存货或难以收回的债权占比较高，也不能说明其短期偿债能力很强。因此，分析者一定要结合企业资产负债表的信息，结合流动资产和流动负债的结构做出综合评价。

④ 要注意人为因素对流动比率指标的影响。流动比率是根据资产负债表的资料计算出来的，体现的仅仅是账面上的偿债能力，企业管理人员出于某种目的，可以运用各种方式进行调整，使以流动比率表现出来的偿债能力与实际偿债能力有较大差异。例如，企业可以以本期末还贷，下期初再举债的方式调低期末流动负债余额，或举借长期借款增加流动资产等方式达到调整流动比率，掩盖企业真实财务状况的目的。分析时应注意联系流动资产和流动负债的变动情况及变动原因，对企业偿债能力的真实性做出判断。

（4）流动比率案例分析

①2022年流动比率行业对比分析

2022年5家汽车企业流动比率对比，如图10-1所示。由图10-1可知，2022年5家企业的流动比率在0.72~1.62之间波动。其中，GQJT公司的流动比率最高为1.62，BQC公司的流动比率最低为0.72，CAQC、CCQC和SQJT 3家公司的流动比率居中。BQC公司其他年份的流动比率也是如此吗？

---

① 数据来源：VDC平台，行业分类依据证监会行业大类。

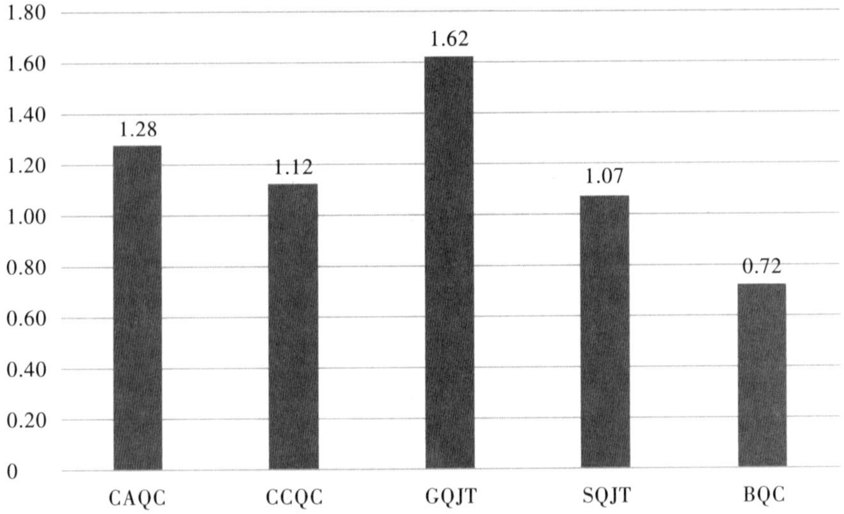

图10-1　5家汽车企业2022年流动比率对比图

②流动比率趋势及影响因素分析

2014—2022年BQC公司流动比率及影响因素，如图10-2所示。由图10-2可知，2014—2016年BQC公司流动比率持续增加，从0.77增加到1.00；2016—2021年基本保持稳定，流动比率在1上下波动。从2020年开始BQC公司流动比率持续下降，由峰值1.05，降到低谷0.72。BQC公司2021年流动比率为0.97，2022年同比减少0.25，是由于流动负债规模增加幅度远大于流动资产规模增加幅度所致。那么，同行业其他企业如何呢？

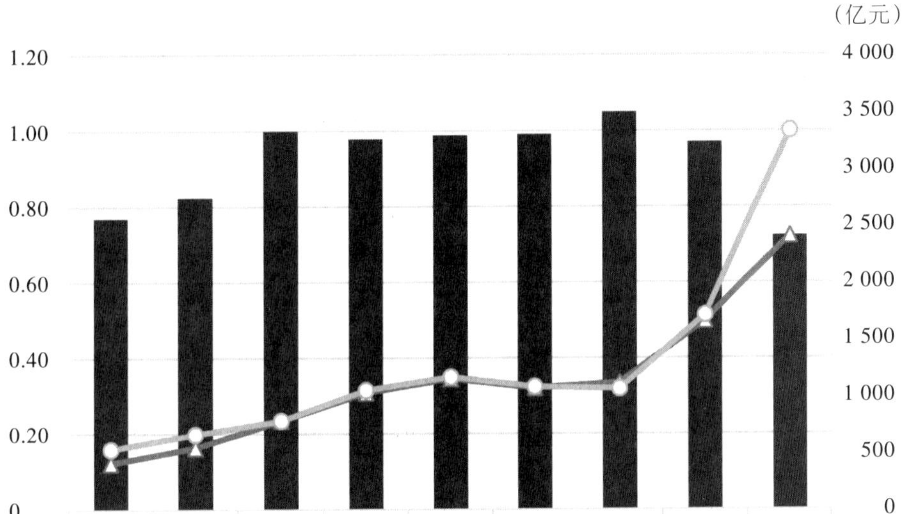

	2014	2015	2016	2017	2018	2019	2020	2021	2022
流动比率	0.77	0.82	1.00	0.98	0.99	0.99	1.05	0.97	0.72
流动资产	407.33	544.12	782.40	1 026.84	1 152.11	1 069.67	1 116.05	1 661.10	2 408.04
流动负债	530.22	661.10	783.18	1 049.97	1 165.69	1 080.29	1 064.31	1 713.04	3 333.45

图10-2　BQC公司2014—2022年流动比率及影响因素对比图①

① 为了数据的准确性，本章所有图中财务指标的计算数据均以元为单位。

③流动比率行业趋势对比分析

2014—2022年5家汽车企业流动比率对比，如图10-3所示。由图10-3可知，BQC公司在行业内流动比率长期处于最低水平。GQJT公司在5家企业中的流动比率最高，在1.25~1.76之间波动。CCQC公司和SQJT公司各年的流动比率均在1以上；CAQC公司的流动比率在0.91~1.28之间波动。可见，单纯从流动比率的对比中可知GQJT公司的短期偿债能力较好，而BQC公司的短期偿债能力相对较差。那么，是不是公司的流动比率越高越好，流动比率越低越差呢？还需要进一步分析流动资产和流动负债的结构。

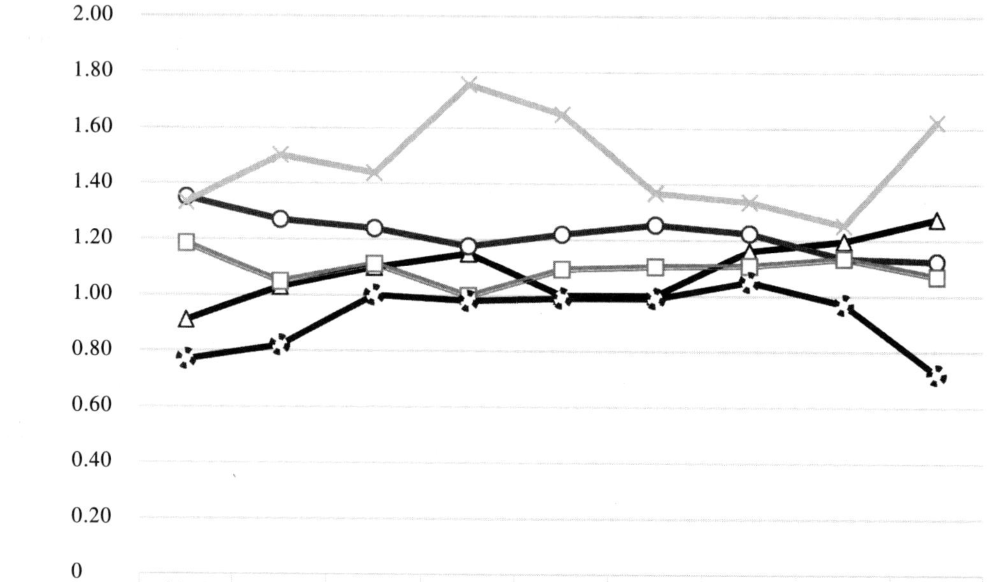

	2014	2015	2016	2017	2018	2019	2020	2021	2022
CAQC	0.91	1.03	1.10	1.15	1.00	1.00	1.16	1.20	1.28
CCQC	1.35	1.27	1.24	1.18	1.22	1.25	1.22	1.13	1.12
GQJT	1.33	1.50	1.44	1.76	1.65	1.37	1.34	1.25	1.62
SQJT	1.19	1.05	1.11	1.00	1.09	1.10	1.11	1.13	1.07
BQC	0.77	0.82	1.00	0.98	0.99	0.99	1.05	0.97	0.72

图10-3　5家汽车企业2014—2022年流动比率对比图

④BQC公司流动资产占资产总额的比例及变动分析

2014—2022年BQC公司流动资产占资产总额的比例及变动率，如图10-4所示。由图10-4可知，BQC公司各年流动资产占资产总额的比例在43%~60%之间波动，2016—2021年的流动资产占比均在53%以上，2022年则低于50%，说明2022年资产的流动性明显减弱。从变动率的幅度来看，2016年最高为14.47%，2022年最低为-13.18%，变动率上下波动达27.65%；在2019年和2022年变动率出现两次负值。尽管BQC公司2022年流动资产占比及变动率均下降，流动性和变现能力变差，但仍需结合流动资产的内部结构进一步分析。

⑤BQC公司流动负债占负债总额的比重及变动分析

2014—2022年BQC公司流动负债占负债总额的比例及变动率，如图10-5所示。由图10-5可知，BQC公司流动负债占比呈先升后降再升之势，且大部分年份保持在80%以上。

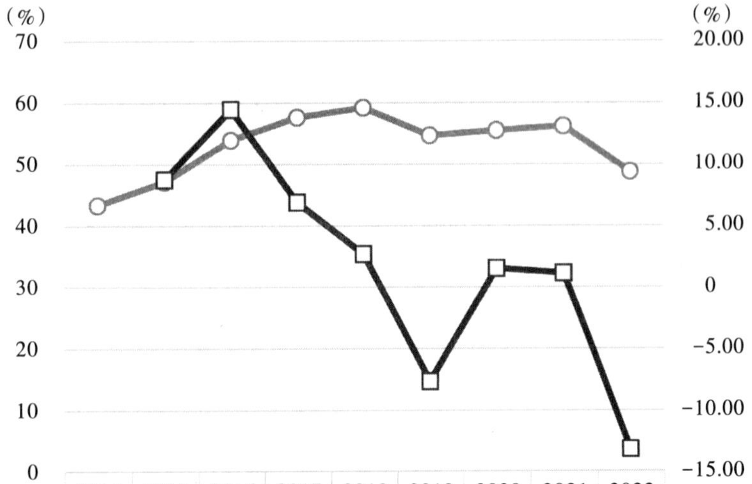

	2014	2015	2016	2017	2018	2019	2020	2021	2022
流动资产/资产总额	43.33	47.12	53.93	57.66	59.21	54.67	55.52	56.16	48.76
变动率		8.74	14.47	6.91	2.70	-7.67	1.55	1.15	-13.18

图10-4　BQC公司2014—2022年流动资产占比及其变动率趋势图

流动负债占比的变动率与之变动趋势基本相符，在2021年变动幅度最大为14.75%。总之，BQC公司的负债以流动负债为主，如果短期内需要偿还的债务较集中，企业的短期偿债压力就大，但要判断企业短期偿债能力如何，还应结合流动负债结构和流动负债偿还期限的集中程度做进一步分析。

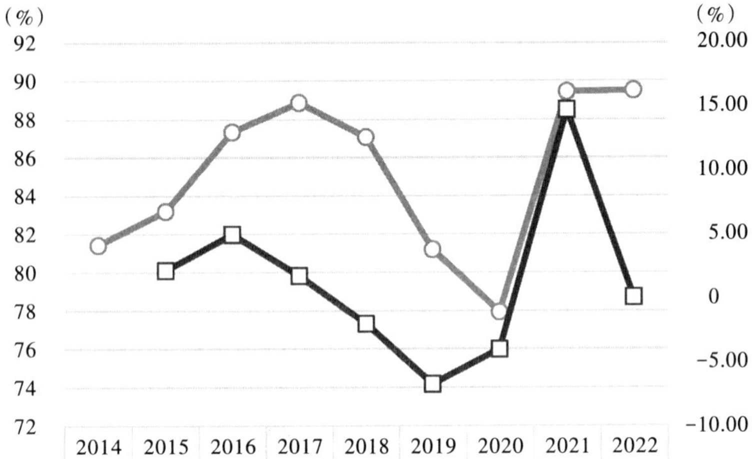

	2014	2015	2016	2017	2018	2019	2020	2021	2022
流动负债/负债总额	81.43	83.20	87.35	88.87	87.07	81.20	77.94	89.44	89.50
变动率		2.17	4.99	1.74	-2.03	-6.74	-4.01	14.75	0.06

图10-5　BQC公司2014—2022年的流动负债占比及其变动率趋势图

此外，图10-1至图10-5以及后续的趋势图，还可以通过可视化平台和手段，将其转变成可视化的、动态的、可以随时更新的信息，更有利于财务分析信息使用者理解和使用。

⑥2022年BQC公司流动资产和流动负债结构分析

以2017—2022年BQC公司流动比率变化幅度最大且数值最低的2022年为例，对其流动资产和流动负债进行结构分析，见表10-1。由表10-1可知，在2022年BQC公司的流动资产中，存货占比最高为32.85%，货币资金占比为21.37%。在流动负债中，应付账款占比最高为42.13%，商业信用占比高达91.97%，说明BQC公司通过占用供应商、客户、关联方等的资金融通本企业的资金，企业在上下游关系中处于优势地位，但同时也要特别注意按时还款，避免影响企业的信誉。另外，需要关注的是BQC公司应收账款占比为16.12%，应注意应收账款的坏账风险；存货占比最高为32.85%，应结合资产负债表分析，关注其结构及变现能力，进而判断BQC公司是否具有短期偿债压力。

表10-1 **BQC公司2022年流动资产和流动负债主要项目结构表**

流动资产	金额（万元）	比例（%）	流动负债	金额（万元）	比例（%）
货币资金	5 147 126.30	21.37	短期借款	515 309.80	1.55
交易性金融资产	2 062 693.00	8.57	应付票据	332 841.90	1.00
应收账款	3 882 849.40	16.12	应付账款	14 043 731.00	42.13
存货	7 910 719.90	32.85	合同负债	3 551 657.10	10.65
⋮	⋮	⋮	其他应付款	12 212 384.10	36.64
流动资产小计	24 080 350.70	100	流动负债小计	33 334 456.10	100

案例分析10-1

2.速动比率的计算与分析

（1）速动比率的内涵和计算

速动比率是指企业的速动资产与流动负债之间的比率，用来衡量企业流动资产中几乎可以立即变现偿付流动负债的能力。该指标是从流动比率演化而来的，所以常常和流动比率一起用来判断和评价企业的短期偿债能力。其计算公式是：

$$\text{速动比率}=\frac{\text{速动资产}}{\text{流动负债}}$$

速动资产是指几乎可以立即变现用来偿付流动负债的资产，一般包括货币资金、交易性金融资产、应收票据、应收账款、应收款项融资、合同资产、应收利息、应收股利、其他应收款和其他流动资产。计算速动资产之所以要排除存货和预付账款等，是因为存货是在流动资产中变现速度最慢的资产，而且存货在销售时受市场价格的影响，使其变现价值带有很大的不确定性。当在市场萧条的情况下或产品不对路时，存货可能成为滞销货而无法转换为现金。至于预付账款，只能减少企业未来时期的现金支出，其流动性实际很低。速动资产的另一种简单表达方式是流动资产减存货。

用速动比率评价企业的短期偿债能力，消除了存货等变现能力较差的流动资产项目的影响，可以部分地弥补流动比率存在的缺陷。当企业的流动比率较高时，如果在流动资产中可以立即变现用来支付债务的资产较少，则企业的偿债能力依然较差；反之，即使企业的流动比率较低，但流动资产中的大部分都可以在较短的时间内转化为现金，则企业的偿债能力也很强。因此，用速动比率来评价企业的短期偿债能力相对更准确一些。一般认为，在企业的全部流动资产中，存货大约占50%。所以，速动比率的一般标准为1，就是说，每一元的流动负债，都有一元几乎可以立即变现的资产来偿付。如果速动比率低于1，则认为偿债能力较差。由于经验标准不适用于所有的行业和企业，因此，分析时还要结合其他因素进行评价。

（2）速动比率分析时应注意的问题

对速动比率的分析，还应结合应收款项的收账期进行。因为速动比率的计算隐含着一个十分重要的假设条件，即所有的应收款项都能在其回收期内如数转化为现金，即使有坏账损失，其数额也非常小，可以忽略不计。但事实并非如此，企业可能有相当一部分应收款项不能按期收回，当有些应收款项超过回收期一定期限后，其发生坏账损失的可能性会非常大。换言之，按全部应收款项计算的速动比率含有一定水分，不能真实地反映出企业的短期偿债能力。为此，有必要将可能形成坏账损失的应收款项金额从速动资产中剔除，对速动比率进行适当调整。

需要特别指出的是，企业的流动比率和速动比率较高，虽然能够说明企业有较强的短期偿债能力，反映企业的财务状况良好，但过高的流动比率和速动比率会影响企业的盈利能力。当企业大量储备存货时，特别是有相当比例的积压物资时，流动比率就会较高，可是存货的周转速度会降低，从而形成流动资金的相对固定化，会影响流动资产的利用效率。过高的货币资金存量能使速动比率提高，但货币资金的相对闲置会使企业丧失许多能够获利的投资机会。因此，对流动比率和速动比率必须辩证分析，进行风险和收益的全面权衡。另外，一些企业的存货周转很快，产品畅销，存货对流动比率影响不大，即使剔除存货，速动比率也不能弥补流动比率的缺陷，因此还需要分析现金比率。

（3）速动比率和流动比率对比分析

2014—2022年BQC公司的速动比率和流动比率对比，如图10-6所示。由图10-6可知，BQC公司的流动比率和速动比率趋势大体相同。2017年速动比率达到峰值为0.79，2022年出现最低值为0.49。BQC公司的速动比率在2014—2016年有较大提升，从0.58升至0.78。2016—2021年速动比率在0.72~0.79之间波动。但从2021年速动比率开始下滑，2022年降至0.49，主要原因是存货占流动资产的比例由2021年的26.10%增加至2022年的32.85%，导致速动比率进一步下降。但由于该公司流动负债中的短期借款占比不足2%，2022年强势崛起，营业收入大幅增加，存货占比增加也是情理之中。从速动比率变化趋势上看，BQC公司的短期偿债能力明显下降，但结合流动资产和流动负债结构分析，其实质是充分运用商业信用筹资的结果。

3.现金比率的计算与分析

（1）现金比率的内涵和计算

现金比率是指现金类资产对流动负债之间的比率，该指标有两种表示方式：

第一种表示方式，即现金类资产仅指货币资金。其计算公式是：

$$现金比率=\frac{货币资金}{流动负债}\times 100\%$$

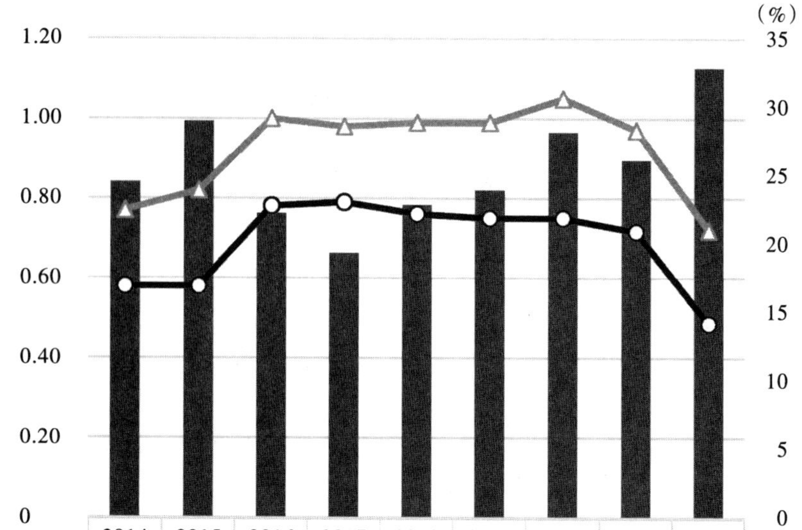

	2014	2015	2016	2017	2018	2019	2020	2021	2022
存货/流动资产（%）	24.50	28.95	22.21	19.35	22.85	23.91	28.12	26.10	32.85
速动比率	0.58	0.58	0.78	0.79	0.76	0.75	0.75	0.72	0.49
流动比率	0.77	0.82	1.00	0.98	0.99	0.99	1.05	0.97	0.72

图10-6　BQC公司2014—2022年速动比率和流动比率对比图①

第二种表示方式，即现金类资产除包括货币资金以外，还包括现金等价物，即企业持有的期限短、流动性强、易于转换为已知金额的现金、价值变动风险很低的投资。其理由是，企业进行短期投资只是企业资金调度的一种手段，当企业有暂时闲置的货币资金时，可将其投资于价值变动风险很低的有价证券，以提高资金的盈利水平。一旦企业需要现金，就可以通过转让有价证券将其转化为现金。因此在管理上，现金和现金等价物并无实质区别。其计算公式是：

$$现金比率=\frac{现金+现金等价物}{流动负债}\times 100\%$$

现金比率可以准确地反映企业的直接偿付能力，当企业在支付薪酬日或大宗进货日等需要大量现金时，该指标更能显示出其重要作用。由于现金比率的两种表示方式都没有考虑企业流动资产中的存货和应收款项，因此，对于应收款项和存货变现存在问题的企业，这一指标尤为重要。

现金比率越高，表示企业可立即用于支付债务的现金类资产越多。由于企业现金类资产的盈利水平较低，企业不可能也没有必要保留过多的现金类资产。如果这一比率过高，则表明企业通过负债方式筹集的流动资金没有得到充分利用，因此并不鼓励企业保留更多的现金类资产。一般认为该比率应在20%左右，在这一水平上，企业的直接支付能力不会有太大的问题。

（2）现金比率案例分析

按照第一种表示方式计算BQC公司2014—2022年的现金比率，并与流动比率和速动

① 速动比率计算采取（流动资产-存货）/流动负债公式。

比率现金对比，如图10-7所示。由图10-7可知，BQC的现金比率与速动比率、流动比率的趋势不大相同。该公司的现金比率在2017—2021年呈逐年上升趋势，并于2021年达到峰值为29.45%，除此之外的其他年份均在16%以下，甚至有4年低于10%。结合相关的资产负债表分析，BQC公司的货币资金在2021年增幅为249.30%，结合现金流量表分析可知货币资金大幅增加的原因，是经营活动现金流入净额增加所致。但仅仅昙花一现，2022年现金比率又降到15.44%，表明企业的直接支付能力下降14.01%。

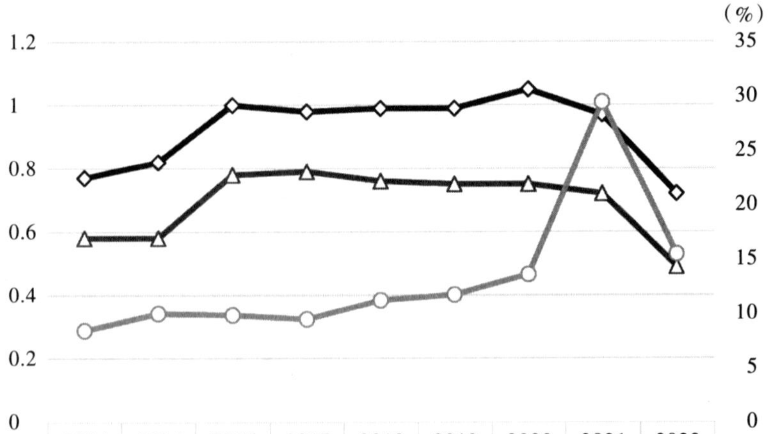

	2014	2015	2016	2017	2018	2019	2020	2021	2022
流动比率	0.77	0.82	1.00	0.98	0.99	0.99	1.05	0.97	0.72
速动比率	0.58	0.58	0.78	0.79	0.76	0.75	0.75	0.72	0.49
现金比率	8.40	9.98	9.82	9.43	11.20	11.71	13.57	29.45	15.44

图10-7　BQC公司2014—2022年现金比率、流动比率、速动比率趋势图

4. 流动比率、速动比率、现金比率相互关系分析

流动比率、速动比率、现金比率是以流动资产和流动负债的相互关系，反映企业短期偿债能力的主要指标，三者分母相同，但分子的口径与范围不同。三者之间的相互关系，如图10-8所示。

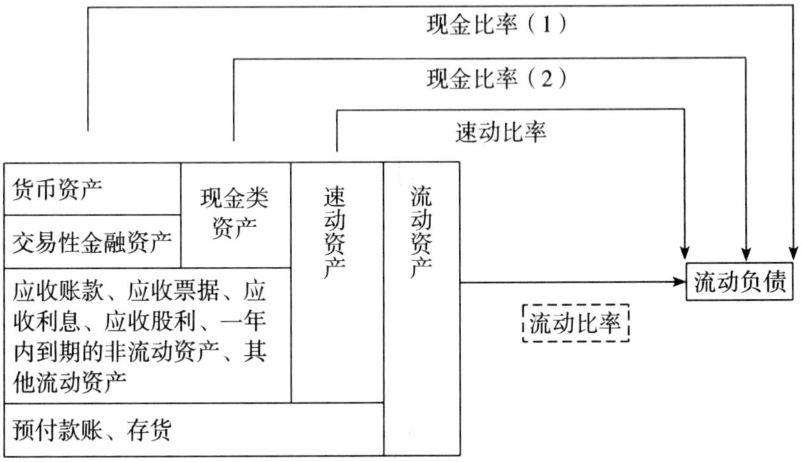

图10-8　流动比率、速动比率和现金比率的关系图

由图10-8可以看出：（1）以全部流动资产作为偿付流动负债的基础，所计算的指标

是流动比率。流动资产中包括变现能力较差的存货和基本不能变现的预付款项等。如果存货中有超储积压物资，则会造成企业短期偿债能力较强的假象。(2) 速动比率以扣除变现能力较差的存货和预付款项作为偿付流动负债的基础，弥补了流动比率的不足。(3) 现金比率以现金类资产作为偿付流动负债的基础，但现金持有量过大会对企业资产利用效果产生副作用，因此该比率不宜过大。

当分析企业短期偿债能力时，流动负债是关键因素，是计算以上三个指标的基础，流动负债的结构、规模不同，对流动资产的需要程度就不同。例如，当企业合同负债比例较高时，对流动比率的要求就相对高些；当短期借款和应付票据比例较高时，对速动比率和现金比率的要求就相对高些。因此，当分析评价企业短期偿债能力时，结合流动负债的规模和结构是关键。

思政案例 10-2

（二）短期偿债能力的动态分析

企业偿债能力从本质上讲，是衡量企业能否按期归还到期债务的能力，但在计算短期偿债能力的静态指标中所使用的流动负债，是企业某一时点上的债务，它只表明企业在这一时点上仍然承担的流动负债规模，并不表示这些债务已经到期，并且需要在这一时点上偿还，这些债务往往要在这一时点之后的未来某一时点偿还。在计算这些指标时所使用的流动资产或速动资产也只是在这一时点上的资产存量，只是为企业现在承担的债务提供了资产保证，反映的是用这些资产偿债的可能性，并不表示这些资产马上就可以用于偿还债务，或一定能在现有负债到期时转化为现金偿还债务。因此，流动比率和速动比率，与其说是反映企业短期偿债能力的指标，倒不如说是反映企业现存负债的资产保证程度指标。企业偿还其债务是一个动态过程，其偿债能力也应该是在未来某一时点上的能力。当某一具体债务到期时，企业既可以通过现存资产的变现去偿还，又可以用债务到期前所获得的现金去偿还。因此，对企业短期偿债能力的分析还应该从动态方面进行。

从动态方面反映企业短期偿债能力的指标是建立在现金流量表和对经营活动现金流量分析的基础之上的，主要有现金流动负债比率、企业支付能力系数、速动资产够用天数和现金到期债务比率等。此外，应收账款周转率、应付账款周转率和存货周转率也是从动态上反映企业短期偿债能力的辅助性指标。

1.现金流动负债比率的计算与分析

现金流动负债比率是指经营活动现金流量净额与流动负债平均余额之间的比率，用来衡量企业的流动负债以经营活动所产生的现金支付的程度。其计算公式是：

$$现金流动负债比率=\frac{经营活动现金流量净额}{流动负债平均余额}$$

经营活动现金流量净额的大小，能够反映企业某一会计期间经营活动产生现金的能力，是偿还企业到期债务的基本资金来源。如果该指标等于或大于1，则表示企业有足够的能力以经营活动产生的现金偿还其短期债务；如果该指标小于1，则表示企业经营活动产生的现金不足以偿还到期债务，必须采取对外筹资或出售资产等其他方式才能偿还债务。

根据 BQC 公司合并资产负债表和合并现金流量表资料，可以计算出该公司2022年的现金流动负债比率。

$$2022年BQC公司现金流动负债比率=\frac{14\ 083\ 765.70}{25\ 232\ 425.25}=0.56$$

计算结果表明，BQC公司本期经营活动现金流量净额为正值，但本期现金流动负债比率仅为0.56，明显小于1，说明单纯依赖企业经营活动产生的现金净额不足以偿还到期债务，必须采取其他筹资方式才能保证债务及时偿还。

需要说明的是，本期经营活动现金流量净额是当前会计年度的经营结果，而流动负债则是年初和年末需要偿还债务的平均余额，二者的会计期间不同。因此，现金流动负债比率指标是建立在以上一年的经营活动现金流量估计下一年经营活动现金流量的假设基础之上的。使用该比率时，需要考虑未来一个会计年度影响经营活动现金流量变动的因素。

2.企业支付能力系数的计算与分析

企业支付能力系数是反映企业短期偿债能力的重要指标。根据企业支付能力反映的具体时间的差异，支付能力系数可分为期末支付能力系数和近期支付能力系数两种。期末支付能力系数是指期末货币资金余额与逾期未付款项数额之间的比率，其计算公式是：

$$期末支付能力系数=\frac{期末货币资金余额}{逾期未付款项数额}\times 100\%$$

其中，逾期未付款项包括逾期未缴预算款项、逾期银行借款、逾期应付款项等。该指标大于或等于100%，说明企业有支付能力；反之，说明企业支付能力不足，且指标越低，说明企业支付能力越差。

近期支付能力系数是指近期能够用来支付的资金与近期需要支付的各种款项之间的比率，是反映企业有无足够的支付能力偿还近期到期债务的指标，其计算公式是：

$$近期支付能力系数=\frac{近期能够用来支付的资金}{近期需要支付的各种款项}\times 100\%$$

其中，近期能够用来支付的资金包括企业现有的货币资金、近期能取得的营业收入、近期确有把握收回的各种应收款项等。近期需要支付的各种款项包括：到期或逾期应交款项和未付款项，如职工薪酬、应付账款、银行借款、各项税费、应付股利等。

企业近期支付能力系数应等于或大于100%，且越高说明企业近期支付能力越强。如果小于100%，则说明企业近期支付能力不足，应采取积极有效的措施，从各种渠道筹集资金，以便按期清偿到期债务，从而保证企业生产经营活动的正常进行。

3.速动资产够用天数的计算与分析

速动资产够用天数是指速动资产与企业预计每天营业所需的现金支出之间的比率，反映企业速动资产维持其正常生产经营开支水平的程度。该指标可以作为速动比率的补充指标，其计算公式是：

$$速动资产够用天数=\frac{速动资产}{预计每天营业所需的现金支出}$$

可见，如果企业速动资产多，而每天营业所需现金支出少，则速动资产够用天数就多，说明企业偿债能力强；反之，速动资产够用天数就少，表示企业偿债能力弱。

4.现金到期债务比率的计算与分析

现金到期债务比率是指经营活动现金流量净额与本期到期债务之间的比率，用来衡量企业本期到期债务用经营活动所产生的现金流量净额支付的程度。其计算公式是：

$$现金到期债务比率=\frac{经营活动现金流量净额}{本期到期债务}$$

如果该指标等于或大于1，则表示企业有足够的能力以生产经营活动产生的现金来偿还当期的短期债务；如果该指标小于1，则表示企业生产经营活动产生的现金不足以偿还当期到期的债务，必须采取其他措施才能满足企业当期偿还到期债务的需要。

需要说明的是，由于上述指标中的一些数据难以获取，如预计每天营业所需的现金支出、本期到期债务等，因此，这些指标往往适用于企业内部分析。

5.反映企业短期偿债能力的辅助指标分析

流动比率、速动比率和现金比率都是将企业某一时点上的流动资产存量和流动负债相比较，以反映企业的短期偿债能力，对各项流动资产和流动负债的流动性和周转性等动态变化并没有反映。因此，通过对各项流动资产和流动负债周转效率和流动情况的分析，进一步反映企业短期偿债能力的动态变化，可以弥补流动比率、速动比率和现金比率的不足。

（1）应收账款周转率和应付账款周转率的比较分析

流动资产中的应收账款（包括应收票据），是因为企业赊销商品产生的，其占用额不仅取决于企业的销售政策，而且取决于企业的信用政策和收账政策。在销售政策既定的情况下，企业采取较宽松的信用政策和收账政策，其应收账款占用额就比较大，周转速度就比较缓慢。利用应收账款周转率指标可以反映企业应收账款转化为现金的速度。

流动负债中的应付账款（包括应付票据），是因为企业赊购商品产生的，其占用额的大小从主观因素来考察，取决于企业支付货款的速度和企业赊购金额的大小。赊购的金额越大，支付货款的速度越慢，其占用额就越大。利用应付账款周转率指标可以反映企业以现金支付应付账款的速度。

流动比率实际上是企业流动资产和流动负债周转速度的函数。流动资产周转速度越快，企业流动资产规模越小，流动比率越低。流动负债的周转速度越慢，企业的流动负债规模越大，流动比率就越低。在流动资产中，应收账款占有相当的比例；在流动负债中，应付账款也占相当的比例，因此，将二者联系起来进行比较分析对分析企业短期偿债能力很有意义。

企业购入材料等物资的目的，在于通过企业的加工制成产品，然后通过销售收回现金，从而实现价值增值。从这个意义上讲，由赊购商品所产生的应付账款应用赊销商品收回的现金偿付，在资金周转上，二者与资金周转期有关系，而且必须相互配合。应收账款与应付账款这种相互关系会对企业的短期偿债能力产生以下影响：

① 应收账款与应付账款的周转期相同。在这种情况下，通过赊销商品所收回的现金恰好能满足偿付因赊购业务而产生的债务，不需动用其他流动资产来偿还，企业的短期偿债能力指标不会因应收账款和应付账款的存在而改变。

② 应收账款的周转速度快于应付账款的周转速度。假定企业应收账款的平均收账期

为30天，而应付账款的平均付款期为60天。在这种情况下，企业的流动比率就会降低，以流动比率反映的企业静态短期偿债能力就相对差一些。但是由于流动资产中的应收账款周转速度快，而流动负债中的应付账款周转速度慢，从动态上看，企业的实际偿债能力较强，因为在企业的应收账款回收两次的情况下，才支付一次现金偿付应付账款。

③ 应收账款的周转速度低于应付账款的周转速度。假定企业应收账款的平均收账期为60天，而应付账款的平均付款期为30天。在这种情况下，企业的流动比率较高，以流动比率反映的企业静态短期偿债能力就比较强。如果从动态上看，企业的实际短期偿债能力低于以流动比率表示的企业短期偿债能力水平。这是因为，每当企业将其赊销商品所产生的应收账款转化为现金一次，就要支付两次现金偿付因赊购业务产生的应付账款。这样，只有在动用其他流动资产的情况下，才能按期偿付其因赊购而形成的债务。

以上仅就周转速度进行了分析，当企业流动资产和流动负债规模不同时，也会相对增强或减弱因周转速度不同对短期偿债能力的影响。

这种对比不仅可以就流动资产与流动负债之间的对应项目进行分析，而且可以按流动资产和流动负债的结构进行分析。

（2）存货周转率分析

本教材第九章已经对存货周转率进行了分析，这里仅就存货周转率对短期偿债能力的影响进行分析。

存货周转速度对存货规模有较大影响，当其他条件不变时，存货周转速度越快，存货规模越小；反之，存货规模越大。流动比率是按流动资产在某一时点上的规模计算的，当存货规模较大时，其流动比率指标也相对较大，从静态方面反映的短期偿债能力也较强，实际上这很可能是因为存货周转速度偏低引起的假象。结合存货周转速度对企业短期偿债能力进行评价，就需要对按流动比率做出的评价加以修正。在流动比率一定的情况下，如果企业预期存货周转速度加快，则企业的短期偿债能力将会因此而提高；相反，如果预期存货周转速度减慢，则企业的短期偿债能力将会下降。

流动比率是按既定的流动资产存量和流动负债计算的，这里也包括了一个隐含条件，即存货周转率也是既定的。存货周转率的变化是在该时点之后，所以存货周转率变化对短期偿债能力的影响反映在动态上，是今后企业短期偿债能力可能会发生的变化。换言之，对短期偿债能力的分析，不仅要从静态上反映企业某一时点上的偿债能力，而且要分析短期偿债能力可能发生的变化及变化趋势，而应收账款周转率、应付账款周转率和存货周转率分析为反映企业短期偿债能力的动态变化提供了重要参考。

需要说明的是，进行企业短期偿债能力分析时，不能孤立地根据某一指标分析就下结论，而应当根据分析的目的和要求结合企业的实际情况，将各项指标综合起来考虑，这样才有利于得出正确的结论。上述指标在具体应用时应注意：（1）指标为时点数，要和时期数结合起来，评价才得当；（2）指标数据来源于报表，报表的真实性直接影响指标的评价质量；（3）应结合企业不同时期的生产经营性质与特点以及流动资产的结构状况进行分析；（4）注意人为调整因素。其中，第一点适用于短期偿债能力静态分析，其他三点静态、动态分析都适用。

（三）短期偿债能力的行业分析

根据本教材选取的同行业对比公司，通过速动比率、现金比率和现金流动负债比率进行短期偿债能力行业分析。根据各上市公司年报，计算整理2022年5家汽车企业短期偿债能力动态分析指标对比，见表10-2。

表10-2 2022年5家汽车企业短期偿债能力相关指标对比表

公司名称	速动比率	现金比率（%）	现金流动负债比率
GQJT	1.40	69.86	-0.10
SQJT	0.91	28.52	0.02
CAQC	1.20	66.96	0.07
CCQC	0.89	37.34	0.13
BQC	0.49	15.44	0.56

由表10-2可知，在5家企业中，BQC公司的速动比率和现金比率均最低，但现金流动负债比率最高，说明其经营活动产生的现金流量净额相对较充沛，这与其流动负债结构，以及具有上下游关系“两头吃”的优势有关。可见，不能仅凭一部分指标就给企业得出短期偿债能力强弱的结论，一定要全面结合所有指标，并结合报表分析才能得出客观的结论。

综上所述，BQC公司的短期偿债能力在行业内总体处于较低水平。由于BQC公司的债务结构比较特殊，因此，该公司的短期偿债能力和企业信誉，以及该公司和上下游企业之间的关系是分析的重点。同时，还应结合经营活动现金流量状况，并进一步结合现金流量表进行分析。

知识拓展10-2

第三节　企业长期偿债能力分析

一、影响长期偿债能力的因素

长期偿债能力是指企业偿还非流动负债的能力，或者说企业偿还非流动负债的保障程度。影响企业长期偿债能力的主要因素有：

1.企业的盈利能力

对于企业短期偿债能力，主要考虑流动资产结构、流动负债结构、企业变现能力以及流动资产与流动负债的对比关系，从资产变现角度来分析。长期偿债能力则不同，由于所衡量的时间较长，对未来较长时间内的现金流量很难做出可靠的预测，而且所包含的因素更加复杂，所以难以通过资产变现情况做出判断。

从企业的偿债义务来看，包括按期偿付本金和按期支付利息两个方面。短期债务可以通过流动资产变现来偿付，因为流动资产的取得往往以短期负债为其资金来源。企业的非流动负债大多用于非流动资产投资，形成企业的长期资产，在正常生产经营条件下，企业不可能靠出售资产作为偿债的资金来源，而只能依靠企业生产经营所得。从举借债务的目的来看，企业使用资金成本较低的负债资金是为了获取财务杠杆利益，增加企业收益，其利息支出自然要从所融通资金创造的收益中予以偿付。因此，企业的长期偿债能力与盈利能力密切相关。一般情况而言，企业的盈利能力越强，长期偿债能力越强；反之，则长期偿债能力越弱。如果企业长期亏损，除非现金流量充沛，否则必须通过变卖资产才能清偿债务，不然企业的正常生产经营活动就难以维系，最终影响投资人和债权人的利益。因此，盈利能力是影响企业长期偿债能力最重要的因素。

2.企业的投资效果

企业所举借的长期债务，主要用于固定资产等方面进行长期投资，投资效果决定企业是否有能力偿还长期债务。特别是当某项具体投资的资金全部依靠非流动负债筹措时，情况更是如此。当然，作为对债权人的一种保障，企业必须有相当比例的权益资金，不能因为某项投资的效果不佳而损害债权人利益。但如果企业每一项投资都不能达到预期目标，即使有相当比例的权益资金做保证，其偿债能力也会受到影响。

3.企业权益资金的增长和稳定程度

尽管企业的盈利能力是影响长期偿债能力最重要的因素，但如果企业将绝大部分利润都分配给投资者，权益资金增加很少，就会降低偿还债务的保障性和可靠性。对于债权人来说，将利润的大部分留在企业，会增加权益资金，减少利润外流，这对投资人并没有实质性的影响，相当于投资人将分配的股利继续投资于企业，而企业价值的提升会体现在未来的股价中，即企业减少利润分配会增加偿还债务的可靠性，从而提高企业的长期偿债能力。同时，权益资金的实际价值是影响企业最终偿债能力最重要的因素。当企业结束经营时，最终的偿债能力取决于企业权益资金的实际价值。如果资产不能按其账面价值处理，就有可能损害债权人的利益，使债务不能全部清偿。

4.企业的经营活动现金流量

企业的债务最终基本都是用现金来清偿，虽然企业的盈利能力是偿还债务的根本保证，但是企业盈利并不等同于现金流量充足。企业只有具备较强的变现能力，有充裕的现金，才能保证具有真正的偿债能力。因此，企业的现金流量状况是决定偿债能力保证程度的关键所在，而经营活动现金流量体现企业的造血功能，是决定现金流量状况的核心。

二、长期偿债能力指标的计算与分析

从资产、盈利能力以及现金流量的内容、特点和作用可以看出，这些因素从不同角度反映企业的偿债能力。资产是清偿债务的最终物质保障，盈利能力是清偿债务的经营收益保障，现金流量是清偿债务的支付保障。只有将这些因素加以综合分析，才能真正揭示企业的偿债能力。因此，长期偿债能力分析应从以下三个方面进行：

（一）资产规模对长期偿债能力影响的分析

负债表明一个企业的债务负担，资产则是偿债的物质保证，单凭负债或资产不能说明一个企业的偿债能力，负债规模小并不等于企业偿债能力强；同样，资产规模小也不一定表明企业偿债能力弱。企业的偿债能力体现在资产与负债的对比关系上。由这种对比关系反映的企业长期偿债能力的指标主要有资产负债率、股东权益比率、产权比率（净资产负债率）、固定长期适合率、资产非流动负债率和非流动负债营运资金比率。

1.资产负债率和有形资产负债率的计算与分析

（1）资产负债率的内涵和计算

资产负债率是企业负债总额与资产总额之间的比率，是综合反映企业偿债能力的重要指标。该指标能够反映在企业的全部资产中由债权人提供的资产所占比例的高低，以及债权人提供信贷资金的风险程度和企业举债经营的能力。其计算公式是：

$$资产负债率=\frac{负债总额}{资产总额}\times 100\%$$

资产负债率越高，说明企业的债务负担越重；反之，说明企业的债务负担越轻。该指标既可以衡量企业利用债权人资金进行经营活动的能力，又可以反映债权人发放贷款的安全程度。对债权人来说，该指标越低越好，因为企业的债务负担越轻，其总体偿债能力越强，债权人权益的保证程度越高。特别是在企业清算时，资产变现价值很可能低于账面价值，而所有者一般只承担有限责任。因此，该指标越高，债权人蒙受损失的可能性就越大。对于企业来说，该指标在适度情况下越高越好，虽然这样会加重企业债务负担，但企业也可以通过扩大举债规模获得较多的财务杠杆利益。如果该指标过高，会影响企业的筹资能力。当经济衰退或不景气时，如果企业的财务风险较高，经营活动所产生的现金流量可能满足不了利息支出的需要，债权人不会再向企业提供借款或购买其发行的债券。经验标准认为，资产负债率的适宜水平是40%～60%，如果该指标超过100%，则表明企业已资不抵债，视为达到破产的警戒线。

通过对不同时期该指标的计算和对比分析，可以了解企业债务负担的变化情况。任何企业都必须根据自身的实际情况，确定一个适度的标准，当企业债务负担持续增长并超过这一适度标准时，企业应注意加以调整，不能只顾获取杠杆利益而不考虑可能面临的财务风险。

从稳健原则出发，特别是考虑到企业在清算时的偿债能力，该指标可以保守些计算，即从资产中扣除无形资产等，计算有形资产负债率。

（2）有形资产负债率的内涵和计算

有形资产负债率是企业负债总额与有形资产总额之间的比率。该指标是资产负债率的延伸，是能够更加客观地评价企业偿债能力的指标。企业的无形资产，如商标权、专利权、非专利技术等，不一定能用来偿还债务，可以将其视为不能偿债的资产，从资产总额中扣除。该指标的作用及分析方法与资产负债率基本相同。其计算公式是：

$$有形资产负债率=\frac{负债总额}{资产总额-无形资产}\times 100\%$$

（3）资产负债率和有形资产负债率案例分析

2014—2022年BQC公司资产负债率及影响因素对比，如图10-9所示。由图10-9可知，BQC公司的资产负债率呈波浪式变动，2016年资产负债率最低为61.80%，2022年最高为75.42%，比2021年增加10.66%，各年均在60%以上，表明BQC公司债务负担较重，且呈增加趋势。BQC公司资产负债率的行业水平，还需要结合同行业对比公司进一步分析。

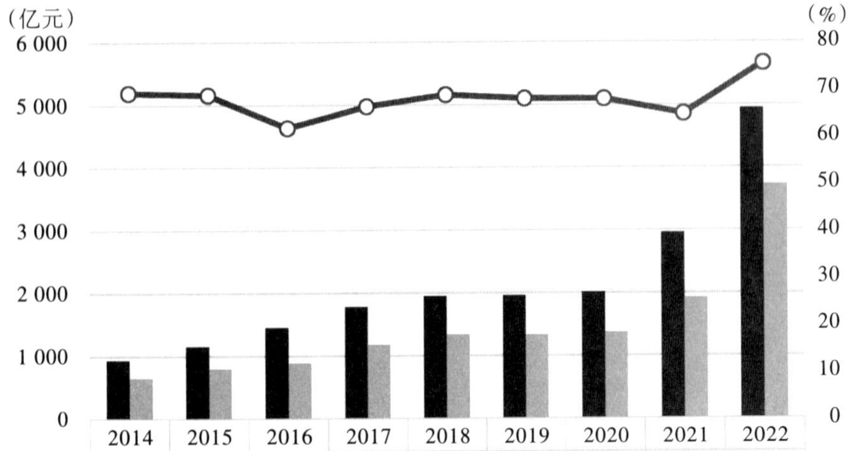

	2014	2015	2016	2017	2018	2019	2020	2021	2022
资产总额	940.09	1 154.86	1 450.71	1 780.99	1 945.71	1 956.42	2 010.17	2 957.80	4 938.61
负债总额	651.14	794.57	896.61	1 181.42	1 338.77	1 330.40	1 365.63	1 915.36	3 724.71
资产负债率	69.26	68.80	61.80	66.34	68.81	68.00	67.94	64.76	75.42

图10-9　BQC公司2014—2022年资产负债率及影响因素对比图

2014—2022年5家汽车企业的资产负债率对比，如图10-10所示。由图10-10可知，BQC公司的资产负债率在5家企业中各年均最高，处于61%~76%之间；SQJT公司和CAQC公司的资产负债率较为接近，处于50%~67%之间；CCQC公司的资产负债率总体呈上升趋势，处于45%~65%之间；GQJT公司的资产负债率在5家企业中最低且相对稳定，常年低于46%。相比较而言，GQJT公司在同行业中长期债务风险较低，长期负债偿还能力较强，而BQC公司在同行业中长期债务风险较高，长期偿债压力相对较大。

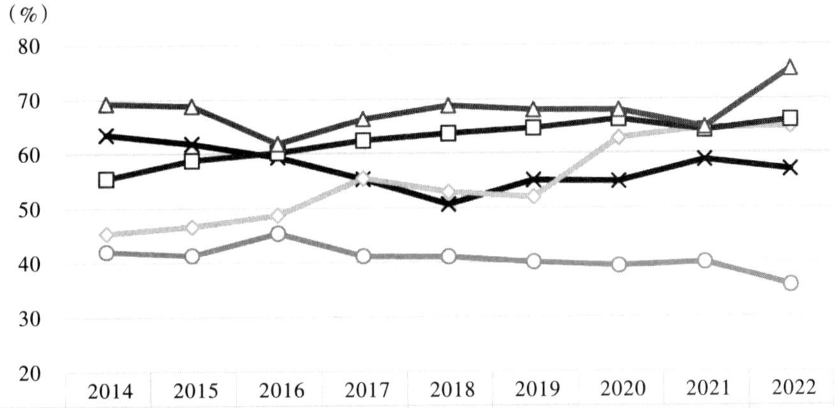

	2014	2015	2016	2017	2018	2019	2020	2021	2022
CAQC	63.47	61.78	59.30	55.28	50.63	54.99	54.78	58.74	56.90
CCQC	45.36	46.62	48.70	55.44	52.87	51.90	62.77	64.58	64.82
GQJT	42.00	41.28	45.38	41.13	41.02	39.99	39.32	39.95	35.67
SQJT	55.41	58.78	60.20	62.39	63.63	64.58	66.28	64.14	66.02
BQC	69.26	68.80	61.80	66.34	68.81	68.00	67.94	64.76	75.42

图10-10　5家汽车企业2014—2022年资产负债率对比图

2014—2022年BQC公司资产负债率和有形资产负债率对比，如图10-11所示。由图10-11可知，BQC公司的资产负债率和有形资产负债率总体趋势基本一致，但各年有形资产负债率与资产负债率相差4%左右，说明在资产总额中未来变现能力较差的无形资产对

BQC公司的偿债能力有一定的影响。

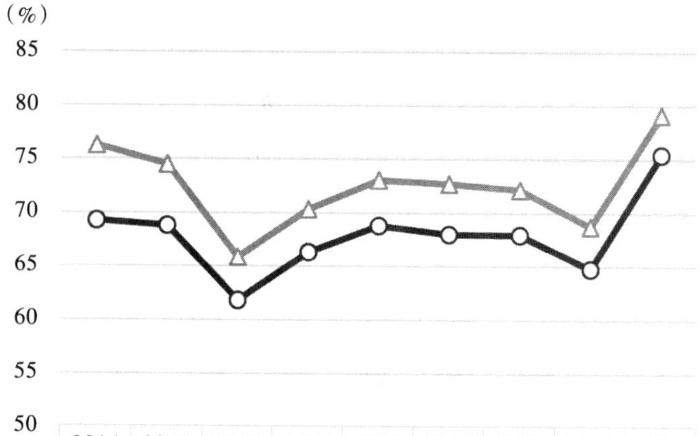

	2014	2015	2016	2017	2018	2019	2020	2021	2022
有形资产负债率	76.25	74.47	65.87	70.32	73.05	72.70	72.17	68.73	79.14
资产负债率	69.26	68.80	61.80	66.34	68.81	68.00	67.94	64.76	75.42

图10-11　BQC公司2014—2022年资产负债率和有形资产负债率对比图

【案例 10-1】　“增收不增利”恒盛地产资产负债率高达 1 389.40%

万联证券报告显示：2021年，房地产行业基本面仍处于底部，但由于疫情影响政策效果，宏观经济承压，经济“稳增长”诉求预期进一步加强，房地产行业政策环境正持续改善中。作为衡量企业经营活动能力的重要财务指标之一，多家房企负债率维持下降趋势。根据申万行业分类标准（2021年版），在房地产行业中有72家核心企业2021年的整体净负债率为69.44%，较2020年下降了3.80%；剔除预收账款后的资产负债率为71.29%，较2020年下降了0.97%。然而，上市房地产企业普遍采用高杠杆、高资金成本驱动的以债养债模式，加上“不惜一切代价高价拿地”的行为，使得一些房地产企业负债总额不断上升，资产负债率屡创新高。

其中，资产负债率排名最高的3家房企分别为恒盛地产、福晟国际和银城国际控股，其资产负债率分别为1 389.4%、226.3%和174.4%。事实上，2021年恒盛地产取得33.18亿元的综合销售收入，较2020年的28.08亿元增长18.16%。然而，恒盛地产2021年综合销售收入的增长并没能带动利润和毛利一同增长。截至2021年12月31日，恒盛地产净亏损40.86亿元，毛利率为-29.4%。对此，恒盛地产表示大额毛利亏损主要归因于对物业提取的重大减值准备金额。不过，即便是撇开物业减值准备的影响，恒盛地产的毛利率也仅为0.1%。说明恒盛地产“增收不增利”，同时，资产负债率风险攀上新高。

面对楼市调整的“寒冬”，房地产企业主要靠贷款来应对。不过，这些借来的“粮草”，其实不足以应对企业销售下降带来的困窘。2021年4月以来，银保监会连发10道“金牌”，银行业全面落实宏观审慎评估体系（MPA）考核，直指同业和理财等非标投融资，并打击借助资管计划、基金子公司等绕开监管为地产项目和融资平台违规输血的行为。为了更好地管理和控制行业健康发展，国家也陆续出台了相关政策，对房地产企业发展设置了三条红线，分别是：剔除预收账款的资产负债率不得大于70%；净负债率不得大于100%；现金短债比不得小于1倍。正是在“三道红线”政策下，杠杆水平被收缩，导致房地产企业整体降低负债。由于房地产企业具有特殊的行业性质，因此，其资产负债率没有固定的标准。资产负债率过低，将不能起到较好的财务杠杆作用，会使得企业筹资成本较高；资产负债率过高，企业财务风险较高，将造成企业偿债能力较弱，甚至可能导致企业资不抵债，最终破产。

根据国研网报告，从房地产行业的未来发展趋势来看，房地产企业去杠杆、降负债已经成为一项长期化的任务；同时也要加强资本市场的融资力度，通过长债置换短债、低成本融资置换高成本融资优化债务结构，从而保持成本费用的合理性，加大回款力度，逐步改善现金流量，进而提升房地产企业盈利能力和偿债能力。

案例分析10-2

2.股东权益比率和权益乘数的计算与分析

（1）股东权益比率的内涵和计算

股东权益比率是股东权益总额占资产总额的比率，反映企业长期偿债能力保证程度的重要指标，反映企业在全部资产中所有者投入所占的比例。其计算公式是：

$$\text{股东权益比率}=\frac{\text{股东权益总额}}{\text{资产总额}}\times 100\%$$

$$=1-\text{资产负债率}$$

股东权益比率越高，说明在企业资产中由所有者投资所形成的资产越多，偿还债务的保证程度越大。从“股东权益比率=1-资产负债率”来看，该指标越高，资产负债率越低。债权人对该指标非常感兴趣，当债权人将其资金借给股东权益比率较高的企业时，由于企业有较多的自有资产做偿债保证，债权人全额收回债权就基本不会有问题，即使企业清算时资产不能按账面价值收回，债权人也不会有太大损失。例如，企业资产50%来源于所有者投资，50%来源于负债。即使公司的全部资产按一半的价格转换为现金，依然能付清所有的负债，说明债权人利益受保障的程度较高。再如，企业资产的80%来源于所有者投资，只有20%通过负债取得。那么，只要企业资产价值不暴跌到80%以上，即每1元资产只要转换成0.20元及以上的现金，债权人就不会受到任何损失。相反，如果企业资产的80%来源于负债，只要企业资产价值下跌超过20%，债权人就不能全额收回债权。可见，股东权益比率高低能够反映企业对债权人的保护程度。如果企业处于清算状态，则该指标对偿债能力的保证程度就显得更加重要。

BQC公司2022年资产的75.42%来源于负债融资，股东权益比率为24.58%。可见，债权人利益的保障程度相对较低。

（2）权益乘数的内涵和计算

权益乘数是指资产总额相当于股东权益总额的倍数，表示企业的股东权益支撑着多大规模的资产，用来衡量企业的负债程度和财务风险，是股东权益比率的倒数。其计算公式是：

$$\text{权益乘数}=\frac{\text{资产总额}}{\text{股东权益总额}}$$

$$=1\div(1-\text{资产负债率})$$

权益乘数越大，说明股东投入的资本在资产中所占比例越低，企业对负债利用得越充分，企业负债程度越高，财务风险也就越高。

（3）权益乘数案例分析

2014—2022年BQC公司权益乘数及影响因素对比，如图10-12所示。由图10-12可知，BQC公司权益乘数与资产负债率趋势基本一致，在2.62~4.07之间波动，2022年权益乘数明显增加，与负债占比变化大体相同，说明BQC公司加大对负债的利用，负债程度高，股东权益占比小，财务风险增加，偿债能力相对变弱。

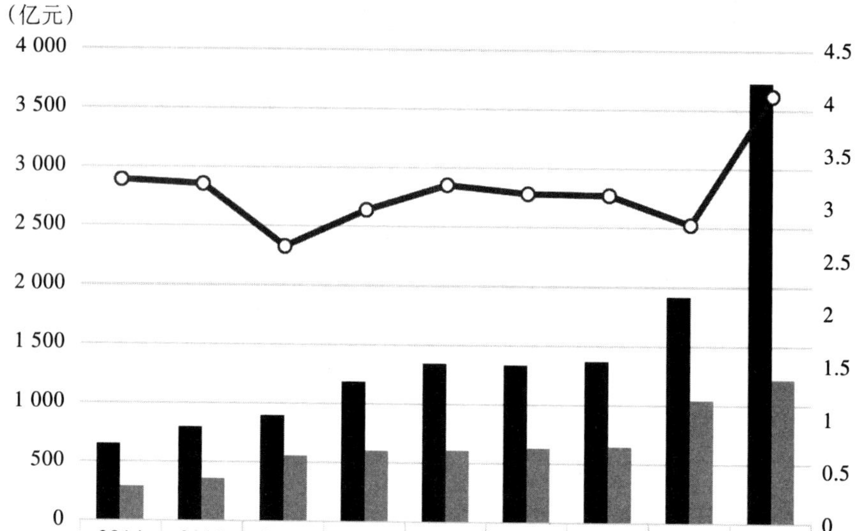

	2014	2015	2016	2017	2018	2019	2020	2021	2022
负债	651.14	794.57	896.61	1 181.4	1 338.7	1 330.4	1 365.6	1 915.3	3 724.7
股东权益	288.94	360.29	554.09	599.57	606.94	626.01	644.54	1 042.4	1 213.9
权益乘数	3.25	3.21	2.62	2.97	3.21	3.13	3.12	2.84	4.07

图10-12　BQC公司2014—2022年权益乘数及影响因素对比图

3.产权比率和有形净值负债率的计算与分析

（1）产权比率的内涵和计算

产权比率又称净资产负债率，是指负债总额与股东权益总额之间的比率，表明由债权人和投资者提供的资金来源的相对关系。其计算公式是：

$$产权比率=\frac{负债总额}{股东权益总额}\times 100\%$$

同为衡量企业长期偿债能力的指标，如果说资产负债率是反映企业债务负担的指标，股东权益比率是反映偿债保证程度的指标，产权比率则是反映债务负担与偿债保证程度相对关系的指标。产权比率和资产负债率、股东权益比率具有相同的经济意义，但该指标更直观地表示出了负债受到股东权益的保护程度。一般来说，产权比率可反映股东所持股权是否过多，或者是尚不够充分等情况，从另一个侧面表明企业负债经营的程度，该指标是企业基本财务结构是否稳健的重要标志。

（2）有形净值负债率的内涵和计算

考虑有些资产在企业结算时其价值会受到严重影响，如清算时商誉价值可能不存在，产权比率可以更保守地计算，即计算有形净值负债率。

有形净值负债率是指企业负债总额与有形净资产总额之间的比率，该指标在净资产中扣除了无形资产。其计算公式是：

$$有形净值负债率=\frac{负债总额}{净资产-无形资产}\times 100\%$$

（3）产权比率案例分析

2014—2022年BQC公司产权比率及变动率，如图10-13所示。由图10-13可知，BQC公司的产权比率呈波浪式变动，2022年达到峰值为306.84%，说明BQC公司在2022年债权人权益保障程度降低，债权人承担风险增加，股东权益对偿债风险保障程度减弱。整体看BQC公司产权比率在160%~310%之间波动，且大部分年份在200%以上，债权人权益始终高于股东权益，说明企业财务结构不够稳健，负债经营存在风险。同时，BQC公司的产权比率变动率波动幅度较大，2017—2021年变动率逐年下降，并从2019开始连续三年为负值，反映债权人承担的风险逐步释放，长期偿债能力有所增强，但在2022年又迅速上升，增幅达67%，那么同行业企业如何呢？

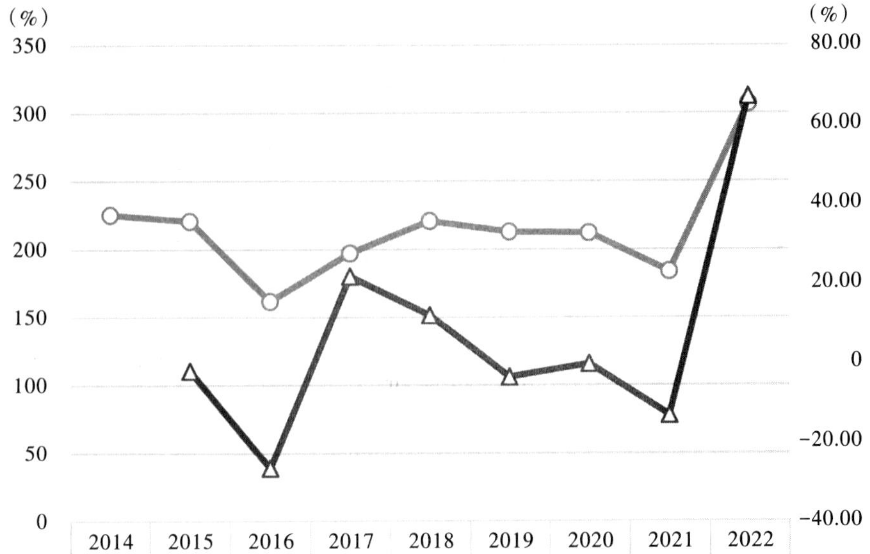

	2014	2015	2016	2017	2018	2019	2020	2021	2022
产权比率	225.35	220.54	161.82	197.04	220.57	212.52	211.87	183.74	306.84
变动率		-2.13	-26.63	21.76	11.94	-3.65	-0.31	-13.28	67.00

图10-13　BQC公司2014—2022年产权比率及变动率趋势图

2014—2022年5家汽车企业产权比率对比，如图10-14所示。由图10-14可知，在5家企业中BQC公司产权比率最高且变化幅度较大；GQJT公司产权比率最低且平稳，各年均低于100%，说明GQJT公司的债权人权益保障程度最高，财务结构稳健，财务风险最低；CAQC公司、CCQC公司和SQJT公司处于中等水平，产权比率除CCQC公司个别年份低于100%以外，基本在100%~200%之间波动，说明除了GQJT公司以外，其他企业大都各年债权人权益高于股东权益，特别是BQC、CCQC和SQJT 3家公司的长期负债能力保障程度相对较低。

4.固定长期适合率和固定资产与非流动负债比率的计算与分析

（1）固定长期适合率的内涵和计算

固定长期适合率是指固定资产净值与股东权益总额和非流动负债总额之和之间的比率。其计算公式是：

$$固定长期适合率=\frac{固定资产净值}{股东权益总额+非流动负债总额}\times 100\%$$

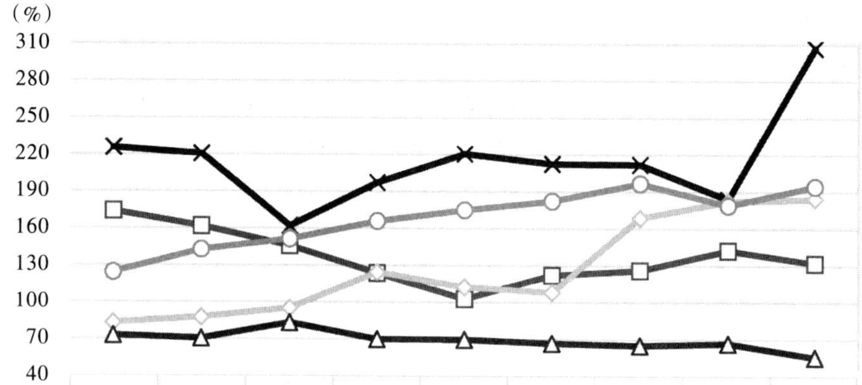

	2014	2015	2016	2017	2018	2019	2020	2021	2022
BQC	225.35	220.54	161.82	197.04	220.57	212.52	211.87	183.74	306.84
CAQC	173.76	161.65	145.68	123.59	102.56	122.19	126.09	142.37	132.01
CCQC	83.02	87.33	94.94	124.42	112.19	107.90	168.58	182.33	184.22
GQJT	72.55	70.31	83.08	69.86	69.56	66.65	64.79	66.53	55.44
SQJT	124.26	142.57	151.23	165.90	174.93	182.32	196.55	178.89	194.41

图10-14　5家汽车企业2014—2022年产权比率趋势对比图

就大多数企业来说，在固定资产方面的投资都希望用权益资金来解决，这样就不会因为固定资产投资回收期长而影响企业短期偿债能力。当企业固定资产规模较大，而权益资金规模较小，难以满足固定资产投资的需要时，可以通过举借长期债务解决。一般认为，该指标必须小于100%，即当该指标超过100%时，说明企业使用了一部分短期资金进行固定资产投资，而流动资产全部由流动负债来解决，这对企业短期偿债能力是一个十分危险的信号。当企业的固定长期适合率小于100%时，表明企业有一部分长期资金用于流动资产运营，可以减轻企业短期偿债的压力。

（2）固定长期适合率案例分析

根据BQC公司合并资产负债表资料，BQC公司2022年固定长期适合率指标计算如下：

$$2021\text{年BQC公司固定长期适合率}=\frac{6\ 122\ 136.50}{10\ 424\ 420.90+2\ 023\ 199.40}\times 100\%=49.18\%$$

$$2022\text{年BQC公司固定长期适合率}=\frac{13\ 188\ 036.90}{12\ 138\ 983.70+3\ 912\ 624.80}\times 100\%=82.16\%$$

从计算结果看，BQC公司的长期资金能够满足固定资产的投资需要，而且期初回旋余地较大。从期末来看，仅有17.84%的长期资金可用于其他方面，企业除用于固定资产的资金需要外，其他方面的资金需要依赖一部分长期资金来满足。

（3）固定资产与非流动负债比率的内涵和计算

固定资产与非流动负债比率是指固定资产净值与非流动负债总额之间的比率，该指标对于反映企业清算状态的偿债能力意义较大。其计算公式是：

$$\text{固定资产与非流动负债比率}=\frac{\text{固定资产净值}}{\text{非流动负债总额}}\times 100\%$$

一般认为该指标应超过100%。其依据是，当企业进入清算状态时，资产不一定能按账面价值变现，流动负债必须依赖流动资产变现来偿还，非流动负债需依赖固定资产变现来清偿。如果固定资产净值小于非流动负债，则债权人的利益就没有充分保障。

（4）固定资产与非流动负债比率案例分析

BQC公司的固定资产与非流动负债比率计算如下：

期初固定资产与非流动负债比率=6 122 136.50÷2 023 199.40×100%=302.60%

期末固定资产与非流动负债比率=13 188 036.90÷3 912 624.80×100%=337.06%

从计算结果可以看出，期初每1元的非流动负债有3.03元的固定资产作为偿付保证，假如在清算状态下，长期债务的清偿基本有保障。在期末，每1元的非流动负债有3.37元的固定资产可以偿付。可见，期末BQC公司如果在清算状态下，长期债务的清偿保障程度有所增加。结合固定长期适合率指标可以更清楚地表明，如果公司进行清算，目前看债权人和股东的权益都有一定的保障。

总之，固定资产与非流动负债比率是与固定长期适合率相配合的指标，固定长期适合率是反映固定资产净值对股东权益总额和非流动负债总额的保障程度，而固定长期适合率则在企业清算时，反映债权人和股东权益的保障程度。

5.资产非流动负债率和有形资产非流动负债率的计算与分析

（1）资产非流动负债率的内涵和计算

资产非流动负债率是指非流动负债总额与资产总额之间的比率，反映企业在全部资产中有多少由非流动负债所形成，是从清算角度计算与分析企业最终清偿能力的保守指标。其计算公式是：

$$资产非流动负债率=\frac{非流动负债总额}{资产总额}\times 100\%$$

资产非流动负债率指标越高，说明在每1元资产中非流动负债所占的比例越高，企业主要依赖长期债务进行融资，长期偿债能力风险较高。该指标应结合行业进行分析。通常受经济环境变动影响而导致销售额波动较大的企业，倾向于避免高负债，因为偿还固定利息会给长期偿债能力带来压力。比如零售业企业往往通过短期债务进行融资，资产非流动负债率通常较低。

（2）资产非流动负债率案例分析

根据BQC公司合并资产负债表资料，BQC公司的资产非流动负债率计算如下：

期初资产非流动负债率=2 023 199.40÷29 578 014.70×100%=6.84%

期末资产非流动负债率=3 912 624.80÷49 386 064.60×100%=7.92%

从计算结果可以看出，BQC公司的资产非流动负债率较低，期末每1元资产中长期债务只占近0.08元，长期债务负担较轻，长期债权人的保证程度较高。但结合该公司资产负债率，以及图10–5负债结构，发现BQC公司负债中的流动负债占比较高，应根据公司的实际情况适当调整负债结构。

2014—2022年5家汽车企业资产非流动负债率对比，如图10–15所示。由图10–15可知，5家企业的资产非流动负债率均未超过16%。其中，CAQC公司该指标较平稳，BQC公司该指标虽然在2019—2020年处于行业较高值，但在2021年和2022年又低于10%。说明5家企业均不依赖长期债务融资，长期偿债能力风险较低。

（3）有形资产非流动负债率的内涵和计算

有形资产非流动负债率是指非流动负债总额与有形资产总额之间的比率，是在资产非流动负债率的基础上，从分母资产总额中剔除未来变现能力较差的无形资产，所计算的能够更保守地反映企业长期偿债能力的指标。其计算公式是：

$$有形资产非流动负债率=\frac{非流动负债总额}{有形资产总额或(资产总额-无形资产)}\times 100\%$$

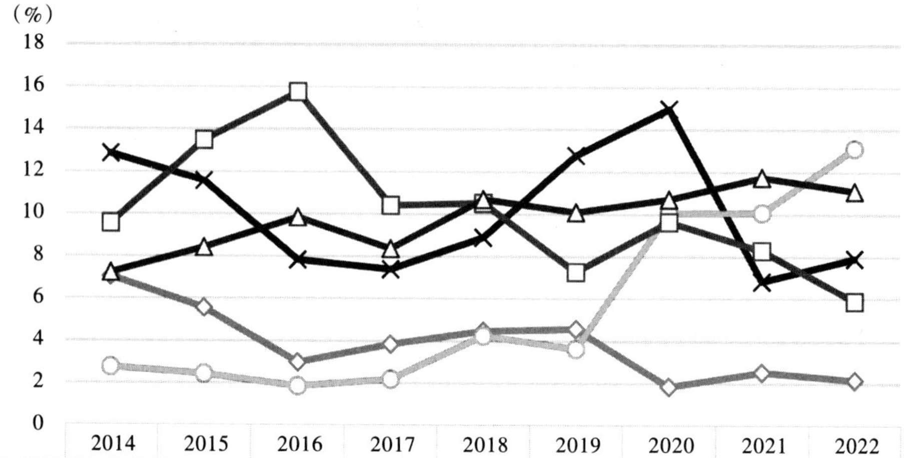

	2014	2015	2016	2017	2018	2019	2020	2021	2022
BQC	12.86	11.56	7.82	7.38	8.90	12.78	14.99	6.84	7.92
CAQC	7.04	5.55	2.97	3.82	4.47	4.56	1.85	2.53	2.16
CCQC	2.74	2.42	1.85	2.18	4.23	3.62	10.7	10.08	13.13
GQJT	9.55	13.49	15.75	10.41	10.52	7.28	9.64	8.30	5.89
SQJT	7.22	8.41	9.83	8.36	10.70	10.09	10.71	11.74	11.09

图10-15　5家汽车企业2014—2022年资产非流动负债率对比图

（4）有形资产非流动负债率案例分析

BQC公司有形资产非流动负债率计算如下：

期初有形资产非流动负债率=20 231 994 000÷（295 780 147 000−17 104 942 000）×100%=7.26%

期末有形资产非流动负债率=39 126 248 000÷（493 860 646 000−23 223 497 000）×100%=8.31%

通过计算可以看出，BQC公司期初、期末有形资产非流动负债率和资产非流动负债率相差约1%，说明其长期偿债能力受无形资产的影响较小。

6.非流动负债营运资金比率的计算与分析

（1）非流动负债营运资金比率的内涵和计算

非流动负债营运资金比率是指营运资本与非流动负债之间的比率。其计算公式是：

$$非流动负债营运资金比率=\frac{流动资产-流动负债}{非流动负债}\times 100\%$$

通常该指标应大于100%，说明企业营运资本可以用于偿还非流动负债。但该指标在一定程度上受企业筹资策略的影响，因为在资产负债比率一定的情况下，流动负债与非流动负债的结构安排因筹资策略的改变而不同。

（2）非流动负债营运资金比率案例分析

BQC公司的非流动负债营运资金比率计算如下：

期初非流动负债营运资金比率=（16 611 018.90−17 130 394.40）÷2 023 199.40×100%= −25.67%

期末非流动负债营运资金比率=（24 080 350.70−33 334 456.10）÷3 912 624.80×100%= −236.52%

可知，BQC公司非流动负债营运资金比率期末较期初下降210.85%，营运资金用于偿还非流动负债的保证程度有明显下降。期末企业营运资本比率是非流动负债的2倍以上，说明企业非流动负债偿还压力较大。

（二）盈利能力对长期偿债能力影响的分析

资产固然可以作为偿债的保证，但企业取得资产的目的并不是为了偿债，而是通过利用资产进行经营以获取收益，所以债务的清偿依赖于资产的变现，而资产的变现主要通过产品销售实现。因此，盈利能力对偿债能力的影响更重要。从盈利能力角度分析企业长期偿债能力的指标主要有销售利息比率、利息保障倍数和债务本息保证倍数。

1.销售利息比率的计算与分析

销售利息比率是指一定时期的利息费用与营业收入之间的比率，反映企业销售状况对偿付债务的保证程度。其计算公式是：

$$销售利息比率=\frac{利息费用}{营业收入}\times 100\%$$

企业的负债最终还要用经营所得去偿还，如果企业经营状况不佳，在经营期间偿付债务就缺少根本的保证，而企业权益资金的多少对偿债的保证只有在企业处于清算状态时才真正发挥作用。在企业负债规模基本稳定的情况下，销售状况越好，偿还到期债务给企业造成的冲击越小。该指标越小越好，说明通过销售所得现金用于偿付利息的比例越小，企业的偿债压力越小。

2.利息保障倍数的计算与分析

（1）利息保障倍数的内涵和计算

任何企业为了保证再生产的顺利进行，在取得营业收入后，都需要首先补偿企业在生产经营中的耗费。利息支出的真正资金来源应该是营业收入补偿生产经营耗费之后的余额，若其余额不足以支付利息支出，企业的再生产就会受到影响。因此，利息保障倍数比销售利息比率更能反映企业偿债能力的保证程度。

利息保障倍数是指企业息税前利润与利息支出之间的比率，反映企业盈利与利息支出之间的特定关系。其计算公式为：

$$利息保障倍数=\frac{利润总额+利息支出}{利息支出}$$

公式中的利息支出包括财务费用中的利息费用和资本化利息，通常用财务费用中的利息费用来表示。公式中的分子之所以包括利息支出，是因为利息已经从营业利润中予以扣除，利润总额是扣除了利息之后的金额。

通常，利息保障倍数越高，说明企业长期偿债能力越强；该指标越低，说明企业偿债能力越弱。一般认为该指标至少要大于1，否则说明企业偿债能力很差，无力举债经营；利息保障倍数提高，说明偿债能力增强，否则说明企业偿债能力下降。

（2）利息保障倍数案例分析

2014—2022年BQC公司利息保障倍数，如图10-16所示。由图10-16可知，BQC公司的利息保障倍数呈先升后降再升之势，最低为2014年的1.53倍，最高为2022年的17.01倍，2014—2021年大多在1.5~4.5倍之间。总体而言，BQC公司的利息保障倍数在2020—2022年均在3倍以上，表明盈利能力能够保障现有债务规模利息的偿还。2022年利息保障倍数异常增加的主要原因是BQC公司利润总额增加366.57%所致，企业盈利能力大幅提升从根本上保障了对利息的偿还。

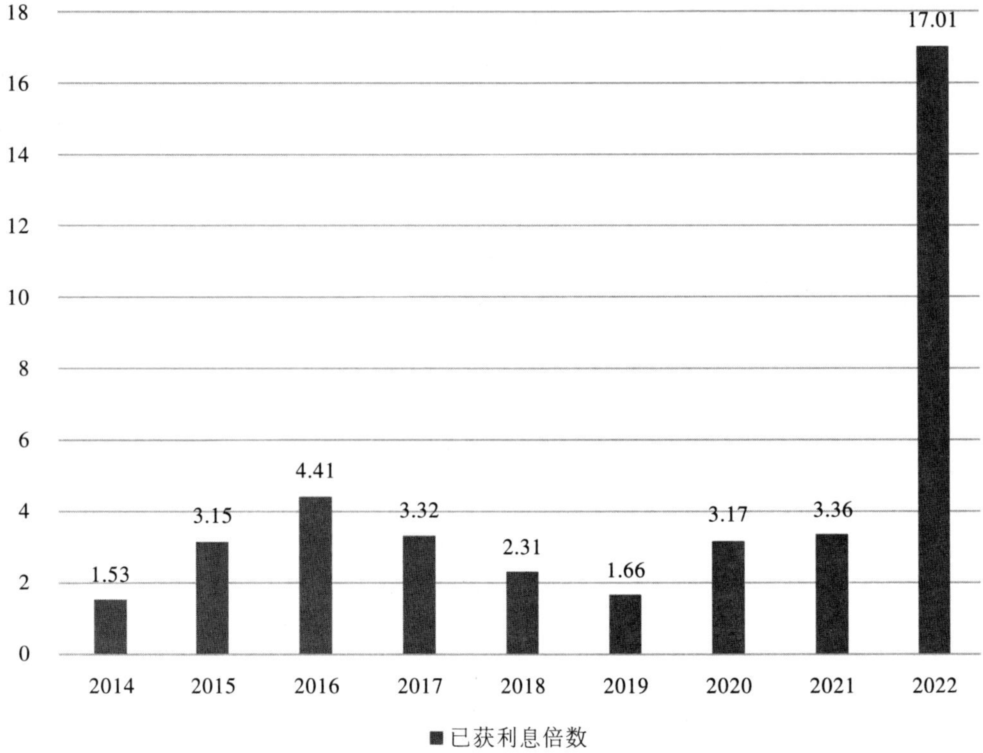

图10-16 BQC公司2014—2022年利息保障倍数对比图

3.债务本息保证倍数的计算与分析

根据企业的经营状况反映偿债能力的保证程度，债务本息保证倍数比利息保障倍数能更精确地表达出企业偿债能力的保证程度。对债权人来说，如果连本金都不能收回，就更不敢奢求利息了。债权人借款给企业，目的虽然是获取利息收入，但基本前提是能够按期收回本金。而企业的偿债义务是按期支付利息和到期归还本金，所以看其偿债能力的高低不能仅看偿付利息的能力，更重要的还要看其偿还本金的能力。在企业正常经营条件下，本金的偿还必须以企业经营所赚取的利润来支付。

债务本息保证倍数是指企业一定时期息税前利润与还本付息金额之间的比率，反映息税前利润对财务需要（现金流出）的保证程度，通常用倍数来表示。其计算公式是：

$$\text{债务本息保证倍数}=\frac{\text{息税前利润}}{\text{利息费用}+\dfrac{\text{年度还本额}}{1-\text{所得税税率}}}$$

企业偿还本金与支付利息是有区别的，利息是所得税前开支项目，支付1元的利息，只需1元的营业收入，或者说是减少1元的利润额，偿还本金则需动用企业的净收入，即企业偿还1元钱的本金将需要更多的税前利润，所以要将偿还的本金数还原到所得税前的水平。

债务本息保证倍数的最低标准为1，该指标越高，表明企业偿债能力越强。如果该指标低于1，则说明企业偿债能力较弱，企业会因为还本付息造成资金周转困难，支付能力下降。

思政案例10-3

（三）现金流量对长期偿债能力影响的分析

运用现金流量表数据计算长期偿债能力指标，可以比较客观真实地反映企业的实际偿债能力，将现金流量与负债相比较，分析评价企业的长期偿债能力，主要指标有到期债务本息偿付比率、强制性现金支付比率、现金债务总额比率和利息现金流量保证倍数。

1.到期债务本息偿付比率的计算与分析

（1）到期债务本息偿付比率的内涵和计算

到期债务本息偿付比率是指经营活动现金流量净额与本期到期债务本息之间的比率，用来衡量企业到期债务本金及利息可由经营活动创造的现金来支付的程度。其计算公式是：

$$到期债务本息偿付比率=\frac{经营活动现金流量净额}{本期到期债务本息}\times 100\%$$

经营活动现金流量净额是企业最稳定的经常性现金来源，是偿还债务的基本保证。如果该指标小于100%，则说明企业经营活动产生的现金不足以偿付到期债务和利息支出，企业必须通过其他渠道才能偿还债务。该指标越高，表明企业长期偿债能力越强。

（2）到期债务本息偿付比率案例分析

BQC公司2022年到期债务本息偿付比率及变动情况分析，见表10-3。[①]由表10-3可知，BQC公司2021年到期债务本息偿付比率为260.87%，说明企业经营活动现金净流量完全可以满足支付到期的本金和利息的需要。2022年到期债务本息偿付比率为1 088.87%，同比增加828.00%，主要原因是经营活动现金流量净额大幅增加，其增加金额远大于到期债务本金及利息增加的金额，表明企业用经营活动创造的现金支付长期债务的能力进一步增强。

表10-3　**到期债务本息偿付比率及变动情况分析表**　金额单位：万元

项　目	2022年	2021年	差　异
经营活动现金流量净额	14 083 765.70	6 546 668.20	7 537 097.50
到期本金[①]	1 161 792.60	2 318 777.40	-1 156 984.80
利息费用	131 635.00	190 764.20	-59 129.20
到期债务本金及利息	1 293 427.60	2 509 541.60	-1 216 114
到期债务本息偿付比率（%）	1 088.87	260.87	828.00

2.强制性现金支付比率的计算与分析

（1）强制性现金支付比率的内涵和计算

在企业经营中，有些现金流出带有强制性支付，如在生产经营活动中必须支付的现金，偿还本金、支付利息等必须支付的现金等。企业现金流量必须满足这些需要，才能保

① 假设2022年到期本金为1 161 792.60万元，此数据根据2022年年末资产负债表中的短期借款和一年内到期的非流动负债两项之和求得；2021年到期本金为2 318 777.40万元，此数据根据2021年年末资产负债表中的短期借款和一年内到期的非流动负债两项之和求得。

证生产经营活动的正常进行，进而保持企业良好的信誉。

强制性现金支付比率是指现金流入总额与经营活动现金流出金额和偿还到期本息付现金额之和的比率，是反映企业是否有足够的现金履行其偿还债务、支付经营费用等责任的指标。其计算公式为：

$$强制性现金支付比率=\frac{现金流入总额}{经营活动现金流出量金额+偿还到期本息付现金额}\times100\%$$

强制性现金支付比率至少应等于100%，即现金流入总额能够满足强制性项目的支付需要。该指标越高，表明企业偿债能力越强，其超过100%的部分可用来满足企业其他方面的现金需求。

（2）强制性现金支付比率案例分析

BQC公司2022年强制性现金支付比率及变动情况分析，见表10-4。由表10-4可知，BQC公司2021年强制性现金支付比率为171.24%，表明该公司现金流入总量能够满足经营活动现金流出和偿还债务本息的需要，且还有剩余可用于其他方面。2022年该指标减少16.25%，但依然达到154.99%，说明企业现金流入总量在满足强制性现金支付需要之后尚有余额。如果将该指标与到期债务本息偿付比率结合起来分析，可以看出，2022年BQC公司到期债务本息偿付比率与强制性现金支付比率之间的差距超过200%，之所以会产生这样的差异，是因为在经营活动现金流量不能满足偿债需要时，企业还可以通过其他途径获取现金，比如借款，用借新债还旧债的方式填补偿债能力不足的缺口。而BQC公司2022年强制性现金支付比率低于上年的根本原因，是本期现金流入总额的增加，小于经营活动现金流出金额和偿还到期本息付现金额之和所致。

表10-4　**强制性现金支付比率及变动情况分析表**　金额单位：万元

项　目	2022年	2021年	差　异
现金流入	48 586 567.60	29 632 693.20	18 953 874.40
经营活动现金流入	44 137 998.70	21 341 880.80	22 796 117.90
投资活动现金流入	1 331 064.30	1 272 202.60	58 861.70
筹资活动现金流入	3 117 504.60	7 018 609.80	-3 901 105.20
强制性项目现金流出	31 347 660.60	17 304 754.20	14 042 906.40
经营活动现金流出	30 054 233.00	14 795 212.60	15 259 020.40
偿还到期本金	1 161 792.60	2 318 777.40	-1 156 984.80
利息费用	131 635.00	190 764.20	-59 129.20
强制性现金支付比率（%）	154.99	171.24	-16.25

3.现金债务总额比率的计算与分析

（1）现金债务总额比率的内涵和计算

现金债务总额比率是指经营活动现金流量净额与负债平均余额之间的比率，用来衡量企业负债总额用经营活动所产生的现金支付的程度及承担债务的能力。其计算公式为：

$$现金债务总额比率=\frac{经营活动现金流量净额}{负债平均余额}\times 100\%$$

企业真正能用于偿还债务的是现金流量，通过经营活动现金流量净额和负债平均余额的比较，可以更好地反映企业的长期偿债能力。现金债务总额比率能够反映企业经营活动现金流量净额偿还债务的能力。该比率越高，表明企业偿还债务的能力越强，财务灵活性越高。

（2）现金债务总额比率案例分析

BQC公司2022年现金债务总额比率计算如下：

现金债务总额比率=14 083 765.70÷［（19 153 593.80+37 247 080.90）÷2］×100%=49.94%

计算结果表明，BQC公司本期的现金债务总额比率为49.94%。可见，经营活动现金流量净额为正，经营活动现金流入可以维持现金流出，但无法满足偿还公司债务的需要。结合该公司2022年的现金比率为15.44%，发现该公司短期现金偿债能力并不强。因此，不能仅凭一个指标分析现金流量对长期偿债能力的影响，应综合多个指标，结合各会计报表相关项目，前后融通方可得出客观的结论。

4.利息现金流量保证倍数的计算与分析

（1）利息现金流量保证倍数的内涵和计算

利息现金流量保证倍数是指企业经营活动现金流量净额相对于利息费用的倍数，反映企业经营活动现金流量净额与利息费用之间的特定关系。其计算公式是：

$$利息现金流量保证倍数=\frac{经营活动现金流量净额}{利息费用}$$

利息现金流量保证倍数比利息保障倍数更能反映企业的偿债能力。当企业息税前利润和经营活动现金流量净额变动基本一致时，这两个指标结果相似。但如果企业正处于高速成长期，息税前利润和经营活动现金流量净额相差较大时，使用利息现金流量保证倍数指标则更稳健、更保守。

（2）利息现金流量保证倍数案例分析

BQC公司2022年利息现金流量保证倍数计算如下：

利息现金流量保证倍数=14 083 765.70÷131 635.00=106.99

计算结果表明，BQC公司2022年利息现金流量保证倍数为106.99倍，对债权人来说保证程度非常高，与利息保障倍数的结论一致。

（四）长期偿债能力的行业分析

对长期偿债能力的行业分析，主要选取5家同行业企业2022年的权益乘数、利息保障倍数和利息现金流量保证倍数3个指标进行对比，见表10-5。由表10-5可知，在5家企业中，BQC公司的权益乘数最高，利息保障倍数处于中游水平，但是BQC公司利息现金流量保证倍数位居第二位，说明BQC公司的经营活动现金流量净额对利息费用的保障程度较高。尽管BQC公司其他反映长期偿债能力的指标差强人意，但是BQC公司经营活动的“造血”功能在行业中较高，虽然其负债规模较大，但是基本为无息负债，说明BQC公司在上下游企业中处于优势地位。

表10-5　　2022年5家汽车企业长期偿债能力局部指标对比表

公司名称	权益乘数	利息保障倍数	利息现金流量保证倍数
CAQC	2.32	159.33	116.39
CCQC	2.84	13.29	17.19
GQJT	1.55	74.59	-16.30
SQJT	2.94	11.10	3.51
BQC	4.07	17.01	106.99

值得一提的是GQJT公司，虽然权益乘数处于行业最低水平，但是其利息现金流量保证倍数为负值，说明企业经营活动现金流量入不敷出，企业经营活动现金流量无法满足自身生产经营的需要，更谈不上支付利息费用，至于GQJT公司的经营活动现金流量为负值的原因，应结合现金流量表做进一步分析。

综上所述，BQC公司的长期偿债能力整体表现一般，但个别指标亮眼，如利息现金流量保证倍数在行业内属于较高水平，具体原因可以结合现金流量表做进一步分析。

此外，我们依据同花顺软件并按汽车整车的分类标准，针对23家汽车行业企业2022年合并报表整理的数据，借助国泰安数据库整理计算各企业的资产负债率，见表10-6。

表10-6　　2022年汽车整车行业23家企业资产负债率及影响因素表

公司名称	资产合计（亿元）	负债合计（亿元）	资产负债率（%）
江铃汽车	274.68	182.28	66.36
海马汽车	62.99	33.23	52.75
长安汽车	1 460.49	831.00	56.90
一汽解放	567.73	330.53	58.22
安凯客车	33.70	32.92	97.69
中国重汽	343.72	197.80	57.55
中通客车	93.68	67.05	71.57
众泰汽车	71.21	46.79	65.71
比亚迪	4 938.61	3 724.71	75.42
东风汽车	176.86	92.04	52.04
宇通客车	299.98	154.02	51.34
上汽集团	9 901.07	6 538.07	66.03

续表

公司名称	资产合计（亿元）	负债合计（亿元）	资产负债率（%）
福田汽车	485.15	347.78	71.69
亚星客车	28.44	26.13	91.88
江淮汽车	470.83	330.15	70.12
金龙汽车	277.56	232.78	83.87
北汽蓝谷	313.54	250.49	79.89
渤海汽车	73.90	27.86	37.70
广汽集团	1 900.21	677.72	35.67
长城汽车	1 853.57	1 201.41	64.82
力帆科技	206.38	89.74	43.48
泉峰汽车	62.91	34.39	54.67
德众汽车	15.27	10.35	67.80

将表10-6的数据按照三种不同的计算方式，得到以下三种行业资产负债率数据，分别为：

23家上市公司负债总额÷资产总额=64.65%

23家上市公司资产负债率平均数=64.05%

23家上市公司资产负债率中位数=65.71%

其中，有两家公司的资产负债率排前两名，分别是安凯客车为97.69%、亚星客车为91.88%；也有资产负债率较低的公司，如广汽集团为35.67%。为避免受极端值影响，我们选用中位数作为行业评价标准值，即汽车整车行业2022年资产负债率行业标准为65.71%。可见，BQC公司资产负债率指标高于行业标准，在23家同行业企业中排名第19位，说明从行业角度看，其长期偿债能力处于较低水平。但从其负债结构、现金流量状况和企业经营成果看，BQC公司目前不存在偿债风险。

案例分析 10-3

□ 本章小结

偿债能力是指企业偿还各种债务的能力。企业的负债按偿还期的长短，可以分为流动负债和非流动负债两大类。其中，反映企业偿付流动负债能力的是短期偿债能力；反映企业偿付非流动负债能力的是长期偿债能力。偿债能力是企业经营者、投资人、债权人等都十分关心的重要问题。其分析的目的在于：第一，了解企业的财务状况；第二，揭示企业所承担的财务风险程度；第三，预测企业筹资前景；第四，为企业进行各种理财活动提供重要参考。偿债能力分析主要包括两方面的内容，一方面是短期偿债能力分析，另一方面是长期偿债能力分析。

短期偿债能力一般又称支付能力，主要是通过流动资产的变现来偿还到期的短期债务。影响短期偿债能力的因素总体来说可以分为企业内部因素和企业外部因素。企业内部因素是指企业自身的经营业绩、资金结构、资产结构、融资能力等因素。企业外部因素是指与企业所处经济环境相关的因素，如经济形势、证券市场的发育情况、银行的信贷政策等因素。企业短期偿债能力可以从两个方面进行分析评价：一是根据资产负债表进行静态分析评价；二是根据现金流量表和其他有关资料进行动态分析评价。从静态方面最能反映企业短期偿债能力的指标，是根据资产负债表信息建立在对企业流动资产和流动负债关系的分析之上的，主要包括流动比率、速动比率和现金比率。从动态方面反映企业短期偿债能力的指标是建立在现金流量表和对经营中现金流量的分析基础之上的，主要有现金流量比率、近期支付能力系数、速动资产够用天数和现金到期债务比率。此外，应收账款周转率、应付账款周转率和存货周转率也是从动态上反映企业短期偿债能力的辅助性指标。

长期偿债能力是指企业偿还非流动负债的能力。影响企业长期偿债能力的主要因素有企业的盈利能力、投资效果、权益资金的增长和稳定程度、权益资金的实际价值以及企业经营现金流量。长期偿债能力分析的内容包括三个方面，第一，资产规模对长期偿债能力影响的分析。由这种对比关系中反映出来的企业长期偿债能力的指标主要有资产负债率、股东权益比率、产权比率（净资产负债率）、固定长期适合率和资产非流动负债率。第二，盈利能力对长期偿债能力影响的分析。从盈利能力角度分析、评价企业长期偿债能力的指标主要有销售利息比率、利息保障倍数和债务本息保证倍数。第三，现金流量对长期偿债能力影响的分析。将现金流量与负债相比较，用来评价企业的长期偿债能力，主要指标有到期债务本息偿付比率、强制性现金支付比率、现金债务总额比率和利息现金流量保证倍数。

由于行业特点不同，不同行业的偿债能力评价标准有所不同，同行业对比分析对判断企业的偿债能力水平是非常必要的。

□ 数智能力训练

人工智能大模型能够为我们进行财务分析提供很多有益的帮助。结合本章学习的内容，我们可运用人工智能大模型对企业偿债分析中的相关问题进行进一步的分析，以提升同学们运用数智模型进行财务分析的能力。

本章的数智能力训练题主要有：

1.不同行业的流动资产占资产总额的比例分别是多少？哪些行业的比例高一些？哪些行业的比例低一些？是什么原因导致的？

2.人工智能和大数据对于企业的影响，主要体现在哪些偿债能力指标上？如何对这些偿债能力指标进行分析？

3.在过去5年内，我国会计准则和上市公司信息披露有哪些重要变化？这些变化对于企业偿债能力分析有什么影响？

4.人工智能和大数据，对于上市公司的偿债能力有影响吗？如果有影响，哪个行业受影响大？哪个行业受影响小？对不同的偿债能力（短期偿债能力和长期偿债能力）有影响吗？影响如何？

5.在人工智能和大数据的环境下，可以借助哪些非财务信息对企业偿债能力进行分析？以汽车制造业（零售业、交通运输业、食品加工行业、钢铁行业等）为例，说明在企业偿债能力分析过程中如何利用人工智能和大数据进行全方位立体分析。

目前可以采用的人工智能大模型主要有阿里“通义千问”、百度“文心一言”和科大讯飞“星火”等模型，当然也可以采用最新推出的其他模型。同学们可以多尝试一下不同的提问方式，或者不同的人工智能模型，看看答案会有怎样的差别？看看你能否找到与人工智能建立有效沟通的渠道？

□ 互动练习

第十一章　企业发展能力分析

□ 学习目标

本章的学习目标是使学生掌握发展能力分析的基本内容与基本方法。

◇ 知识目标

理解发展能力的内涵，理解发展能力的反映形式；明确发展能力分析的目的，了解发展能力分析的内容；理解各种增长率指标的内涵。

◇ 技能目标

掌握各种增长率指标的计算和分析。

◇ 能力目标

掌握并运用增长率指标分析企业单项发展能力；掌握并运用企业整体发展能力分析框架对企业的增长能力做出合理的评价。

◇思政目标

树立和培养可持续发展观，以发展的眼光看问题；于企业经营决策中杜绝短视和粗放经营，培养重规模的同时更重质量的增长思维，促进绿色、长期、健康发展。

【引例】

在“双碳”目标的引领下，汽车行业作为中国经济的重要增长点，既肩负促进内循环、刺激消费的重任，又需引领低碳出行、低碳运输，助力我国从制造大国迈向制造强国，从而推动中国经济高质量发展。

政策支持赋予车企在电动化道路转型的利好条件。站在“碳达峰、碳中和”的风口及百年未有之大变局的历史节点上，经过10多年坚守，比亚迪取得了斐然的成绩。比亚迪董事长王传福表示未来将继续努力，克服一些困难，迎接更大的辉煌。

目前，比亚迪位于深圳、长沙、西安、合肥等地区的九大工厂集体发力。官方数据显示，2022年比亚迪新能源汽车以186.85万辆的销量雄踞全球第一，同比增长152.5%，占国内新能源汽车销量比例超过26%（不含出口）。据TrendForce（集邦咨询）统计，2022年全球新能源汽车销量约1 065万辆，比亚迪新能源汽车全球市场占有率近18%，意味着在全球每10辆新能源车中大约有2辆产自比亚迪。2022年比亚迪在海外销售累计55 916辆，较2021年增长307.2%，“元Plus（ATTO）”在海外上市后需求火爆，在欧洲、亚太地区引发抢购的热潮。

2023年3月28日，比亚迪发布2022年全年业绩，营业收入4 240.61亿元，同比增长96.2%，归属于上市公司股东的净利润166.22亿元，同比增长445.86%，扣非净利润156.38亿元，同比增长1 146.42%。销量方面，2022年比亚迪汽车销售1 868 543辆，全年同比增长152.5%。

相较于2021年度的数据，比亚迪百万元营收碳排放密度由24 147千克下降至19 011千克，下降幅度为21%，而行业均值下降幅度为14%。除温室气体排放密度外，比亚迪在水资源消耗密度，化学需氧量、氨氮、VOCs排放密度、一般工业固废、危险废物产生密度等方面的改善幅度均领先于行业平均水平。而最新数据显示，截至2023年12月11日，比亚迪减少碳排放超过462万吨，相当于种植超7.7亿棵树。

企业的长期可持续发展离不开产品竞争力的提升、市场的接纳和认可，但更重要的是企业能不断强化自身的综合实力。

坚持“为地球降温1℃”这一低碳环保愿景的比亚迪，正在通过技术创新，用更安全、更可靠的新能源技术和产品，加快新能源汽车的普及，以及全产业链的能源变革，助力中国乃至全球的“双碳”目标实现，为全球可持续发展贡献重要力量。

资料来源：1.佚名．董事长掌舵“ESG”比亚迪助力全球绿色发展［EB/OL］．［2023-03-24］．https：//finance.sina.com.cn/stock/zqgd/2023-03-24/doc-imymxpan2985402.shtml．2.佚名．全球首家达成600万辆新能源汽车下线，比亚迪再创纪录！［EB/OL］．［2023-11-24］．https：//www.bydauto.com.cn/pc/newsList/detail/? id=480 4．3.佚名．比亚迪：不忘初心，用科技坚守全球可持续发展愿景［EB/OL］．［2023-12-20］．https：//baijiahao.baidu.com/s? id=1785790231431197434&wfr=spider&for=pc．

第一节 企业发展能力分析的目的与内容

一、企业发展能力分析的目的

企业发展能力通常是指企业未来生产经营活动的发展趋势和发展潜能，又称企业增长能力。企业应该追求健康的、可持续的增长，这需要管理者制定适合企业的发展战略，利用股东和债权人的资本进行有效投资，稳健运营，增加收入，合理控制成本费用，从而创造利润。企业在补偿了债务资本成本之后，如能实现股东财富增加，就能进一步提高企业价值。具有以上能力的企业是具有增长潜力的企业，这种增长的潜力就是企业的发展能力。通过对这种能力进行分析，分析者便能对企业未来的成长性进行预测，从而评估企业价值。可见，企业发展能力分析具有重要意义。通过对企业发展能力进行分析，可以实现以下目的：

（1）评价企业发展战略的执行效果

发展战略决定了公司的发展方向、路径和发展速度。企业的财务战略是企业发展战略落地实施的重要基础。企业发展能力分析是在明确企业各发展阶段财务战略的前提下，对企业过去和现在有关筹资活动、投资活动、经营活动的效果做出的评价，以判断发展战略的制定和执行是否存在偏差。

（2）补充和完善传统财务分析

传统的财务分析重点在于回顾历史，但财务分析主体的分析目标往往是预测未来、支持决策，企业发展能力分析是对企业未来发展趋势的解读，从而满足了信息使用者的需求；另外，传统财务分析从静态角度分析盈利能力、营运能力以及偿债能力，而发展能力分析则是从动态角度分析这三种能力影响下的企业长期发展，动静结合让财务分析更全面。

（3）为预测分析与价值评估做铺垫

企业发展能力分析并不是对报表项目逐一进行分析，而是根据所有者权益、利润、收入、资产之间的联系使这些财务数据相互贯通，从而判断企业的增长速度，评价企业的增长潜力，预测企业的增长趋势。同时，由企业发展能力分析得出的增长率数据将是后续一系列预测分析和价值评估工作的基础数据来源，对以预测分析为基础的价值评估而言十分重要。

（4）满足相关利益者的决策需求

对于股东而言，可以通过发展能力分析衡量企业创造股东价值的能力，协助投资人更加准确地判断企业未来的收益和风险，从而为采取下一步战略行动提供依据；对于潜在的投资者而言，可以通过发展能力分析评价企业的成长性，从而选择合适的目标企业做出正确的投资决策；对于经营者而言，可以通过发展能力分析发现影响企业未来发展的关键因素，从而采取正确的经营策略和财务策略促进企业可持续发展；对于债权人而言，可以通过发展能力分析判断企业未来的盈利能力，协助债权人结合企业的动态发展路径，做出正确的长短期信贷决策。

案例分析11-1

二、企业发展能力分析的内容

企业发展能力的强弱是一个相对概念，即分析期的所有者权益、利润、收入和资产是相对于上一期的所有者权益、利润、收入和资产而言的。仅仅利用增长额只能说明企业某一方面的增减额度，无法反映企业在某一方面的增减幅度，既不利于不同规模企业之间的横向对比，又不能准确反映企业的发展能力。因此，在实践中通常是使用增长率来进行企业发展能力分析的。当然，企业不同方面的增长率相互作用、相互影响，所以，只有将各方面的增长率进行交叉比较分析，才能全面分析企业的整体发展能力。

可见，企业发展能力分析的内容可分为以下两部分：

1.企业单项发展能力分析。企业价值要获得增长，就必须依赖所有者权益、利润、收入和资产等方面的不断增长。企业单项发展能力分析就是通过计算和分析所有者权益增长率、利润增长率、收入增长率和资产增长率等指标，分别衡量企业在所有者权益、利润、收入、资产等方面所具有的发展能力，并对其在所有者权益、利润、收入、资产等方面的发展趋势进行评估。

2.企业整体发展能力分析。企业要获得可持续增长，就必须在所有者权益、利润、收入和资产等各方面谋求协调发展。良性、可持续发展的企业会在其所有者权益、利润、收入和资产等方面保持增速的相对一致性和稳健性。企业整体发展能力分析就是在明确企业发展战略的基础上，对所有者权益增长率、利润增长率、收入增长率和资产增长率等指标进行相互比较与全面分析，识别企业的发展潜力、综合判断企业发展的协调性，从而评估整体发展能力，预测企业未来的发展前景。

第二节　单项发展能力分析

一、所有者权益增长率计算与分析

（一）所有者权益增长率的内涵和计算

所有者权益的增加反映了股东财富的增加。在实践中，也可以采用比率表示所有者权益的增加。所有者权益的增加就是从期初余额到期末余额的变化，利用所有者权益增长率能够解释这种变化。所有者权益增长率是本期所有者权益增加额与所有者权益期初余额之比，又称资本积累率，其计算公式如下：

$$所有者权益增长率=\frac{本期所有者权益增加额}{所有者权益期初余额}\times 100\%$$

所有者权益增长率越高，表明企业本期所有者权益增加得越多；反之，所有者权益增长率越低，表明企业本期所有者权益增加得越少。

（二）所有者权益增长率分析

1.所有者权益增长率趋势分析

单一会计期间的所有者权益增长率反映当期的所有者权益增长幅度的大小。借助多期所有者权益增长率的趋势分析，能够对所有者权益增速、变化趋势有全面了解，同时有助于预测所有者权益未来的发展状况。

2.结合发展战略分析所有者权益增长率变化的原因

企业的发展战略决定了企业所有者权益增长的来源和特征。企业发展的各个阶段持有不同的发展战略，如在初创期和成长期，以“不断加大资本投资力度，不惜代价提升企业品牌知名度，快速占领市场和迅速扩张”为核心战略的企业，其市场拓展战略意味着要以高投入、低利润率迅速提高销量和收入，获得规模效应。这个阶段的企业规模较小，信用评级较低，利润的规模和增长情况具有极大不确定性。因此，企业资产的增长较少获得债权人支持，而主要依靠股东出资，所有者权益增速较快，但因利润尚不稳定，这个阶段的增长也具有一定的不确定性。

3.结合所有者权益构成分析所有者权益增长率变化的原因

所有者权益变动表反映了所有者权益在会计期间发生增减变化的原因，因此，可以结合所有者权益变动表对所有者权益增长率进行分析，分析内容和方法详见本书第五章。应重点从所有者权益的构成特征，分析影响企业所有者权益变动的原因。

从根本上看，一个健康经营、具备长期持续发展潜力的企业，其净利润对所有者权益的增长具有持续稳定的推动作用，其原因有二：其一，企业的经营目标之一就是确保所有者投入资本的保值和增值，如果企业的资本增值能力弱，则融资规模有限，成本也较高，很难满足长期发展需求；其二，尽管企业可以通过吸收投资扩大实收资本的规模来积累权益资金，满足投资和经营需求，但长期不盈利的企业，将无法给予股东回报。当回报率持续低于股东投入资本的机会成本时，股东的财富缩水，企业也难再融资，长期发展便无以为继。

思政知识11-1

下面根据BQC公司2012—2022年财务报表的相关信息对该公司所有者权益变动进行分析。

首先，根据该公司财务报表的相关数据计算该公司2012—2022年的所有者权益增长率，见表11-1；绘制该公司所有者权益和所有者权益增长率趋势变化图，如图11-1所示。

表11-1　**BQC公司所有者权益增长率指标计算表**　金额单位：亿元

项　目	2012年	2013年	2014年	2015年	2016年	2017年	2018年	2019年	2020年	2021年	2022年
所有者权益	241.44	248.56	288.94	360.29	554.09	599.57	606.94	626.01	644.54	1 042.44	1 213.90
本年所有者权益增加额	1.64	7.12	40.38	71.35	193.80	45.48	7.37	19.07	18.53	397.90	171.46
所有者权益增长率（%）	0.68	2.95	16.25	24.69	53.79	8.21	1.23	3.14	2.96	61.73	16.45

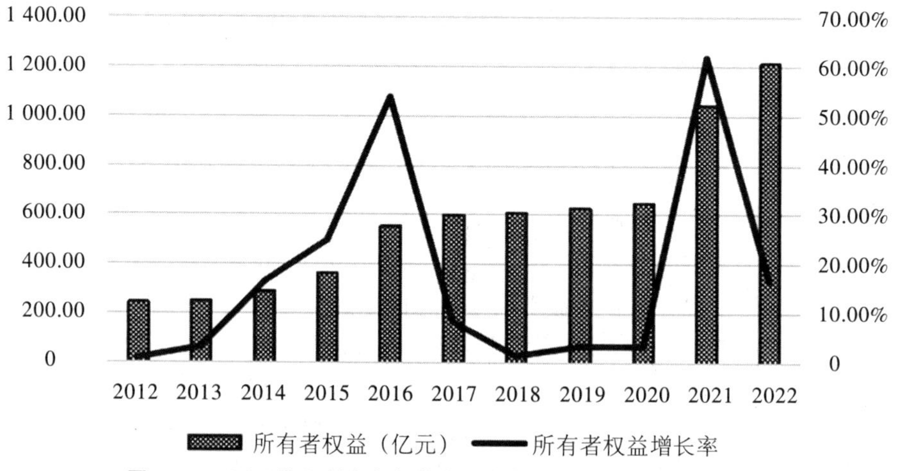

图11-1　BQC公司所有者权益和所有者权益增长率趋势变化图

由表11-1和图11-1可见，BQC公司的所有者权益在2012—2013年稳定保持在240亿元以上。2014—2017年，该公司的所有者权益处于增长期。2014年，BQC公司增发境外上市外资股1.219亿股，股本和资本公积增加33.42亿元，使所有者权益有小幅度增加。2015年，BQC公司发行永续债，获得本金总额为32亿元的可续期委托贷款。2016年，BQC公司发行永续债6亿元并且非公开发行A股2.52143亿股，使股本及资本公积增加约144亿元。此外，2015年和2016年间，BQC公司净利润一直上升，补充了该公司的留存收益，从而使所有者权益逐渐增长，企业的可持续增长能力相对增强，“造血”能力也有所提升。2017年，BQC公司偿还2015年发行的永续债32亿元且于当年发行了33亿元的永续债。另外，该公司的净利润于2017年发生下降，导致留存收益增速放缓，因此，该公司2017年的所有者权益相较于2016年增长幅度较小。2017—2020年，BQC公司所有者权益较为平稳，无明显增长。此现象是由于2017—2019年，该公司净利润下降，每年产生的留存收益逐年减少。2020年，BQC公司的营业收入恢复增长，留存收益随之增加37亿元，但该公司偿还了于2017年发行的永续债33亿元。所以，从数值上看，BQC公司的所有者权益在这一年涨幅不大。2020—2022年，我国出台一系列稳增长、促消费的政策，以消费补贴、购置税减半等多种方式刺激汽车消费，使得BQC公司营业收入飞速增长。相应地，该公司所有者权益也实现了大幅增长。

要进一步了解企业所有者权益波动变化的原因，还需进行与同行业上市公司的比较分析，具体如表11-2、图11-2所示。

表11-2　　同行业公司2012—2022年所有者权益增长率比较分析（%）

年份 公司名称	2012	2013	2014	2015	2016	2017	2018	2019	2020	2021	2022
CAQC	5.07	21.11	36.56	34.25	26.86	9.48	-2.76	-4.81	21.73	4.46	12.68
CCQC	27.15	29.41	19.67	14.52	23.36	4.02	6.96	3.25	5.41	8.35	4.97
GQJT	4.33	6.41	6.03	9.20	13.70	57.04	10.66	5.82	5.10	6.85	32.03
SQJT	8.93	11.53	14.39	14.01	11.46	15.74	4.64	5.66	3.06	6.04	2.29
BQC	0.68	2.95	16.25	24.69	53.79	8.21	1.23	3.14	2.96	61.73	16.45

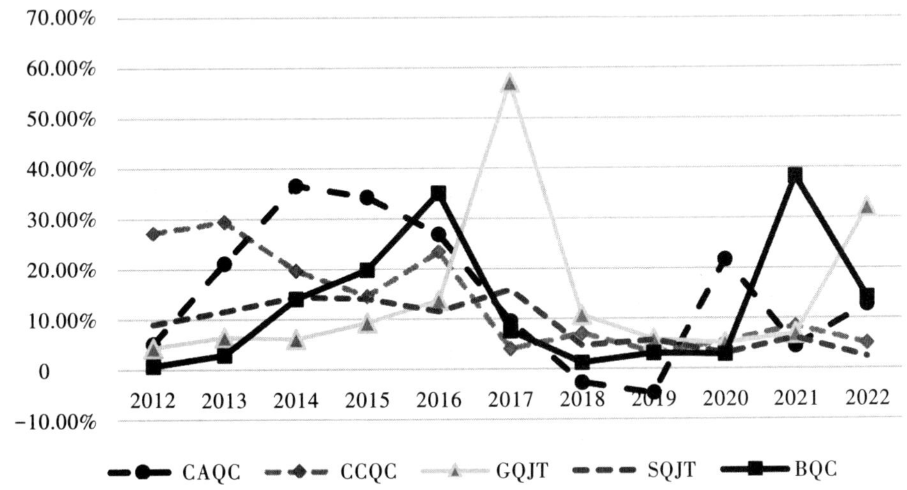

图11-2　同行业公司2012—2022年所有者权益增长率变化趋势图

由表11-2和图11-2可见，2012年和2013年间，BQC及其可比公司的所有者权益增长率总体呈现上升趋势。2014年起，我国汽车行业发展速度减慢，可比公司净利润总体增速放缓。因此，在2014年和2015年间，可比公司产生的留存收益增长率降低，相应地，所有者权益增长率也降低。2016—2019年，BQC及其可比公司所有者权益增长率总体呈整体下降趋势，是由于2017年后汽车行业进行深度调整，BQC及其可比公司的净利润发生下降，对所有者权益增长率产生不利影响。CAQC公司甚至发生所有者权益减少的现象。但在2017年，GQJT公司的所有者权益增长率变动趋势与可比公司明显相反。产生这一现象的主要原因是GQJT公司于2017年非公开实际发行普通股约7.5亿股，使所有者权益大幅增加。2020—2022年，BQC及其可比公司的所有者权益增长率总体相对稳健。

总体来看，BQC公司的所有者权益增长率变动趋势与可比公司保持一致，并且在2022年，处于可比公司所有者权益增长率的较高水平，进而说明BQC所有者权益变动情况对其未来发展能够产生有利影响。

知识拓展11-1

二、利润增长率计算与分析

（一）利润增长率的内涵和计算

如前所述，一个企业的所有者权益增长应主要依赖于企业运用股东投入资本所创造的利润，也就是说，企业的价值主要取决于盈利及其增长。因此，企业利润的增长也是反映企业发展能力的一个重要方面。由于利润可表现为毛利润、营业利润、利润总额、净利润等多种指标，因此，相应的利润增长率也具有不同的表现形式。

由于净利润是企业经营业绩的综合呈现，净利润的增长是企业成长性的基本表现，因此，在实际应用中，主要采用净利润增长率进行利润增长能力分析。净利润增长率是本期净利润增加额与上期净利润之比，其计算公式如下：

$$\text{净利润增长率}=\frac{\text{本期净利润增加额}}{\text{上期净利润}}\times 100\%$$

需要说明的是，如果上期净利润为负值，则计算公式的分母应取其绝对值。该公式反映的是企业净利润的增长情况。净利润增长率为正数，则说明企业本期净利润增加，净利润增长率越高，说明企业收益增速越快；净利润增长率为负数，则说明企业本期净利润减少，收益降低。

如果一个企业营业收入增长，但利润并未增长，那么从长远看，它并没有通过“造血”功能实现权益的增加。同样，如果一个企业净利润增长，但营业收入并未增长，则说明净利润的增长可能并不是源自正常经营业务。中国证券监督管理委员会公告〔2023〕65号《公开发行证券的公司信息披露解释性公告第1号——非经常性损益（2023年修订）》自2023年12月22日开始实行，明确了非经常性损益的定义，即“与公司正常经营业务无直接关系，以及虽与正常经营业务相关，但由于其性质特殊和偶发性，影响报表使用人对公司经营业绩和盈利能力做出正常判断的各项交易和事项产生的损益”。“非流动性资产处置损益”在内的22个项目被纳入非经常性损益的范畴。这些交易和事项的发生具有一定的偶然性，由此带来的损益和增长对于企业而言往往不具有持续性。

因此，除了分析净利润增长，为了观察其具体的构成，还可以进一步分析扣非净利润增长率指标，利用扣非净利润增长率可以更加准确地考察企业利润的增长情况。扣非净利润增长率是本期归属于上市公司股东的扣除非经常性损益的净利润增加额与上期归属于上市公司股东的扣除非经常性损益的净利润之比，其计算公式如下：

$$扣非净利润增长率=\frac{本期扣非净利润增加额}{上期扣非净利润}\times 100\%$$

如果扣非净利润增长率为正，则说明企业日常经营创造利润增加，扣非净利润增长率越大，说明企业日常经营收益增长得越多，企业长期稳定发展具有较为可靠的基础；如果扣非净利润增长率为负，而净利润增长率大于零，则说明企业当期依靠非经常性损益创造利润，利润构成的质量并不高。

知识拓展11-2

（二）利润增长率分析

在进行利润增长率分析时，应首先关注利润增长的来源。从利润表来看，利润增长大致来源于三个方面：一是企业正常经营活动带来的利润增长，这种增长代表企业发展能力具有可持续性。二是不构成企业日常经营活动的投资活动产生的收益，在利润表中常体现在投资收益、公允价值变动损益、资产处置收益等项目，应关注这部分收益带来的营业利润增长的合理性，依靠投资扩张战略发展的企业，可能采用对外投资的方式获取收益，这类企业往往表现为投资收益和公允价值变动损益对营业利润的影响较大，要结合企业的发展扩张战略分析投资收益等非经营性利润项目波动的合理性和稳定性，注意投资风险。三是非经常性损益项目，这是指公司发生的与生产经营无直接关系，以及虽与生产经营相关，但由于其性质、金额或发生频率，影响了真实、公允地评价公司当期经营成果和获利能力的各项收入、支出，如债务重组收益、资产的处置或置换损益以及债务重组损失等，这些损益项目的变化虽然会影响净利润，但在可以预见的将来不能合理预计此类业务是否会发生，由此带来的增长也是无法持续保持的。

如果利润恶化，则要考虑是否是营业成本、期间费用等增速超过了营业收入的增速，说明企业盈利能力有所下降，发展潜力受限，需要及时调整；营业利润恶化的另一个可能的原因是企业发生了投资损失，要特别关注企业的投资风险。另外，应该对非经常性损益项目进行分析，判断企业增长的持续性和稳定性是否受到影响。

利润增长率分析的意义在于揭示企业未来获利能力的发展趋势，同时也为预测分析以及价值评估提供了有益的参考数据。我们可以以企业最近一年的利润增长率或最近若干年的利润增长率平均值为标准，综合考虑宏观环境、企业所处行业增长趋势、企业发展战略、实际经营情况等因素确定一个合理的利润增长率，利用该利润增长率就能大致预测企业下一年度乃至后续各个年度的利润，这样一方面可以进行财务预测中的利润预测，另一方面可以为收益法估值模型中的收益计算提供数据支撑。

思政知识11-2

下面根据BQC公司2012—2022年会计报表相关信息分析该公司的利润增长能力。

首先，利用相关数据计算BQC公司2012—2022年的利润增长率（见表11-3）；绘制BQC公司毛利润和毛利润增长率趋势变化图（如图11-3所示）、BQC公司净利润和净利润增长率趋势变化图（如图11-4所示）。

表11-3　**BQC公司利润增长率指标计算表**　金额单位：亿元

年份	毛利润	本年毛利润增加额	毛利润增长率（%）	净利润	本年净利润增加额	净利润增长率（%）	扣非净利润	扣非净利润增长率（%）
2012	67.01	-16.87	-20.12	2.13	-13.82	-86.65	-4.84	-176.91
2013	81.18	14.17	21.15	7.76	5.63	264.32	-0.57	88.22
2014	90.52	9.34	11.51	7.40	-0.36	-4.64	-6.77	-1 087.72
2015	134.95	44.43	49.08	31.38	23.98	324.05	12.07	278.29
2016	210.69	75.74	56.12	54.80	23.42	74.63	46.13	282.19
2017	201.39	-9.30	-4.41	49.17	-5.63	-10.27	29.87	-35.25
2018	213.29	11.90	5.91	35.56	-13.61	-27.68	5.86	-80.38
2019	208.14	-5.15	-2.41	21.19	-14.37	-40.42	2.31	-60.58
2020	303.46	95.32	45.80	60.14	38.95	183.81	29.54	1 178.79
2021	281.45	-22.02	-7.25	39.67	-20.47	-34.04	12.55	-57.52
2022	722.45	441.00	156.69	177.13	137.46	346.51	156.38	1 146.06

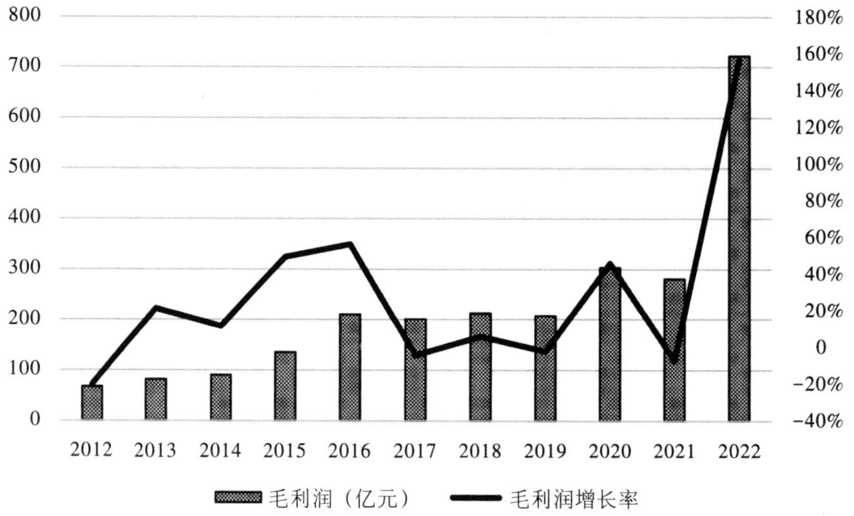

图11-3　BQC公司毛利润和毛利润增长率趋势变化图

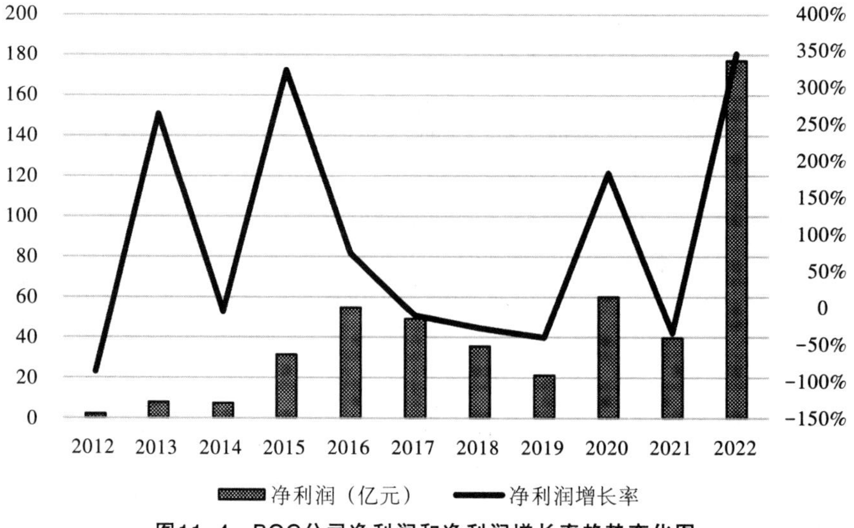

图11-4　BQC公司净利润和净利润增长率趋势变化图

由表11-3中的数据，图11-3和图11-4中的趋势可见，2012—2022年间，BQC公司毛利润和净利润整体上呈现出波动上升趋势。

2012—2015年，BQC公司处于转型升级期。在该阶段，公司净利润与毛利润都实现大幅增长。公司深耕新能源汽车领域，实现新能源汽车在全球范围内的推广；与此同时，在中央和地方新能源政策的支持下，新能源汽车的推广在全国范围内迅速展开。2012年6月，国务院印发《节能与新能源汽车产业发展规划（2012—2020年）》，重点支持和补贴新能源汽车的发展。因此，国内新能源汽车在国家政策推动下不断向好发展，并且在2015年呈现爆发式增长。BQC公司的净利润在2015年实现的大幅增长也是国家新能源各项政策支持的结果。

2016—2019年，公司处于深度发展期。在该阶段BQC公司毛利润基本稳定，净利润呈现负增长。该变化趋势的主要原因是该时期国内新能源汽车销量进入平台期，利润增长受阻。尽管BQC公司继续在新能源汽车领域进行深度发展，进一步丰富新能源汽车产品线，加强新能源领域技术创新和产品应用，但依然受到行业整体环境的影响，因此毛利润基本无增长；净利润变化较毛利润更加明显，连续出现负增长，主要原因是在毛利润基本不变的基础上，BQC公司研发费用与财务费用的支出逐年增多，所以净利润在2016—2019年表现为负增长。

2020—2022年，公司处于高速发展期。2020年净利润增长率与2019年相比大幅上升，主要是来自毛利润的增长。2021年净利润增长率再次回落并且出现负增长，主要与毛利润的减少以及销售费用、管理费用的增加有关。疫情过后的2022年，BQC公司经过前期在新能源领域的长期积累，公司毛利润和净利润都实现爆发式增长。在该阶段国内各自主新能源汽车品牌迅速崛起，使得在2022年中国新能源汽车已经进入全面市场拓展期。

从扣非净利润增长率来看，BQC公司的扣非净利润在多个年份都为负值，主要原因为公司跻身新能源汽车领域，属于国家重点发展领域，公司享受国家新能源汽车相关政府补助，因此扣除国家给予的政府补助后，公司的扣非净利润在多个年份都为负值。结合净利润增长率的变动来看，BQC公司扣非净利润增长率变动方向与净利润增长率趋同，说明BQC公司并非依靠非经常性损益创造利润，利润构成质量比较有保障。

最后，针对净利润增长率进行行业比较分析，情况见表11-4。

表11-4　同行业公司2012—2022年净利润增长率比较分析（%）

年份＼公司名称	CAQC	CCQC	GQJT	SQJT	BQC
2012	52.87	62.99	−74.45	−4.18	−86.65
2013	145.12	43.87	139.05	6.13	264.32
2014	116.75	−2.32	15.03	7.49	−4.64
2015	31.98	0.24	36.87	4.77	324.05
2016	3.57	30.94	57.14	9.70	74.63

续表

年份 \ 公司名称	CAQC	CCQC	GQJT	SQJT	BQC
2017	-29.86	-52.21	71.88	7.17	-10.27
2018	-89.97	4.05	1.15	2.73	-27.68
2019	-466.23	-13.66	-38.69	-27.10	-40.42
2020	224.13	18.36	-9.84	-17.29	183.81
2021	9.60	25.41	22.14	16.29	-34.04
2022	114.88	22.72	8.21	-32.70	346.51

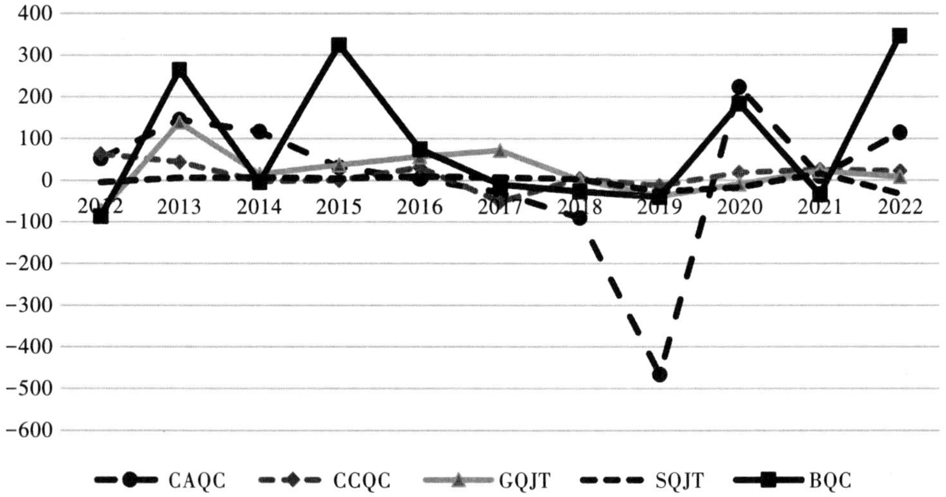

图11-5 BQC公司与可比公司2012—2022年净利润变化趋势图

由表 11-4 及图 11-5 可见，汽车行业 2012—2022 年间净利润增长率波动较大。2012—2013 年，汽车行业的发展态势整体向好，净利润增长率较高，此时我国汽车乘用车市场保持增长；2014 年开始，随着我国宏观经济增速放缓，汽车行业发展速度减慢，可比公司净利润增长率整体呈现下降趋势；2016—2017 年，随着供给侧结构性改革的推进，汽车产业进入转型阶段，行业净利润增长率呈现上下波动；2017 年之后汽车行业进入深度调整期，BQC 与行业可比公司净利润增速明显减慢；2020—2022 年，随着新能源成为汽车行业发展的新动力以及稳增长、促消费政策的稳步实施，汽车行业发展增速逐渐回升。

其中，BQC 公司净利润增长趋势整体上与行业趋势保持一致，但是在 2015 年，BQC 公司净利润增长率变动方向与行业可比公司相反。在 2015 年 BQC 净利润增速大幅上升，行业净利润增速下降，这与 BQC 公司在新能源领域起步较早有关，并且在 2022 年，BQC 净利润增长率变化幅度相较其他可比公司更大，进一步说明新能源汽车在当今汽车市场中越来越受到消费者的喜爱。

三、收入增长率计算与分析

（一）收入增长率的内涵和计算

收入是利润的源泉，对利润增长的分析还需要结合对收入增长的分析。企业的收入规模越大，说明其销售情况越好，企业生存和发展的市场空间也越大。因此，可以用营业收入增长率来反映企业在主营业务方面的发展能力。营业收入增长率就是本期营业收入增加额与上期营业收入之比。其计算公式如下：

$$营业收入增长率=\frac{本期营业收入增加额}{上期营业收入}\times 100\%$$

营业收入增长率反映的是企业某期整体销售增长情况，可用于分析企业产品和服务的经营状况，其受产品和服务本身的价格、质量、技术、售后等多种内部因素变化的影响，同时也受外部宏观环境因素、行业发展趋势、市场竞争等外部因素影响。营业收入增长率为正数，则说明企业本期销售规模较上期扩大，营业收入增长率越大，则说明企业营业收入增长得越快，销售情况越好；营业收入增长率为负数，则说明企业销售规模缩小，销售情况较差。

（二）收入增长率分析

在利用营业收入增长率来分析企业在销售方面的发展能力时，应该注意以下几个方面：

1.要判断企业在销售方面是否具有良好的成长性，必须分析营业收入增长是否具有效益性。一般来说，资产规模的增长会带来营业收入的增长，如企业将新增资本金用于增设生产线，购置生产设备，补充营运资金，进行研发投资和拓展销售渠道等，这都将在一定程度上扩大企业的营业收入。但如果企业某会计期间的营业收入增长主要依赖资产的相应增长，也就是营业收入增长率低于资产增长率，则说明这种营业收入增长不具有效益性，同时也反映企业在销售方面的可持续发展能力不强。一个良性发展的企业，其营业收入增长率应高于资产增长率，这才能说明企业在销售方面具有良好的成长性。

2.要全面、正确地分析和判断一个企业营业收入的增长趋势和增长水平，必须对一个企业不同时期的收入增长率加以比较和分析，同时要与同行业可比公司进行对比分析。营业收入增长率受市场环境、产业发展周期、行业竞争情况等外部因素影响，同时也受各个时期企业自身战略的影响。仅仅针对某个时期某家企业的营业收入进行分析，可能会遗漏影响企业营业收入增长的内外部因素，使分析不够全面，进而无法反映出企业实际的销售发展能力，也难以对未来做出准确预测，因此，还需要进行多年、行业内多家可比公司的趋势分析。

3.判断企业营业收入增长率是否合理，应将其与报表中的其他相关项目的增长情况进行对比分析。首先，应将营业收入增长率与营业成本增长率、期间费用增长率进行对比分析。在正常情况下，企业的营业收入增长率应当大于其营业成本增长率或费用增长率，如果情况相反，则其原因可能是企业在产品成本、销售费用、管理费用、财务费用等方面控制不力，企业需要采取有针对性的措施对成本费用加以管控，否则可能会导致利润下降甚至亏损。其次，应该将其与企业应收账款增长率和存货增长率进行对比分析。在正常情况下，企业收入增长率应当大于企业的应收账款增长率和存货增长率，如果情况相反，则表明企业收账情况发生改变，要具体分析变化的原因。如果是账款回收管理存在问题，则需要警惕信用风险的发生，加强风险应对措施。同样，如果企业存货增长率超过了企业收入增长率，则要进一步结合市场环境变化、企业战略调整、存货构成等因素，分析是否可能存在存货积压的情况。如果确实存在存货积压，则需要采取措施消化库存，避免严重影响企业资金使用效率，导致流动性风险。

【案例 11-1】　　佛山照明收入增长率分析

佛山电器照明股份有限公司（以下简称“佛山照明”）是广东省广晟控股集团有限公司下属一级企业，成立于1958年，1993年在深交所上市（股票代码：000541），是中国照明行业的第一家上市企业。近年来，公司业务板块已从原有的通用照明、电工、车灯，逐步拓展到智能照明、动植物照明、健康照明、海洋照明等领域。公司建立了五金流通、家居、工程、商分、电商零售、工业照明等销售渠道，终端销售网点覆盖全国各地，并积极拓展海外业务，产品远销世界120多个国家和地区，出口销售占比约30%。2021年，公司实现营收47.73亿元。

表11-5　　佛山照明2012—2022年销售收入增长率和其他财务指标对比（%）

项目 年份	销售收入增长率	营业总成本增长率	应收账款增长率	存货增长率
2020Q1	-36.98	-34.44	-24.66	-0.03
2020Q2	-9.74	-9.82	-1.47	-18.66
2020Q3	4.79	4.86	31.84	-4.16
2020Q4	12.20	12.99	59.26	15.43
2021Q1	185.02	188.21	47.32	33.90
2021Q2	28.40	32.54	44.75	62.38
2021Q3	26.86	32.44	60.99	73.34
2021Q4	27.44	33.52	74.70	167.78
2022Q1	25.70	27.05	111.84	117.01

（数据来源：网易财经）

由表11-5可见，佛山照明在2020年第一季度和第二季度的销售收入并不乐观，增长率均为负，营业成本、应收账款与存货也因收入的下降出现了负增长。2020年第三季度后，佛山照明的销售收入增长率均小于营业成本增长率，这说明企业在成本费用管控方面较为薄弱，需要加强管理。2021年第一季度企业的销售收入增长率高达185.02%，说明企业整体的销售状况较好，除2021第一季度外，其余季度销售收入增长率均低于应收账款增长率，这说明该企业回款放慢，企业的信用风险较高。佛山照明的存货增长率在2021年年末高达167.78%，这主要是企业当年并购非同一控制子企业南宁燎旺所致。存货增长率总体呈增长趋势，仍说明了企业的库存积压仍较为严重，企业针对这种情况，采取了相应的措施，建立库存管控机制，明确库存管控任务，逐月跟进督查，以此降低公司的存货，2022年第一季度存货增长率大幅下降，可见企业的措施已见成效，减少了企业资金的占用量，从而有利于企业降低经营风险。

4.可以利用某种产品收入增长率指标来观察企业产品结构变化，进而也可以分析企业的成长性。其计算公式可这样表示：

$$某种产品收入增长率=\frac{某种产品本期营业收入增加额}{上期营业收入净额}\times 100\%$$

根据产品生命周期理论，每种产品的生命周期一般可以划分为四个阶段。每种产品在不同的阶段反映出的销售情况也不同：在投放期，产品收入增长率往往较低；在成长期，销售量扩大，产品收入增长率较高；在成熟期，由于市场已经基本饱和，产品销售将不再有大幅度的增长，即产品收入增速放缓；在衰退期，由于产品的市场开始萎缩，产品收入增长率会大幅下降，甚至出现负数。根据这一原理，借助某种产品收入增长率指标，大致可以分析企业生产经营的产品所处的生命周期阶段，据此也可以判断企业发展前景。对一个具有良好发展前景的企业来说，较为理想的产品结构是“成熟一代，生产一代，储备一代，开发一代”，如图11-6所示。如果一个企业所有产品都处于成熟期或者衰退期，那么它的发展前景就不容乐观。因此，不断进行新产品和服务的开发，持续的技术创新是企业生存发展的基础。

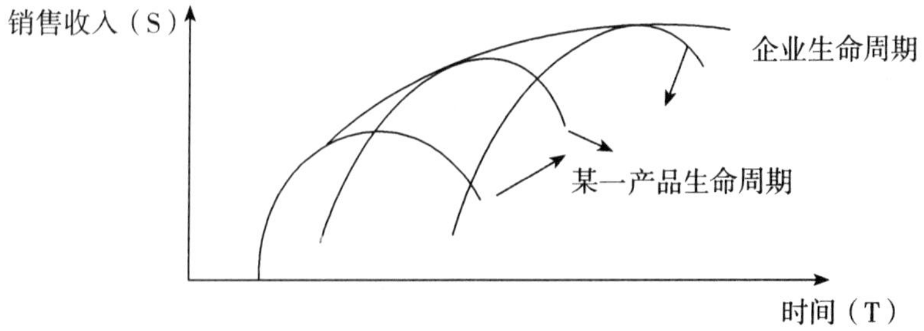

图11-6　产品生命周期与企业生命周期

5.结合企业的发展战略，分析收入增长的来源。仅仅根据财务报表的数字并不能清晰地认识收入增长的源泉，如果不能明确企业未来收入增长的方向和可能的瓶颈，即便计算过去多年增长率指标，也无法提高对未来收入预测的客观性和准确性。企业的集中化或多元化发展战略决定了企业的收入来源和构成；企业低成本或差异化的竞争战略决定了各类产品或服务的市场竞争力，进而影响企业的收入规模和增速；企业的财务战略影响营运资金对营销和研发的支持力度，最终也会将影响投射于企业营业收入的增长。

另外，收入来源的质量也值得关注。一些企业靠放宽信用政策、降低对客户资信状况的要求来扩大销售；一些企业关联交易的规模较大，在账款催收方面存在一定的困难。这些收入可能带来较高比例的坏账，如果企业无法解决收账问题，则此种类型的收入增长也不会给企业带来稳健和快速增长的动力。

收入增长率不仅是分析企业销售发展能力的重要比率，而且是进行预测分析时的关键参考数据。预测分析的起点是预测利润表，而该表大多数报表项目的预测都依赖预计营业收入，因此营业收入预测的合理性对后续的一系列预测分析，以及基于预测分析展开的价值评估的有效性可以说起着基础性和决定性的作用。将企业所处经济环境、行业竞争情况、企业发展战略等定性分析，融入对某种产品收入的分析，将有助于修正预测的营业收入，使之尽可能接近企业实际发展情况。用此类方法可以得出之后连续多年的财务预测数据，这也为价值评估奠定了基础。

思政知识11-3

案例分析11-2

下面以BQC公司2012—2022年财务报表为基础，分析该公司的收入发展能力。利用相关数据分别计算该公司2012—2022年收入增长率指标。其计算过程见表11-6。

表11-6 **BQC公司营业收入增长率指标计算表** 金额单位：亿元

项目	2012	2013	2014	2015	2016	2017	2018	2019	2020	2021	2022
营业收入	468.54	528.63	581.96	800.09	1 034.7	1 059.15	1 300.55	1 277.39	1 565.98	2 161.42	4 240.61
本年营业收入增加额	−19.73	60.09	53.33	218.13	234.61	24.45	241.4	−23.16	288.59	595.44	2 079.19
营业收入增长率（）	−4.04	12.82	10.09	37.48	29.32	2.36	22.79	−1.78	22.59	38.02	96.20

表11-6显示，BQC公司的营业收入除在2012年、2019年出现小幅下降外，其余年份的营业收入增长率均为正值，特别是2022年的营业收入增长率高达96.20%。这说明BQC公司基本保持了良好的销售增长趋势，稳中向好，未来营业收入规模有望进一步扩大。从增长幅度来看，2012年，由于手机部件及组装业务以及二次充电电池及新能源业务收入下降，导致该年增长率为负；而后，受益于我国着力推进深化改革、促进结构转型，积极发展和推广新能源汽车，BQC公司在2013—2018年间增长率均为正。其中2017年的增长率明显较小，主要是由于汽车及相关产品的收入出现下降趋势；2019年营业收入增长率再次为负，原因是国内新能源汽车市场补贴退坡及部分地区提前切换国VI（国六）标准①；随后，我国出台一系列稳增长、促消费政策，以消费补贴、购置税减半等多种方式刺激汽车消费，2020—2022年间BQC公司的营业收入增长率再次为正，甚至在2022年出现新突破。

要进一步了解企业营业收入波动变化的原因，还需进行与同行业上市公司进行比较分析，具体如表11-7、图11-7、图11-8所示。

表11-7 **同行业公司2011—2021年营业收入增长率比较分析（%）**

公司名称＼年份	2012	2013	2014	2015	2016	2017	2018	2019	2020	2021	2022
BQC	−4.04	12.82	10.09	37.48	29.32	2.36	22.79	−1.78	22.59	38.02	96.20
CAQC	10.96	30.61	37.50	26.19	17.63	1.87	−17.14	6.48	19.79	24.33	15.32
CCQC	43.44	31.57	10.23	21.35	29.61	2.08	−2.68	−2.75	8.62	32.04	0.69
GQJT	17.25	46.22	18.87	31.47	67.98	43.96	0.52	−17.17	5.88	19.76	45.57
SQJT	10.47	17.75	11.25	5.53	12.83	14.97	3.46	−6.88	−12.52	5.10	−5.12

① 国家第六阶段机动车污染物排放标准是指为贯彻《中华人民共和国环境保护法》《中华人民共和国大气污染防治法》，防治压燃式及气体燃料点燃式发动机汽车排气对环境的污染，保护生态环境，保障人体健康而制定的标准，包括《轻型汽车污染物排放限值及测量方法（中国第六阶段）》和《重型柴油车污染物排放限值及测量方法（中国第六阶段）》两部分。2023年7月1日起，全国范围全面实施国六排放标准6b阶段。禁止生产、进口、销售不符合国六排放标准6b阶段的汽车。

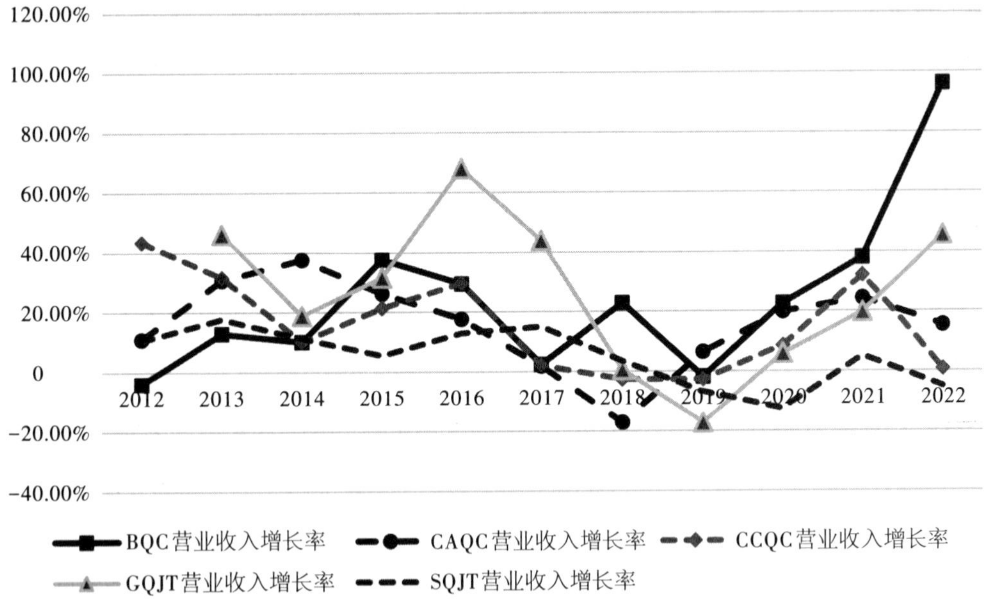

图11-7　BQC公司与可比公司2012—2022年营业收入变化趋势图

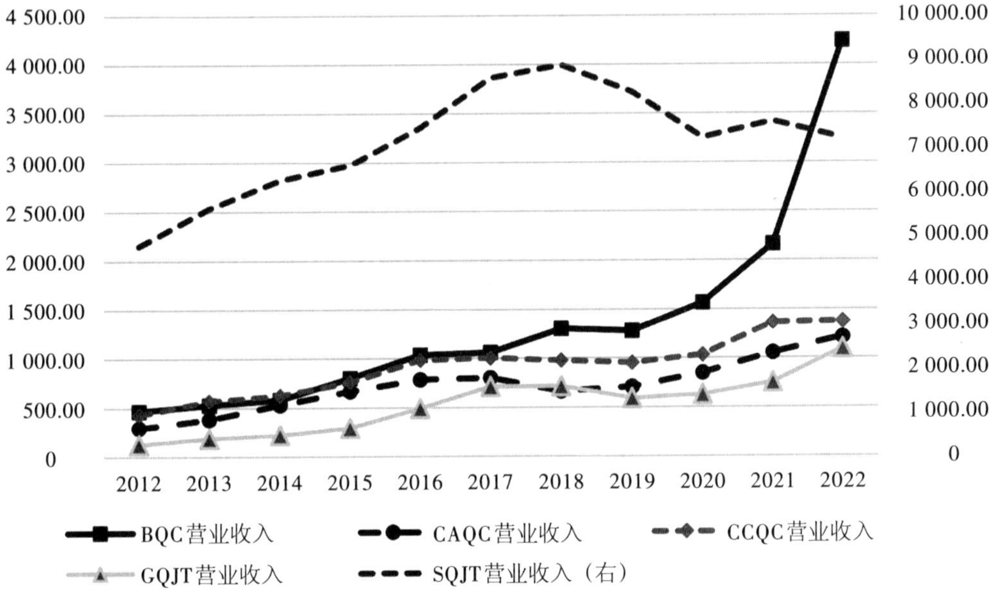

图11-8　BQC公司与可比公司2012—2022年营业收入比较分析（单位：亿元）

2012—2016年5家可比企业的营业收入三年平均增长率分别为15.62%、27.80%、17.59%、24.41%以及31.47%，呈波动上升趋势。2017—2019年5家公司营业收入平均增长率分别有所下降，说明这期间汽车销售行业出现瓶颈。2020—2022年的营业收入平均增长率大幅度回升，说明行业销售回暖趋势明显。

由图11-8可以看出，该行业发展在很大程度上受宏观政策与经济环境等外部因素影响。2012—2016年受宏观经济影响，处于上下波动的状态。2012年，我国汽车工业已进入总量较高的平稳发展阶段，中低端汽车市场的旺盛需求带动了我国乘用车市场的迅速崛起，延续到了2013年。此后，2014年我国经济呈现总体放缓的态势，经济下行压力较大。再加上受到合资品牌向经济型轿车市场延伸加剧市场竞争、节能车补贴政策变化以及限购限行政策的推行等因素的影响，我国汽车市场增速明显下滑，我国汽车自主品牌的价格和销量均受打压，市场份额明显下降。到了2015年，我国政府继续着力推进深化改革、促进结构转型，我国汽车市场总体呈现平稳增长态势。在2016年，我国以推进供给侧结构性改革为主线，继续壮大战略性新兴产业。在车辆购置税减半等国家政策刺激下，中国汽车市场于2016年内明显回暖。

2017—2019年，汽车行业增速相对放缓，逐渐陷入低迷。2017年，我国经济延续稳中向好的发展态势，供给侧结构性改革成效逐渐显现，整体经济优于预期。但由于国V（国五）排放标准[①]等政策的推行，导致该年行业增长幅度出现回缩。2018年在中美贸易争端、金融去杠杆、信贷收紧和流动性放缓的背景下，我国经济运行受到一定程度的影响，汽车行业销量出现了28年来首次负增长。2019年，中美贸易争端及地缘政治风险等因素继续拖累经济发展，国内经济下行压力持续加大。此时新能源汽车销量受补贴退坡及部分地区提前切换国六标准影响，呈现大幅下滑趋势，进而导致行业收入增幅为负。

2020—2022年，汽车行业回暖，增速逐渐上升。2020年，面对严峻复杂的国际形势，国内经济受到较大影响。我国推进一系列有关碳达峰、碳中和以及能源结构转型的相关举措，新能源汽车产销量逐渐回暖，创下历史新高。2021年，我国经济发展呈现出更强的韧性及活力，“十四五”时期，我国将开启全面建设社会主义现代化国家新征程，汽车自主品牌强势崛起，产品供给丰富多样，市场份额显著增加，重塑汽车工业发展新格局。2022年国际经济格局动荡，市场需求波动加大、能源价格飙升，汽车行业面临诸多困难挑战。但我国出台系列稳增长、促消费政策，以消费补贴、购置税减半等多种方式，刺激汽车消费，全行业共同努力，我国自主品牌竞争力大幅提升，赢得消费者青睐，助力提升市场份额。

与同行业其他公司相比，BQC公司的营业收入规模由早期的行业中游，逐渐增长到行业上游，尤其后期增长趋势迅猛。这主要是由于BQC公司顺应时代潮流，同时结合自身发展背景与研究方向，使企业的高速增长成为可能。这种优越的发展历程使得公司在行业中占有一定优势，崭露头角。

综合以上分析，BQC公司的收入发展能力较强。首先，根据BQC公司在2012—2022年呈现的增长趋势，可以初步推测，2022年后BQC公司在国家继续推进低碳环保的利好情况下，利润及营业收入仍会呈现上升趋势。其次，考虑到BQC公司品牌效应逐渐扩大，再加上其研发能力的逐步加强，不断更新推出新产品等特点更为企业未来发展提供了保障。最后，BQC公司自身具有的独特发展历史优势预计也会在未来的行业竞争中给企业带来较大的资源运用和经验优势。因此，BQC公司未来的收入发展存在向好的趋势。

---

① 国V排放标准是指国家第五阶段的机动车污染物排放标准，通常被称为“国五标准”或“欧V标准”。这一标准对氮氧化物、碳氢化合物、一氧化碳和悬浮粒子的排放限制做出了更严格的规定。与之前的国IV（国四）标准相比，国V标准能够显著降低氮氧化物排放量，并新增了对非甲烷碳氢和PM的排放限制，从而有效防治雾霾和其他大气污染问题。

【案例 11-2】　三大保险公司和大商股份收入增长率分析

表 11-8 和表 11-9 列示了 2012—2021 年我国三大保险公司和大商股份的营业收入和收入增长率对比情况。

表11-8　**三大保险公司和大商股份营业收入比较**　单位：亿元

年　份	中国平安	中国太保	中国人寿	大商股份
2012	2 994	1 715	4 054	319
2013	3 626	1 931	4 236	338
2014	4 629	2 198	4 458	322
2015	6 200	2 472	5 114	308
2016	7 125	2 670	5 498	281
2017	8 909	3 198	6 532	267
2018	9 768	3 544	6 431	239
2019	11 690	3 855	7 452	219
2020	12 180	4 222	8 250	81
2021	11 800	4 406	8 585	79

（资料来源　三大保险公司与大商股份2012—2021年年度报告）

表11-9　**三大保险公司和大商股份收入增长率比较（%）**

年　份	中国平安	中国太保	中国人寿	大商股份
2012	20.27	8.56	5.19	4.80
2013	21.11	12.59	4.49	5.96
2014	27.66	13.83	5.24	-4.73
2015	33.94	12.47	14.72	-4.35
2016	14.92	8.01	7.51	-8.77
2017	25.04	19.78	18.81	-4.98
2018	9.64	10.82	-1.55	-10.49
2019	19.68	8.78	15.88	-8.37
2020	4.19	9.52	10.71	-63.01
2021	-3.12	4.36	4.06	-2.47

随着个人财富的增长和居民保险理念的转变，我国保险行业近几年获得快速发展，通过表11-8和表11-9可以看出，2012—2021年，我国三大保险公司的营业收入总体保持上升的发展态势，随着金融市场动荡，经济下行，2020年后保险公司的收入增速放缓。虽然营业收入增长率数值略有波动，但多数年份都维持在一个较高的水平，可见保险行业企业潜力巨大。而反观传统零售类企业大商股份，由于近年来实体零售受互联网冲击较大，2014年该公司营业收入首次出现负增长，此后营业收入增长率也一直为负数。近年来，实体零售企业受到的冲击更为剧烈，到2021年其营业收入增长率已跌至-63.01%。但对比全行业数据，对于如此体量的实体零售企业来说其跌幅并不是很大，且2021年营业收入增长率虽然仍为负数，但较2020年已经有所好转。

四、资产增长率计算与分析

（一）资产增长率的内涵和计算

企业要增加收入，就需要通过增加资产投入来实现。可以利用资产增长率指标反映企业在资产投入方面的增长情况。资产增长率就是本期资产增加额与资产期初余额之比。其计算公式如下：

$$资产增长率=\frac{本期资产增加额}{资产期初余额}\times 100\%$$

当资产增长率为正值时，资产增长率越高，企业本期资产增长幅度越大，表明企业本期资本积累和投入扩张速度越快，需要进一步关注扩张的效率和质量，避免盲目扩张；反之，资产增长率越低，表明企业本期资产增长幅度越小，持续下降的增长率表明企业增速放缓。当资产增长率为负值时，表明企业本期资产规模下降。

（二）资产增长率分析

当对资产增长率进行具体分析时，应该注意以下几点：

第一，企业资产增长率高并不意味着企业的发展状况良好，对于资产增长的评价不仅仅要关注数量，更重要的是分析增长的质量。一般来说，资产规模的增长会带来营业收入和利润的增长，如企业将新增资本金用于对外投资、增设生产线、购置生产设备，补充营运资金，进行研发投资和拓展销售渠道等，这都将在一定程度上扩大企业的营业收入，又因规模效应的存在，收入规模的扩大又将更大程度提升企业的利润。因此，如果资产增长同时能带来收益项目同步增长，甚至更大幅度的增长，那么这样的资产增长就是效益型增长。但是同时我们也应该注意到，企业进行研究开发、市场拓展、购建长期资产、兼并收购等方面的投资，其效益产生周期往往比较长，企业当期投资不产生效益的情况越来越多。这就需要进行多项目、多期增长趋势的对比分析，长期、动态地考虑资产增长的效益性问题，从而做出更加客观准确的预测。

第二，应全面分析企业资产增长的来源，评估融资成本和风险是否与收益增长相适应。企业资产的增长可能来自自有资金的积累，即企业自身经营带来的留存收益，也可能来自股东出资或债务融资。如果一个企业的负债项目连续几年持续增长，而所有者权益项目在该期间没有发生变动或者变动不大，则说明企业资产增长主要依赖债务融资，表现为企业资本结构的调整，财务杠杆的提升增加了财务风险；同时，也说明企业盈利情况不佳，长期健康发展缺乏绩效支撑。当然，盈利的增加能带来多大程度的资产增加还要视企业实行的股利政策而定。相反，如果企业资产增长主要来自留存收益，则反映出企业具有一定的发展潜力。

第三，为全面认识企业资产规模的增长趋势和增长水平，应结合行业发展特征和企业的发展战略，对企业不同时期的资产增长率进行比较分析。例如，采用扩张战略的成长期企业，其资产规模应该是不断增长的，且往往增速较高，如果时增时减，则反映出企业的经营业务并不稳定，同时也说明企业并不具备良好的发展能力；采用防御战略的成熟期企业，其资产规模的增速放缓，较少采用大规模融资方式扩充资产，该阶段的企业资产规模的增速分析应该侧重各类资产的增速，以及资产构成的稳定性。

案例分析 11-3

分析资产增长率的意义在于资产增长率除了能够衡量企业发展能力以外，也是预测分析和价值评估的基础数据之一，在进行必要的定性分析前提下，经过调整的资产增长率一方面可以直接预测企业未来资产规模的大小，另一方面可以作为通过其他预测方法得到结果的验证性数据。

下面以BQC公司2011—2022年会计报表为基础，分析该公司资产增长能力。

利用相关数据先分别计算2011—2022年的资产增长率、所有者权益增加额及其占资产增加额的比例。其计算过程见表11-10。BQC公司资产构成及增长变化趋势图如图11-9所示。

表11-10　**BQC公司资产增长率指标计算表**　金额单位：亿元

项目 年份	资产总额	本年资产增加额	资产增长率（%）	所有者权益增加额	所有者权益增加额占资产增加额的比例（%）
2011	656.24				
2012	687.10	30.86	4.70	1.64	5.32
2013	763.93	76.83	11.18	7.12	9.27
2014	940.09	176.16	23.06	40.38	22.92
2015	1 154.86	214.77	22.85	71.35	33.22
2016	1 450.71	295.85	25.62	193.80	65.51
2017	1 780.99	330.28	22.77	45.48	13.77
2018	1 945.71	164.72	9.25	7.36	4.47
2019	1 956.42	10.71	0.55	19.07	178.06
2020	2 010.17	53.75	2.75	18.52	34.46
2021	2 957.80	947.63	47.14	397.90	41.99
2022	4 938.61	1 980.81	66.97	171.46	8.66

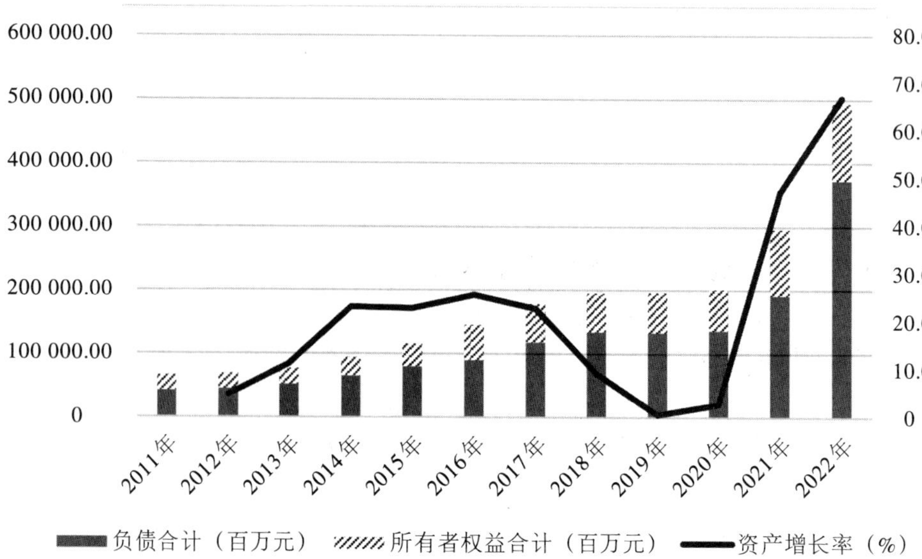

图11-9　BQC公司资产构成及增长变化趋势图

由图11-9可见，2011—2022年，BQC公司的资产规模总体上呈上升趋势，此外，这期间BQC公司的资产增长率也均为正值，说明自2011年以来，BQC公司的资产规模一直不断扩大。从各年资产增幅的情况来看，资产增长率有较大波动，2014—2017年，总资产的年增长率均超过22%，资产增速较快。但从2018年开始，资产增速放缓，直到2019年，资产增长率低至0.55%。2021年，BQC公司迎来新的增长，2021年和2022年资产增长率分别高达47.14%和66.97%。

从资产增长的效益性看，结合前文中的净利润增长率和收入增长率可以发现，多数年份的收入增长率和净利润增长率都远高于资产增长率，2021年资产增长率略高于收入增长率，但总体上净利润增长率仍远高于资产增长率，因此，BQC公司资产增长的效益性良好。

从资产增长的来源分析，见表11-10，2012—2016年所有者权益增加额占资产增加额的比例逐年增高，尤其在2016年所有者权益增加额在资产增加额中所占的比例高达65.51%，说明这期间资产增加的来源发生了明显变化，减少了对负债的依赖，而越来越依赖自身盈利，资产增长来源有了较大的改观，资产增长能力得到加强。但在2017—2018年，所有者权益增加额占资产增加额的比例骤减至4.47%，达到11年来最小值，此外BQC公司扩大了债务融资比例，但增幅不大，且BQC公司一直以来资产负债率变动较为平稳，说明企业对债务融资的依赖较小。所有者权益增加额在2019年一度高达178.18%，结合所有者权益的构成分析发现，其增长大多来自留存收益，这说明企业资产的增长逐渐依赖自身盈利，资产的内源性增长能力得到提升。

此外，结合同行业可比公司情况和发展战略进行多期比较分析，如图11-10所示。

由图11-10可知，在2011—2022年，BQC公司及其可比公司的资产规模总体呈现上升趋势。但在2017—2018年间，汽车行业总体资产增长率呈显著下降趋势，CAQC公司更是在2018年的资产增长率跌至-11.91%，说明CAQC公司在2018年的资产开始出现负增长，结合宏观经济分析，2018年处于全球经济动荡时期，汽车行业总体销量不佳，收益

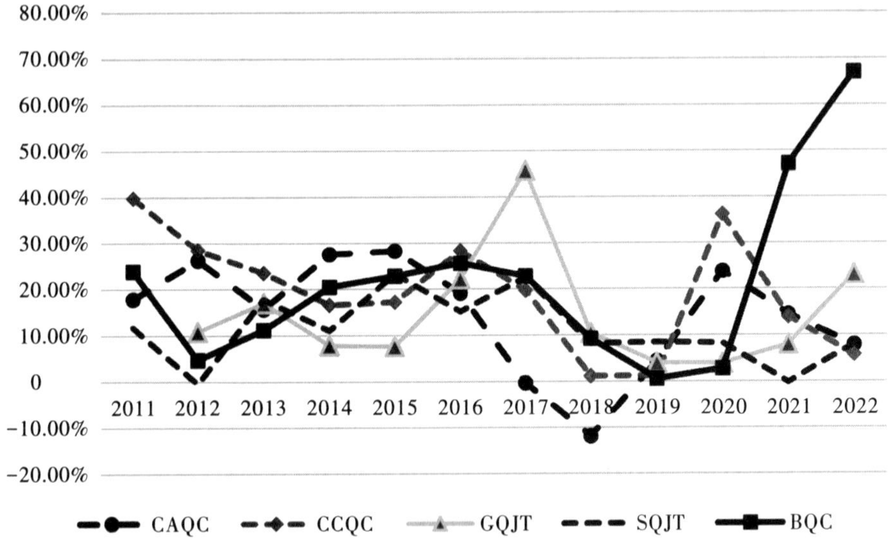

图11-10　BQC公司与可比公司2012—2022年资产增长率变化趋势图

不佳，导致2018年汽车行业总体资产增长率水平不高。此外，综合对比5家汽车公司可以看出，GQJT公司和CCQC公司的资产增长率一直处于较高水平，BQC公司作为后起之秀，在2022年间表现较为突出，资产增长率超过50%，高达66.97%，远超同行业其他可比公司。

第三节　企业整体发展能力分析

一、企业整体发展能力分析框架

评价企业的发展能力，除了对企业发展能力进行单项分析以外，还需要分析企业的整体发展能力。其原因在于：其一，所有者权益增长率、利润增长率、收入增长率和资产增长率等指标，只是从所有者权益、利润、收入和资产等不同的侧面考察了企业的发展能力，不足以涵盖企业发展能力的全部；其二，所有者权益增长率、利润增长率、收入增长率和资产增长率等指标之间存在相互作用、相互影响的关系，不能截然分开。因此，在实际运用时，只有把四种类型的增长率指标相互联系起来进行综合分析，才能正确评价一个企业的整体发展能力。

那么，应该如何分析企业的整体发展能力呢？具体的思路是：

步骤一：分别计算所有者权益增长率、利润增长率、收入增长率和资产增长率等指标的实际值。

步骤二：分别将上述增长率指标实际值与以前不同时期增长率数值、同行业平均水平进行比较，分析企业在所有者权益、利润、收入和资产等方面的发展能力。

步骤三：比较所有者权益增长率、利润增长率、收入增长率和资产增长率等指标之间的关系，判断不同方面增长的效益性以及它们之间的协调性。

步骤四：根据以上分析结果，运用一定的分析标准，判断企业的整体发展能力。一般而言，只有一个企业的所有者权益增长率、利润增长率、收入增长率、资产增长率保持同步增长，且不低于行业内可比公司的平均水平，才可以判断这个企业具有良好的发展能力。

根据上述分析思路可形成企业整体发展能力分析框架，如图11-11所示。

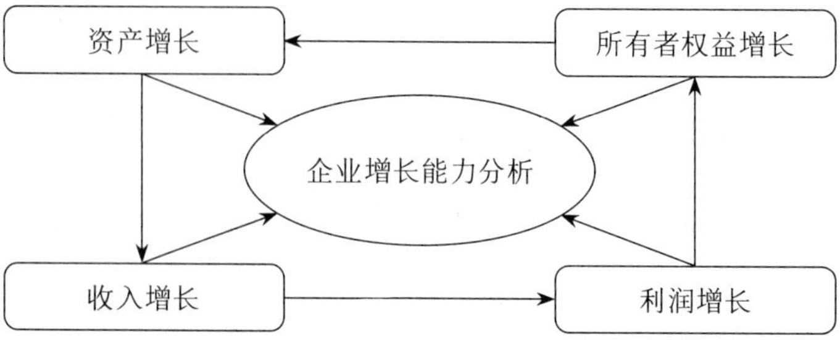

图11-11 企业整体发展能力分析框架

运用这一分析框架能够比较全面地分析企业发展的影响因素，从而能够比较全面地评价企业的发展能力，但对于各因素的增长与企业发展的关系无法从数量上进行确定。

二、企业整体发展能力分析框架应用

（一）整体发展能力分析框架在BQC的应用

以下对BQC公司2012—2022年的资产增长率、营业收入增长率、净利润增长率和所有者权益增长率等进行分析，并判断该公司的整体发展能力，见表11-11。

表11-11 **BQC公司2012—2022年单项增长率一览表（%）**

项目 / 年份	所有者权益增长率	净利润增长率	营业收入增长率	资产增长率
2012	0.68	-86.65	-4.04	4.70
2013	2.95	264.32	12.82	11.18
2014	16.25	-4.64	10.09	23.06
2015	24.69	324.05	37.48	22.85
2016	53.79	74.63	29.32	25.62
2017	8.21	-10.27	2.36	22.77
2018	1.23	-27.68	22.79	9.25
2019	3.14	-40.42	-1.78	0.55
2020	2.96	183.81	22.59	2.75
2021	61.73	-34.04	38.02	47.14
2022	16.45	346.51	96.20	66.97

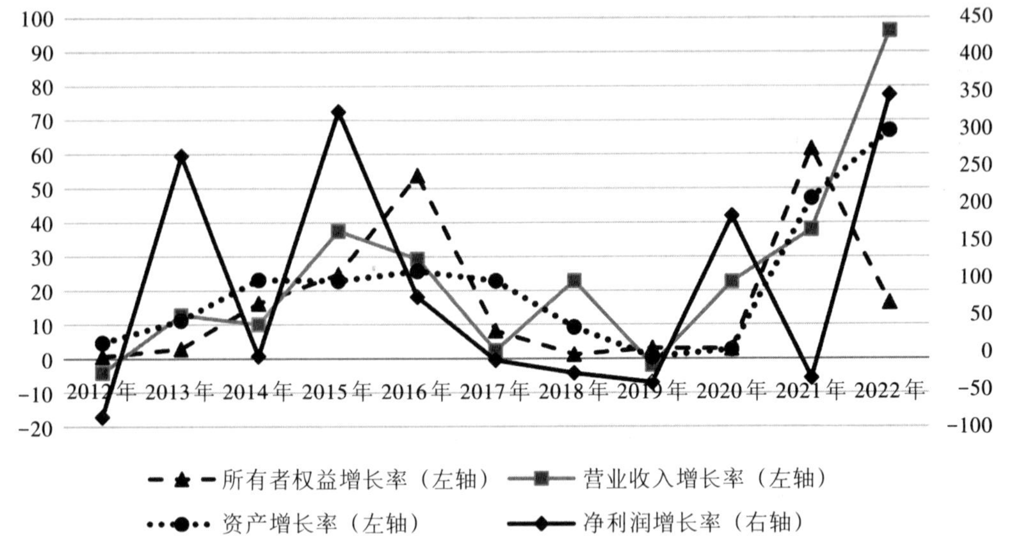

图11-12　BQC公司2012—2022年各单项增长率变化趋势图

由图11-12可见，BQC公司自2012年以来，所有者权益增长率始终为正值，说明其所有者权益一直在增加；营业收入增长率在2012年与2019年为负值，其余年份均为正值，说明其营业收入除2012年和2019年外均保持增长；资产增长率从2012年开始始终为正值，说明资产一直在增加；净利润增长率虽然在一些年度存在负值，尤其2017—2019年，但在2020年大幅回升扭转局面，并且在2022年净利润增长率得到进一步提升。

从变化趋势上来看，BQC公司的净利润增长率和收入增长率均存在先上升，然后下降，再上升的趋势。该变化趋势除了受到宏观经济环境变化以及汽车行业政策的影响，还与BQC公司对于新能源汽车业务的战略布局紧密相关。在2012—2015年，BQC公司步入转型升级阶段，巩固与发展新能源汽车业务，净利润增长率与营业收入增长率呈现整体上升趋势，并且在中央和地方新能源政策支持下，2015年净利润增长率实现大幅提升。在2016—2019年，BQC公司进入深度发展阶段，此时国内新能源汽车销量进入平台期，因此净利润与收入增速均放缓；2020—2022年，随着新能源汽车销售突破平台期，公司净利润增长率与营业收入增长率再次出现大幅上升趋势。

再比较各种类型的增长率之间的关系。首先，营业收入增长率和资产增长率，在2012年、2014年、2017年、2019年与2021年该公司营业收入增长率均低于资产增长率，其余年份营业收入增长率均高于资产增长率。可见，BQC公司的资产在一部分年份没有充分地转化为收入。但是在2022年，BQC公司营业收入增长率远高于资产增长率，说明资产的周转效率与之前相比有较大幅度提升，企业经营活动具有较好的效益性。

其次，比较所有者权益增长率与净利润增长率。在净利润增长率为正值的年份，BQC公司净利润增长率均远高于当年所有者权益增长率，说明在净利润大幅增长的年份，所有者权益增长主要来自生产经营活动创造的净利润，有益于公司的未来发展。

最后，比较净利润增长率与收入增长率。多数年份的公司净利润增长率与收入增长率波动趋势基本一致。并且在净利润增长率为正值的年份，净利润增长率远大于收入增长率，这说明公司具有相对良好的商品经营盈利

思政知识11-4

能力。但是在2018年与2021年，净利润增长率与收入增长率变动方向相反。2018年净利润增长率下降但收入增长率上升是因为研发费用与财务费用与前一年相比增多；2021年净利润增长率下降但收入增长率上升是因为毛利减少、销售费用和管理费用的支出大幅增加。这说明公司应当加强在成本费用方面的管控。

知识拓展11-3

（二）整体发展能力分析框架应用中应注意的问题

应用企业整体发展能力分析框架分析企业整体发展能力时应该注意以下几方面：

1.对资产增长的分析

企业资产是取得营业收入的保障，在资产利用效率一定的条件下，要实现营业收入的增长，就需要扩大资产规模。而资产规模的扩大一方面可以依赖所有者权益的增长，即留存收益的积累和股东追加投资；另一方面可以通过负债融资实现。资产增长一般伴随着收入和利润的增长，因此，资产增长要与收入和利润增长协调。

2.对收入增长的分析

营业收入增长是企业利润增长的基础，也是企业价值增长的源泉。一个企业只有不断开拓市场，保持稳定的市场份额，才能不断扩大营业收入，从而进一步促进收益的提升。企业收入增长分析应重点关注收入的构成，结合外部宏观环境、产品的生命周期、企业的竞争战略等做出企业收入增长合理性、效益性和增长潜力的分析，从而有助于进一步预测未来营业收入的增长。收入增长要与利润增长协调，即利润增速一般要高于收入增速，才能体现出企业既能合理控制成本费用，又能充分利用规模效应提升自身盈利能力。

3.对利润增长的分析

利润的增长受企业营业收入规模增长、成本费用控制情况、资产管理质量波动、非经常损益变化等因素的影响。利润是企业自有资金积累的基础，分析企业利润增长，需要重点关注利润的构成。同时拥有快速增长的净利润和良好的利润构成质量才是企业持续发展的核心动力。稳定增长的利润一方面可以给予股东投资回报，另一方面可以补充企业自有资金，减少对外部高成本、高风险融资的依赖，促进企业价值的提升。

4.对所有者权益增长的分析

所有者权益增长有两个主要来源，其一是企业在经营过程中创造的综合收益，而其中主要是当期已实现的收益，即当期净利润，属于自有资金融资，是企业“造血”能力的体现；其二是股东的净投资，即扣减掉对股东的利润分配后的股东投入资本的增加额，属于外部融资，是股东“输血”情况的体现。所有者权益的增长不仅受当期利润创造的影响，而且受企业股利政策选择的影响。因此也需要结合公司的生命周期、发展战略、所有者权益变动表具体项目分析等评价企业的所有者权益增长情况，从而更加准确预测未来所有者权益的保值和增值情况。所有者权益的增长可以提升企业的融资能力，在资本结构保持不变的前提下，企业能融入更多资金，促进资产总额的增长。

总之，在运用发展能力分析框架时，需要注意这四方面核心要素之间的相互关系，只有四方面协调发展，企业才能实现持续、健康经营。

□ 本章小结

企业所追求的目标通常可以被概括为生存、发展与获利，从中可以窥见发展对企业的重要性，它是企业实现盈利的根本途径。发展能力通常是指企业未来生产经营活动的发展趋势和发展潜能，又称企业增长能力。企业应该追求健康的可持续的增长，这需要管理者利用股东和债权人的资本进行有效运营，合理控制成本，增加收入获得利润，在补偿了债务资本成本之后实现股东财富增加，进而提高企业价值。

进行企业发展能力分析的目的在于：第一，评价企业发展战略的执行效果。分析人员要在明确企业发展的各个阶段财务战略的前提下，对企业过去和现在有关筹资活动、投资活动、经营活动效果做出评价，以判别过去和当前发展战略制定和执行是否存在偏差。第二，补充和完善传统财务分析。财务分析的最大贡献不在于了解过去，而是预测未来，而企业发展能力分析是展望未来，这种对企业未来发展的预测满足了报表使用者的要求。第三，为预测分析与价值评估做铺垫。由企业发展能力分析得出的增长率数据将是后续一系列预测分析和价值评估工作的基础数据来源，对以预测分析为基础的价值评估而言十分重要。第四，满足相关利益者的决策需求。股东、潜在投资人、经营者和债权人等利益相关者在做出面向未来的决策时，都需要评价和分析企业的发展能力。

企业发展能力分析的内容可分为以下两部分：

一是企业单项发展能力分析。企业价值要获得增长，就必须依赖所有者权益、利润、收入和资产等方面的不断增长。企业单项发展能力分析就是通过计算和分析所有者权益增长率、利润增长率、收入增长率、资产增长率等指标，分别衡量企业在所有者权益、利润、收入、资产等方面所具有的发展能力，并对其在所有者权益、利润、收入、资产等方面所具有的发展趋势进行预测。

二是企业整体发展能力分析。企业要获得可持续增长，就必须在所有者权益、利润、收入和资产等各方面谋求协调发展。企业整体发展能力分析就是通过对所有者权益增长率、利润增长率、收入增长率、资产增长率等指标进行相互比较与全面分析，综合判断企业的整体发展能力。

□ 数智能力训练

人工智能大模型能够为我们进行财务分析提供很多有益的帮助。结合本章学习的内容，我们可运用人工智能大模型对企业发展能力分析中的相关问题进行进一步的分析，以提升同学们运用数智模型进行财务分析的能力。

本章的数智能力训练题主要有：

1. 近10年来，能够对我国汽车制造业的发展产生影响的相关政策有哪些？这些政策都分别对该行业产生了哪些具体且深远的影响？汽车制造行业的企业战略是否受到这些政策的影响而进行了调整和改变？

2. 从财务角度，对我国汽车制造业上市公司近5年的发展情况进行评价，对比亚迪、长城汽车、长安汽车、广汽集团等公司未来的利润增速进行预测。

3. 请预测我国新能源汽车行业的发展趋势，结合我国新能源汽车企业的财务数据，对新能源汽车上市公司营业收入的增长趋势进行预测。

目前可以采用的人工智能大模型主要有阿里“通义千问”、百度“文心一言”和科大讯飞“星火”等模型，当然也可以采用最新推出的其他模型。同学们可以多尝试一下不同的提问方式，或者不同的人工智能模型，看看答案会有怎样的差别？看看你能否找到与人工智能建立有效沟通的渠道？

□ 互动练习

第四篇　财务综合分析评价

第十二章　综合分析与业绩评价

□ 学习目标

本章学习目标是使学生掌握财务分析的综合分析及业绩评价。其具体目标包括：

◇ 知识目标

了解综合分析与业绩评价的意义及目的；明确综合分析与业绩评价的内容；了解帕利普分析体系。

◇ 技能目标

掌握杜邦财务分析体系的基本原理；掌握综合指数法的原理及实施步骤；掌握综合评分法的原理及实施步骤。

◇ 能力目标

能够运用杜邦财务分析体系对企业进行综合财务分析；能够运用综合指数法和综合评分法对企业进行经营业绩综合评价。

◇ 思政目标

在学习《中央企业综合绩效评价实施细则》的基础上，结合二十大对中国特色现代企业制度的要求，明确企业业绩评价中的经济效益与社会效益的协调，树立可持续发展的理念。

【引例】

新时代给予汽车行业新使命，新技术带来汽车行业新变革。当前中国汽车产业正处在向电动化、智能化升级转型的新发展期，也是迈向高质量发展的关键时期，产业不断向上突破，取得了一些进展，但在产业发展过程中也暴露出一些短板和挑战。

2023年12月14日，在由中国经营报社主办的“新时代新变革新动能——2023中国汽车产业高质量发展论坛”上，比亚迪品牌及公关处集团品牌总监王琰珲表示：汽车品牌高质量发展的关键是在于可持续性的解决方案和颠覆性的技术创新。

汽车行业的高质量发展离不开汽车品牌的向上跃迁。在谈及汽车品牌高质量发展的关键环节，王琰珲表示，汽车品牌高质量发展在于能提供可持续性的解决方案。“比亚迪秉承着以解决社会问题为起点和导向的理念，通过这个过程实现企业自身的发展。比亚迪不仅有汽车业务，而且有轨道交通业务，通过不同解决方案，从可持续发展角度来把品牌坚实地打造出来，也会一直很坚定地走下去。”王琰珲表示。

近年来，比亚迪“始终以解决社会问题为出发点”，针对城市的空气污染和交通拥堵两大瓶颈问题，提出了“治污+治堵”的绿色大交通解决方案，即“用电动车治污、用轨道交通治堵”。以“治污”为例，比亚迪的电动车在帮助全国各地打响“蓝天保卫战”的同时，自身也得到了发展。当传统汽车销售量不断下滑时，比亚迪新能源汽车依然保持高速增长。

高质量发展除了提供可持续发展解决方案外，王琰珲认为，基于安全的颠覆性技术创新也非常关键。王琰珲表示，刀片电池技术的研发是颠覆性的，安全是新能源汽车的根本要求。“刀片电池曾一度将磷酸铁锂拉回到了新能源汽车的主流阵营，将安全作为最重要的考虑因素。”王琰珲还表示，“仰望”（比亚迪旗下高端汽车品牌）上搭载了“云辇”技术，可以保障极致性安全。“比如可以应急浮水、原地掉头，还可以原地起跳。在高速行驶的时候即使一个轮子爆胎了，也能在仅剩三个轮子的情况下，通过计算感知正常安全行驶。”

此外，王琰珲认为，根据客户需求进行技术创新也是颠覆性的。“比如说，我们有DM-i超级混动和DM-p王者混动来满足不同人群的需要。DM-i已经实现满油满电续航超过1 200千米，DM-p则可以既快又省，从而解决了极致性能与极致效能之间的矛盾。2023年4月我们推出了“云辇”技术，成为自主掌握智能车身控制系统的中国车企，包含云辇-C、云辇-A、云辇-P等产品，将从舒适、操控、安全和越野等维度大幅提升消费者的驾乘体验。”

通过技术创新和研发实力，比亚迪正在引领着中国汽车工业的新时代。比亚迪的电池技术更是引领了行业潮流，公司在电池领域具备100%的自主研发、设计和生产能力，涵盖了消费类3C电池、动力电池、太阳能电池和储能电池等多个领域，已形成了完整的电池产业链。值得一提的是，比亚迪是世界产能最大的磷酸铁锂电池厂商，成功推动了新能源汽车行业的绿色发展。

比亚迪公司在各方面所取得的成就有目共睹。但是如何将各种业绩凝练成一个单一指数，以便于业绩评价呢？这就是本章将要讲述的内容。

资料来源：陈靖斌.比亚迪王琰珲：颠覆性的技术创新引领品牌高质量发展［N］.中国经营报，2023-12-01.

第一节 综合分析与业绩评价的目的与内容

一、综合分析与业绩评价的目的

财务分析从盈利能力、营运能力、偿债能力和发展能力角度对企业的经营活动、投资活动和筹资活动的效率及增长率状况进行了深入、细致的分析，以判明企业的财务状况和经营业绩，这对于企业投资者、债权人、经营者、政府及其他利益相关者了解企业的财务状况和经营业绩是十分有益的。但前述财务分析通常是从某一特定角度，就企业某一方面的经营活动进行分析，这种分析不足以全面评价企业的总体财务状况和经营业绩，因此，很难对企业总体财务状况和经营业绩的关联性得出综合结论。为弥补单项指标分析的这一不足，有必要在财务能力单项分析的基础上，将有关指标按其内在联系结合起来进行综合分析。

业绩评价是指在综合分析的基础上，运用业绩评价方法对企业财务状况和经营成果所得的综合结论。业绩评价以财务效率分析为前提，财务效率分析以业绩评价为综合结论，只有在综合分析的基础上进行业绩评价才能从整体上全面、系统地评价企业的财务状况及经营成果。

综合分析与业绩评价的目的在于：

（1）通过综合分析评价明确企业经营活动、投资活动和筹资活动的相互关系，找出制约企业发展的“瓶颈”所在。

（2）通过综合分析评价企业财务状况与经营业绩，明确企业的经营水平、行业地位及发展方向。

（3）通过综合分析评价为企业利益相关者进行投资决策提供参考。

（4）通过综合分析评价为完善企业财务管理和经营管理提供依据。

二、综合分析与业绩评价的内容

根据上述综合分析与业绩评价的意义和目的，综合分析与业绩评价至少应包括以下两方面内容：

（1）财务目标与财务环节相互关联综合分析。企业的财务目标是资本增值最大化。资本增值的核心在于资本收益能力的提高，而资本收益能力受企业各方面、各环节财务状况的影响。本部分分析正是要以净资产收益率为核心，通过对净资产收益率的分解，找出企业经营各环节对其影响以及影响程度，从而综合评价企业各环节及各方面的经营业绩。杜邦财务分析体系是进行这一分析的最基本方法。

（2）企业经营业绩综合分析评价。虽然财务目标与财务环节的联系分析可以解决单项指标分析或单方面分析给评价带来的困难，但由于没能采用某种计量手段给相互关联指标以综合评价，因此，往往难以准确得出公司经营业绩改善与否的定量结论。企业经营业绩综合分析评价正是从解决这一问题出发，利用业绩评价的不同方法对企业经营业绩进行量化分析，最后得出企业经营业绩评价的唯一结论。

（3）基于经济增加值（EVA）的业绩评价体系。经济增加值理念认为，企业只有当其资本收益超过为取得该收益所投入资本的全部成本时，才真正能为股东带来价值。重视资本成本尤其是权益资本成本是EVA的显著特征。当前，EVA已成为国资委进行国有资产监管的重要手段。

知识拓展12-1

第二节　企业财务综合分析

一、杜邦财务分析体系

杜邦财务分析体系又称杜邦财务分析法，是指根据各主要财务比率指标之间的内在联系，建立财务分析指标体系，综合分析企业财务状况的方法。由于该指标体系是由美国杜邦公司最先采用的，因此称为杜邦财务分析体系。杜邦财务分析体系的特点是将若干反映企业盈利状况、财务状况和营运状况的比率按其内在联系有机地结合起来，形成一个完整的指标体系，并最终通过净资产收益率（或资本收益率）这一核心指标来综合反映。

在杜邦财务分析体系中，包含了几种主要的指标关系，可以分为两大层次。

第一层次包括：

（1）净资产收益率=总资产净利率×业主权益乘数

即：$\frac{净利润}{净资产}\times100\%=\left(\frac{净利润}{总资产}\times100\%\right)\times\frac{总资产}{净资产}$

（2）总资产净利率=销售净利率×总资产周转率

即：$\frac{净利润}{总资产}\times100\%=\left(\frac{净利润}{营业收入}\times100\%\right)\times\frac{营业收入}{总资产}$

以上关系表明，影响净资产收益率最重要的因素有3个（销售净利率、总资产周转率、业主权益乘数），即：

净资产收益率=销售净利率×总资产周转率×业主权益乘数

第二层次包括：

（1）销售净利率的分解：

$$销售净利率=\frac{净利润}{营业收入}\times100\%=\frac{总收入-总成本费用}{营业收入}$$

（2）总资产周转率的分解：

$$总资产周转率=\frac{营业收入}{总资产}=\frac{营业收入}{流动资产+非流动资产}$$

以上关系可以用图12-1更清楚地反映出来。

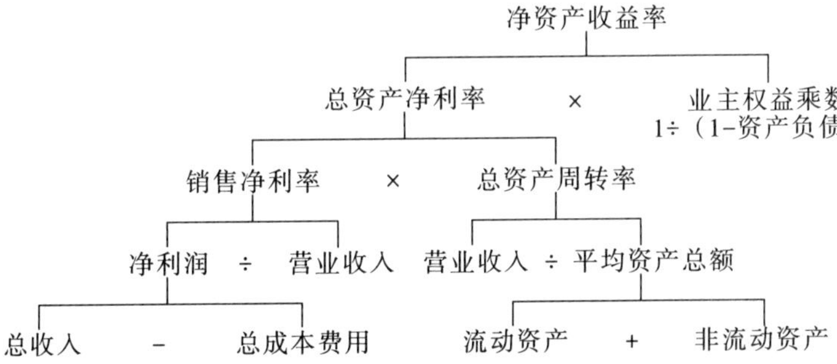

图12-1　杜邦财务分析体系分解图

【案例12-1】 **为什么宝钢兼并了武钢**

由宝钢与武钢中国两大钢铁央企合并而成的宝武钢铁集团于2016年12月1日宣布正式成立，一举成为当时中国最大，全球第二的特大型钢铁企业。2016年9月国务院国资委同意宝钢集团更名为中国宝武钢铁集团有限公司，作为重组后的母公司，武汉钢铁（集团）公司整体无偿划入，成为其全资子公司。宝钢集团旗下宝钢股份拟换股合并武钢股份，武钢股份与宝钢股份的换股比例为1：0.56。为什么是以宝钢为主兼并了武钢？从杜邦财务分析体系角度可以看出端倪。

如表12-1所示，宝钢股份的净资产收益率2013—2015年均高于武钢股份，尤其是2015年差距更加明显，武钢股份出现重大亏损，而宝钢股份在整个行业全线惨淡经营的恶劣环境下还实现了盈利，难能可贵。之所以宝钢股份的股东投资回报能够高于武钢股份，最主要的原因就在于2013—2015年宝钢股份的销售净利率一直都高于武钢股份。另外，从风险管控角度看，宝钢股份的杠杆程度也要低于武钢股份，说明其财务风险较低。

杜邦财务分析体系为企业进行综合分析提供了极具价值的财务信息。

表12-1 **宝钢股份与武钢股份2013—2015年的可持续增长率**

年份	净资产收益率（%）		销售净利率（%）		总资产周转率（次）		业主权益乘数	
	宝钢股份	武钢股份	宝钢股份	武钢股份	宝钢股份	武钢股份	宝钢股份	武钢股份
2013	5.27	1.19	3.18	0.49	0.86	0.93	1.83	2.35
2014	5.07	3.47	3.25	1.30	0.82	1.04	1.80	2.62
2015	0.90	−26.56	0.44	−12.87	0.71	0.61	1.83	2.93

（1）净资产收益率是综合性最强的财务指标，是企业综合财务分析的核心。这一指标反映了投资者的投入资本获利能力的高低，能体现出企业经营的目标。从企业财务活动和经营活动的相互关系上看，净资产收益率的变动取决于企业资本经营、资产经营和商品经营。所以净资产收益率是企业财务活动效率和经营活动效率的综合体现。

（2）总资产周转率是反映企业营运能力最重要的指标，是企业资产经营的结果，是实现净资产收益率最大化的基础。企业总资产由流动资产和非流动资产组成，流动资产体现企业的偿债能力和变现能力，非流动资产则体现企业的经营规模、发展潜力和盈利能力。各类资产的收益性又有较大区别，如现金、应收账款几乎没有收益。所以，资产结构是否合理、营运效率的高低是企业资产经营的核心，并最终影响到企业的经营业绩。

（3）销售净利率是反映企业商品经营盈利能力最重要的指标，是企业商品经营的结果，是实现净资产收益率最大化的保证。企业从事商品经营，目的在于获利，其途径只有两条：一是扩大营业收入；二是降低成本费用。

（4）业主权益乘数既是反映企业资本结构的指标，又是反映企业偿债能力的指标，是企业资本经营即筹资活动的结果，它对提高净资产收益率起到杠杆作用。适度开展负债经营，合理安排企业资本结构，可以提高净资产收益率。

根据BQC公司的有关资料，绘制杜邦财务分析图，如图12-2所示。

从图12-2可以看出，2022年BQC公司净资产收益率为15.65%，较2021年的4.70%，有显著增长。观察其总资产净利率和业主权益乘数可以发现，二者皆有显著提升，都对净资产收益率的增长起到了推动作用。总资产净利率上升的原因在于销售净利率和总资产周转率都有所增长，尤其是销售净利率从2021年的1.84%上升到2022年的4.18%，总资产周转率也从2021年的0.87上升至2022年的1.07。可见，BQC公司盈利能力、营运能力和负债水平的全面提升带来了净资产收益率的大幅攀升。

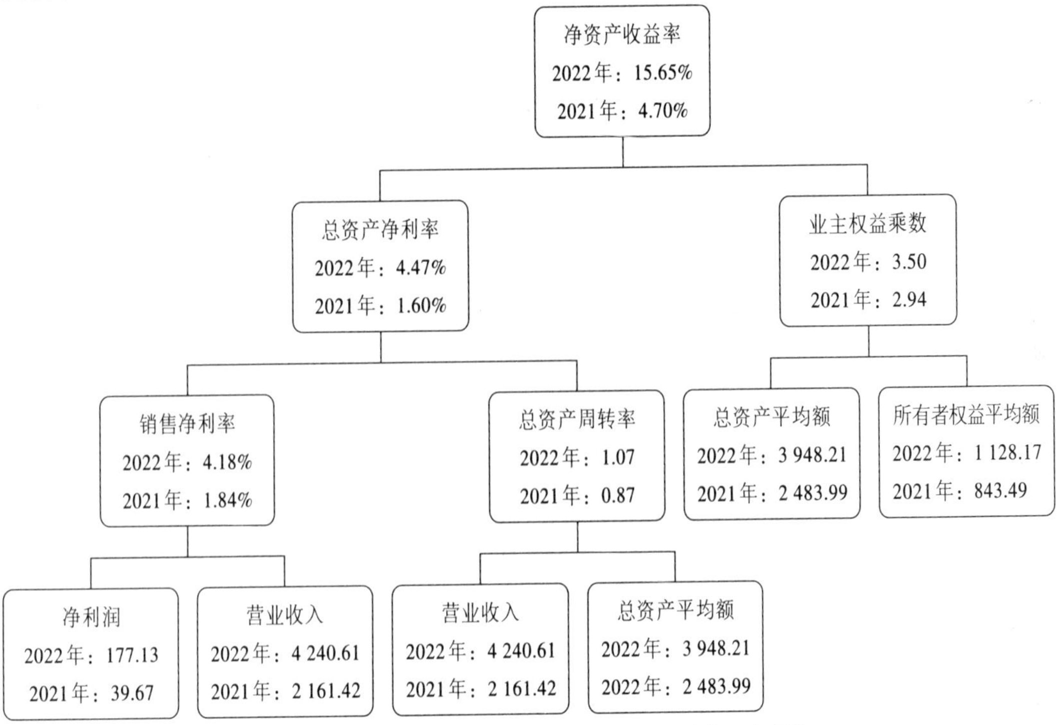

图12-2　BQC公司杜邦财务分析图（金额单位：亿元）

杜邦分析体系中的财务数据包含资产、负债和利润等多属性数据，数据维度较高。在图12-2分层级显示的基础上，可以针对不同的数据特征，对数据进行可视化处理。例如，使用竖向柱状图显示销售净利率、总资产周转率和权益乘数等指标的运算以及数量关系；使用饼形图显示成本、期间费用和资产等指标的构成比例；采用横向柱状图显示收入、成本利润之间的运算关系以及数量关系。

二、杜邦财务分析体系的变形与发展——可持续增长率财务分析体系

杜邦财务分析体系自产生以来在实践中得到广泛应用与好评，但随着经济与环境的发展、变化和人们对企业目标认识的进一步升华，杜邦财务分析体系在应用过程中也暴露出一些不足，主要表现在：

（1）涵盖信息不够全面

杜邦财务分析法主要利用的是企业资产负债表和利润表的项目数据，而不涉及现金流量表，这样做容易让报表使用者只看到账面利润而忽视了更能反映企业生命力的现金流量信息。

（2）分析内容不够完善

杜邦财务分析法主要从企业盈利能力、营运能力、偿债能力的角度对企业展开财务分析，而忽略了对企业发展能力的分析。同时，由于杜邦财务分析法通常针对的是短期财务结果，这也容易诱导管理者的短期行为，从而忽视了企业长期价值的创造。

案例分析12-1

（3）对企业风险分析不足

企业风险是财务报表使用者非常关心的问题，而杜邦财务分析法无法较直观地体现企业经营风险或财务风险。

许多人对杜邦财务分析体系进行了变形、补充，使其不断完善与发展。其中比较具有影响力的一种体系就是以可持续增长率为龙头指标的财务综合分析体系。

（1）可持续增长率的定义

可持续增长率是指在不改变经营战略（不改变销售净利率和资产周转率）和财务战略（不改变资本结构和股利支付率）的条件下，公司销售所能达到的最大增长率，它体现的是一种可持续的平衡发展。

（2）可持续增长率的计算

在没有新增筹资的前提下，企业销售要获得增长，主要依赖于两种资金来源：一种是企业的经营性负债（也可以叫自发负债），主要是来自于企业经营过程中的供应商提供的应付账款和客户提供的预收账款；另一种来自于企业的留存收益。在一般情况下，可持续增长率的计算公式如下：

可持续增长率=净资产收益率×留存收益率

=销售净利率×总资产周转率×权益乘数×（1-股利支付率）

从上述计算公式中可以看到，可持续增长率的大小受销售净利率、总资产周转率、权益乘数以及股利支付率四个财务比率的影响。

（3）可持续增长率的分解

美国著名财务学家罗伯特·希金斯曾说世界上因为增长过快而破产的公司数量与因为增长太慢而破产的公司数量几乎一样多。[①]因此，企业要追求的是一种平衡的可持续的增长。可持续增长率的大小受销售净利率、总资产周转率、权益乘数以及股利支付率四个财务比率的影响，这四种比率背后实际上分别反映的是企业的利润管理、资产管理、筹资活动、股利政策；前两者实际上体现的是企业的经营战略，后两者体现的是企业的财务战略，如图12-3所示。

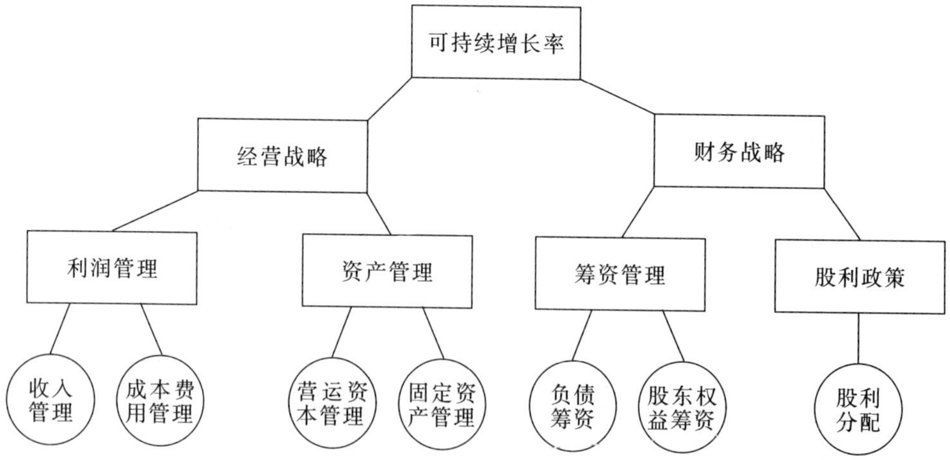

图12-3 可持续增长率内涵图

① 希金斯.财务管理分析［M］.北京：北京大学出版社，2009.

企业应当制定符合自身发展需要的经营战略和财务战略，努力使企业实际增长率与可持续增长率相一致，以实现平衡发展。如果企业调整经营战略或财务战略，可能会导致其实际增长率与可持续增长率发生差异，此时我们可以运用可持续增长率分析体系结合因素分析法分析企业实际销售增长率发生增减变动的原因。如果实际销售增长率与可持续增长率或预算目标相比高出很多，那么支撑高速增长的原因究竟是什么？是否具有风险？能否持续下去？

【案例 12-2】　　新天科技可持续发展能力分析

新天科技股份有限公司简称新天科技，股票代码：300259，于2011年在深圳交易所挂牌上市。新天科技是我国智慧能源以及智能电表行业的先锋者之一。根据新天科技2019—2021年的财报数据与可持续增长率的公式，计算新天科技公司可持续增长率、实际增长率及影响增长能力的四个指标（见表12-2）。

表12-2　　新天科技可持续增长率指标

年份	销售净利率（%）	总资产周转率（次）	权益乘数	留存比率（%）	可持续增长率（%）	实际增长率（%）
2019年	23.94	0.44	1.28	78.26	11.79	38.06
2020年	32.65	0.40	1.24	71.88	13.17	1.16
2021年	34.69	0.37	1.18	57.14	6.47	-0.11

通过对表12-3中的可持续增长率与实际增长率的财务数据比较可知，新天科技公司在2019年，实际增长率远高于其可持续增长率，这种状况如果长期持续出现将会导致企业资源紧张，公司有可能会发生财务问题进而导致经营危机。公司高层应该引起足够的重视，避免掉入虚幻的增长陷阱。在2020年，新天科技公司的可持续增长率和实际增长率之间的差值明显降低，说明该企业经过一年快速的增长后，企业开始着手调整其经营策略。2021年由于外界环境因素的影响，实际增长率为负，可持续增长率与实际增长率之间的差距被进一步缩小。通过这3年的对比我们可以看出，新天科技可持续增长率尚不稳定；实际增长率在2019年达到最高值之后开始向可持续增长率回归。

新天科技2019—2021年重要财务指标见表12-3。

表12-3　　新天科技2019—2021年重要财务指标

年份	总资产（亿元）	所有者权益（亿元）	销售收入（亿元）	净利润（亿元）	固定资产周转率（次）	流动资产周转率（次）	应收账款周转率（次）	存货周转率（次）
2019年	27.95	22.52	11.81	2.83	3.74	0.62	2.89	2.40
2020年	31.65	25.97	11.95	3.90	4.32	0.53	2.91	2.65
2021年	33.64	28.30	11.93	4.14	4.93	0.47	2.89	2.49

由表12-3的财务数据可得出，新天科技公司在2019—2021年的盈利水平呈现上升趋势，且增速较快。根据表12-2可以看出新天科技的留存比率在近3年呈下降趋势，在2021年留存比率最低。可见新天科技在缺少收入增长机会的时候加大了现金股利分配比

例，将现金返还给股东。

在公司营运能力方面，我们可以看到新天科技的总资产周转率和流动资产周转率均在不断降低，流动资产中的主要项目应收账款、存货这两者的周转效率也出现了下降问题，说明新天科技在资产管理方面存在一定的问题。同时通过查看新天科技近3年年报发现，固定资产占比基本稳定，占比不高；而流动资产占比最高，应收账款和存货占比增加，这说明资产管理效率不高的原因主要在应收账款和存货方面。当然，随着销售增长流动资产增长也是必需的，但必须合理占用，提高资金利用效率，降低资金成本，控制经营风险。由此来看，新天科技资产运营效率不高的主要问题在于流动资产管理方面，公司应该重视日常经营计划与经营活动的科学管理。

根据新天科技近3年的数据我们可以看出，新天科的权益乘数（见表12-2）是逐年递减的，保持在1.18～1.28，则其对应的负债率为14.03%～18.68%，处于较低的负债水平，可以较好地控制财务风险水平，但也因此未能充分利用财务标杆作用。

综上所述，新天科技可以通过提高流动资产管理效率，适当增加财务杠杆作用以及提高留存比率的方式来提高可持续增长率。

资料来源：徐文杉. 上市公司可持续发展能力分析——以新天科技为例［J］. 老字号品牌营销，2022（22）：172-174.

第三节　企业经营业绩综合评价

进行企业经营业绩综合评价通常可采用综合指数法和综合评分法，即通过计算企业经营业绩综合指数或综合分数，反映企业总体经营业绩水平的高低。

一、经营业绩评价综合指数法

运用综合指数法进行业绩评价的一般程序或步骤包括选择业绩评价指标，确定各项指标的标准值，计算指标单项指数，确定各项指标的权数，计算综合经济指数，评价综合经济指数。下面以BQC公司经济效益评价指标体系为例，说明综合指数法的应用。

（一）选择经营业绩评价指标

进行经营业绩评价的首要步骤是正确选择评价指标，指标选择要根据分析目的和要求，考虑分析的全面性和综合性。BQC公司经济效益评价指标体系选择的经济效益指标包括四个方面的十项指标：

1.反映获利水平的指标

（1）销售毛利率。销售毛利率反映了企业销售产品的获利水平，其计算公式为：

销售毛利率=（营业收入-营业成本）÷营业收入×100%

（2）总资产报酬率。总资产报酬率用于衡量企业运用全部资产获取利润的能力，其计算公式为：

总资产报酬率=（利润总额+利息支出）÷平均总资产×100%

（3）净资产收益率。净资产收益率反映企业运用投资者投入资本获取收益的能力，其计算公式为：

净资产收益率=净利润÷平均净资产×100%

2.反映债务管理水平的指标

（1）资产负债率。资产负债率用于衡量企业的负债水平，其计算公式为：

资产负债率=负债总额÷资产总额×100%

（2）速动比率。速动比率是衡量企业在某一时点上运用随时可变现资产偿付到期债务的能力，其计算公式为：

速动比率=速动资产÷流动负债

其中：速动资产=流动资产-存货

3.反映资产管理水平的指标

（1）应收账款周转率。应收账款周转率用于衡量企业应收账款周转速度快慢，其计算公式为：

应收账款周转率=营业收入÷平均应收账款

（2）存货周转率。存货周转率用于衡量企业在一定时期内存货资产的周转速度，是反映企业购、产、销平衡效率的一种尺度，其计算公式为：

存货周转率=营业成本÷平均存货

（3）固定资产周转率。固定资产周转率可以衡量企业利用固定资产生产产品获取收入的效率，其计算公式为：

固定资产周转率=营业收入÷平均固定资产

4.反映发展潜力的指标

（1）营业收入增长率。营业收入增长率反映了企业成长状况和发展能力，体现了企业生存和发展的市场空间。

营业收入增长率＝（本年营业收入-上年营业收入）÷上年营业收入

（2）盈利现金流量比率。盈利现金流量比率反映了经营活动现金流量净额与当期净利润的差异程度，即在当期实现的净利润中有多少是有现金流量保证的。

盈利现金流量比率＝经营活动现金流量净额÷净利润×100%

（二）确定各项业绩指标的标准值

业绩评价指标标准值可根据分析的目的和要求确定，可用某企业某年的实际数，也可用同类企业、同行业或部门平均数，还可用国际标准数。一般来说，当评价企业经营计划完成情况时，可选企业计划水平为标准值；当评价企业经营业绩水平变动情况时，可选企业前期水平为标准值；当评价企业在同行业或在全国或国际上所处的地位时，可选取行业标准值、国家标准值或国际标准值。从BQC公司设计这10项指标的角度考虑，标准值的确定主要参考以下两方面：一是适当参照国际上通用的标准，如速动比率为100%，资产负债率为50%等；二是参考近3年的行业平均值。

（三）计算各项业绩指标的单项指数

单项指数是指各项经济指标的实际值与标准值之间的比值，其计算公式为：

$$单项指数=\frac{某指标实际值}{该指标标准值}$$

这一单项指数计算公式适用于经济指标为纯正指标或纯逆指标的情况，如果为纯正指标，则单项指数越高越好；如果为纯逆指标，则单项指数越低越好。如果某经济指标既不是纯正指标，又不是纯逆指标，如资产负债率、流动比率、速动比率等就属于这种指标，对于这种指标，其单项指数可按下式计算：

$$单项指数=\frac{标准值-实际值与标准值差额的绝对值}{标准值}\times100\%$$

例如，假设流动比率的标准值为200%，则当流动比率实际值为220%时，其单项指数为：

$$单项指数=\frac{200\%-|220\%-200\%|}{200\%}\times100\%=90\%$$

（四）确定各项业绩指标的权数

综合经济指数不是单项指数的简单算术平均数，而是一个加权平均数。因此，要计算综合经济指数，应在计算单项指数的基础上，确定各项指标的权数。各项经济指标权数应依据各指标的重要程度而定，一般来说，某项指标越重要，其权数就越大；反之，则权数就越小。假定10项经济效益指标的权数总和为100，BQC公司经测算、验证，将各项经济效益指标的权数确定为：销售毛利率为15；总资产报酬率为15；净资产收益率为15；资产负债率为5；速动比率为5；应收账款周转率为5；存货周转率为5；固定资产周转率为5；营业收入增长率为15；盈利现金流量比率为15。

（五）计算综合经济指数

综合经济指数是以各单项指数为基础，乘以各指标权数所得到的一个加权平均数。综合经济指数的计算有两种方法。

1.按各项指标实际指数计算（不封顶）

在按各项指标实际指数计算时，其计算公式是：

$$综合经济指数=\sum(某指标单项指数\times该指标权数)$$

2.按扣除超过100%部分后计算（封顶）

在全部指标中没有逆指标时，如果某项指标指数超过100%，则扣除超出部分，按100%计算，如果某项指标指数低于100%，则按该指标实际指数计算。其计算公式是：

$$综合经济指数=\sum[某指标单项指数(扣除超出部分)\times该指标权数]$$

根据BQC公司的有关资料，按上述程序，分别采用第一种和第二种计算方法计算该企业的综合经济指数，见表12-4。

表12-4 综合经济指数计算表（%）

经济指标	实际值	标准值	单项指数（不封顶）	单项指数（封顶）	权数	综合指数（不封顶）	综合指数（不封顶）
销售毛利率	17.04	14	121.69	100.00	15	18.25	15.00
总资产报酬率	5.50	4	137.38	100.00	15	20.61	15.00
净资产收益率	15.70	7	224.30	100.00	15	33.65	15.00
资产负债率	75.42	50	49.16	49.16	5	2.46	2.46
速动比率	48.51	100	48.51	48.51	5	2.43	2.43
应收账款周转率（次）	11.30	8	141.20	100.00	5	7.06	5.00
存货周转率（次）	5.75	6	95.76	95.76	5	4.79	4.79

续表

经济指标	实际值	标准值	单项指数（不封顶）	单项指数（封顶）	权数	综合指数（不封顶）	综合指数（不封顶）
固定资产周转率	4.39	5	87.84	87.84	5	4.39	4.39
销售（营业）增长率	96.20	7	1374.21	100.00	15	206.13	15.00
盈利现金流量比率	795.10	216	368.10	100.00	15	55.22	15.00
					100	354.99	94.07

（六）综合经济指数评价

在按照第二种方法计算综合经济指数时，其最高值为100%，越接近100%，说明企业经营业绩总体水平越好，如果按第一种方法计算综合经济指数，当各项业绩指标中没有正指标时，综合经济指数以小于100%为好，而且越低越好。当各项业绩指标中没有逆指标时，一般来说，综合经济指数达到100%，说明企业经营业绩总体水平达到标准要求，或者说企业取得了较好的经济效益，该指数越高，经济效益水平越高；若综合经济指数低于100%，说明企业经济效益水平没达到标准要求，该指数越低，经营效益水平越差。在本例中，企业综合经济指数为354.99%，远远超过了经营业绩标准要求。

当运用综合经济指数法进行经营业绩综合评价时，应特别注意以下两个问题：

第一，选择的各项经济指标在评价标准上应尽量保持方向的一致性，即尽量都选择正指标，或都选择逆指标。因为如果全部为正指标，则评价标准为越高越好；全部为逆指标，则评价标准为越低越好；如果既有正指标又有逆指标，则应将逆指标转为正指标或相反。如上述周转速度指标，如果以次数计算为正指标，则以天数计算为逆指标。由于大部分指标为正指标，因此，周转速度应采取正指标形式。至于资产负债率、流动比率和速动比率这种既不是正指标又不是逆指标的指标，其标准值具有绝对性，即大于或小于标准值都不好，单项指数最高为1或100%。进行综合经济效益指数评价时应注意这些指标的特点，否则可能会得出错误结论。

第二，综合经济指数是否可高于100%的问题。如果各单项指数取值可高于100%，则综合经济指数可能高于100%。这样做的优点是，综合经济指数不封顶，该指标越高，说明企业经营业绩越好。它的缺点是，可能存在某些完成状况好的指标的数值弥补完成状况差的指标的数值的情形。这样即使综合指数大于或等于100%，也不能说明企业各项经济指标都达到了标准值要求，从而掩盖了企业在某方面存在的问题。如果各单项指数取值最高为100%（即当大于100%时按100%计算，当小于100%时按实际值计算），则综合经济指数最高为100%。这种做法的优点是，只要综合经济指数达到了100%，就说明企业各项经济指标都达到或超过了标准值，取得了理想的经营业绩，低于100%则说明企业在某方面一定存在问题。这种方法的缺点是，如果几个企业的综合经济指数都达到100%，就很难分出优劣。因此，进行企业经济效益综合评价，当标准值比较先进时，可采用指数封顶的方法；当标准值为平均值时，则应采取指数不封顶的方法。企业在进行自身经营业绩评价时，也可将两种方法结合使用，取长补短，从而准确地评价企业的经营业绩。

二、经营业绩评价综合评分法

运用综合评分法或功效系数法的一般程序或步骤（包括选择业绩评价指标），确定各项经济指标的标准值及标准系数，确定各项经济指标的权数，计算各类业绩评价指标得分，计算经营业绩综合评价分数，确定综合评价结果等级。下面根据2006年国务院国有资产监督管理委员会发布的《中央企业综合绩效评价实施细则》来说明综合评分法的程序、方法及应用。为保证业绩评价指标值计算口径一致，本部分对业绩评价指标的计算均采用《中央企业综合绩效评价实施细则》和《企业绩效评价标准值（2023）》所附计算公式。

（一）选择业绩评价指标

思政知识12-1

进行经营业绩综合分析的首要步骤是正确选择评价指标，指标选择要根据分析目的和要求，考虑分析的全面性和综合性。《中央企业综合绩效评价实施细则》选择的企业综合绩效评价指标包括22个财务绩效定量评价指标和8个管理绩效定性评价指标，具体见表12-5。

表12-5　企业综合绩效评价指标体系

<table>
<tr><th rowspan="2">评价指数类别</th><th colspan="2">财务绩效定量评价指标</th><th rowspan="2">管理绩效定性评价指标</th></tr>
<tr><th>基本指标</th><th>修正指标</th></tr>
<tr><td>一、盈利能力状况</td><td>净资产收益率
总资产报酬率</td><td>销售（营业）利润率
盈余现金保障倍数
成本费用利润率
资本收益率</td><td rowspan="4">战略管理
发展创新
经营决策
风险控制
基础管理
人力资源
行业影响
社会贡献</td></tr>
<tr><td>二、资产质量状况</td><td>总资产周转率
应收账款周转率</td><td>两金占流动资产比率
流动资产周转率
资产现金回收率</td></tr>
<tr><td>三、债务风险状况</td><td>资产负债率
已获利息倍数</td><td>速动比率
现金流动负债比率
带息负债比率
EBITDA率</td></tr>
<tr><td>四、经营增长状况</td><td>销售（营业）增长率
资本保值增值率</td><td>销售（营业）利润增长率
总资产增长率
技术投入比率</td></tr>
</table>

1.财务绩效基本指标及其计算

（1）净资产收益率，是指企业运用投资者资本获得收益的能力。其计算公式为：

$$\text{净资产收益率}=\frac{\text{归属于母公司所有者的净利润}}{\text{平均归属于母公司所有者权益}}\times 100\%$$

其中：$$\text{平均归属于母公司所有者权益}=\left(\text{年初归属于母公司所有者权益合计}+\text{年末归属于母公司所有者权益合计}\right)\div 2$$

（2）总资产报酬率，是指用于衡量企业运用全部资产的获利能力。其计算公式为：

$$\text{总资产报酬率}=\frac{\text{利润总额}+\text{利息支出}}{\text{平均资产总额}}\times 100\%$$

其中：平均资产总额=（期初资产总额+期末资产总额）÷2

（3）总资产周转率，是指企业在一定时期营业收入与平均资产总额的比值，是综合评价企业全部资产经营质量和利用效率的重要指标。其计算公式为：

$$总资产周转率=\frac{营业收入}{平均资产总额}$$

（4）应收账款周转率，是指企业一定时期营业收入与应收账款平均余额之比。其计算公式为：

$$应收账款周转率=\frac{营业收入}{应收账款平均余额}$$

应收账款平均余额=（年初应收账款余额+年末应收账款余额）÷2

应收账款余额=应收账款净额+应收账款坏账准备

（5）资产负债率，可用于衡量企业负债水平与偿债能力的情况。其计算公式为：

$$资产负债率=\frac{负债总额}{资产总额}\times 100\%$$

（6）已获利息倍数，是指息税前利润与利息支出之比，可用于衡量企业的偿债能力。其计算公式为：

$$已获利息倍数=\frac{利润总额+利息支出}{利息支出}$$

（7）销售（营业）增长率，是指反映企业销售收入增长情况的指标。其计算公式为：

$$销售（营业）增长率=\frac{本年营业收入增长额}{上年营业总收入}\times 100\%$$

（8）资本保值增值率，可用于衡量企业所有者权益的保持和增长幅度。其计算公式为：

$$资本保值增值率=\frac{扣除客观因素后的年末国有资本及权益}{年初国有资本及权益}\times 100\%$$

根据上述公式计算BQC公司2022年各项财务绩效基本指标，见表12-6。

表12-6　**BQC公司财务绩效基本指标表**

基本指标	指标值	基本指标	指标值
净资产收益率（%）	15.70	资产负债率（%）	75.42
总资产报酬率（%）	5.50	已获利息倍数（倍）	35.2
总资产周转率（次）	1.07	销售（营业）增长率（%）	96.2
应收账款周转率（次）	11.30	资本保值增值率（%）	116.45

2.财务绩效修正指标及其计算

（1）$销售（营业）利润率=\frac{销售(营业)利润}{营业收入}\times 100\%$

其中：$销售(营业)利润=营业总收入-营业成本-税金及附加-销售费用-管理费用-财务费用-资产减值损失+公允价值变动收益+投资收益+其他收益$

（2）$盈余现金保障倍数=\frac{经营现金净流量}{净利润}\times 100\%$

（3）$成本费用利润率=\frac{利润总额}{成本费用总额}\times 100\%$

其中：成本费用总额=营业成本+税金及附加+销售费用+管理费用+财务费用

（4）资本收益率=$\frac{\text{归属于母公司所有者的净利润}}{\text{平均资本}}\times100\%$

平均资本=［（年初实收资本+年初资本公积）+（年末实收资本+年末资本公积）］÷2

（5）两金占流动资产比率=$\frac{\text{应收账款}+\text{存货}}{\text{流动资产}}\times100\%$

（6）流动资产周转率=$\frac{\text{营业总收入}}{\text{平均流动资产余额}}\times100\%$

平均流动资产总额=（年初流动资产总额+年末流动资产总额）÷2

（7）资产现金回收率=$\frac{\text{经营现金净流量}}{\text{平均资产总额}}\times100\%$

（8）速动比率=$\frac{\text{速动资产}}{\text{流动负债}}\times100\%$

其中：速动资产=流动资产-存货

（9）现金流动负债比率=$\frac{\text{经营现金净流量}}{\text{流动负债}}\times100\%$

（10）带息负债比率=$\frac{\text{带息负债}}{\text{负债总额}}\times100\%$

其中：$\text{带息负债}=\text{短期借款}+\text{一年内到期的非流动负债}+\text{交易性金融负债}+\text{其他带息流动负债}+\text{长期借款}+\text{应付债券}+\text{其他带息非流动负债}$

（11）EBITDA率=$\frac{\text{净利润}+\text{所得税}+\text{利息支出}+\text{固定资产折旧}+\text{无形资产摊销}}{\text{营业总收入}}\times100\%$

（12）销售（营业）利润增长率=$\frac{\text{本年销售(营业)利润}-\text{上年销售(营业)利润}}{\text{上年销售(营业)利润}}\times100\%$

（13）总资产增长率=$\frac{\text{年末资产总额}-\text{年初资产总额}}{\text{年初资产总额}}\times100\%$

（14）技术投入比率=$\frac{\text{本年科技支出合计}}{\text{营业收入}}\times100\%$

根据上述公式计算BQC公司2022年各项修正指标见表12-7。

表12-7　　**BQC公司2022年财务绩效修正指标表（%）**

修正指标	指标值	修正指标	指标值
销售（营业）利润率	5.08	速动比率	48.51
盈余现金保障倍数（倍）	7.95	现金流动负债比率	42.25
成本费用利润率	5.25	带息负债比率	5.88
资本收益率	25.90	EBITDA率	9.67
两金占流动资产比率	48.98	销售（营业）利润增长率	365.07
流动资产周转率（次）	2.08	总资产增长率	66.97
资产现金回收率	35.67	技术投入比率	4.40

（二）确定各项经济指标的标准值及标准系数

为了准确评价企业经营业绩，对各项经济指标标准值的确定，根据企业类型不同及指标分类情况规定了不同的标准。

（1）财务绩效基本指标标准值及标准系数。基本指标评价的参照水平即标准值由财政部定期颁布，分为五档。不同行业、不同规模的企业有不同的标准值。例如，2022年汽车制造业全行业财务绩效基本指标标准值见表12-8。

表12-8　**汽车制造业全行业财务绩效基本指标标准值表**

档次（标准系数） 项目	优秀	良好	平均	较低	较差
	（1）	（0.8）	（0.6）	（0.4）	（0.2）
净资产收益率（%）	13.2	8.8	5.6	1.8	-21.7
总资产报酬率（%）	8.7	6.1	4.1	1.9	-6.9
总资产周转率（次）	1.2	1	0.8	0.6	0.4
应收账款周转率（次）	9.1	6.3	5.2	4	2.2
资产负债率（%）	35.2	46.1	56.1	67	84.3
已获利息倍数	22.6	12.1	5.5	1.9	-6.7
销售（营业）增长率（%）	29	19.2	11.4	5.1	-11.3
资本保值增值率（%）	117.4	109.7	105.6	101.2	83.4

（2）财务绩效修正指标标准值及修正系数。基本指标有较强的概括性，但是不够全面。为了更加全面地评价企业绩效，另外设置了4类14项修正指标，根据修正指标的高低计算修正系数，用得出的系数去修正基本指标得分。2022年汽车整车制造业全行业财务绩效修正指标标准值见表12-9。

表12-9　**汽车制造业全行业财务绩效修正指标标准值表**

指标（标准系数） 项目	优秀	良好	平均	较低	较差
	（1）	（0.8）	（0.6）	（0.4）	（0.2）
一、盈利能力状况					
销售（营业）利润率（%）	9.4	6.1	3.7	1.4	-10.3
盈余现金保障倍数（倍）	2.3	1.4	1	0.5	-2.1
成本费用利润率（%）	10.8	6.6	3.8	1.3	-11.2
资本收益率（%）	34.5	21.5	10.7	2.3	-30.5
二、资产质量状况					
两金占流动资产比率（%）	8.7	23.9	37.2	47.5	57.8
流动资产周转率（次）	2	1.2	0.8	0.4	0.1
资产现金回收率（%）	8.5	5.1	2.3	-0.1	-1.8
三、偿债风险状况					
速动比率	1.6	1.2	0.9	0.7	0.4
现金流动负债比率（%）	30.2	18.1	10.3	2.4	-17.9
带息负债比率（%）	30.3	42.7	52.9	62.7	77.2
EBITDA率	24.8	14.4	7.2	1.8	-2.7
四、经营增长状况					
销售（营业）利润增长率（%）	87.8	35.4	7.5	-23.4	-148.2
总资产增长率（%）	15.1	8.7	5.1	0.7	-10
技术投入比率（%）	4.3	3.3	2.1	1.1	0.2

（三）确定各项经济指标的权数

指标的权数根据评价目的和指标的重要程度确定。表12-10是企业综合绩效评价指标体系中各类及各项指标的权数或分数。

表12-10 企业综合绩效评价指标及权重表 单位：分

财务绩效定量评价指标（权重70%）					管理绩效定性评价指标（权重30%）	
指标类别（100）	基本指标（100）		修正指标（100）		评议指标（100）	
一、盈利能力状况（34）	净资产收益率	20	销售（营业）利润率	10	战略管理	18
	总资产报酬率	14	盈余现金保障倍数	9	发展创新	15
			成本费用利润率	8	经营决策	16
			资本收益率	7	风险控制	13
二、资产质量状况（22）	总资产周转率	10	两金占流动资产比率	9	基础管理	14
	应收账款周转率	12	流动资产周转率	7	人力资源	8
			资产现金回收率	6	行业影响	8
三、债务风险状况（22）	资产负债率	12	速动比率	6	社会贡献	8
	已获利息倍数	10	现金流动负债比率	6		
			带息负债比率	5		
			EBITDA率	5		
四、经营增长状况（22）	销售（营业）增长率	12	销售（营业）利润增长率	10		
	资本保值增值率	10	总资产增长率	7		
			技术投入比率	5		

（四）计算各类业绩评价指标得分

1.财务绩效基本指标得分计算

基本指标反映企业的基本情况，是对企业绩效的初步评价。它的计分是按照功效系数法计分原理，将评价指标实际值对照行业评价标准值，按照规定的计分公式计算各项基本指标得分。其计算公式为：

（1）单项指标得分的计算。

单项基本指标得分=本档基础分+调整分

其中：本档基础分=指标权数×本档标准系数

本档调整分=功效系数×（上档基础分-本档基础分）

上档基础分=指标权数×上档标准系数

$$功效系数=\frac{实际值-本档标准值}{上档标准值-本档标准值}$$

本档标准值是指上下两档标准值居于较低等级一档。

根据表12-6 BQC公司2022年财务绩效基本指标，结合表12-8汽车制造业全行业财务绩效基本指标标准值及系数，按上述公式可计算BQC公司各项基本指标得分。例如，2022年BQC公司总资产报酬率为5.50%。此时，该企业的总资产报酬率已超过“平均”（4.1%）水平，处于“平均”档，因此可以得到“平均”档基础分。另外，它处于“良好”档（6.1%）和“平均”档（4.1%）之间，同时需要调整。

本档基础分=指标权数×本档标准系数=14×0.6=8.4（分）

$$本档调整分=\frac{实际值-本档标准值}{上档标准值-本档标准值}\times\left(\begin{matrix}上档\\基础分\end{matrix}-\begin{matrix}本档\\基础分\end{matrix}\right)$$

$$=\frac{5.5-4.1}{6.1-4.1}\times（14\times0.8-14\times0.6）=1.96（分）$$

总资产周转率指标得分=8.4+1.96=10.36（分）

其他基本指标得分的计算方法与此相同，不再举例。

（2）财务绩效基本指标总分的计算。

BQC公司单项指标得分、分类指标得分及基本指标总分见表12-11。

表12-11　**BQC公司指标得分的计算表**　单位：分

类　别	基本指标（分数）	单项指标得分	分类指标得分
一、盈利能力状况	净资产收益率（20） 总资产报酬率（14）	20.00 10.36	30.36
二、资产质量状况	总资产周转率（10） 应收账款周转率（12）	8.74 12.00	20.74
三、债务风险状况	资产负债率（12） 已获利息倍数（10）	3.63 10.00	13.63
四、经营增长状况	销售（营业）增长率（12） 资本保值增值率（10）	12.00 8.20	20.20
基本指标总分			84.93

2.财务绩效修正指标修正系数的计算

对基本指标得分的修正，是按指标类别得分进行的，需要计算“分类的综合修正系数”。分类的综合修正系数由“单项指标修正系数”加权平均求得，而单项指标修正系数的大小主要取决于基本指标评价分数和修正指标实际值两项因素。

（1）单项指标修正系数的计算。

单项指标修正系数的计算公式是：

单项指标修正系数=1.0+（本档标准系数+功效系数×0.2-该类基本指标分析系数）

单项修正系数控制修正幅度为0.7～1.3。

下面以销售（营业）利润率为例说明单项指标修正系数的计算。

①标准系数的确定。

根据表12-7可知，BQC公司2022年销售（营业）利润率为5.08%，查阅表12-9，发现该指标的实际值介于良好和平均之间，其标准系数应为0.6。

②功效系数的计算。

$$功效系数=\frac{实际值-本档标准值}{上档标准值-本档标准值}$$

$$销售（营业）利润率的功效系数=\frac{5.08-3.7}{6.1-3.7}=0.58$$

③分类基本指标分析系数的计算。

$$某类基本指标分析系数=\frac{该类基本指标得分}{该类指标权数}$$

根据表12-11可知盈利能力类基本指标得分为30.36，其权数为34，则：

盈利能力类基本指标分析系数=30.36÷34=0.89

根据以上结果可以计算出盈余现金保障倍数的修正系数为：

销售（营业）利润率指标修正系数=1.0+（0.6+0.57×0.2−0.89）=0.82

在计算修正指标单项修正系数过程中，对一些特殊情况作如下规定：

第一，如果修正指标实际值达到优秀值以上，其单项修正系数的计算公式如下：

单项修正系数=1.2+本档标准系数−该部分基本指标分析系数

第二，如果修正指标实际值处于较差值以下，其单项修正系数的计算公式如下：

单项修正系数=1.0−该部分基本指标分析系数

第三，如果资产负债率≥100%，指标得0分；其他情况按照规定的公式计分。

第四，如果盈余现金保障倍数分子为正数，分母为负数，单项修正系数确定为1.1；如果分子为负数，分母为正数，单项修正系数确定为0.9；如果分子和分母同为负数，单项修正系数确定为0.8。

第五，如果不良资产比率≥100%或分母为负数，单项修正系数确定为0.8。

第六，对于销售利润增长率指标，如果上年主营业务利润为负数，本年为正数，单项修正系数为1.1；如果上年主营业务利润为零，本年为正数，或者上年为负数，本年为零，单项修正系数确定为1.0。

按照上述方法，由于2022年BQC公司的盈余现金保障倍数为7.95，超过行业优秀值2.3，根据上述公式计算修正指标的单项修正系数为：

盈余现金保障倍数指标修正系数＝1.2+1−0.89＝1.31

由于单项修正系数控制修正幅度为0.7～1.3，因此盈余现金保障倍数的指标修正系数为1.3。

（2）分类综合修正系数的计算。

$$分类综合修正系数=\sum 类内单项指标加权修正系数$$

其中，单项指标加权修正系数的计算公式是：

单项指标加权修正系数=单项指标修正系数×该项指标在本类指标中的权数

例如，盈余现金保障倍数指标属于盈利能力指标，其权数为9，盈利能力类指标总权数为34。

盈余现金保障倍数指标的加权修正系数=1.3×（9÷34）=0.34

盈利能力类修正指标有4项，已计算出盈余现金保障倍数指标的加权修正系数为0.34，销售利润率指标的加权修正系数为0.24，成本费用利润率指标的加权修正系数为0.19，资本收益率指标的加权修正系数为0.20，则：

盈利能力类修正系数=0.24+0.34+0.19+0.20=0.97

其他类别指标的综合修正系数计算与上述方法相同，不再举例。

3.修正后得分的计算

$$修正后总分=\sum(分类综合修正系数\times 分类基本指标得分)$$

BQC公司各类基本指标和分类综合修正系数见表12-12，可计算出修正后定量指标的总得分。

表12-12　**修正后得分的计算**

项　目	类别修正系数	基本指标得分	修正后得分
盈利能力状况	0.97	30.35	29.44
资产质量状况	1.03	20.74	21.36
债务风险状况	1.08	13.63	14.72
经营增长状况	1.28	20.20	25.86
修正后定量指标总分	—	—	91.38

4.管理绩效定性指标的计分方法

（1）管理绩效定性指标的内容

管理绩效定性评价指标的计分一般通过专家评议打分形式完成，聘请的专家应不少于7名。评议专家应当在充分了解企业管理绩效状况的基础上，对照评价参考标准，采取综合分析判断法，对企业管理绩效指标做出分析评议，评判各项指标所处的水平档次，并直接给出评价分数。表12-13是一名评议专家给出的各项管理绩效定性评价指标的等级。

表12-13　**管理绩效评价定性评价指标等级表**

评议指标	权　数	等级（参数）				
		优（1）	良（0.8）	中（0.6）	低（0.4）	差（0.2）
1.战略管理	18		√			
2.发展创新	15	√				
3.经营决策	16		√			
4.风险控制	13		√			
5.基础管理	14			√		
6.人力资源	8		√			
7.行业影响	8	√				
8.社会贡献	8		√			

（2）单项评议指标得分

$$单项评议指标分数=\sum(单项评议指标权数\times 各评议专家给定等级参数)\div 评议专家人数$$

假设评议专家有7人，对“战略管理”的评议结果为：优等4人，良等3人。

$$战略管理评议指标得分=\frac{(18\times1+18\times1+18\times1+18\times1+18\times0.8+18\times0.8+18\times0.8)}{7}=16.46（分）$$

其他指标的计算方法与上述方法相同，不再举例。

（3）评议指标总分的计算

前面已计算出战略管理评议指标分数为16.46分，假设其他7项评议指标的单项得分分别为14、14、11、12、6、8和7，则：

评议指标总分=16.46+14+14+11+12+6+8+7=88.46（分）

（五）计算经营业绩综合评价分数

在得出财务绩效定量评价分数和管理绩效定性评价分数后，应当按照规定的权重，耦合形成综合绩效评价分数。其计算公式为：

企业综合绩效评价分数=财务绩效定量评价分数×70%+管理绩效定性评价分数×30%

根据以上有关数据，BQC公司的综合评价得分计算如下：

综合评价得分=91.63×70%+88.46×30%=90.68（分）

在得出评价分数以后，应当计算年度之间的绩效改进度，以反映企业年度之间经营绩效的变化状况。其计算公式为：

绩效改进度=本期绩效评价分数÷基期绩效评价分数

绩效改进度大于1，说明经营绩效上升；绩效改进度小于1，说明经营绩效下滑。

（六）确定综合评价结果等级

企业综合绩效评价结果以85、70、50、40分作为类型判定的分数线。具体的企业综合绩效评价类型与评价级别见表12-14。

表12-14 **企业综合绩效评价类型与评价级别一览表**

评价类型	评价级别	评价得分
优（A）	A++ A+ A	A++≥95分 95分>A+≥90分 90分>A≥85分
良（B）	B+ B B-	85分>B+≥80分 80分>B≥75分 75分>B-≥70分
中（C）	C C-	70分>C≥60分 60分>C-≥50分
低（D）	D	50分>D≥40分
差（E）	E	E<40分

本例中的BQC公司2022年综合得分90.68分，其综合绩效等级属于优（A+）级。

三、基于经济增加值（EVA）的业绩评价体系

经济增加值（Economic Value Added，EVA）于1982年由美国思腾思特（Stern Stewart）公司提出，其核心理念为：企业只有当其资本收益超过为获取该收益所投入资本的全部成本时才真正能为股东带来价值。重视资本成本特别是权益资本成本是EVA的显著特征。

2009年12月28日，国务院国资委颁布第22号令，出台了《中央企业负责人经营业绩考核暂行办法》（以下简称“2009版《办法》”），正式将EVA指标引入年度考核当中。国资委在延续西方EVA基本理论的基础之上，对EVA在中央企业的实施进行了多方面的本土化改造，以解决EVA管理在我国企业“水土不服”的问题。此后，国资委分别在2012年年底和2016年年底对该《办法》进行了修订和完善，以下分别简称2012版《办法》和2016版《办法》。

1.用EVA取代ROE

2009版《办法》最核心的一点就是用EVA取代了ROE指标，与利润总额一起作为对中央企业负责人进行年度业绩评价的两个基本指标。这一做法不仅能够满足“收益要弥补股权资本的机会成本”这一基本要求，而且能够消除净资产收益率指标提升有可能诱发的财务风险增高的问题。可以说，EVA指标才是股东财富增加（或减少）的真正体现。

2009版《办法》规定EVA是指企业税后净营业利润减去资本成本后的余额，计算公式为：

经济增加值=税后净营业利润-资本成本

=税后净营业利润-调整后资本×平均资本成本率

$$\text{其中，税后净营业利润} = \text{净利润} + \left(\begin{matrix}\text{利息}\\\text{支出}\end{matrix} + \begin{matrix}\text{研究开发}\\\text{费用调整项}\end{matrix} - \begin{matrix}\text{非经常}\\\text{收益调整项}\end{matrix} \times 50\%\right) \times (1-25\%)$$

调整后资本=平均所有者权益+平均负债合计-平均无息流动负债-平均在建工程

相较于2009版《办法》，2012版《办法》更加突出了经营业绩评价的价值创造导向：将大多数企业的经济增加值指标的权重由40%提至50%，利润总额指标权重则由30%降低到20%。由此确立了经济增加值指标在中央企业经营业绩年度考核中的绝对主体地位，强化了考核价值导向。2012版《办法》还规定，企业通过变卖主业优质资产等取得的非经常性收益在税后净营业利润中全额扣除。

2016版《办法》落实以管资本为主加强国有资产监管的要求，再次强调突出经济增加值考核，并进一步提出经济增加值考核的重点是在分类和差异化上下功夫，针对不同功能、资本结构和风险程度的中央企业，提出差异化资本回报要求，着力引导企业资本投向更加合理，资本结构更加优化，资本纪律更加严格，资本效率进一步提高。

2.年度考核与任期考核相结合

国资委版本的考核办法将长期考核和短期考核区分开来，分为年度经营业绩考核和任期经营业绩考核两大部分。

（1）年度经营业绩考核

年度经营业绩考核是以公历年作为考核周期，将年度利润总额和经济增加值作为基本指标对中央企业负责人进行业绩考核。2009版《办法》规定的年度经营业绩考核综合得分的计算公式为：

$$\begin{matrix}\text{年度经营业绩}\\\text{考核综合得分}\end{matrix} = \left(\begin{matrix}\text{利润总额}\\\text{指标得分}\end{matrix} + \begin{matrix}\text{经济增加值}\\\text{指标得分}\end{matrix} + \begin{matrix}\text{分类}\\\text{指标得分}\end{matrix}\right) \times \begin{matrix}\text{经营}\\\text{难度系数}\end{matrix} + \text{奖励分} - \text{考核扣分}$$

2012版《办法》的年度考核维持了利润总额和经济增加值指标，但在指标所占权重上向经济增加值有所倾斜，其综合得分计算公式与2009版《办法》也大致相同，但将“经营难度系数”改为“业绩考核系数”，突出了技术投入的重要性。

（2）任期经营业绩考核

任期经营业绩考核是以三年为一个考核周期，将国有资本保值增值率和主营业务收入平均增长率作为基本考核指标。2009版《办法》规定的任期经营业绩考核综合得分的计算公式为：

$$\begin{array}{c}\text{任期经营}\\\text{业绩考核}\\\text{综合得分}\end{array} = \left(\begin{array}{c}\text{国有资本}\\\text{保值增值率}\\\text{指标得分}\end{array} + \begin{array}{c}\text{主营业务收入}\\\text{平均增长率}\\\text{指标得分}\end{array} + \begin{array}{c}\text{分类}\\\text{指标得分}\end{array}\right) \times \begin{array}{c}\text{经营}\\\text{难度系数}\end{array} + \begin{array}{c}\text{任期内三年的}\\\text{年度经营业绩}\\\text{考核结果指标得分}\end{array} - \begin{array}{c}\text{考核}\\\text{扣分}\end{array}$$

可以看出，在2009版《办法》中规定的任期考核的基本指标为国有资本保值增值率指标和主营业务收入平均增长率。在2012版《办法》中，任期考核的基本指标取消了“主营业务收入平均增长率”指标，更换为“总资产周转率”指标，体现“弱化规模、突出质量、强化管理、做强做优”的思路。

3.考核结果与奖惩激励机制挂钩

在严格考核的基础上实施严明的奖惩措施是中央企业经营业绩考核的重要环节，如果业绩考核不与激励相挂钩，那么考核的效果和意义将大为减弱。2009版《办法》根据企业负责人经营业绩考核得分，将年度经营业绩考核和任期经营业绩考核的最终结果分为A、B、C、D、E五个级别。级别与企业负责人的薪酬直接挂钩，规定以年度经营业绩考核结果和任期经营业绩考核结果为依据对企业负责人实施奖惩，给予企业负责人年度绩效薪金奖励和任期激励（或中长期激励），即“业绩上、薪酬上；业绩下、薪酬下”，并把经营业绩考核结果作为企业负责人任免的重要依据。

【思政知识】　　科学监管促进国有企业高质量发展

业绩考核和薪酬分配，是出资人的核心职责和有效监管手段之一。近年来，为推动央企加快实现高质量发展，国资委探索并建立了中央企业经营指标体系。2020年，形成“两利三率”指标体系，包括净利润、利润总额、营业收入利润率、资产负债率和研发经费投入强度。2021年，为引导中央企业提高生产效率，又增加了全员劳动生产率指标，完善为“两利四率”。2022年，针对“两利四率”指标，提出“两增一控三提高”的总体要求，通过预算管理和业绩考核等工作将指标分解到每一家央企，统领和推进各项重点工作。

2023年，国资委在总结了近几年工作成效基础上，结合国资央企新时代、新征程、新使命，对中央企业经营指标体系进行了优化调整，并将“两利四率”调整为“一利五率”。一是用净资产收益率指标替换了净利润指标。二是用营业现金比率替换了营业收入利润率指标。三是保留资产负债率、研发经费投入强度、全员劳动生产率指标。本次从“两利四率”到“一利五率”指标体系的调整，幅度虽然不大，但形成了一个更加严谨、科学、成熟的体系。从近几年实践看，这一持续完善中的指标体系在引导和促进央企落实国家战略任务、增强创新能力、提高盈利水平、防范重大风险等方面取得了显著成效。

资料来源：闫永，郭大鹏，刘青山.中国式国资治理［J］.国资报告，2023（4）：54-67.

□ 本章小结

业绩评价是指在综合分析的基础上，运用业绩评价方法对企业财务状况和经营成果所做的综合结论。业绩评价以财务分析为前提，财务分析以业绩评价为结论，财务分析离开业绩评价就没有太大的意义了。就单项财务能力所做的分析及评价，其结论具有片面性，只有在综合分析的基础上进行业绩评价，才能从整体上全面评价企业的财务状况及经营成果。

财务综合分析通常采用杜邦财务分析体系，又称杜邦财务分析法，该体系是指根据各主要财务比率指标之间的内在联系，建立财务分析指标体系，综合分析企业财务状况的方法。杜邦财务分析体系的特点是将若干反映企业盈利状况、财务状况和营运状况的比率按其内在联系有机地结合起来，形成一个完整的指标体系，并最终通过净资产收益率（或资本收益率）这一核心指标来综合反映。

随着经济与环境的发展、变化和人们对企业目标认识的进一步提高，许多人对杜邦财务分析体系进行了变形、补充，使其不断完善和发展，从而形成了帕利普财务分析体系。

进行企业经营业绩综合评价通常可采用综合指数法和综合评分法，即通过计算企业经营业绩综合指数或综合分数，反映企业总体经营业绩水平的高低。

运用综合指数法进行业绩评价的一般程序或步骤包括选择业绩评价指标、确定各项指标的标准值、计算指标单项指数、确定各项指标的权数、计算综合经济指数和评价综合经济指数。

运用综合评分法或功效系数法的一般程序或步骤包括选择业绩评价指标、确定各项业绩评价指标的标准值、确定各项业绩评价指标的权数、计算各类业绩评价指标得分、计算经营业绩综合评价分数和确定经营业绩综合评价等级。

□ 数智能力训练

人工智能大模型能够为我们进行财务分析提供很多有益的帮助。结合本章学习的内容，我们可运用人工智能大模型对综合分析与业绩评价中的相关问题进行进一步的分析，以提升同学们运用数智模型进行财务分析的能力。

本章的数智能力训练题主要有：

1. 人工智能和大数据技术的发展，对于综合分析与业绩评价有什么影响？利用人工智能和大数据技术，能够获得哪些对于综合分析与业绩评价有用的信息呢？如何利用人工智能和大数据，才能进行更有效的综合分析与业绩评价呢？能用一个行业，或者一个企业来展示一下吗？

2. 在对于汽车制造业（零售业、交通运输业、食品加工行业、钢铁行业……）行业进行综合分析与业绩评价时，哪些政策变化必须要加以考虑？这些政策对于综合分析与业绩评价具体会产生哪些影响？

3. 国家相关部门对于中央企业绩效评价的规定和要求，在过去12个月以内，有哪些最新的变化吗？这些变化对于中央企业绩效评价活动有什么影响吗？能举个具体例子，展示一下吗？

4. 在综合分析与业绩评价中，应用人工智能和大数据的技术有什么需要注意的地方吗？如何才能做到扬长避短呢？

目前可以采用的人工智能大模型主要有阿里“通义千问”、百度“文心一言”和科大讯飞“星火”等模型，当然也可以采用最新推出的其他模型。同学们可以多尝试一下不同的提问方式，或者不同的人工智能模型，看看答案会有怎样的差别？看看你能否找到与人工智能建立有效沟通的渠道？

□ 互动练习

第十三章　企业价值评估

□ **学习目标**

本章学习目标是使学生掌握企业价值评估的基本原理与基本方法。其具体目标包括：

◇ 知识目标

理解并掌握价值评估的内涵；明确价值评估的目的与作用；掌握价值评估的基本原理；明确各种价值评估方法的优点与缺点。

◇ 技能目标

重点掌握以现金流量为基础的企业价值评估方法和以经济利润为基础的企业价值评估方法；一般掌握以价格比为基础的企业价值评估方法。

◇ 能力目标

能够根据不同的目标灵活运用各种价值评估方法进行企业价值评估；能够根据企业性质及所掌握的信息采用不同的价值评估方法。

◇ 思政目标

树立正确的企业社会价值观，培养健康的经营理念，让企业兼具商业价值和社会价值，在健康发展的同时，致力于守正利他，改善人民福祉。

【引例】

比亚迪（002594.SZ）2024年1月产销快报显示，1月新能源乘用车批发销售20.1万辆，同比增长33.9%，环比下降40.9%；1月纯电动乘用车销售10.5万辆，同比增长47.6%，环比下降44.8%；1月插电式混合动力车销售9.6万辆，同比增长21.4%，环比下降35.9%。

2024年1月，乘用车市场迎来淡季，比亚迪出于去库存考虑，调整批发销量。1月新能源乘用车批发销售20.1万辆，同比增长33.9%，环比下降40.9%。分品牌看，王朝+海洋、腾势、仰望、方程豹销量分别为185 000辆、9 068辆、1 652辆和5 203辆，高端品牌仰望、方程豹延续12月热度，销量表现亮眼。出口方面，1月出口销量达3.6万辆，同比增长247.5%，环比增长0.2%，逐月稳健增长。展望2024年，宋L、海狮、腾势、方程豹等新车均有望贡献增量，公司将形成“腾势+方程豹+仰望”的高端品牌矩阵，全面冲击各价格区间，价格盈利双重向上。

2024年比亚迪加大海外布局，全球化加速。2023年7月，比亚迪宣布在巴西建厂，整车计划年产能15万辆；9月，乌兹别克斯坦国有控股汽车集团宣布将与比亚迪共同成立一家合资公司，工厂一期、二期计划年产50万台，三期竣工后产量达到30万台；12月，比亚迪宣布将在匈牙利赛格德市建设新能源整车生产基地。2024年1月，印度尼西亚表示比亚迪将投资13亿美元在印度尼西亚国内建设产能为15万辆汽车的工厂。比亚迪的海外市场布局进一步加速，我们判断比亚迪有望在欧洲、东南亚迎来快速发展，2024年出口销量有望达50万辆。

腾势高快速NOA上市智能化发力。2024年1月，比亚迪正式发布了整车智能化架构“璇玑”及“璇玑AI大模型”，腾势N7/8推送了高快速NOA领航功能，而城市领航功能则于2024年一季度推送；董事长王传福先生表示比亚迪20万元以上车型未来可选装高阶智能驾驶辅助系统，是30万元以上车型标配。2024年比亚迪将大力发展智能化产品，凭借庞大的销量基盘，智能化技术的积累及新车型的密集上量，公司有望在下半场智能化竞争中加速前进，保持领先地位。

民生证券投资建议：比亚迪技术驱动产品力与品牌力持续向上，加速出海成为全球领先新能源车企，维持盈利预测，预计2023—2025年营收为6 511.8亿元、7 987.4亿元和9 793.2亿元，归母净利润分别为301.5亿元、402.7亿元和503.6亿元，对应的每股收益分别为10.36元、13.83元、17.30元，对应2024年2月1日170.89元/股收盘价，PE分别为16、12、10倍，维持“推荐”评级。民生证券同时给出了投资风险提示——车市下行风险，新车型销量、需求不及预期，行业“价格战”加剧，乘用车出海进度不及预期。

资料来源：佚名.民生证券-比亚迪-002594-系列点评四：高端销量亮眼 出海稳步推进-240202［EB/OL］.［2024-02-02］.https：//t.10jqka.com.cn/pid_337071638.shtml.

第一节　企业价值评估的内涵与方法

一、企业价值评估的目的

企业价值评估由于评估主体不同而具有不同的评估目的。企业价值评估的目的主要包括以下四种类型：

（一）投资者基于投资决策的评估目的

股票的内在价值何在？上市公司是否具有继续创造价值的潜力？企业经营业绩优良会给有效率的股票市场传递好的信息，促使股价上扬；相反，则会致使股价下跌。基于这样的信号传递机制，理性投资者认识到，要想使自己的投资得到实实在在的增值，还是要看投资对象的内在价值。因而，企业价值评估就应投资者的需求而以评估企业的内在价值为目的在投资领域展开。在这个过程中，企业价值评估技术事实上处在一个极为核心的位置上。投资者进行企业价值评估并据此做出买卖决策，不断使股票市场价格达到新的均衡状态。

（二）管理者基于价值管理的评估目的

一个企业的财务管理目标是企业价值最大化。企业的所有财务活动都是围绕着这一目标进行的，所有财务决策的最终目的都是增加企业的价值。那么，在进行一项决策之前，管理者就需要明确企业的现时价值是多少，该项决策对企业价值的影响有多大，什么样的决策结果可以使现时价值增加。这些不是管理者凭空就可以知道的，他们需要对企业价值进行评估，针对一个决策对企业价值的影响进行评估。通过了解企业价值在决策前后的增减变动进行各种投资决策、融资决策、经营决策和分配决策是企业价值评估的根本目的。

（三）交易双方基于并购的评估目的

20世纪80年代初，美国出现了以交易企业控制权为目的的市场，并购事项层出不穷，起初市场的主体主要是企业或有能力的投资者。随着市场参与者日益增多，并购交易的审慎性开始削弱，市场的交易价格根本无法真实反映被并购企业的价值，导致大量的资本流向许多没有价值的空壳企业，给经济的发展带来了极其不利的影响。为了使交易价格尽量与其价值吻合，企业价值评估开始被应用于并购领域，目的就是要对被并购企业以公允的市场价值进行评估，使得交易双方实现公平交易。

（四）清算企业基于清算的评估目的

每个企业都有自己的生命周期，在企业的成长期与成熟期，企业的经营者应该以价值最大化为目标努力经营，但如果企业出现衰退情况甚至被市场淘汰以至于被迫清算，也需要利用企业价值评估在破产清算的前提下对企业价值进行合理评估，目的是尽可能以合理的最高价格清算资产。

思政知识13-1

二、企业价值评估的内涵

（一）企业价值评估的定义

企业价值评估就是以企业整体为对象，对企业未来产生收益的可持续能力做出估算，能够为投资者和管理层等相关利益主体提供决策相关信息的活动。根据企业价值评估的目的与主体不同，价值评估的内涵也有所不同。

从资产评估师评估目的与主体角度出发，根据《资产评估准则——企业价值》的定义，企业价值评估是指注册资产评估师依据相关法律、法规和资产评估准则，对评估基准日特定目的下企业整体价值、股东全部权益价值或者股东部分权益价值等进行分析、估算并发表专业意见的行为和过程。

从企业投资者及经营管理者进行投资决策及价值管理的目的与主体出发，企业价值评估就是要依据价值评估理论与方法，结合企业价值评估的目的，对企业整体价值或不同类别的价值进行分析与估算的行为与过程。

（二）企业价值评估的类型

企业价值评估中的价值的类型或内容有许多，根据不同的价值评估对象及目的，价值评估中的价值内涵有所不同。从目前及发展趋势来看，企业价值评估主要有以下几种类型，如图13-1所示：

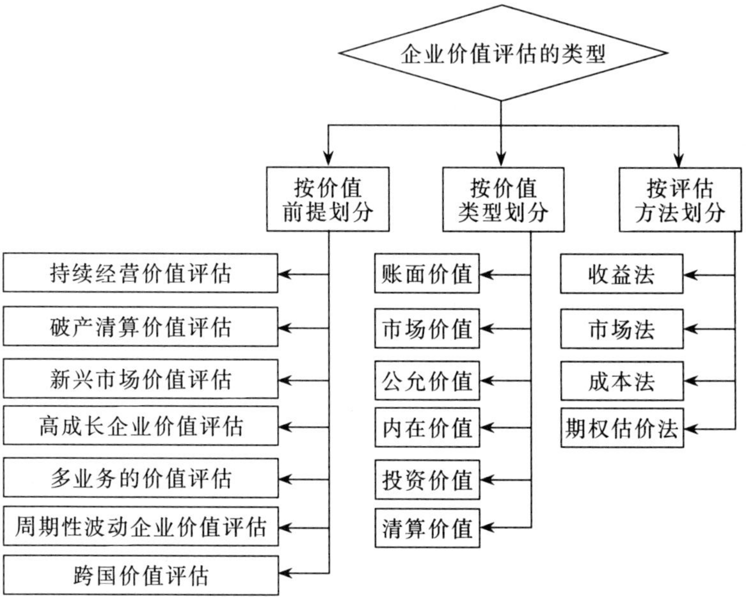

图13-1　企业价值评估的类型

价值评估中要注意的几类主要价值分类包括：

1.资产价值与企业价值。

企业资产的价值就是由企业拥有或控制的这些经济资源所创造的经济收益的现值所决定的，或者说企业资产价值取决于企业未来创造经济收益的能力。

企业价值实际上是由创造企业经济收益的各种资源的价值决定的。由于价值通常以货币来计量，而企业能以货币计量的资源或经济资源就是资产。因此，企业价值可具体体现为企业资产的价值。

2.企业价值与股东价值。

企业价值是指企业全部资产的价值。股东价值又称资本价值，是指企业净资产价值。由于“资产=负债+净资产”，因此，无论是评估企业价值，还是评估股东价值，都是相互关联的。我们既可从评估企业价值入手评估股东价值，又可从评估股东价值入手评估企业价值，但应注意评价中所需要信息的不同。

3.账面价值与市场价值。

账面价值是根据历史成本记录的，是特定时点会计核算反映的价值。市场价值是企业流通在外的普通股的市场价值与企业债务的市场价值的总和。公允价值是指在公平交易中，熟悉情况的交易双方自愿进行资产交换或债务清偿的金额。公允价值是指市场参与者普遍认同的、非个别的和特殊的价值，代表一定时间内的市场价值。

4.持续经营价值与清算价值。

企业的持续经营价值与清算价值可能存在不同。进行价值评估时应根据评估对象的具体情况，考虑应选择的价值。

5.少数股权价值与控股权价值。

价值评估通常以股票或债券市场价格为基础进行。企业市场价值是评估企业经营业绩的重要指标和资本成本的主要决定因素。但是，应当指出，市场价值衡量的是少数股权价值，不是控股权交易的可靠价格指标。

三、企业价值评估的程序与方法

（一）企业价值评估的程序

企业价值评估的程序亦称企业价值评估的一般方法，通常包括以下几个步骤：

1.信息资料收集。根据价值评估目的，收集相关价值评估资料或信息，这是进行价值评估的最基本的或基础的步骤，没有相关可靠的信息，就不可能有准确的价值评估。

2.现场勘察。现场勘察对于整个评估过程有着特殊的意义，它不仅可以帮助评估人员获得更加可靠的信息，而且还有助于被评估企业的管理者了解评估的预期目标。当然，最主要的是，现场勘察能够提高企业价值评估的效率。

3.信息资料整理与分析。在信息资料收集和现场勘察的基础上，运用财务分析中的战略分析、会计分析、比率分析等方法，评估企业当前的财务状况和财务成果，预测企业未来的财务状况和收益状况，为最后的价值评估方法选择与运用奠定基础。没有这个步骤的准确分析，就没有正确的价值评估结果。

4.价值评估方法的选择与运用。根据价值评估目的、评估对象、价值类型、资料收集与分析情况等相关条件，可供选择的价值评估方法有收益法、市场法和成本法（资产基础法）三种基本方法。恰当选择一种或者多种资产评估基本方法是价值评估的关键。《资产评估执业准则——企业价值》明确指出：对于适合采用不同评估方法进行企业价值评估的，资产评估专业人员应当采用两种以上评估方法进行评估。对同一评估对象采用多种评估方法时，应当结合评估目的、不同评估方法使用数据的质量和数量，采用定性或者定量分析方式形成评估结论。

5.价值评估报告的出具。根据评估目的与要求，选择与运用正确的评估方法，最终出具价值评估结果的报告。

知识拓展13-1

【思政案例】　资产评估第一大案：2 900万元资产被虚假评估为58亿元！

2019年9月12日下午，上海市第一中级人民法院（以下简称上海一中院）依法公开宣判被告人张海龙、颜志忠等15人集资诈骗、提供虚假证明文件系列案。

截至2017年7月中国国际艺术品产权交易所有限公司（以下简称“国艺所”）被关停，王瑞芳等4名资产评估人员将价值2 900多万元的资产虚假评估为58亿元，故意提供虚假证明文件，串通张海龙等非法集资110亿元、造成1万多名投资人损失40多亿元，构成提供虚假证明文件罪。

国艺所关停后，颜志忠以类似模式诱骗投资人至中大（延安）商品交易中心有限公司买卖商品“古墨集珍Ⅰ”，致7 000余名投资人损失共计1亿余元。此外，2017年4月，颜志忠以扶贫为由骗取被害人捐款后将8 000余万元转入国艺所用于资产包操作。

上海一中院结合案件事实、性质、情节和社会危害程度，依法判决：

被告人王瑞芳等4人作为承担资产评估职责的中介组织的人员，故意提供虚假证明文件，情节严重，其行为均已构成提供虚假证明文件罪。对张海龙、颜志忠等被告人分别以集资诈骗罪、诈骗罪、提供虚假证明文件罪判处无期徒刑至有期徒刑二年六个月不等的刑罚，并处没收个人全部财产或罚金。

资产评估舞弊影响到社会公众利益和国家经济秩序的正常运行。守住职业道德底线，是职业对资产评估师、注册会计师、证券分析师等执业人士的最基本要求。

资料来源：佚名. 资产评估第一大案：2 900万资产、虚假评估为58亿！［EB/OL］.（2019-09-17）. https：//baijiahao.baidu.com/s? id=1644916138481311585&wfr=spider&for=pc.

（二）企业价值评估的方法

企业价值评估的方法将直接影响到价值评估的结果及市场交易的实施。通常价值评估方法可以分为收益法、市场法、成本法（资产基础法）三种基本方法。

企业价值评估中的收益法是指将预期收益资本化或者折现，以确定评估对象价值的评估方法。收益法的具体方法包括股利折现法、现金流量折现法、净利润折现法和经济利润折现法等。股利折现法通常适用于缺乏控制权的股东权益价值的评估，净利润折现法具有一定的局限性。从企业整体价值评估角度，常用的方法是现金流量折现法和经济利润折现法。

企业价值评估中的市场法，是指将评估对象与可比上市公司或者可比交易案例进行比较，以确定评估对象价值的评估方法。市场法常用的两种具体方法是上市公司比较法和交易案例比较法。

企业价值评估中的资产基础法，是指以被评估企业评估基准日的资产负债表为基础，合理评估企业表内及表外各项资产、负债价值，确定评估对象价值的评估方法。

以持续经营为前提对企业整体价值进行评估时，通常采用收益法和市场法。

在价值评估实务中，无论采用何种评估方法，对企业未来收益和相关标准的精确预测都是十分困难的。但是，由于对企业收益及相关指标的预测直接影响着对企业价值的判断，是决定企业最终评估值的关键因素，因此在评估中应全面考虑影响企业盈利能力的因素，如被评估企业资本结构、经营状况、历史业绩、发展前景和被评估企业所在行业的相关经济要素等，客观、公正地对企业的收益做出合理的预测。而要做到这一点，掌握好本书前两篇的财务报告分析和财务效率分析，以及上一章的预测分析是十分必要的。只有对企业进行正确的财务报告分析、财务效率分析，才能得出正确的预测分析结论，从而为运用收益法及市场法进行价值评估奠定基础。

知识拓展 13-2

四、财务分析与企业价值评估

无论是企业外部的财务分析主体还是企业内部的财务分析主体都会最终关注企业价值评估。因而，本部分将从财务分析主体、财务分析程序与财务分析方法三个角度，阐述财务分析与企业价值评估的关系。

（一）财务分析主体与企业价值评估

随着市场经济的飞速发展，银行家的财务分析主体不断拓展。财务分析主体可主要分为企业内部的财务分析主体与企业外部的财务分析主体，他们都会最终关注着企业价值评估。企业内部的财务分析主体主要包括企业各层级的管理者，尽管管理者直接关注企业经营管理的效率与效果，但由于企业的目标是企业价值和股东价值增值，因此，管理者也必然关注企业的价值。

企业外部的财务分析主体主要包括企业的股权投资者、债权投资者以及相关政府部门等。对于股权投资者而言，其财务分析的目标必然是通过对企业价值的评估来判断其是否进行股权投资。对债权投资者而言，尽管其财务分析的目标是判断是否进行债权投资，但企业价值评估也是其判断未来债权能否被收回的关键因素。相关政府部门也会对企业进行财务分析，最终关注企业的价值。

（二）财务分析程序与企业价值评估

企业价值评估需要科学的方法和相关可靠的信息，财务分析程序的各个环节，既为价值评估提供方法支持，又为价值评估提供信息支持。在财务分析信息搜集整理阶段，明确财务分析目的能够将企业价值分析目标有效地进行分解，制订财务分析计划与搜集整理财务分析信息则能够为信息资料收集、现场勘察、信息资料整理与分析企业价值评估程序提供充分的信息资源。在战略分析与会计分析阶段以及财务分析实施阶段，企业战略分析与财务报表会计分析能够为企业价值评估主体选择价值评估方法提供有效的相关信息，财务指标分析与基本因素分析为企业价值评估主体运用价值评估方法提供了必要的执行基础。在财务分析综合评价阶段，财务综合分析与评价以及财务预测与价值评估则最终为价值评估结果报告提供准确的决策信息。

（三）财务分析方法与企业价值评估

财务分析方法在企业价值评估方法的运用中占据着重要的地位。财务分析的战略分析、比率分析、因素分析、趋势分析、综合分析等，都是企业价值评估中不可或缺的方法。例如，比率分析在企业价值评估价格比方法中确定价格比指标及比值中的应用；战略分析、因素分析、趋势分析等在预测企业未来发展潜力、未来现金净流量、未来收益等价值评估收益法运用过程中都起着重要的作用。在企业价值评估的方法中，收益法最为常用，但收益法却因针对企业未来期间的数据预测企业价值，因而对信息的要求也最高。财务综合分析方法能够通过相关指标之间的联系，提供企业在持续经营中的核心价值以及未来期间的盈利情况的信息。在此基础上，借助财务综合评价方法，企业价值评估主体可根据自身目标，搭建相应的财务综合评价指标并选择相应的评价方法，为收益法提供全面及有效的相关价值评价信息。

知识拓展13-3

第二节　以现金流量为基础的价值评估

一、以现金流量为基础的价值评估概述

（一）以现金流量为基础的价值评估意义

一般财务理论认为，企业价值应该等同于企业未来资本收益的现值。企业未来资本收

益可用股利、净利润、息税前利润和净现金流量等表示。不同的表示方法反映的企业价值内涵是不同的。利用净现金流量作为资本收益进行折现，被认为是较理想的价值评估方法。因为净现金流量与以会计为基础计算的股利及利润指标相比，更能全面、精确地反映所有价值因素。下面以表13-1和表13-2为例加以说明。

表13-1 **长寿公司与短寿公司预计净收益** 单位：千美元

项　目		年度1	年度2	年度3	年度4	年度5	年度6
长寿公司	销售额	1 000	1 050	1 100	1 200	1 300	1 450
	现金支出	（700）	（745）	（790）	（880）	（970）	（1 105）
	折旧	（200）	（200）	（200）	（200）	（200）	（200）
	净利润	100	105	110	120	130	145
短寿公司	销售额	1 000	1 050	1 100	1 200	1 300	1 450
	现金支出	（700）	（745）	（790）	（880）	（970）	（1 105）
	折旧	（200）	（200）	（200）	（200）	（200）	（200）
	净利润	100	105	110	120	130	145

资料来源　Copeland，Coller，Murrin.Valuation [M]. USA：John Wiley & Sons，Inc.，1995：71.

表13-2 **长寿公司与短寿公司预计净现金流量** 单位：千美元

项　目		年度1	年度2	年度3	年度4	年度5	年度6	累计
长寿公司	净利润	100	105	110	120	130	145	710
	折旧	200	200	200	200	200	200	1 200
	资本支出	（600）	0	0	（600）	0	0	（1 200）
	应收款增加	（250）	（13）	（13）	35	45	（23）	（219）
	净现金流量	（550）	292	297	（245）	375	322	491
短寿公司	净利润	100	105	110	120	130	145	710
	折旧	200	200	200	200	200	200	1 200
	资本支出	（200）	（200）	（200）	（200）	（200）	（200）	（1 200）
	应收款增加	（150）	（8）	（8）	（15）	（15）	（23）	（219）
	净现金流量	（50）	97	102	105	115	122	491

资料来源　Copeland，Coller，Murrin.Valuation [M]. USA：John Wiley & Sons，Inc.，1995：71.

从表13-1可看出，两个公司各年度无论是销售额还是净利润都完全相等。如果以此资料为基础评估企业股东价值，那么可得出两个公司股东价值完全相同的结论。但从表13-2可看出，虽然两个公司各年度利润和销售额完全相等，累计资本支出和应收款增加额也相同，但其各年净现金流量及变动趋势却不同。因此，以净现金流量折现法评估的两个公司股东价值就可能不同。显然，以净现金流量为基础的评估方法更科学，它考虑了资本支出时间不同对资本收益的影响。

（二）以现金流量为基础的价值评估方式

以现金流量为基础的价值评估的基本思路是“现值”规律，任何资产的价值等于其预期未来全部现金流量的现值总和。现金流量贴现法具体又分为两种：①仅对公司股东资本价值进行估价；②对公司全部资本价值进行估价。

将企业股东价值加上企业债务价值，可得到企业价值。如果将企业未来现金流量定义为企业所有资本提供者（包括所有者和债权者）的现金流量，则现金流量现值反映的是企业价值。从企业价值中减去债务价值才能得到企业股东价值。因此，资本经营价值评估，既可评估企业价值，又可评估股东价值。由于资本经营的根本目标是股东资本增值，因此资本经营价值评估通常是评估股东价值。但是为了全面说明股东价值来源或创造，通常是在评估企业价值的基础上，减去债务价值，得到股东价值。

企业价值、债务价值及股东价值的关系及其评估可通过图13-2体现。

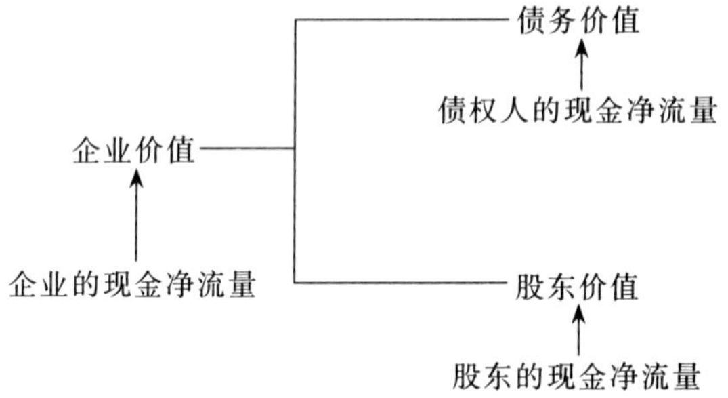

图13-2 企业价值、债务价值及股东价值的关系图

二、以现金流量为基础的价值评估方法

（一）以现金流量为基础的价值评估程序

以现金流量为基础的价值评估的基本程序和公式是：

企业经营价值=明确预测期现金净流量现值+明确预测期后现金净流量现值 (13.1)

企业价值=企业经营价值+非经营投资价值 (13.2)

股东价值=企业价值-债务价值 (13.3)

为加强以现金流量为基础的价值评估方法及其程序在企业价值评估中的应用，本部分以BQC公司为例来说明企业价值与股东价值评估方法。根据价值评估程序和相应计算公式，要依次计算BQC公司的企业经营价值、企业价值和股东价值，最后得出表13-3的结果。

下面分别介绍具体评估方法，并进一步介绍该评估方法在BQC公司的案例中的应用情况。

表13-3 **BQC公司价值评估表** 金额单位：百万元

年　份	企业经营现金净流量	折现系数（10%）	企业经营现金净流量现值
2023	147 006.31	0.909	133 628.74
2024	155 091.66	0.826	128 105.71
2025	164 397.16	0.751	123 462.27
2026	175 082.98	0.683	119 581.68
2027	187 338.79	0.621	116 337.39
2028	201 389.20	0.565	113 784.90
有明确预测期价值合计			734 900.69
连续价值	4 440 631.86	0.513	2 278 044.14
经营价值			3 012 944.83
非经营投资价值			0
企业价值			3 012 944.83
减：债务价值			27 713.02
股东价值			2 985 231.81

注：本评估表及下面的评估数据计算的目的在于说明基于现金流量的企业价值的评估方法，有关现金流量预测、折现率、增长率等的预计与设定均以某种假设为前提，评估数值并不构成对BQC公司真实价值和股价等的影响，特此说明。

（二）有明确预测期现金净流量现值估算

确定有明确预测期的现金净流量现值是企业价值评估的最重要内容。要正确预测其现金净流量现值，需要按以下步骤进行。

1. 确定预测期

本部分研究的是有明确预测期现金流现值的确定问题。有明确预测期是指预测期是有限的，而不是无限的。从预测的准确性与必要性角度考虑，通常预测期为5~10年。

以BQC公司为例，设定其明确预测期为6年，即2023—2028年。

2. 预测经营现金净流量

经营现金净流量是相对于非经营投资而言的，它是指可提供给企业所有者和债权人的经营现金流量总额。经营现金净流量的计算有两种基本方法：

（1）现金净流量=息前税后利润-净投资 （13.4）

其中：息前税后利润=净利润+利息

净投资=总投资-折旧

公式中的总投资是指企业新的资本投资总额，包括资本支出、流动资产及其他资产投资。折旧包括固定资产折旧和无形资产及递延资产摊销等。

（2）现金净流量=毛现金流量-总投资　(13.5)

其中：毛现金流量=息前税后利润+折旧

进行现金净流量预测，首先应对企业绩效进行分析，将财务分析与产业结构分析结合在一起，并对公司实力和弱点进行评估，其次从信贷角度了解公司的财务状况。

在对企业历史绩效进行分析之后，便可进行企业未来绩效的预测了。预测绩效的关键是明确影响企业价值或现金净流量的因素，包括时间因素。在预测各种价值影响因素的基础上，可形成预测利润表、预测资产负债表以及需要的个别项目，然后将这些详细资料综合起来，用以预测现金净流量等价值驱动因素。

本案例以BQC公司2022年财务数据为基础，预测其2023年的现金净流量。前面章节对BQC公司发展能力等情况的分析表明其未来仍具有较强的上升趋势，综合考虑未来行业发展前景及宏观经济形势后，假设2023年的净利润增长率为5%，则BQC公司2023年预测净利润为185.99亿元。假设利息支出为13.82亿元，息前税后现金流量（净利润+利息支出）为199.81亿元；总投资额（计提的资产减值损失+长期待摊费用减少+处置长期资产损失+投资损失+递延税款贷项+存货的减少+经营性应收项目减少+经营性应付项目增加+其他）为-1 063.39亿元；折旧（固定资产折旧+无形资产摊销）为206.87亿元[①]。

根据公式13.4计算如下：

经营现金净流量=净利润+利息-总投资+折旧

=18 598.76+1 382.17-（-106 338.60）+ 20 686.78=147 006.31（百万元）

结合前面章节对BQC公司发展能力等的分析情况，以及其行业发展前景与宏观经济形势，假设在2024年至2028年公司的经营现金净流量增长率依次为5.5%、6%、6.5%、7%与7.5%。根据上述经营现金净流量的预测方法，其2024年至2028年的经营现金净流量分别为1 550.92亿元、1 643.97亿元、1 750.83亿元、1 873.39亿元、2 013.89亿元。

3.确定折现率

企业经营现金净流量的折现率的高低主要取决于企业资本成本的水平。为与现金流量定义相一致，用于现金净流量折现的折现率应反映所有资本提供者按照各自对企业总资本的相对贡献而加权的资本机会成本，即加权平均资本成本。由于个别资本成本的高低取决于投资者从其他同等风险投资中渴望得到的报酬率，因此，折现率的高低必须能准确反映现金净流量的风险程度。只有折现率准确反映现金净流量的风险，价值评估结果才能准确。否则，不正确的折现率将使价值评估结果偏高或偏低。加权平均资本成本的计算公式为：

加权平均资本成本=平均股权资本成本×股权资本构成+平均负债资本成本×负债资本构成　(13.6)

可见，进行加权平均资本成本估算：一要确定资本结构或资本成本加权权数；二要估算股权资本成本；三要估算负债资本成本。

确定进行价值评估的公司的目标资本结构，建议综合采用三种方法：第一，尽量估算

① 本案例在根据公式进行计算的过程中，为确保与表13-3数据的一致性，将相关数据还原为以“百万元”为单位。

以现实市场价值为基础的公司资本结构；第二，考虑可比公司的资本结构；第三，考虑管理层筹资方针及其对目标资本结构的影响。

关于平均股权资本成本和平均负债资本成本的估算方法可在个别股权资本成本和个别负债资本成本估算的基础上采用加权平均方法进行。

以BQC公司为例，根据该公司相关资料，考虑到未来行业及其公司融资成本的上升趋势，结合行业平均资本收益率状况，我们假设折现率为10%。

4.估算经营现金净流量现值

$$\text{经营现金净流量现值} = \sum_{t=1}^{n} \frac{\text{经营现金净流量}^t}{(1+\text{折现率})^t} \tag{13.7}$$

应当注意，使用现金流量折现法的关键是保持现金流量与贴现率的匹配，用加权平均资本成本贴现股权现金流量会导致股权价值偏高；如果使用股本成本贴现公司现金流量，又会低估公司价值。如果被估价的资产当前的现金流量为正，并且可以比较可靠地估计未来现金流量的发生时间，同时根据现金流量的风险特征又能够确定恰当的贴现率，那么就适合采用现金流量贴现法。但是在现实生活中，陷入财务拮据状态的公司、收益呈周期性的公司、拥有未被利用资产的公司、有专利权或产品选择权的公司等，现金流量的预测和贴现率的确定存在一定困难。

因此，在BQC公司案例中，其有明确预测期的企业价值为各期经营现金净流量现值之和。根据公式13.7可得：

$$\begin{aligned}\text{有明确预测期的企业价值} &= 147\,006.31\times(1+10\%)^{-1}+155\,091.66\times(1+10\%)^{-2}+164\,397.16\times(1+10\%)^{-3}+\\&\quad 175\,082.98\times(1+10\%)^{-4}+187\,338.79\times(1+10\%)^{-5}+201\,389.20\times(1+10\%)^{-6}\\&=734\,900.69\ (\text{百万元})\end{aligned}$$

（三）有明确预测期后现金净流量现值估算

有明确预测期后公司预期现金流量现值估算亦称连续价值估算。使用连续价值公式不再需要详细预测延长期公司的现金流量。用现金流量折现法进行连续价值估算，可供选择的方法有长期明确预测法、现金净流量恒值增长公式法和价值驱动因素公式法。第一种方法实质与有明确预测期的现金流量现值估算方法相同，只是预测期加长。这种方法不但麻烦，而且也没有必要，通常选择后两种方法。

1.现金净流量恒值增长公式法的估算公式是：

$$\text{连续价值}=\frac{\text{明确预测期后第一年现金净流量正常水平}}{\text{加权平均资本成本}-\text{现金净流量预期增长率恒值}} \tag{13.8}$$

使用这一公式应当注意：第一，这一公式假定企业现金净流量在连续价值期间内的增长率不变；第二，现金净流量预期增长率恒值应小于加权平均资本成本；第三，必须正确估算预测期后第一年的现金净流量正常水平，使之与预测增长率相一致。

2.价值驱动因素公式法的估算公式是：

$$\text{连续价值}=\frac{\text{明确预测期后第一年息前税后利润正常水平}\times\left(1-\dfrac{\text{息前税后利润预期增长率恒值}}{\text{新投资净额的预期回报率}}\right)}{\text{加权平均资本成本}-\text{息前税后利润预期增长率恒值}} \tag{13.9}$$

在特定情况下，采用这两种方法计算的连续价值结果是相同的。综合考虑未来行业的发展前景与宏观经济情况，假设2028年以后，BQC公司的增长率为5%，该企业加权平均资本成本为10%。根据相关资料，其明确预测期后第一年现金净流量正常水平为2 114.59亿元，则采用公式13.8计算的连续价值为：

$$连续价值=\frac{211\ 458.66\times(1+5\%)}{10\%-5\%}=4\ 440\ 631.86（百万元）$$

应当注意，此时的连续价值是指明确预测期以后现金流量折现到明确预测期最后一年的现值。而构成企业经营价值的有明确预测期后现金流量现值应在此基础上进一步折现为明确预测期初的现值。因而，在BQC公司的案例中，其连续价值现值为：

连续价值现值=4 440 631.86×0.513=2 278 044.14（百万元）

无论采用何种方法，都涉及确定预测期、估计明确预测期后现金流量或利润水平及其增长率、加权平均资本成本估算及折现这几个问题。

关于预测期的选择，取决于有明确预测期现金流量折现法时选择的期限。应当指出，虽然选择明确预测期十分重要，但它并不影响公司价值，只关系到明确的预测期与以后年份公司的价值如何分配。

息前税后利润、现金净流量、新投资净额预期回报率和现金净流量的增长率的确定，是涉及企业价值评估的重要参数，应结合各自特点，采取相应方法进行预测。

加权平均资本成本是进行连续价值折现的基础，资本成本确定可参照前述方法进行。

案例分析13-1

（四）非经营投资价值和债务价值

企业价值是经营价值与非经营投资价值之和。前面两个问题研究了在现金流量折现法下经营价值的确定。非经营投资价值的确定，也可通过非经营现金流量折现法进行。运用现金流量法进行企业价值评估：一是要明确企业价值，包括非经营投资价值；二是要注意正确划分经营现金流量与非经营现金流量。由于非经营投资的特殊性，也可不采用现金流量折现进行估价，而直接用非经营投资额代表非经营投资价值。

为了计算企业股东价值或股本价值，可在企业价值评估的基础上减去债务价值。债务价值等于对债权人现金净流量的折现。因此，要评估债务价值：一要确定债权人的现金净流量；二要确定债权人的资本成本或折现率。应当注意，只有在价值评估当日尚未偿还的公司债务才需要估算价值，对未来借款可以假设其净现值为零，因为这些借款得到的现金流入与未来偿付的现值完全相等。

假设BQC公司的非经营投资价值为零，根据其2022年的数据与未来增长率，其未来预测的短期借款、交易性金融负债、一年内到期非流动负债与长期借款分别为74.12亿元、0.79亿元、92.99亿元与109.23亿元。因而，BQC公司债务价值为：

债务价值=短期借款+交易性金融负债+一年内到期非流动负债+长期借款　（13.10）

=7 412.38+78.55+9 299.22+10 922.87=27 713.02（百万元）

因而，综上所述，根据公式13.1、公式13.2和公式13.3可得BQC公司的价值为：

企业经营价值=734 916.58+2 278 044.14=3 012 960.72（百万元）

企业价值=3 012 960.72+0=3 012 960.72（百万元）

股东价值=3 012 960.72−27 713.02=2 985 247.70（百万元）

思政知识13-2

第三节 以经济利润为基础的价值评估

一、以经济利润为基础的价值评估特点与优点

以经济利润为基础的价值评估认为，企业价值等于投资资本与预计创造超额收益现值之和。预计创造超额收益实质上反映了企业未来的非正常收益或超额利润。在经济学中通常将这种非正常收益或超额利润定义为经济利润。而后来人们在以价值为基础的管理中又将非正常收益或超额利润定义为经济增加值（Economic Value Added，EVA）。本部分选择将预计创造超额收益定义为经济利润。

以经济利润为基础的价值评估优于以现金流量为基础的价值评估之处在于，经济利润可以了解公司在单一时期内所创造的价值。经济利润等于投资资本回报率与加权平均资本成本之差乘以投资资本，因此，经济利润将价值驱动因素、投资资本回报率和增长率转化为一个数字（增长率最终关系到投资资本数额或公司规模）。计算经济利润的另一途径是用息前税后利润减去资本费用，这里的资本费用是指全部资本成本，而非仅仅是债务利息。以经济利润为基础的评估方法说明企业价值是投资资本和预计经济利润的现值之和。只有当公司利润多于或少于加权平均的资本成本时，公司价值才多于或少于其投资成本。它与现金流量法的区别就是折现的是预计的经济利润而不是现金流量。

思政知识 13-3

二、以经济利润为基础的价值评估方法

（一）以经济利润为基础的价值评估程序

预计创造超额收益即经济利润可以按照“明确预测期”和“明确预测期后”的时间段来划分，因此，预计创造超额收益现值等于“明确预测期经济利润现值”与“明确预测期后经济利润现值”之和。

以经济利润为基础的价值评估的基本程序包括：第一，有明确预测期经济利润现值估算；第二，有明确预测期后经济利润现值估算；第三，投资资本的确定；第四，企业价值的确定。其具体公式是：

企业价值=投资资本+预计创造超额收益现值

预计创造超额收益现值=明确预测期经济利润现值+明确预测期后经济利润现值

即：

企业价值=投资资本+明确预测期经济利润现值+明确预测期后经济利润现值 (13.11)

（二）有明确预测期经济利润现值估算

确定有明确预测期经济利润现值需要按以下步骤进行。

1.确定预测期

本部分研究的是有明确预测期经济利润现值的确定问题。有明确预测期是指预测期是有限的，而不是无限的。从预测的准确性与必要性角度考虑，通常预测期为5~10年。本部分以BQC公司为例，来说明企业价值评估方法。设定BQC公司的预测期为6年，即2023—2028年。

2.预测明确预测期经济利润

由于经济利润实质上是一种超额利润，因此根据其内涵，经济利润可用以下公式计算：

经济利润=息前税后利润-资本费用

或者：

经济利润=息前税后利润-投资资本×加权平均资本成本

或者：

经济利润=投资资本×（投资资本回报率-加权平均资本成本） (13.12)

上述计算是站在企业角度，考虑全部投资资本所计算的经济利润。如果站在企业所有者角度考虑，经济利润或超额利润是归属于企业所有者的，则经济利润可用下式计算：

经济利润=税后利润-股权资本费用

或者：

经济利润=税后利润-所有者权益×股权资本成本

或者：

经济利润=所有者权益×（净资产收益率-股权资本成本） (13.13)

站在企业所有者的角度，以BQC公司为例，假设该公司对未来6年的相关预测数据见表13-4：

表13-4 **BQC公司未来6年的相关预测数据** 单位：百万元

项 目	2023年	2024年	2025年	2026年	2027年	2028年
资产总额	699 010.36	1 023 421.07	1 526 227.84	2 267 669.32	3 347 306.68	4 957 026.46
所有者权益	152 963.34	195 762.48	251 476.48	318 444.67	405 666.67	516 981.60
净利润	32 131.56	42 911.70	53 661.08	73 665.93	97 666.29	129 788.73

注：本表预测数据及下面评估数据计算的目的在于说明基于经济利润的企业价值评估方法，有关净利润预测、产权资本成本、增长率等的预计与设定均以某种假设为前提，评估数据并不构成对BQC公司真实价值和股价等的影响，特此说明。

假设BQC公司的股权资本成本为10%。根据公式（13.13），预测其有明确预测期各年经济利润见表13-5。

表13-5 **BQC公司明确预测期经济利润计算表** 金额单位：百万元

项 目	2023年	2024年	2025年	2026年	2027年	2028年
净利润	32 131.56	42 911.70	53 661.08	73 665.93	97 666.29	129 788.73
净资产收益率（%）	21.01	21.92	21.34	23.13	24.08	25.11
股权资本成本（%）	10.00	10.00	10.00	10.00	10.00	10.00
净资产收益率（%）-股权资本成本（%）	11.01	11.92	11.34	13.13	14.08	15.11
所有者权益	152 963.34	195 762.48	251 476.48	318 444.67	405 666.67	516 981.60
经济利润	16 841.26	23 334.89	28 517.43	41 811.79	57 117.87	78 115.92

3. 确定折现率

由于经济利润是一种超额利润，是归企业所有者所有的，因此，在计算经济利润现值时应反映其对股东价值的增值，从这点考虑，折现率应采用产权资本成本。

以BQC公司为例，假设其折现率为10%。

4. 估算明确预测期经济利润现值

明确预测期经济利润现值计算的一般公式是：

$$经济利润现值 = \sum_{t=1}^{n} \frac{经济利润_t}{(1 + 折现率)^t} \tag{13.14}$$

以BQC公司为例，根据公式（13.14）和表13-5中BQC公司的经济利润预测结果，估算明确预测期经济利润现值见表13-6：

表13-6 **BQC公司明确预测期经济利润现值计算表** 单位：百万元

项 目	BQC公司经济利润	折现率（10%）	BQC公司经济利润现值
2023年	16 841.26	0.909	15 308.71
2024年	23 334.89	0.826	19 274.62
2025年	28 517.43	0.751	21 416.59
2026年	41 811.79	0.683	28 557.45
2027年	57 117.87	0.621	35 470.20
2028年	78 115.92	0.565	44 135.49
合 计	245 739.16	—	164 163.06

（三）估算有明确预测期后经济利润现值

有明确预测期后经济利润现值估算又称连续价值估算。确定连续价值现值需要按以下步骤进行：

1. 计算连续价值

连续价值的计算可采用简化公式确定明确预测期后经济利润现值总额，确定方法可参照公式（13.8），只不过需要将公式的现金净流量改为经济利润，即：

$$连续价值=\frac{明确预测期后第一年经济利润正常水平}{加权平均资本成本 - 经济利润预期增长率恒值} \tag{13.15}$$

以BQC公司为例，参照BQC公司综合考虑未来行业的发展前景与宏观经济发展情况，假设其2028年以后的增长率为5%，且保持不变，依据公式（13.15）计算连续价值为：

$$连续价值=\frac{78\ 115.92 \times (1 + 5\%)}{10\% - 5\%}=1\ 640\ 434.32（百万元）$$

2. 计算连续价值现值

由于连续价值是指明确预测期后经济利润折现到明确预测期最后一年的现值，而构成企业价值的有明确预测期后经济利润现值应在此基础上进一步折现为明确预测期期初的现值。因此，对连续价值现值的计算可直接采用下列公式：

$$连续价值现值=\frac{连续价值}{(1+折现率)^n} \quad (13.16)$$

其中：n代表有明确预测期的最后一年。

以BQC公司为例，已知该公司明确预测期为2023—2028年共6年，根据公式（13.16）计算连续价值现值为：

连续价值现值=1 640 434.32×0.565=926 845.39（百万元）

（四）投资资本的确定

企业价值评估中的投资资本是指预测期期初的投资资本。由于投资资本于预测期期初发生，因此，投资资本本身价值或账面价值与其现值相同，通常可用投资资本的账面价值直接作为以经济利润为基础的价值评估中企业价值的组成部分。本章采用预测期期初企业负债与所有者权益账面价值合计作为投资资本。BQC公司的投资资本为2021年年末公司负债与所有者权益的账面价值合计：

BQC公司的投资资本=493 860.65（百万元）

（五）企业价值的确定

在上述三个步骤的基础上，以BQC公司为例，根据公式（13.11）计算BQC公司的企业价值：

BQC公司的企业价值=493 860.65+164 163.06+926 845.39=1 584 869.1（百万元）

案例分析13-2

第四节　以价格比为基础的价值评估

一、以价格比为基础的价值评估原理

价格比法又称价值比法或比较法、价格乘数法等，是企业价值评估市场法的一种。上市公司比较法中的可比企业应当是公开市场上正常交易的上市公司，评估结论应当考虑流动性对评估对象价值的影响。交易案例比较法是指获取并分析可比企业的买卖、收购及合并案例资料，计算适当的价值比率，在与被评估企业比较分析的基础上，确定评估对象价值的具体方法。运用交易案例比较法时，应当考虑评估对象与交易案例的差异因素对价值的影响。本节主要介绍价格比法。

企业价值或股东价值往往可通过企业股票价格来体现，而企业股票价格的高低与企业的收益、销售额和资产账面价值等都直接相关。因此，企业价值可表现为价格比与相关因素的乘积，用公式表示为：

企业价值=价格比×相关价格比基数　（13.17）

（一）价格比的形式

常用的价格比通常包括盈利比率、资产比率、收入比率和其他特定比率。具体价格比指标包括：市盈率或价格与收益比，价格与账面价值比，价格与销售额比。价格与收益比或市盈率的计算公式是：

价格与收益比=每股市价÷每股收益　（13.18）

在此情况下，企业价值随预期收益的增长变化而成正比例变化。

价格与账面价值比的计算公式是：

价格与账面价值比=每股市价÷每股净资产

价格与账面价值比因公司的未来产权收益率、账面价值的增长和风险（决定折现率的差别）的不同而在公司之间有所不同。

价格与销售额比的计算公式是：

价格与销售额比=每股价格÷每股销售额　（13.19）

它可以看作价格与收益比和收益与销售额比的乘积，因此除了解释价格与收益比变化的因素外，价格与销售额比随着预期利润率的变化而成正比例变化。

（二）相关价格比基数

相关价格比基数根据价格比的不同而有所不同。价格比的分母正是相关价格比基数。例如，价格与收益比的相关价格比基数就是企业的收益；而价格与账面价值比的相关价格比基数则是企业的账面净资产；价格与销售额比的相关价格比基数是销售额。进行价值评估时，必须保证价格比和相关价格比基数的一致性。

案例分析13-3

价值评估师在选择、计算、应用价格比时应当考虑：（1）选择的价格比是否有利于合理确定评估对象的价值；（2）计算价格比率的数据口径及计算方式是否一致；（3）应用价格比时对可比企业和被评估企业间的差异应进行合理调整。

二、以价格比为基础的价值评估步骤

（一）选择价格比

在明确价格比主要有价格与收益比、价格与账面价值比、价格与销售额比的基础上进行价值评估，首先要选择适当的价格比。因为对于同一评估对象，选择不同的价格比所评估的结果可能是不同的。选择何种价格比要与被评估企业的基本信息联系起来。这些基本信息主要是指与股票价格相关的信息，特别是构成相关价格比基数的信息，如收益信息、账面价值信息、销售额信息等。选择时，第一要考虑相关程度，通常应选择与股票价格相关程度最高的价格比；第二要考虑相关价格比基数信息的可靠性。例如，如果被评估企业的股票价格与其收益相关度最高，而该企业的收益预测也比较可靠，则选择价格与收益比进行评估将会比较准确、可行。

在本例中，我们选择价格与收益比作为价格比，BQC公司2022年年末的价格与收益比为：

价格与收益比=256.97÷5.71=45.00

（二）选择该价格比的可比或类似公司

在选择价格比的基础上，还应确定可用于评估的价格比的比值。由于价值评估在很大程度上取决于对未来几年的运作情况的预测，评估人员可能会对价格比的估算信心不足。一个可以替代的方法是根据“类似”公司的价格比评价公司。利用价格比的主要困难在于确定真正类似的公司。

类似公司是指那些具有最相似的经营和财务特征的公司，同一行业内部的企业是最佳的选择对象。但是，应当注意并非同行业所有企业都是可比的，不同的企业有不同的特点。在选择类似公司时通常有两种选择方法：一种方法是将同行业中所有企业的该价格比进行平均，这种做法是要利用平均数将各企业的非可比因素抵消掉，而被评估企业成为该行业最具代表性的企业；另一种方法是选择行业中最相似的企业，但相似性是随着运用的价格比的不同而不同的。

考虑未来BQC公司所在行业的发展趋势，结合前面章节对其分析的情况，本例中我们选择同行业与BQC公司可比性较高的4家公司的价格与收益比，具体见表13-7。

表13-7　**价格与收益比计算表**

项　目	每股价格（元/股）	每股收益（元/股）	价格与收益比
GQJT	11.03	0.78	14.14
SQJT	14.41	1.40	10.29
CAQC	12.31	0.80	15.39
CCQC	29.62	0.91	32.55

（三）确定价格比值

在选择可比公司的基础上，价格比的确定可以历史状况为标准，也可以预期未来状况为标准。以历史的价格比为标准的前提是历史数据能准确反映未来价格比状况。

在本例中，我们以2022年可比的4家公司的价格与收益比为标准，计算出行业价格与收益比如下：

行业价格与收益比=（14.14+10.29+15.39+32.55）÷4=18.09

（四）预测价格比基数

价格比基数是指与价格比相对应的相关价格比基数，即价格比的分母。要准确进行价值评估，在确定价格比的基础上，要准确预测价格比基数。例如，如果选择的价格比为价格与收益比，要评估企业股东价值，则要对企业的未来净收益进行准确预测。

在以现金流量为基础的价值评估的案例中，考虑到BQC公司发展趋势以及未来行业与经济发展趋势，假设其2023年的净利润增长率为10%，BQC公司2022年的净利润为177.13亿元，其2023年净收益预测值为177.13×（1+10%）=194.84（亿元）。如果假设BQC公司2022年的价格与收益比与2023年持平，则BQC公司的市场价值可估值为：

BQC公司市场价值=45×194.84=8 767.8（亿元）

如果基于行业可比公司平均的价格与收益比计算，BQC公司的市场价值可估值为：

BQC公司市场价值=18.09×18 598.7592=336 451.55（亿元）

思政知识13-4

□ 本章小结

企业价值评估由于评估主体不同而具有不同的评估目的。企业价值评估的目的主要有四种类型：投资者基于投资决策的评估目的，管理者基于价值管理的评估目的，交易双方基于并购的评估目的，清算企业基于清算的评估目的。

根据企业价值评估的目的与主体不同，价值评估的内涵也有所不同。从资产评估师评估目的与主体角度出发，企业价值评估是指注册资产评估师依据相关法律、法规和资产评估准则，对评估基准日特定目的下企业整体价值、股东全部权益价值或者股东部分权益价值等进行分析、估算并发表专业意见的行为和过程。从企业投资者及经营管理者进行投资决策及价值管理的目的与主体出发，企业价值评估就是要依据价值评估理论与方法，结合企业价值评估的目的，对企业整体价值或不同类别的价值进行分析与估算的行为与过程。

财务分析在企业价值评估中具有重要的地位。不仅财务分析主体与企业价值评估主体存在交集，而且财务分析程序与财务分析方法对企业价值评估程序与方法也具有重要的影响。尤其是趋势分析、预测分析以及企业价值能力分析为企业价值评估提供重要的信息来源。

进行价值评估要首先明确对企业什么价值进行评估。要搞清资产价值、企业价值、股东价值、账面价值、市场价值、公允价值、持续经营价值、清算价值、少数股权价值和控股权价值的内涵。

价值评估的程序包括信息资料收集、现场勘察、信息资料整理与分析、价值评估方法选择与运用和价值评估结果报告五个步骤。通常价值评估方法可以分为收益法、市场法、成本法三种基本类型。

一般财务理论认为，企业价值应该与企业未来资本收益的现值相等。企业未来资本收益可用股利、净利润、息税前利润和净现金流量等表示。不同的表示方法，反映的企业价值内涵是不同的。利用净现金流量作为资本收益进行折现，被认为是较理想的价值评估方法。因为净现金流量与以会计为基础计算的股利及利润指标相比，更能全面、精确地反映所有价值因素。

以经济利润为基础的价值评估认为，公司价值等于投资资本加上未来每年创造的超额收益现值，即：

企业价值=投资资本+预计创造超额收益现值

而企业未来每年创造的超额收益，实质上反映了企业未来的非正常收益或超额利润。在经济学中通常将这种非正常收益定义为经济利润。而后来人们在以价值为基础的管理中又将其定义为经济增加值（或EVA）。相关重要公式为：

经济利润或经济增加值=息前税后利润-资本费用

以经济利润为基础的评估方法优于现金流量贴现法之处在于，通过经济利润可以了解公司在单一时期内所创造的价值。经济利润等于投资资本回报率与资本成本之差乘以投资成本，因此经济利润将价值驱动因素、投资资本回报率和增长率转化为一个数字。

价格比法或比较法是企业价值评估市场法的一种。上市公司比较法是指获取并分析可比上市公司的经营和财务数据，计算适当的价值比率，在与被评估企业比较分析的基础上，确定评估对象价值的具体方法。企业价值或股东价值往往可通过企业股票价格来体现。而企业股票价格的高低与企业的收益、销售额和资产账面价值等都直接相关。因此，企业价值可表现为价格比与相关因素的乘积，用公式表示为：

企业价值=价格比×相关价格比基数

最常用的价格比有三个，即市盈率或价格与收益比、价格与账面价值比和价格与销售额比。

□ 数智能力训练

人工智能大模型能够为我们进行财务分析提供很多有益的帮助。结合本章学习的内容，我们可运用人工智能大模型对企业估值相关问题进行进一步的分析，以提升同学们运用数智模型进行财务分析的能力。

本章的数智能力训练题主要有：

1.在公司估值中，相对估值法和绝对估值法哪种更好？分别适合什么情况下的公司估值？

2.以现金流量为基础的估值要注意哪些问题？考虑哪些因素？这些因素是否可以通过财务分析技术进行充分考量，从而提升估值准确性？说明财务分析在以现金流量为基础的估值中发挥的作用。

3.如何看待一家公司的绿色价值？你觉得ESG报告的披露是否有助于提升投资人对公司估值的准确性？ESG报告的信息具体应用于公司估值会存在哪些困难？如何解决这些困难？

目前可以采用的人工智能大模型主要有阿里“通义千问”、百度“文心一言”和科大讯飞“星火”等模型，当然也可以采用最新推出的其他模型。同学们可以多尝试一下不同的提问方式，或者不同的人工智能模型，看看答案会有怎样的差别？看看你能否找到与人工智能建立有效沟通的渠道？

□ 互动练习